suhrkamp taschenbuch
wissenschaft 2358

Wir erleben derzeit eine weltweite Renaissance des politischen Autoritarismus. Ungebremster Nationalismus und Populismus gehen dabei häufig Hand in Hand mit einer tiefsitzenden Eliten- und Institutionenfeindlichkeit. Gleichzeitig war das zurückliegende Jahrzehnt geprägt von tiefgreifenden Krisen und Veränderungen. Die Beiträge dieses Bandes, hervorgegangen aus vielbeachteten Vorträgen, die Andreas Voßkuhle während seiner Amtszeit als Präsident des Bundesverfassungsgerichts gehalten hat, reflektieren diese Phänomene aus unterschiedlichen Perspektiven. Gemeinsam bilden sie ein engagiertes Plädoyer für unsere verfassungsrechtlich verbürgten Grundvorstellungen von Europa, Demokratie und Rechtsstaat.

Andreas Voßkuhle lehrt Öffentliches Recht, Staatstheorie und Rechtsphilosophie an der Albert-Ludwigs-Universität Freiburg. Von 2008 bis 2020 war er Richter und ab 2010 zudem Präsident des Bundesverfassungsgerichts.

Andreas Voßkuhle

Europa, Demokratie, Verfassungsgerichte

Suhrkamp

Klimaneutral
Druckprodukt
ClimatePartner.com/14438-2110-1001

2. Auflage 2023

Erste Auflage 2021
suhrkamp taschenbuch wissenschaft 2358

Umschlag nach Entwürfen von Willy Fleckhaus und Rolf Staudt
Druck und Bindung: C. H. Beck, Nördlingen
Printed in Germany
ISBN 978-3-518-29958-6

www.suhrkamp.de

Inhalt

Die Verteidigung von Europa, Demokratie und Verfassungsstaatlichkeit in Zeiten der Krise und des Populismus

A. Der Verlust der Gewissheiten

Seit dem Ende des Zweiten Weltkriegs können wir in Europa drei große Entwicklungslinien beobachten: Erstens erleben wir seit den 1950er Jahren den Siegeszug der Idee der Menschenrechte,[1] die ihrerseits eng verknüpft ist mit dem Aufbau des materialen Verfassungsstaats und der Etablierung starker Verfassungsgerichte.[2] Zweitens hat sich in Europa spätestens mit dem Ende des Kalten Krieges und der Wiedervereinigung Deutschlands das westliche Demokratiemodell durchgesetzt,[3] das einerseits geprägt ist durch das Erbe der Amerikanischen und Französischen Revolution und andererseits durch die Tradition des britischen Parlamentarismus.[4]

1 Ausgangspunkt sind hier die am 10.12.1948 in Paris verkündete Allgemeine Erklärung der Menschenrechte durch die Generalversammlung der Vereinten Nationen und die Verabschiedung der Europäischen Menschenrechtskonvention am 4.11.1950 in Rom. Vgl. nur Ed Bates, *The Evolution of the European Convention on Human Rights*, Oxford 2010, sowie Angelika Nußberger, *The European Court of Human Rights*, Oxford 2020, S.1ff., jeweils m.w.N. Zur aktuellen Diskussion etwa die Beiträge bei Dieter Gosewinkel, Annette Weinke (Hg.), *Menschenrechte und ihre Kritiker. Ideologien, Argumente, Wirkungen*, Göttingen 2019.

2 Näher dazu Andreas Voßkuhle, »Die Zukunft der Verfassungsgerichtsbarkeit in Deutschland und Europa«, in diesem Band, S.344-363, hier S.345-349, m.w.N. Dass es ein »europäisches Modell« der Verfassungsgerichtsbarkeit nicht gibt und die Entwicklung sehr unterschiedlich verlaufen ist, betonen zu Recht Armin von Bogdandy u.a., »Verfassungsgerichtsbarkeit im europäischen Rechtsraum«, in: ders. u.a. (Hg.), *Handbuch Ius Publicum Europaeum*, Bd. VI: *Verfassungsgerichtsbarkeit in Europa: Institutionen*, Heidelberg 2016, §95, Rn. 30-36.

3 Auch andere Mitgliedstaaten der Europäischen Union haben eher spät zur Demokratie gefunden: Die Nelkenrevolution von 1974 eröffnete in Portugal den Weg zur Dritten Portugiesischen Republik. Die heutige parlamentarische Präsidialdemokratie in Griechenland geht zurück auf das Referendum von 1974. Und erst 1978 wurde Spanien durch die Verabschiedung seiner Verfassung zu einer parlamentarischen Erbmonarchie.

4 Vgl. statt vieler Paul Nolte, *Was ist Demokratie?*, München 2012, S.74ff., m.w.N., und zuletzt Joachim Raschke, *Die Erfindung der modernen Demokratie. Innovationen, Irrwege, Konsequenzen*, Wiesbaden 2020. Staaten wie das Vereinigte König-

Schließlich, drittens, nahm das Projekt der europäischen Integration stetig an Fahrt auf und führte mit dem Vertrag von Lissabon zu einer Europäischen Union, in der weite Felder vormals staatlichen Handelns vergemeinschaftet sind.[5] Keine dieser Entwicklungen beginnt erst 1945 und keine hat sich bruchlos vollzogen. So werden die ersten freiheitschützenden Verfassungen bereits Ende des 18. Jahrhunderts verabschiedet, die richterliche Gesetzeskontrolle am Maßstab der Verfassung beginnt mit der berühmten Entscheidung *Marbury v. Madison* des US Supreme Court aus dem Jahre 1803 und schon im Jahre 1920 erblickt mit dem Österreichischen Verfassungsgerichtshof das erste selbständige Verfassungsgericht das Licht der Welt. Ferner finden sich spätestens Mitte des 19. Jahrhunderts in vielen Ländern demokratische Bewegungen. Und auch die europäische Idee geht nicht etwa erst zurück auf die »Zürcher Rede« Winston Churchills vom 19. September 1946, in der er die Gründung der »Vereinigten Staaten von Europa« fordert. Erinnert sei an dieser Stelle nur an die einflussreiche paneuropäische Bewegung der 1920er Jahre um den österreichischen Grafen Richard Coudenhove-Kalergi.[6] Ihre gewaltige Dynamik entfalteten die drei skizzierten Entwicklungslinien indes erst nach den Erfahrungen des ungeheuren Leids durch den Zweiten Weltkrieg und den organisierten Völkermord während der Diktatur der Nationalsozialisten.

Lange wähnten sich die Nachkriegsgeneration und ihre Nachfahren auf dem richtigen Weg zu Frieden, Selbstbestimmung, Gleichheit und Wohlstand. Nun, am Anfang des 21. Jahrhunderts, scheint diese »Gewissheit« plötzlich und für viele völlig überraschend verloren zu gehen. Glaubte noch Francis Fukuyama, nach dem Zusammenbruch der UdSSR und der von ihr abhängigen sozialistischen Staaten sei das »Ende der Geschichte« erreicht, weil sich das Ordnungskonzept der liberalen Demokratie und der Marktwirtschaft endgültig durchgesetzt habe,[7] erleben wir heute

reich zeigen, dass liberale repräsentative Demokratie und moderne Verfassungsstaatlichkeit zwar häufig, aber nicht notwendig miteinander einhergehen.

5 Vgl. statt vieler Luuk van Middelaar, *Vom Kontinent zur Union. Gegenwart und Geschichte des vereinten Europa*, Berlin 2016; Gerhard Brunn, *Die europäische Einigung. Von 1945 bis heute*, Ditzingen [5]2020; Ulrich Haltern, *Europarecht. Dogmatik im Kontext*, Bd. I, Tübingen [3]2017, Rn. 54-401, jeweils m. w. N.

6 Vgl. Brunn, *Die Europäische Einigung*, S. 22 ff.

7 Francis Fukuyama, *Das Ende der Geschichte. Wo stehen wir?*, München 1992.

nicht nur weltweit, sondern gerade auch in Europa eine »Renaissance des politischen Autoritarismus«,[8] der sich um viele politische Errungenschaften der Nachkriegszeit nicht schert: Verfassungsgerichte werden innerhalb weniger Monate faktisch entmachtet, so etwa geschehen in Polen und Ungarn.[9] Der 45. Präsident der ältesten und mächtigsten Demokratie der Erde hat der Welt eindrucksvoll demonstriert, wie leicht eine narzisstische und manipulative Persönlichkeit im Zeitalter digitaler Direktkommunikation die demokratische Kultur eines gefestigten politischen Systems in wenigen Jahren durch dreiste Lügen sowie rassistische und sexistische Ausfälle vergiften kann.[10] Gleichzeitig drängt in vielen Mitgliedstaaten der Europäischen Union ein ungebremster Nationalismus zurück ans Licht,[11] der sich gegen Europa wendet und im Falle Großbritanniens sogar zum Ausstieg aus der Europäischen Union geführt hat. Treibende Kräfte sind hier häufig rechtspopulistische[12]

8 So André Bank, »Die Renaissance des Autoritarismus. Erkenntnisse und Grenzen neuer Beiträge der Comparative Politics und Nahostforschung«, in: *Hamburg Review of Social Sciences* 4 (2009), S. 10-41. Vgl. ferner nur die materialreichen Studien von Wilhelm Heitmeyer, *Autoritäre Versuchungen*, Berlin 2018, und Günter Frankenberg, *Autoritarismus. Verfassungstheoretische Perspektiven*, Berlin 2020.

9 Näher dazu Peter M. Huber, »Europäische Verfassungs- und Rechtsstaatlichkeit in Bedrängnis«, in: *Der Staat* 56 (2017), S. 389-414; Christoph Möllers, Linda Schneider, *Demokratiesicherung in der Europäischen Union*, Tübingen 2018; Wojciech Sadurski, *Poland's Constitutional Breakdown*, Oxford 2019; sowie Andreas Voßkuhle, »Rechtsstaat und Demokratie«, in diesem Band, S. 199-218, hier S. 201-205.

10 Speziell zur Situation in den USA vgl. nur Steven Levitsky, Daniel Ziblatt, *Wie Demokratien sterben. Und was wir dagegen tun können*, München 2018; Bob Woodward, *Wut*, München 2020; Klaus Brinkbäumer, Stephan Lamby, *Im Wahn. Die amerikanische Katastrophe*, München 2020; Torben Lütjen, *Amerika im Kalten Bürgerkrieg. Wie ein Land seine Mitte verliert*, Darmstadt 2020. Dort zeigt sich das immer häufiger zu beobachtende Phänomen, dass Demokratien »im Namen der Demokratie« angegriffen werden, besonders anschaulich, vgl. dazu Philip Manow, *(Ent-)Demokratisierung der Demokratie. Ein Essay*, Berlin 2020.

11 Näher zu den Hintergründen etwa Stuart Hall, *Das verhängnisvolle Dreieck. Rasse, Ethnie, Nation*, Berlin 2018.

12 Kritisch zur Erklärungskraft des »Rechts-Links-Schemas« in diesem Zusammenhang Andreas Reckwitz, *Das Ende der Illusionen. Politik, Ökonomie und Kultur in der Spätmoderne*, Berlin 2019, S. 239 ff. Vgl. aber auch Karin Priester, *Rechter und linker Populismus. Annäherung an ein Chamäleon*, Frankfurt/M. 2012.

Bewegungen und Parteien, die bei allen Unterschieden der Hass auf Fremde und vermeintliche Eliten eint sowie die Intoleranz gegenüber gesellschaftlichen Gruppen, die als »Minderheit« qualifiziert werden.[13]

Der Humus, auf dem diese Einstellungen wachsen, setzt sich aus unterschiedlichen Ingredienzen zusammen. Zum einen sind wir Zeitzeugen eines ungeheuer dynamischen sozialen und politischen Wandels, der an die Hochphase der Industrialisierung im späten 19. Jahrhundert erinnert und vor allem getrieben wird durch die beiden Megatrends Digitalisierung[14] und Globalisierung.[15] Welche Zukunft der Einzelne in dieser Lage noch vor sich hat und ob er oder sie zu den »Gewinnern« oder den »Verlierern« zählen wird, ist mehr denn je ungewiss. Zum anderen scheint die Welt in einen permanenten Krisenmodus gewechselt zu sein.[16] Insbesondere die globale Finanz- und Bankenkrise (ab 2007), die europäische Staatsschuldenkrise (ab 2009) und die europäische Migrationskrise (Höhepunkt 2015) haben zu tiefsitzenden Ängsten und Sorgen innerhalb weiter Teile der Bevölkerung geführt. Diese Ängste und Sorgen sind durch die immer stärker spürbaren Auswirkungen des

13 Vgl. nur Cas Mudde, *Populist Radical Right Parties in Europe*, Cambridge 2007; Ernst Hillebrand (Hg.), *Rechtspopulismus in Europa. Gefahr für die Demokratie?*, Bonn 2015; Benjamin Moffitt, *The Global Rise of Populism. Performance, Political Style and Representation*, Stanford (Cal.) 2016; Jan-Werner Müller, *Was ist Populismus? Ein Essay*, Berlin 2016; David Goodhart, *The Road to Somewhere. The Populist Revolt and the Future of Politics*, London 2017; Philipp Manow, *Die politische Ökonomie des Populismus*, Berlin 2018; Wilhelm Heitmeyer u. a., *Rechte Bedrohungsallianzen*, Berlin 2020. Trotz berechtigter Plagiatsvorwürfe immer noch erhellend Cornelia Koppetsch, *Die Gesellschaft des Zorns. Rechtspopulismus im globalen Zeitalter*, Bielefeld 2019. Vgl. ferner Andreas Voßkuhle, »Demokratie und Populismus«, in diesem Band, S. 219-238.

14 Zu ihrer Bedeutung vgl. statt vieler Felix Stalder, *Kultur der Digitalität*, Berlin 2016, und Armin Nassehi, *Muster. Theorie der digitalen Gesellschaft*, München 2019.

15 Die Geschichte der Globalisierung ist alt, vgl. nur Jürgen Osterhammel, Niels P. Peterson, *Geschichte der Globalisierung. Dimensionen, Prozesse, Epochen*, München ^{6}2019. In den letzten Jahrzehnten scheint sich die Entwicklung aber beschleunigt zu haben, vgl. aus der uferlosen Literatur nur die kritische Analyse von Ulrich Beck, *Was ist Globalisierung?*, Frankfurt/M. 1997.

16 Zum geschichtsphilosophischen Potential des Krisenkonzepts vgl. nur Reinhart Koselleck, *Kritik und Krise. Eine Studie zur Pathogenese der bürgerlichen Welt*, Frankfurt/M. 1973, S. 105 ff.

Klimawandels und die aktuelle Pandemieerfahrung (ab 2020)[17] nicht kleiner geworden.

Es fehlt aber auch nicht an grundsätzlicher, gut begründeter Kritik an der derzeitigen Situation. So steht der von dem britischen Politikwissenschaftler Colin Crouch geprägte Begriff »Postdemokratie«[18] für eine zunehmende und ernsthafte Skepsis gegenüber der Zukunftsfähigkeit der repräsentativen Demokratie,[19] die über die regelmäßig aufflammende Politikverdrossenheitsdebatte[20] deutlich hinausgeht und zusätzlich geschürt wird durch das Beispiel wirtschaftlich erfolgreicher totalitärer Staaten wie China.[21] Auch die kritischen Analysen zum Stand der europäischen Integration und zu einzelnen europäischen Institutionen sind mittlerweile Legion.[22]

17 Vgl. nur statt vieler Jens Kersten, Stephan Rixen, *Der Verfassungsstaat in der Corona-Krise*, München 2020; Bernd Kortmann, Günther G. Schulze (Hg.), *Jenseits von Corona. Unsere Welt nach der Pandemie – Perspektiven der Wissenschaft*, Bielefeld 2020.

18 Colin Crouch, *Postdemokratie*, Frankfurt/M. 2008. Vgl. ders., *Postdemokratie revisited*, Berlin 2021.

19 Vgl. etwa Patrick J. Deneen, *Why Liberalism Failed*, New Haven 2018; Yascha Mounk, *Der Zerfall der Demokratie*, München 2018; Timothy Snyder, *Der Weg in die Unfreiheit. Russland, Europa, Amerika*, München 2018; Friedrich Wilhelm Graf, Heinrich Meier (Hg.), *Die Zukunft der Demokratie. Kritik und Plädoyer*, München 2018; Ivan Krăstev, Stephen Holmes, *Das Licht, das erlosch. Eine Abrechnung*, Berlin [3]2019; Julian Nida-Rümelin, *Die gefährdete Rationalität der Demokratie. Ein politisches Traktat*, Hamburg 2020; sowie Adam Przeworski, *Krisen der Demokratie*, Berlin 2020. Vgl. ferner die Nachweise in Fn. 10.

20 Dass es immer schon ein »komplexes Ensemble informeller gesellschaftlicher Praktiken, Prüfungen und Gegenkräfte, aber auch Institutionen« gab, um die »Defizite des Parlamentarismus auszugleichen«, arbeitet Pierre Rosanvallon heraus, siehe *Die Gegen-Demokratie. Politik im Zeitalter des Misstrauens*, Hamburg 2017.

21 Vgl. etwa John G. Ikenberry, »The Rise of China and the Future of the West. Can the Liberal System Survive?«, in: *Foreign Affairs* 87 (2008), S. 23-37; Dani Rodrik, *The Globalization Paradox. Why Global Markets, States, and Democracy Can't Coexist*, Oxford 2012; Michael Dowdle, »Infrastructural Power and its Possibilities for the Constitutional Evolution of Authoritarian Political Systems. Lessons from China«, in: Helena García, Günter Frankenberg (Hg.), *Authoritarian Constitutionalism. Comparative Analysis and Critique*, Cheltenham (Mass.) 2019, S. 76-94.

22 Aus der Fülle kritischer Analysen vgl. aus sehr unterschiedlichen Blickwinkeln z. B. Richard Münch, *Das Projekt Europa. Zwischen Nationalstaat, regionaler Autonomie und Weltgesellschaft*, Frankfurt/M. 1993; Tony Judt, *Große Illusion Europa. Herausforderungen und Gefahren einer Idee*, München 1996; Hans Mag-

Namhafte Rechtswissenschaftler fordern schließlich schon seit längerem, die Verfassung »aus den Fängen der Gerichte zu befreien«.[23] Erweist sich das viele Jahrzehnte allgegenwärtige liberale Fortschrittsnarrativ[24] nach alledem doch nur als Illusion?[25]

B. Was können wir tun?

Angesichts der vorliegenden Situation wäre es jedenfalls verfehlt, die »contestations of the liberal script«[26] als tagespolitische Momentaufnahme zu betrachten, als eine Art größeres »Unwetter«, das demnächst wieder vorüberzieht. Die Leidenschaft und die Überzeugung, die es braucht, um das uns vertraute Modell des Zusammenschlusses demokratischer Verfassungsstaaten in einem vereinten Europa in Zeiten der Globalisierung und Digitalisierung zu verteidigen und – wo nötig – zu reformieren,[27] lassen sich mit

nus Enzensberger, *Sanftes Monster Brüssel oder Die Entmündigung Europas*, Berlin 2011; Jürgen Habermas, *Im Sog der Technokratie*, Berlin 2013; Kaarlo Tuori, Klaus Tuori, *The Eurozone Crisis. A Constitutional Analysis*, Cambridge 2014; Giandomenico Majone, *Rethinking the Union of Europe Post-Crisis. Has Integration Gone Too Far?*, Cambridge 2014; Damian Chalmers u. a. (Hg.), *The End of the Eurocrats' Dream*, Cambridge 2016; Ivan Krăstev, *Europadämmerung. Ein Essay*, Berlin 2017.

23 Mark Tushnet, *Taking the Constitution Away from the Courts*, Princeton 1999. Vgl. ferner z. B. Jeremy Waldron, *Law and Disagreement*, Oxford 1999; Larry D. Kramer, *The People Themselves. Popular Constitutionalism and Judicial Review*, New York 2004; Ran Hirschl, *Towards Juristocracy*, Cambridge (Mass.) 2004. Eine kritische Analyse dieser Ansätze bei Dieter Grimm, »Neue Radikalkritik an der Verfassungsgerichtsbarkeit«, in: *Der Staat* 59 (2020), S. 321-353.

24 Auf seine Ambivalenzen und Uneindeutigkeiten hat zuletzt Christoph Möllers hingewiesen, siehe *Freiheitsgrade. Elemente einer liberalen politischen Mechanik*, Berlin 2020. Vgl. aber auch Jens Hacke, *Existenzkrise der Demokratie. Zur politischen Theorie des Liberalismus in der Zwischenkriegszeit*, Berlin 2018, der eher die gemeinsamen Stoßrichtungen unterschiedlicher Theorieansätze betont.

25 So Reckwitz, *Das Ende der Illusionen*, S. 9 ff., der die Desillusionierung aber auch »als Chance« begreift: ebd., S. 15 f.

26 So die Bezeichnung eines Exzellenzclusters an der FU Berlin. Näher Tanja A. Börzel, Michael Zürn, »Contestations of the Liberal Script«, *SCRIPTS Working Paper No. 1*, Berlin 2020.

27 An dieser Stelle mögen nur einige Schlagworte genügen, um Herausforderungen der Zukunft anzudeuten: Nachhaltigkeit, Klimawandel, demographische Entwicklung, Migration, religiöser Extremismus, Künstliche Intelligenz.

dieser Haltung kaum entfachen. Was wir mehr denn je brauchen, ist vielmehr eine breit angelegte öffentliche Auseinandersetzung über die politischen, rechtlichen und kulturellen Grundlagen unseres Gemeinwesens. Die in diesem Band versammelten Texte sollen hierzu einen Beitrag leisten. Sie sind (bis auf eine Ausnahme) aus öffentlichen Vorträgen hervorgegangen, die ich während meiner Amtszeit als Richter und Präsident des Bundesverfassungsgerichts gehalten habe (2008-2020), und reflektieren unterschiedliche Zeitpunkte und Phänomene der Entwicklung.

Um produktiv und anschlussfähig zu sein, muss die noch intensiver zu führende Diskussion aus meiner Sicht auf *drei* Ebenen ansetzen, die es auseinanderzuhalten gilt, weil sie ansonsten schnell in argumentative Sackgassen gerät, an deren Ende alles mit allem verbunden und zu einem großen Unbehagen amalgamiert wird:

Die *erste* Ebene möchte ich etwas pathetisch als die der »Aufklärung« bezeichnen. Hier geht es darum, erneut nachzufragen, warum Grundannahmen unserer politischen Ordnung, die uns selbstverständlich geworden sind, plötzlich nicht mehr selbstverständlich sind,[28] ob wir weiterhin an ihnen festhalten sollten oder vielleicht bessere Alternativen in Sicht sind. Auf dieser prinzipiellen Reflexionsebene angesiedelt sind etwa der Beitrag über die Herkunft der Verfassungstheorie des Pluralismus,[29] die Überlegungen zur Demokratie in Europa[30] und zur europäischen Rechts- und Wertegemeinschaft[31] sowie der Versuch einer aktuellen Standortbestimmung der Situation der Verfassungsgerichtsbarkeit in Deutschland und Europa.[32]

Hiervon zu unterscheiden ist die kritische Analyse einer bestimmten Institution und ihrer Arbeitsweise jenseits konkreter Ereignisse, die ich auf einer eigenen *zweiten* Ebene ansiedeln möchte. Was funktioniert in der Praxis generell eher gut, was eher schlechter? Welche Fehlvorstellungen existieren womöglich? Wo

28 Anschaulich Angelika Nußberger, »Wenn Selbstverständliches nicht mehr selbstverständlich ist: Zum Status quo des Menschenrechtsschutzes in Europa«, in: *JZ* 2018, S. 845-854, m. w. N.

29 »Hugo Preuß als Vordenker einer Verfassungstheorie des Pluralismus«, in diesem Band, S. 139-161; »Demokratie und Populismus«, in diesem Band, S. 219-238.

30 »Über die Demokratie in Europa«, in diesem Band, S. 48-59.

31 »Die Idee der europäischen Wertegemeinschaft«, in diesem Band, S. 108-136.

32 »Die Zukunft der Verfassungsgerichtsbarkeit in Deutschland und Europa«, in diesem Band, S. 344-363.

bestehen Optimierungsmöglichkeiten? In diesen Zusammenhang gehören die Texte zur Bedeutung der Opposition im europäischen Parlament,[33] zum europäischen Gerichtsverbund,[34] zum Parlamentarismus in Deutschland[35] und zur Beschreibung des Arbeitsalltags des Bundesverfassungsgerichts.[36]

Erst auf einer *dritten* Ebene macht es Sinn, die handelnden Akteure selbst in den Blick zu nehmen: Haben sie ihre Aufgabe korrekt und überzeugend wahrgenommen? Wurden Fehler gemacht? Auf was müssen wir achten, wenn wir Menschen ein konkretes Amt übertragen? Welche Kontexte, Kulturen und Vorverständnisse wirken auf sie ein? Um einen naheliegenden Einwand gleich zu entkräften: Selbstverständlich ist die dritte Ebene mit den ersten beiden verbunden. Nicht von ungefähr legt der Begründer der modernen Staatstheorie, Thomas Hobbes, wie viele andere nach ihm seinen Überlegungen ein bestimmtes Menschenbild zugrunde. Es macht aber einen bedeutenden Unterschied, ob ich im Hinblick auf die Ausgestaltung unseres Gemeinwesens abstrakt mit der »Natur des Menschen«[37] oder zum Beispiel der Modellannahme eines *homo oeconomicus*[38] argumentiere – oder ob ich die konkreten Handlungen von Menschen aus Fleisch und Blut in den Blick nehme. Keine noch so gut konstruierte Institution kommt ohne Menschen aus, die engagiert für sie einstehen, umsichtig agieren

33 »Opposition im Europäischen Parlament«, in diesem Band, S. 60-82.

34 »Der europäische Verfassungsgerichtsverbund«, in diesem Band, S. 265-289; »Die Integrationsverantwortung des Bundesverfassungsgerichts«, in diesem Band, S. 290-304; »Pyramide oder Mobile? Menschenrechtsschutz durch die europäischen Verfassungsgerichte«, in diesem Band, S. 305-313.

35 »Verfassung und Parlamentarismus«, in diesem Band, S. 162-198.

36 »Stabilität, Zukunftsoffenheit und Vielfaltssicherung. Die Pflege des verfassungsrechtlichen ›Quellcodes‹ durch das Bundesverfassungsgericht«, in diesem Band, S. 241-264; »›Integration durch Recht‹. Der Beitrag des Bundesverfassungsgerichts«, in diesem Band, S. 83-107; »Karlsruhe Unlimited? Zu den (unsichtbaren) Grenzen der Verfassungsgerichtsbarkeit«, in diesem Band, S. 314-333.

37 So etwa John Rawls (*Eine Theorie der Gerechtigkeit*, Frankfurt/M. 1979, S. 159 ff.), wenn er über Entscheidungen der Parteien eines Gesellschaftsvertrages unter der Voraussetzung des »Schleier[s] des Nichtwissens« nachdenkt.

38 Zur Bedeutung dieser Modellannahme vgl. statt vieler Gebhard Kirchgässner, *Homo Oeconomicus. Das ökonomische Modell individuellen Verhaltens und seine Anwendung in den Wirtschafts- und Sozialwissenschaften*, Tübingen [4]2013. Dagegen prominent Amartya Sen, *Rationale Dummköpfe. Eine Kritik der Verhaltensgrundlagen der Ökonomischen Theorie*, Ditzingen 2020.

und sich von einem inneren moralischen Kompass leiten lassen. Deshalb ist es auch sinnvoll, in der öffentlichen Debatte über die Zukunft von Europa, Demokratie und Verfassungsgerichte zum Beispiel an das Ethos von Amtsinhabern zu appellieren,[39] den Verfassungspatriotismus zu beschwören,[40] über das Ausbildungsleitbild des »europäischen Juristen«[41] nachzudenken oder die Beweggründe von Verfassungsrichterinnen und Verfassungsrichtern bei einer konkreten Entscheidung zu beleuchten.[42] Umgekehrt darf vom Fehlverhalten Einzelner nicht ohne weiteres auf institutionelle Defizite rückgeschlossen werden.

Politische Entwicklungen sind bekanntlich von vielen Faktoren abhängig. Worte können im besten Fall erklären, überzeugen, inspirieren und Mut machen. Sie ersetzen jedoch keine Taten und schaffen weder Sicherheit und Frieden noch Freiheit und Wohlstand. Ohne die richtigen Worte aber bleiben die Dinge unverstanden und unbeherrschbar.

39 »Rechtsstaat und Demokratie«, in diesem Band, S. 199-218.

40 »Was feiern wir?«, in diesem Band, S. 364-371.

41 »Das Leitbild des ›europäischen Juristen‹. Gedanken zur Juristenausbildung und zur Rechtskultur in Deutschland«, in diesem Band, S. 19-47.

42 »Applaus von der ›falschen‹ Seite. Zur Folgenverantwortung von Verfassungsgerichten«, in diesem Band, S. 334-343.

Europa

Das Leitbild des »europäischen Juristen« Gedanken zur Juristenausbildung und zur Rechtskultur in Deutschland

A. Einleitung: Das Leitbild des Juristen im Wandel

Im Jahr 1905 schrieb der junge Freiburger Privatdozent Hermann Ulrich Kantorowicz:

> Die herrschende Idealvorstellung vom Juristen ist die: Ein höherer Staatsbeamter mit akademischer Ausbildung, sitzt er, bewaffnet bloß mit einer Denkmaschine, freilich einer von der feinsten Art, in seiner Zelle. Ihr einziges Mobiliar ein grüner Tisch, auf dem das staatliche Gesetzbuch vor ihm liegt. Man reicht ihm einen beliebigen Fall, einen wirklichen oder nur erdachten, und entsprechend seiner Pflicht, ist er imstande, mit Hülfe rein logischer Operationen und einer nur ihm verständlichen Geheimtechnik, die vom Gesetzgeber vorherbestimmte Entscheidung im Gesetzbuch mit absoluter Exaktheit nachzuweisen.[1]

Mit diesen Worten beginnt Kantorowicz seine provokante Streitschrift *Der Kampf um die Rechtswissenschaft*. Das Bemerkenswerte an ihnen ist dabei nicht nur die darin zum Ausdruck kommende Leidenschaft, mit der schon vor mehr als 100 Jahren über das Leitbild des Juristen gestritten wurde. Interessant ist auch die Tatsache, dass Kantorowicz sein berühmtes Pamphlet ausgerechnet während eines Studienaufenthalts in Bologna[2] verfasst hat. Dieser Umstand belegt nicht nur die Mobilität eines »europäischen Juristen« zu Beginn des 20. Jahrhunderts.[3] Nein, die Erwähnung des Namens

1 Gnaeus Flavius (d. i. Hermann Kantorowicz), *Der Kampf um die Rechtswissenschaft*, Heidelberg 1906, S. 7.

2 Vgl. Frank Kantorowicz Carter, »Gustav Radbruch and Hermann Kantorowicz: Two Friends and a Book – Reflections on Gnaeus Flavius' *Der Kampf um die Rechtswissenschaft* (1906)«, in: *German Law Journal* 7 (2006), S. 657-700, hier S. 670.

3 Kantorowicz war in Posen geboren, hatte in Berlin und München studiert, wurde in Heidelberg promoviert und habilitierte sich in Freiburg i. Br. Seine Berufung auf eine Professur in Kiel erfolgte erst 1929; 1933 wurde er als einer der ersten jüdischen Rechtswissenschaftler vertrieben und emigrierte zunächst in die USA,

»Bologna« weckt darüber hinaus vielfältige Assoziationen. Denn Bologna steht wohl mehr als jede andere Stadt für die Tradition und Größe der Wurzeln europäischer Juristenausbildung, die dort im 12. Jahrhundert begründet wurde:[4] Ohne Bologna wären das moderne europäische System der akademischen Ausbildung an Universitäten und die vom römischen Recht geprägte Rechtskultur nicht denkbar.[5] Zugleich steht der Name im heutigen Kontext stellvertretend für aktuelle Diskussionen über die Reform der Juristenausbildung aus Anlass der »Bologna-Erklärung« von 29 europäischen Bildungsministern am 19. Juni 1999, deren Ziel die Harmonisierung von Studienbedingungen und die bessere Vergleichbarkeit von Hochschulabschlüssen ist.[6]

wo er am City College in New York lehrte (1933-1934), bevor er nach England ging, wo er am All Souls College in Oxford sowie an der Universität Cambridge unterrichtete, vgl. Gerd Kleinheyer, Jan Schröder (Hg.), *Deutsche und Europäische Juristen aus neun Jahrhunderten*, Heidelberg [5]2008, S. 237 ff.; Gerd Bender, »Kantorowicz, Hermann Ulrich«, in: Michael Stolleis (Hg.), *Juristen. Ein biographisches Lexikon*, München 2001, S. 347-349.

4 Hans J. Wieling, »Juristenausbildung im Mittelalter«, in: Christian Baldus u. a. (Hg.), *Juristenausbildung in Europa zwischen Tradition und Reform*, Tübingen 2008, S. 47-59, hier S. 52: Die Glossatoren als die »Väter der europäischen Rechtswissenschaft«. Vgl. in diesem Zusammenhang bereits Reinhard Böttcher, »Der europäische Jurist«, in: *JöR n. F.* 49 (2001), S. 1-13, hier S. 1: »Es gab ihn einmal, den europäischen Juristen. Im 12. und 13. Jahrhundert strömten Studenten aus ganz Europa nach Bologna, um das wieder entdeckte römische Recht zu studieren. [...] Kehrten die Scholaren in ihre Heimatländer zurück, brachten sie eine neue Art des Denkens mit und in der Folge auch eine neue Identität. [...] Es fand ein europäischer Wettbewerb der Rechtsfakultäten statt.« Hanns Prütting, »Folgen der Globalisierung für die Juristenausbildung«, in: Junichi Murakami u. a. (Hg.), *Globalisierung und Recht*, Berlin 2007, S. 241-256, hier S. 242: »Der mittelalterliche Rechtsunterricht hatte bereits weitgehend globale Tendenzen.« Johannes Fried, *Die Entstehung des Juristenstandes im 12. Jahrhundert. Zur sozialen Stellung und politischen Bedeutung gelehrter Juristen in Bologna und Modena*, Köln, Wien 1974.

5 Thomas Finkenauer, Thomas Rüfner, »Einleitung«, in: Baldus u. a. (Hg.), *Juristenausbildung in Europa zwischen Tradition und Reform*, S. 1-5, hier S. 1.

6 *Der Europäische Hochschulraum. Gemeinsame Erklärung der Europäischen Bildungsminister*, 19. 6. 1999, Bologna, ⟨http://www.ehea.info/media.ehea.info/file/Ministerial_conferences/04/1/1999_Bologna_Declaration_German_553041.pdf⟩, letzter Zugriff 2. 3. 2021. Allgemeine Informationen über den Stand der Umsetzung unter ⟨https://www.hrk.de⟩, letzter Zugriff 2. 3. 2021. Aus der mittlerweile fast uferlosen Literatur zu den Auswirkungen des »Bologna-Prozesses« auf die Juristenausbildung vgl. nur Thomas Pfeiffer, »Probleme alla bolognese: Juristenaus-

Die Frage, was einen guten Juristen ausmacht, ist in der Tat heute ebenso drängend wie im 12. und 13. Jahrhundert (der Glanzzeit Bolognas) oder im Jahr 1905 (dem Jahr, in dem Kantorowicz sein Pamphlet verfasste). Das Gleiche gilt für die sich daran anschließende Frage, wie man zu einem »guten Juristen« werden kann,[7] welches Leitbild wir also der Ausbildung zugrunde legen.[8] Nicht erst seit der Vereinheitlichung der Juristenausbildung im Deutschen Reich mit den Reichsjustizgesetzen von 1877 wird um ihre Inhalte und ihre Form gestritten.[9] Die Diskussion steht augenfällig in einem engen Zusammenhang mit den zentralen wirtschaftlichen, sozialen und technischen Veränderungen innerhalb der Gesellschaft oder jedenfalls mit einem entsprechenden Wahrnehmungswandel.[10] Denn es sind diese Veränderungen, auf die das Rechtssystem reagiert und die ihrerseits zugleich durch Recht gestaltet oder gar erst erzeugt werden. Die Berufung des Juristen ist

bildung und Bologna«, in: *RW* 2010, S. 104-112; Horst Konzen, »Bologna-Prozess und Juristenausbildung«, in: *JZ* 2010, S. 241-245 sowie die rechtsvergleichenden Beiträge in: Baldus u. a. (Hg.), *Juristenausbildung in Europa zwischen Tradition und Reform.*

7 Zur Frage nach dem »guten Richter« vgl. Marion Eckertz-Höfer, »›Vom guten Richter‹. Ethos, Unabhängigkeit, Professionalität«, in: *DÖV* 2009, S. 729-740.

8 Vgl. zum »europäischen Juristen« bereits Peter Häberle, »Der europäische Jurist«, in: *JöR n. F.* 50 (2002), S. 123-157; dazu Ingolf Pernice, »Peter Häberle: Der Europäische Jurist«, in: Alexander Blankenagel u. a. (Hg.), *Verfassung im Diskurs der Welt. Liber Amicorum für Peter Häberle zum siebzigsten Geburtstag*, Tübingen 2004, S. 3-16; Böttcher, »Der europäische Jurist«, S. 1-13; zur Frage nach dem Leitbild vgl. auch Michael Stolleis, »Gesucht: Ein Leitbild der Juristenausbildung«, in: *NJW* 2001, S. 200-202; zum Begriff des Leitbildes Susanne Baer, »Schlüsselbegriffe, Typen und Leitbilder als Erkenntnismittel und ihr Verhältnis zur Rechtsdogmatik«, in: Eberhard Schmidt-Aßmann, Wolfgang Hoffmann-Riem (Hg.), *Methoden der Verwaltungsrechtswissenschaft*, Baden-Baden 2004, S. 223-252, hier S. 232 ff., auch zur Gefahr von Leitbildern ebd., S. 234. Nach Baers Abgrenzung (ebd., S. 236 ff.) dürfte es sich bei dem im Folgenden entworfenen Konzept des »europäischen Juristen« genau genommen wohl eher um ein Modell, nicht um ein Leit*bild* handeln.

9 Bodo Pieroth, »Literarische Streifzüge durch die Geschichte der Juristenausbildung in Deutschland«, in: Gilbert-Hanno Gornig u. a. (Hg.), *Staat – Wirtschaft – Gemeinde. Festschrift für Werner Frotscher zum 70. Geburtstag*, Berlin 2007, S. 795-809.

10 Vgl. Stolleis, »Gesucht: Ein Leitbild der Juristenausbildung«, S. 200: »Der Alltag der Juristenausbildung deutet auf Kontinuität. [...] Aber dieser Eindruck täuscht. Der gesamte Kontext der Juristenausbildung ändert sich [...].«

es, diese Prozesse des Wandels *des* Rechts und des Wandels *durch* Recht aktiv zu begleiten. Das hat auch Auswirkungen auf das Anforderungsprofil juristischer Tätigkeit. Indem wir immer wieder erneut über die Ausbildung des Juristen nachdenken, vergewissern wir uns daher gleichzeitig über seine Aufgabe in der heutigen Zeit und über den Zustand des Rechtssystems.

B. Einwirkungskräfte auf das Selbstverständnis des Juristen und seine Tätigkeitsfelder

Werfen wir zunächst einen Blick auf einige zentrale gegenwärtige Einwirkungskräfte auf das Selbstverständnis und die Tätigkeitsfelder des Juristen.

I. Europäisierung

An erster Stelle ist hier die allgegenwärtige »Europäisierung« von Recht, Staat und Gesellschaft zu nennen.[11] Im Kaiserreich war der idealtypische Jurist – wie Kantorowicz ihn überzeichnet rekonstruiert, um ihn sodann mit spitzer Feder zu bekämpfen[12] – als »Staatsdiener« auf den Nationalstaat und dessen Recht fixiert.[13] In einer Zeit, in der »offene Staatlichkeit« zur »Überlebensvoraussetzung«

11 Vgl. auch Armin von Bogdandy, »Beobachtungen zur Wissenschaft vom Europarecht«, in: *Der Staat* 40 (2001), S. 3-43, hier S. 43, Fn. 208.

12 Vgl. zur Tradition solcher »Rechtskritik« im Sinne einer »Juristenkritik« Jörg Benedict, »Rechtskritik. Prolegomena zu einer Jurisprudenz als Universalwissenschaft«, in: *Rechtstheorie* 40 (2009), S. 337-377, hier S. 345 ff. (a] »Richterschelte«; b] »Advokatenschelte«); siehe zu den unterschiedlichen Bedeutungsgehalten des Ausdrucks »Rechtskritik« Sigrid Emmenegger, *Gesetzgebungskunst*, Tübingen 2006, S. 110.

13 Vgl. – unter Verweis auf Wilhelm Bleek, *Von der Kameralausbildung zum Juristenprivileg. Studium, Prüfung und Ausbildung der höheren Beamten des allgemeinen Verwaltungsdienstes in Deutschland im 18. und 19. Jahrhundert*, Berlin 1972 –: Pieroth, »Literarische Streifzüge durch die Geschichte der Juristenausbildung in Deutschland«, S. 797, der ausführt, dass die Phase, in der die Juristenausbildung zu einem staatlichen Regelungsobjekt wird, erst im 18. Jahrhundert beginnt. Die deutschen Territorialstaaten hätten dabei das Ziel verfolgt, ihre Herrschaft durch eine leistungsfähige Staatsdienerschaft auszubauen; dabei bedienten sie sich vornehmlich juristisch Vorgebildeter und begründeten das sogenannte Juristenmonopol.

des Staates geworden ist,[14] erweist sich diese Perspektive jedoch als entschieden zu eng.

Als Mitgliedstaat der Europäischen Union ist die Bundesrepublik Deutschland fest eingebunden in ein komplexes europäisches Mehrebenensystem. Wir sprechen in diesem Zusammenhang auch vom europäischen »Staatenverbund«,[15] vom »Verfassungsverbund«[16] und vom europäischen »Verwaltungs«- und »Verfassungsgerichtsverbund«.[17] Dementsprechend sind die einzelnen Mitgliedstaaten aufgefordert, völlig neue Instrumente, Regelungstypen und Konzepte mit weitreichenden Folgen in die eigene Rechtsordnung zu integrieren.[18] Gleichzeitig greift mittlerweile auf europäischer Ebene eine eigenständige rechtliche und rechtswissen-

14 Rainer Wahl, »Internationalisierung des Staates«, in: ders., *Verfassungsstaat, Europäisierung, Internationalisierung*, Frankfurt/M. 2003, S. 17-52, im Anschluss an Alexander Hollerbach, »Globale Perspektiven der Rechts- und Staatsentwicklung« (1991), in: Gerhard Robbers (Hg.), *Alexander Hollerbach. Ausgewählte Schriften*, Berlin 2006, S. 13-30.

15 BVerfGE, 123, 267 (348): »Der Begriff des Verbundes erfasst eine enge, auf Dauer angelegte Verbindung souverän bleibender Staaten, die auf vertraglicher Grundlage öffentliche Gewalt ausübt, deren Grundordnung jedoch allein der Verfügung der Mitgliedstaaten unterliegt und in der die Völker – das heißt die staatsangehörigen Bürger – der Mitgliedstaaten die Subjekte demokratischer Legitimation bleiben.« Siehe zum Begriff auch Paul Kirchhof, »Der europäische Staatenverbund«, in: Armin von Bogdandy, Jürgen Bast (Hg.), *Europäisches Verfassungsrecht. Theoretische und dogmatische Grundzüge*, Berlin, Heidelberg ²2009, S. 1009-1043, hier S. 1019 f.

16 Vgl. Ingolf Pernice, »Die Dritte Gewalt im europäischen Verfassungsverbund« (1996), in: ders., *Der Europäische Verfassungsverbund*, Baden-Baden 2020, S. 431-454, hier S. 439: »Der Begriff des Verfassungsverbunds kennzeichnet […] die materielle Einheit von Gemeinschafts- und innerstaatlichem (Verfassungs-) Recht.« Ders., »Der Europäische Verfassungsverbund auf dem Wege der Konsolidierung«, in: *JöR n. F.* 48 (2000), S. 205-232; ders., »Europäisches und nationales Verfassungsrecht«, in: *VVDStRL* 60 (2001), S. 148-193, hier S. 172 f.; Peter M. Huber, »Europäisches und nationales Verfassungsrecht«, in: *VVDStRL* 60 (2001), S. 194-245, hier S. 199.

17 Vgl. Eberhard Schmidt-Aßmann, Bettina Schöndorf-Haubold (Hg.), *Der Europäische Verwaltungsverbund*, Tübingen 2005, sowie Andreas Voßkuhle, »Der europäische Verfassungsgerichtsverbund«, in diesem Band, S. 265-289.

18 Andreas Voßkuhle, »Methode und Pragmatik im Öffentlichen Recht. Vorüberlegungen zu einem differenziert-integrativen Methodenverständnis am Beispiel des Umweltrechts«, in: Hartmut Bauer u. a. (Hg.), *Umwelt, Wirtschaft, Recht. Wissenschaftliches Symposium aus Anlaß des 65. Geburtstages von Reiner Schmidt*, Tübingen 2002, S. 171-195, hier S. 177.

schaftliche Systembildung Platz, die zum Beispiel berechtigt, vom »Europäischen Verwaltungsrecht« zu sprechen, das »mehr ist als die Summe der durch das EU-Recht überformten und in diesem Sinne ›europäisierten‹ nationalen Verwaltungsrechtsordnungen«.[19]

II. Internationalisierung und globaler Wettbewerb der Rechtssysteme

Auch auf internationaler Ebene können wir seit geraumer Zeit Prozesse beobachten, die unser nationales Rechtssystem nachhaltig beeinflussen:[20] Die Ausdehnung wirtschaftlicher Austauschprozesse über nationalstaatliche Grenzen hinweg, die Entwicklung weltumspannender Kommunikations- und Informationstechnologien, die Entstehung transnationaler Kapitalmärkte (und deren Zusammenbruch), den quantitativen Anstieg und Bedeutungszuwachs transnationaler Institutionen sowie global vernetzter sozialer und politischer Bewegungen und die transnationale Migration.[21] Dieser Prozess der Internationalisierung – vielfach als »Globalisierung« bezeichnet[22] – und die durch ihn produzierten Konflikte und Problemlagen müssen rechtlich verarbeitet werden.

Die damit in Zusammenhang stehenden rechtlichen Veränderungsprozesse lassen sich gut mit dem Stichwort »Transnationalisierung des Rechts« umschreiben.[23] Dabei richtet sich der Blick nicht

19 Eberhard Schmidt-Aßmann, *Das allgemeine Verwaltungsrecht als Ordnungsidee*, Berlin, Heidelberg ²2004, S. 377.

20 Ralf Poscher (»Das Verfassungsrecht vor den Herausforderungen der Globalisierung«, in: *VVDStRL* 67 (2008), S. 160-200, hier S. 161 ff.) unterscheidet insoweit »faktische Globalisierungsphänomene« einerseits und »regulative Globalisierungsphänomene« andererseits.

21 Klaus Günther, Shalini Randeria, *Recht, Kultur und Gesellschaft im Prozeß der Globalisierung*, Bad Homburg 2001, S. 10.

22 Ebd., S. 10. Vom »globalen Recht« spricht z. B. Gunther Teubner, vgl. ders., »Societal Contitutionalism: Alternatives to State-Centred Constitutional Theory«, in: Christian Joerges u. a. (Hg.), *Transnational Governance and Constitutionalism*, Oxford 2004, S. 3-28; siehe auch bereits ders., *Global Law Without a State*, Aldershot u. a. 1997. Zum »Verfassungsrecht vor den Herausforderungen der Globalisierung« vgl. auch die Beiträge von Georg Nolte, »Das Verfassungsrecht vor den Herausforderungen der Globalisierung«, in: *VVDStRL* 67 (2008), S. 129-159, und Matthias Ruffert, *Die Globalisierung als Herausforderung an das Öffentliche Recht*, Stuttgart u. a. 2004.

23 Vgl. Günther/Randeria, *Recht, Kultur und Gesellschaft im Prozeß der Globali-*

nur auf das wachsende internationale (zwischenstaatliche) Vertragsrecht, sondern auch auf halbstaatliche und nichtstaatliche Regelbestände wie transnationale (technische) Standardsetzung oder Standards internationaler Gremien (etwa Luftverkehrssicherheit).[24] Neben den nationalen Gesetzgebern operieren heute supranationale Gesetzgeber wie die Europäische Union und diverse internationale Organisationen wie die Welthandelsorganisation (WTO), die Weltbank oder der Internationale Währungsfonds (IWF). Dazu kommen halbstaatliche oder private Organisationen wie internationale Nichtregierungsorganisationen (NGOs), die in der Grauzone zwischen der gesellschaftlichen Artikulation von Interessen und Ansprüchen und ihrer staatlichen Transformation in allgemein anerkannte Rechte verbindliche Regelungen schaffen.[25]

Das Recht und die rechtsrelevanten Normen als Gegenstände juristischer Tätigkeit entspringen nach alledem – jedenfalls faktisch – den unterschiedlichsten Rechtsquellen[26] und werden erzeugt von

sierung, S. 17: »Zunehmend wird [...] das Recht in seiner grundlegenden Bedeutung nicht nur für die Transformation, sondern auch für die Erhaltung des Staates in einer globalisierten Welt wahrgenommen. Es erscheint uns daher sinnvoll, statt von ›Globalisierung‹ von ›Transnationalisierung‹ des Rechts zu sprechen, um so nicht nur auf den Prozesscharakter des Phänomens aufmerksam zu machen, sondern auch auf die nach wie vor wichtige, wenn auch sich nachhaltig verändernde Rolle nationaler Rechtssysteme und der Nationalstaaten. Während nationale Rechtsbereiche zunehmend transnationalisiert werden, durchdringen gleichzeitig internationale und supranationale Rechtsregime nationale Rechtsordnungen.« Siehe auch – grundlegend zur transnationalen Rechtserzeugung – Harold H. Koh, »The 1994 Roscoe Pound Lecture: Transnational Legal Process«, in: *Nebraska Law Review* 75 (1996), S. 181-207; weitere N. aus der US-amerikanischen Literatur bei Felix Hanschmann, »Theorie transnationaler Rechtsprozesse«, in: Sonja Buckel u. a. (Hg.), *Neue Theorien des Rechts*, Stuttgart 2006, S. 347-370; vgl. ferner Gert Brüggemeier (Hg.), *Transnationalisierung des Rechts*, Baden-Baden 2004. Zu den Entwicklungen der Theorie des globalen Rechts vgl. nur Andreas Fischer-Lescano, Gunther Teubner, *Regime-Kollisionen. Zur Fragmentierung des globalen Rechts*, Frankfurt/M. 2006.

24 Vgl. Thomas Vesting, *Rechtstheorie*, München 2007, Rn. 147; zur Standardsetzung Hans C. Röhl, »Internationale Standardsetzung«, und Oliver Lepsius, »Standardsetzung und Legitimation«, beide in: Christoph Möllers u. a. (Hg.), *Internationales Verwaltungsrecht*, Tübingen 2007, S. 319-343 bzw. S. 345-374.

25 Günther/Randeria, *Recht, Kultur und Gesellschaft im Prozeß der Globalisierung*, S. 10; näher zu den einzelnen Akteuren der Transnationalisierung des Rechts ebd., S. 52 ff.

26 Der Ausdruck »Rechtsquelle« wird hier untechnisch verwendet; vgl. zur Pro-

Akteuren verschiedener Ebenen.[27] In bestimmten Konstellationen (beispielsweise bei der richtlinienkonformen Auslegung nationaler Gesetze) kann es so zu einer Art rechtlicher »Koproduktion« kommen, bei der zwei autonome Rechtsordnungen im gemeinsam bestimmten Hervorbringen einer Entscheidung vernetzt sind.[28]

Gleichwohl greift die Annahme, der Staat werde im Verlauf dieser Prozesse in eine rein passive Rolle gedrängt, zu kurz,[29] denn er trägt nicht nur die Gewährleistungsverantwortung. Vielmehr ist er aktiv dabei, neue Formen staatlichen Handelns und der Steuerung zu entwerfen, indirekte und direkte Steuerungsmechanismen zu kombinieren und neue legislative und exekutive Instrumente auszuprobieren.[30] Neue Instrumente können durch internationale Harmonisierungsprozesse veranlasst sein oder zumindest von Vorbildern in anderen Ländern inspiriert werden. Sie können aber auch ihrerseits als erfolgreiche Modelle in den internationalen »Wettbewerb der rechtlichen Arrangements«[31] eingespeist werden.

blematik der herkömmlichen »Rechtsquellenlehre« und der Frage einer Neukonzeption derselben Matthias Ruffert, »Rechtsquellen und Rechtsschichten des Verwaltungsrechts«, in: Wolfgang Hoffmann-Riem u. a. (Hg.), *Grundlagen des Verwaltungsrechts*, Bd. I, München [2]2006 § 17, Rn. 8 ff.; Vesting, *Rechtstheorie*, Rn. 146 ff.

27 Vgl. Ralph Christensen, Markus Böhme, »Europas Auslegungsgrenzen. Das Zusammenspiel von Europarecht und nationalem Recht«, in: *Rechtstheorie* 40 (2009), S. 285-311, hier S. 289: »Es geht also um die Vernetzung zweier autonomer Rechtsordnungen beim gemeinsam bestimmten Hervorbringen einer Entscheidung.«

28 Ebd., S. 289.

29 Vgl. zum Wesen des Engagements des Staates im Prozess der Globalisierung Saskia Sassen, *Das Paradox des Nationalen. Territorium, Autorität und Rechte im globalen Zeitalter*, Frankfurt/M. 2008, insbes. S. 371 ff.

30 Ebd., S. 371.

31 Vgl. zu diesem Wettbewerb – mit deutlich kritischer Note – Sassen, ebd., S. 371 f.: »Einige Staaten [...] produzieren die Entwürfe für diese neuen ›Rechtlichkeiten‹ und nötigen diese aufgrund der Interdependenzen, die für das gegenwärtige Stadium der Globalisierung zentral sind, den anderen Staaten auf. Doch auch dann müssen die beteiligten Staaten die spezifischen Instrumente im Hinblick auf ihre jeweiligen politisch-ökonomischen Arrangements entwickeln.« Und weiter: »Frankreich z. B. zählt zu den führenden Anbietern von Dienstleistungen im Bereich der Information und des industriellen Ingenieurswesens und nimmt bei Finanz- und Versicherungsdienstleistungen eine starke, wenn auch nicht herausragende Position ein. Doch sieht sich Frankreich bei rechtlichen Dienstleistungen und solchen im Rechnungswesen zunehmend benachteiligt, da

Wie auch immer man dazu stehen mag, man wird festhalten können, dass die Grenzen nicht nur für Informationen, Ideen, Kapital- und Warenströme durchlässiger geworden sind, sondern auch für Rechtsformen sowie für juristische Argumentationsmuster und Verfahrensmodalitäten.[32]

Auch die Judikative bleibt von dem internationalen Wettbewerb der rechtlichen Konzepte, Ideen und Arrangements nicht unberührt. Veränderungsprozesse der Justiz, die nicht zuletzt durch erfolgreiche Modelle anderer Länder beeinflusst sind, manifestieren sich beispielsweise in der zunehmenden Etablierung alternativer Konfliktlösungsmechanismen wie etwa der Mediation,[33] aber auch in der Betonung judikativer Transparenz, der nachvollziehbaren, guten Begründung von Entscheidungen und der Bürgerfreundlichkeit der Justiz. Die Justiz wird insoweit zunehmend auch als ein Standortfaktor wahrgenommen.

Als weiterer Beitrag im »Wettbewerb der rechtlichen Arrangements« dürfte auch die Initiative der Länder Nordrhein-Westfalen und Hamburg anzusehen sein, Kammern für internationale Han-

anglo-amerikanisches Recht und anglo-amerikanische Standards bei internationalen Geschäftsabschlüssen dominieren. Anglo-amerikanische Firmen mit Niederlassungen in Paris arbeiten den juristischen Bedürfnissen der Firmen, die von Frankreich aus operieren, zu – ganz gleich, ob dies französische oder ausländische Firmen sind. Ähnlich dominiert das anglo-amerikanische Recht immer stärker das internationale Handelsschiedswesen, dessen institutionelle Grundlagen auf kontinentalen – vor allem französischen und schweizerischen – Traditionen der Rechtsprechung aufbauen.« (Ebd., Fn. 6.)

32 Rüdiger Voigt, »Globalisierung des Rechts. Entsteht eine ›dritte Rechtsordnung‹?«, in: ders. (Hg.), *Globalisierung des Rechts*, Baden-Baden 2000, S. 13-36, hier S. 19.

33 In diese Richtung auch Ingo von Münch, *Legal Education and the Legal Profession in Germany*, Baden-Baden 2002, S. 71: »Eventuell wird eine Entwicklung hin zu mehr Mediation und weg von Gerichtsentscheidungen stattfinden.« (Wenn keine deutschprachigen Quellen angegeben sind, stammen sämtliche Übersetzungen von mir, A. V.) Dieter Strempel, »Neuer Ausbildungsinhalt: Außergerichtliche Konfliktregelung (Mediation)«, in: ders. (Hg.), *Juristenausbildung zwischen Internationalität und Individualität – auch ein Problem der Gesetzgebung*, Baden-Baden 1998, S. 365-377; zur Mediation vgl. auch Joachim von Bargen, »Mediation im Verwaltungsprozess«, in: *DVBl.* (2004), S. 468-477; Jan M. v. Bargen, *Gerichtsinterne Mediation*, Tübingen 2008; Rainer Pitschas, »Mediation als Methode und Instrument der Konfliktmittlung im öffentlichen Sektor«, in: *NVwZ* (2004), S. 396-403; Ulrike Rüssel, *Mediation in komplexen Verwaltungsverfahren*, Baden-Baden 2004.

delssachen (KfiH) einzuführen, vor denen auf Englisch verhandelt werden können soll. Hier wird ausdrücklich argumentiert mit der »Bedeutung des globalen Standortwettbewerbs, der auch die Justiz erfasst hat«.[34] Wir können darin den Versuch sehen, globalen Unternehmen ein »klassisches« Konfliktlösungsmodell – nämlich den Prozess vor einem staatlichen Gericht – als Alternative zu internationalen Handelsschiedsverfahren schmackhaft zu machen, die derzeit in der Regel durch private Schiedspersonen entschieden werden.[35] Ohne an dieser Stelle diese Initiative zur Einführung von englischsprachigen Kammern für internationale Handelssachen rechtlich oder rechtspolitisch abschließend bewerten zu wollen: Sie ist jedenfalls ein Beleg dafür, dass die Wahrnehmung eines globalen Wettbewerbs der Rechtssysteme[36] vor der Judikative nicht haltmacht.[37]

34 Pressemitteilung des Justizministeriums Nordrhein-Westfalen v. 12.2.2010, »Englisch als mögliche Gerichtssprache: Ministerin Roswitha Müller-Piepenkötter stellt Gesetzentwurf im Bundesrat vor«, ⟨https://www.land.nrw/de/pressemitteilung/englisch-als-moegliche-gerichtssprache-ministerin-roswitha-mueller-piepenkoetter⟩, letzter Zugriff 2.3.2021.

35 Vgl. BR-Drucks. 42/10 v. 27.1.2010, S. 2: »Der Gerichtsstandort Deutschland wird durch die Einführung von Englisch als Gerichtssprache in hohem Maße an Attraktivität gewinnen. Deutsche Kammern für internationale Handelssachen werden bedeutende wirtschaftsrechtliche Verfahren anziehen, die bisher entweder vor Schiedsgerichten oder im englischsprachigen Ausland verhandelt werden. Die zunehmende Vereinbarung des Gerichtsstandortes Deutschland wird auch die vermehrte Wahl des deutschen Rechts als auf internationale Vertragsverhältnisse anwendbares Recht nach sich ziehen.«

36 Zum »Wettbewerb der Rechtsordnungen« vgl. die Referate von Anne Peters und Thomas Giegerich auf der Staatsrechtslehrertagung 2009 in Graz, »Wettbewerb von Rechtsordnungen«, in: *VVDStRL* 69 (2010), S. 7-56 bzw. 57-105; Lothar Michael, »Wettbewerb von Rechtsordnungen«, in: *DVBl.* (2009), S. 1062-1071.

37 Skeptischer dagegen von Münch, *Legal Education and the Legal Profession in Germany*, S. 71: »Im Hinblick auf die Zukunft juristischer Berufe wird der Beruf des Richters wahrscheinlich keine bemerkenswerten Veränderungen erfahren. Eventuell wird eine Entwicklung hin zu mehr Mediation und weg von Gerichtsentscheidungen stattfinden. Die Belastungen der Gerichte werden durch effizienzsteigernde Verwaltungsmaßnahmen unter Einsatz neuer Technologien verringert werden müssen.«

III. Wissensgesellschaft: Wissen, Nichtwissen, Digitalisierung

Internationalisierung und Globalisierung werden ihrerseits begleitet von einer weiteren Entwicklung, die gemeinhin unter dem schillernden Schlagwort »Wissensgesellschaft« diskutiert wird:[38] Bis 2010 wollte die Europäische Union nach einer Erklärung des Europäischen Rates im Jahr 2000 zur »wettbewerbsfähigsten Wissensgesellschaft der Welt« geworden sein.[39] Auch in der »Bologna-Erklärung« aus dem Jahr 1999 ist die Rede vom »Europa des Wissens«. Es heißt dort: »Inzwischen ist ein Europa des Wissens weitgehend anerkannt als unerläßliche Voraussetzung für gesellschaftliche und menschliche Entwicklung sowie als unverzichtbare Komponente der Festigung und Bereicherung der europäischen Bürgerschaft [...].«[40]

Zugleich wächst unser Problembewusstsein für Ungewissheiten: Die Generierung neuen wissenschaftlichen Wissens lässt auch das scheinbar »unbegrenzte Universum des Nichtwissens« (Peter Weingart) deutlicher sichtbar werden.[41] Im Zentrum der Wissensgesell-

38 Zum Verhältnis von Wissen und Recht vgl. hier nur statt vieler die Beiträge in: Indra Spiecker gen. Döhmann, Peter Collin (Hg.), *Generierung und Transfer staatlichen Wissens im System des Verwaltungsrechts*, Tübingen 2008; Gunnar F. Schuppert, Andreas Voßkuhle (Hg.), *Governance von und durch Wissen*, Baden-Baden 2008, sowie Hans C. Röhl (Hg.), *Wissen – Zur kognitiven Dimension des Rechts. Die Verwaltung*, Beiheft 9 (2010). Allgemein zur Problematik auch Bardo Fassbender, »Wissen als Grundlage staatlichen Handelns«, in: Joseph Isensee, Paul Kirchhof (Hg.), *Handbuch des Staatsrechts der Bundesrepublik Deutschland*, Bd. IV, Heidelberg [3]2006, § 76.

39 Vgl. Armin von Bogdandy, »Entgrenzung der Wissenschaften und Prämissen des europäischen Wissenschaftsraums: Anregungen zur Gestaltung des Europäischen Forschungsrats«, in: Hochschulrektorenkonferenz (Hg.), *Beiträge zur Hochschulpolitik 2/2007. Die deutschen Hochschulen zwischen Bundesländern und Europa*, Bonn 2007, S. 69-90, hier S. 70, mit Verweis auf die Schlussfolgerungen des Vorsitzes, Europäischer Rat (Lissabon), 23. und 24. März 2000 (SN 100/00), Nr. 5: Nach dem ersten Gipfel solle die Europäische Union bis zum Jahr 2010 zur wettbewerbsfähigsten Wissensgesellschaft der Welt werden.

40 *Der Europäische Hochschulraum. Gemeinsame Erklärung der Europäischen Bildungsminister*, 19. 6. 1999, Bologna.

41 Andreas Voßkuhle, »Expertise und Verwaltung«, in: Hans-Heinrich Trute u. a. (Hg.), *Allgemeines Verwaltungsrecht – zur Tragfähigkeit eines Konzepts*, Tübingen 2008, S. 637-663, hier S. 652, m. w. N.; Arno Scherzberg, »Wissen, Nichtwissen

schaft steht aus diesem Blickwinkel die Generierung von Expertise im Umgang mit Nichtwissen.[42] Im Verwaltungsrecht wird diese Entwicklung besonders augenfällig, wenn es beispielsweise um das Planungs-, Umwelt- und Technikrecht geht. Hier erweist sich die Entscheidungssituation aufgrund der zu bewältigenden Zielkonflikte, der Unsicherheit der Zukunft und der in aller Regel bestehenden Wahlmöglichkeiten zwischen verschiedenen Handlungsoptionen häufig als außerordentlich komplex.[43]

Das vorhandene Wissen ist überdies durch seine zunehmende Digitalisierung neu geordnet, anders verknüpft und schier unbegrenzt verfügbar. Auch das rechtliche Wissen ist digitalisiert und wird erst durch die jeweilige Technik des Zugriffs geordnet, möglicherweise also – je nach individuellem Bedarf – unsystematisch, nichthierarchisch: Hier entwickelt sich in der Praxis ein ganz neues methodisches oder bisweilen auch nichtmethodisches Vorgehen, dessen Einfluss auf die Rechtserzeugung noch gar nicht abschätzbar ist.[44] Die Veränderungsprozesse, die wir unter dem Schlagwort »Digitalisierung des Staates« zusammenfassen können, greifen aber noch weiter – man denke an Projekte wie die »elektronische Akte«, den teilweise bereits praktizierten »elektronischen Rechtsverkehr« und das »E-Government«.[45]

und Ungewißheit im Recht«, in: Christoph Engel u. a. (Hg.), *Wissen – Nichtwissen – Unsicheres Wissen*, Baden-Baden 2002, S. 113-144; Ivo Appel, »Methodik des Umgangs mit Ungewissheit«, in: Schmidt-Aßmann/Hoffmann-Riem (Hg.), *Methoden der Verwaltungsrechtswissenschaft*, S. 327-358, sowie die Beiträge in: Ino Augsberg (Hg.), *Unwissen als Chance. Perspektiven eines produktiven Umgangs mit Unsicherheit im Rechtssystem*, Tübingen 2009.

42 Voßkuhle, »Expertise und Verwaltung«, S. 652-655.

43 Ebd., S. 642 f.

44 Vgl. schon Fritjof Haft, »Das Internet in der Juristenausbildung«, in: Strempel (Hg.), *Juristenausbildung zwischen Internationalität und Individualität*, S. 123-138, hier S. 124: »Juristisches Wissen ist in geschriebenen und gedruckten Texten gespeichert, die schon längst zu einer gewaltigen Informationslawine angeschlossen sind. Bereits in den sechziger Jahren hat man die Möglichkeit des Computereinsatzes zur Bewältigung dieser Lawine erkannt und seitdem große juristische Datenbanken wie juris und Lexinform geschaffen. [...] Die verwendeten Suchtechniken über Begriffe und Begriffsverknüpfungen sind freilich durch und durch unjuristisch.« Siehe auch Hans-Joachim Strauch, »Wandel des Rechts durch juristische Datenbanken?«, in: *DVBl.* (2007), S. 1000-1007.

45 Siehe dazu den »Aktionsplan Deutschland-Online«, Beschluss der Regierungschefs des Bundes und der Länder vom 22. 6. 2006, neu gefasst am 19. 11. 2009.

C. Folgerungen für die juristische Ausbildung in Deutschland: Das Leitbild des europäischen Juristen

Was folgt aus den hier nur in aller Kürze skizzierten Veränderungsprozessen für das Leitbild des europäischen Juristen und die daran orientierte Ausbildung?

I. Rechtsanwendung und Rechtserzeugung: Der europäische Jurist als Akteur in nationalen, europäischen und internationalen Rechtserzeugungsprozessen

Mehr als 140 Jahre nach Vereinheitlichung der Juristenausbildung durch die Reichsjustizgesetze (1877)[46] soll sich der in Deutschland ausgebildete europäische Jurist in internationalen Diskussionszusammenhängen zurechtfinden können, mehr noch: Er soll gemeinsame Themen mit europäischen Juristen aus anderen Ländern finden, mit Juristen aus anderen Ländern eine im übertragenen Sinne »gemeinsame Sprache« entwickeln, eigene Errungenschaften in den internationalen Diskussionszusammenhang einspeisen[47] sowie in Aushandlungsprozessen bestehen und in deren Rahmen Konflikte lösen.[48]

Dazu Robert F. Heller, Eike Richter, »Das Recht als erfolgskritischer und reformstrategischer Faktor im E-Government. Dargestellt anhand der praktischen Erfahrungen bei der Umsetzung des prioritären Vorhabens ›KfZ-Wesen‹ des Aktionsplans Deutschland-Online«, in: *DVBl.* (2010), S. 345-353, hier S. 346. Allgemein zum E-Government Martin Eifert, *Electronic Government*, Baden-Baden 2006; Gabriele Britz, »Elektronische Verwaltung«, in: Wolfgang Hoffmann-Riem u. a. (Hg.), *Grundlagen des Verwaltungsrechts*, Bd. II, München ²2008, § 26; Hermann Hill, Utz Schliesky (Hg.), *Herausforderung e-Government. Evolution des Rechts- und Verwaltungssystems*, Baden-Baden 2009; Volker Boehme-Neßler, »Das Ende des Staates? Zu den Auswirkungen der Digitalisierung auf den Staat«, in: *ZÖR* (2009), S. 145-199; ders., *Unscharfes Recht. Überlegungen zur Relativierung des Rechts in der digitalisierten Welt*, Berlin 2008.

46 Pieroth, »Literarische Streifzüge durch die Geschichte der Juristenausbildung in Deutschland«, S. 795.

47 Christoph Möllers, Andreas Voßkuhle, »Die deutsche Staatsrechtswissenschaft im Zusammenhang der internationalisierten Wissenschaften«, in: *Die Verwaltung* 36 (2003), S. 321-332, hier S. 331.

48 Vgl. z. B. zu Aushandlungsprozessen im Komitologie-Verfahren: Josef Falke, »Ko

Der Jurist hat sich damit vom gesetzespositivistischen »Diener des Nationalstaates«[49] zum Begleiter und Akteur vielfältiger Rechtsentstehungsprozesse gewandelt, die auf den unterschiedlichsten und miteinander verschränkten intra- oder interstaatlichen sowie halbstaatlichen oder nichtstaatlichen Ebenen stattfinden.

Leitbild der Juristenausbildung wird danach nicht mehr der das nationale Recht subsumierende Richter sein. Aber auch der globale »Wall Street Lawyer« nach amerikanischem Muster – der für die große Mehrzahl der in Deutschland tätigen Rechtsanwälte ohnehin nie paradigmatisch gewesen sein dürfte – scheidet nicht erst seit der Finanzkrise als Leitbild des europäischen Juristen aus.[50] Zukunftsweisend ist vielmehr der vielfältig einsetzbare Rechtsgestalter, der über Orientierungs- und Verfügungswissen für soziales Handeln in einer komplexen Welt verfügt und bei zunehmender europäischer und internationaler Verflechtung der Rechtssysteme im »Wettbewerb rechtlicher Arrangements« selbst Vorschläge zu formulieren und in die Normerzeugungsprozesse auf europäischer und internationaler Ebene bereits im Vorfeld einzuspeisen vermag.[51]

Die juristische Ausbildung muss dieser Vielfalt juristischer

mitologie. Entwicklung, Rechtsgrundlagen und erste empirische Annäherung«, in: Christian Joerges, Josef Falke (Hg.), *Das Ausschußwesen der Europäischen Union. Praxis der Risikoregulierung im Binnenmarkt und ihre rechtliche Verfassung*, Baden-Baden 2000, S. 43-159; zur Mediation – auch an den Gerichten – siehe oben, S. 27 f., und Fn. 33; allgemein zur Konfliktlösung durch Verhandlung Wolfgang Hoffmann-Riem, *Konfliktmittler in Verwaltungsverhandlungen*, Heidelberg 1989; Bernd Holznagel, *Konfliktlösung durch Verhandlungen*, Baden-Baden 1990; Wolfgang Hoffmann-Riem, Eberhard Schmidt-Aßmann (Hg.), *Konfliktbewältigung durch Verhandlungen*, Bd. I und II, Baden-Baden 1990.

49 Vgl. zu einer differenzierten Sicht auf die Praxis des Reichsgerichts Jan Schröder, »Zum Gesetzespositivismus in der Rechtsprechung des Reichsgerichts«, in: Gerald Kohl u. a. (Hg.), *Festschrift für Wilhelm Brauneder zum 65. Geburtstag. Rechtsgeschichte mit internationaler Perspektive*, Wien 2008, S. 603-614.

50 Vgl. zum Niedergang des »Wall Street Lawyer« aus der US-amerikanischen Literatur: Larry E. Ribstein, »The Death of Big Law«, in: *Wisconsin Law Review* 10 (2010), S. 749-815; Thomas D. Morgan, *The Vanishing American Lawyer*, New York 2010; und ders., »The Last Days of the American Lawyer«, 〈http://papers.ssrn.com/abstract=1543301〉, letzter Zugriff 3. 3. 2021; Milton C. Reagan, Jr., *Eat What You Kill. The Fall of a Wall Street Lawyer*, Ann Arbor 2005; Richard Susskind, *The End of Lawyers? Rethinking the Nature of Legal Services*, Oxford, New York 2008.

51 Vgl. schon Voßkuhle, »Methode und Pragmatik im Öffentlichen Recht«, S. 178.

Tätigkeit Rechnung tragen, denn die Jurisprudenz ist nicht nur Rechtsanwendungs-, sondern auch Rechtsetzungs-, Rechtsgestaltungs-, Entscheidungs- und Handlungswissenschaft. Der Jurist »als solcher« ist nicht mehr nur der Richter, sondern er ist eben auch Rechtsberater, Rechtsgestalter und Rechtserzeuger. An die Stelle einer national introvertierten Norm- und Rechtsprechungsexegese tritt ein problemorientierter Austausch von rechtlichen Argumenten, Lösungsansätzen und Erfahrungen.[52]

Aus dieser Erweiterung des Tätigkeitsfeldes folgt zugleich, dass das Leitbild der juristischen Ausbildung der europäische Jurist als umfassend ausgebildeter Einheitsjurist sein muss: Gerade aufgrund der Vielzahl denkbarer Perspektiven und Rollen muss die Ausbildung gewährleisten, dass jede von ihnen potentiell eingenommen werden kann.

II. Internationalität: Der europäische Jurist als juristischer Kosmopolit

So wie der europäische Jurist sich auf unterschiedliche Perspektiven juristischen Denkens und Handelns einlassen können muss, muss er auch in der Lage sein, die diversen Ebenen des Rechts stets »mitzudenken« und sich auf andere juristische Traditionen und Denkstile einzulassen. Damit bin ich bei meinem nächsten Punkt angelangt, dem europäischen Juristen als »juristischem Kosmopoliten«.

Bei der europäischen und internationalen Dimension der juristischen Ausbildung, die ich meine, geht es weniger um die formale, strukturelle Harmonisierung des Studienablaufs. Denn mit einer bloß formalen Vereinheitlichung ist noch nichts gewonnen, sondern möglicherweise sogar nur etwas verloren. Es geht vielmehr darum, das juristische Denken und Handeln und damit auch die juristische Ausbildung in Deutschland *inhaltlich* auf Europa und die Welt auszurichten.[53] Gefordert ist in den Worten Peter Häber-

52 Ebd., S. 178 f.; ders., »Die Renaissance der ›Allgemeinen Staatslehre‹ im Zeitalter der Europäisierung und Internationalisierung«, in: *JuS* (2004), S. 2-7, hier S. 5, m. w. N.

53 Vgl. Böttcher, »Der europäische Jurist«, S. 9: »Die vergleichende Betrachtung der Strukturen der Juristenausbildung in Europa ist *eine* Sache, wenn man vom eu

les (der als Erster vom »europäischen Juristen« gesprochen hat[54]), dass

> jeder Jurist im Alltag national und europäisch arbeitet, d. h.: z. B. als nationaler Richter im Rahmen des Europarates sich auch als EMRK-Richter versteht bzw. im Rahmen der EU auch als ›EU-Gemeinschaftsrichter‹ entscheidet: und zwar in allen Instanzen und auf allen Ebenen der nationalen Rechtsordnungen. Entsprechendes gilt für die Aufgaben des Rechtsanwaltes, des Rechtsberaters und vor allem der Professoren und Studenten an juristischen Fakultäten [...].[55]

Hinzuzufügen wäre die internationale Dimension. In Zeiten, in denen von einer »Konstitutionalisierung des Völkerrechts«[56] und einer »globalisierten Jurisprudenz«[57] ebenso wie von einer »Fragmentierung«[58] und einem »Pluralismus«[59] des (globalen) Rechts gespro-

ropäischen Juristen spricht. Die inhaltliche Ausrichtung der Juristenausbildung auf Europa ist eine *andere*.«

54 Vgl. die N. in Fn. 8; zur Würdigung Pernice, »Peter Häberle: Der Europäische Jurist«, S. 9: »Er ist *der* europäische Jurist, einer, der diese Bezeichnung verdient, wie kaum ein anderer.«

55 Häberle, *Der europäische Jurist*, S. 7.

56 Vgl. Jürgen Habermas, »Konstitutionalisierung des Völkerrechts und die Legitimationsprobleme einer verfassten Weltgesellschaft«, in: Winfried Brugger u. a. (Hg.), *Rechtsphilosophie im 21. Jahrhundert*, Frankfurt/M. 2008, S. 360-379; Andreas L. Paulus, »Zur Zukunft der Völkerrechtswissenschaft in Deutschland: Zwischen Konstitutionalisierung und Fragmentierung des Völkerrechts«, in: *ZaöRV* 67 (2007), S. 695-719; Jochen A. Frowein, »Konstitutionalisierung des Völkerrechts«, in: Matthias Hartwig u. a. (Hg.), *Jochen Abr. Frowein. Völkerrecht – Menschenrechte – Verfassungsfragen Deutschlands und Europas. Ausgewählte Schriften*, Berlin 2004, S. 173-198; Brun-Otto Bryde, »Konstitutionalisierung des Völkerrechts und Internationalisierung des Verfassungsrechts«, in: *Der Staat* 42 (2003), S. 61-75; allgemein Gunnar F. Schuppert, Christian Bumke, *Die Konstitutionalisierung der Rechtsordnung*, Baden-Baden 2000.

57 Christoph Möllers, »Globalisierte Jurisprudenz: Einflüsse relativierter Nationalstaatlichkeit auf das Konzept des Rechts und die Funktion seiner Theorie«, in: Michael Anderheiden u. a. (Hg.), *Globalisierung als Problem von Gerechtigkeit und Steuerungsfähigkeit des Rechts. ARSP*, Beiheft 79 (2001), S. 41-60.

58 Vgl. nur Fischer-Lescano/Teubner, *Regime-Kollisionen*.

59 Vgl. zur Theorie des »legal pluralism« den Überblick bei Roger Cotterrell, »Transnational Communities and the Concept of Law«, in: *Ratio Juris* 21 (2008), S. 1-18, hier S. 7: »[T]atsächlich nehmen alle theoretisch ausgefeilten rechtssoziologischen Schriften zu Globalisierung und Recht eine rechtlich pluralistische Sichtweise ein. Was kennzeichnet diese Sichtweise? Der Begriff ›Rechtsplura-

chen werden kann, ist Leitbild des europäischen Juristen auch der »juristische Kosmopolit« – mit Bewusstsein für die außereuropäischen Rechtsordnungen, für deren Konvergenzen sowie für deren gewachsene Eigenständigkeit und Eigenart sowie einem Gespür für globale Normentwicklungen.[60] Auch in Bezug auf die internationalen Normentstehungsprozesse gilt es deshalb, ein Gefühl der »Mit-Verantwortlichkeit« zu entwickeln, so, wie es Hans Peter Ipsen bereits im Jahr 1964 auf dem Karlsruher Juristentag für das europäische Gemeinschaftsrecht gefordert hatte.[61]

Voraussetzung für all dies sind Rechtskenntnisse im Europarecht, im internationalen und ausländischen Recht sowie Methodenkompetenz im Bereich der Rechtsvergleichung – die in mehr besteht als in einem bloßen Textvergleich, denn die jeweiligen Regelungen müssen historisch und kulturell kontextualisiert werden.[62] Dabei kann es im Rahmen der Ausbildung nicht um veräs-

lismus‹ bezeichnet für gewöhnlich ›eine Situation, in welcher zwei oder mehr Rechtssysteme auf demselben Gebiet koexistieren‹ [...] und unabhängige Zuständigkeitsansprüche geltend machen.«

60 Vgl. zum »globalisierten geisteswissenschaftlichen Diskurs« Möllers/Voßkuhle, »Die deutsche Staatsrechtswissenschaft im Zusammenhang der internationalisierten Wissenschaften«, S. 330 f.; Möllers, »Globalisierte Jurisprudenz«, S. 41-60; mit Mahnung zur Selbstkritik und Bescheidenheit Häberle, *Der europäische Jurist*, S. 32 f.: »Die vermeintliche oder wirkliche ›Universalität‹ mancher europäischer Rechtsprinzipien darf nicht zum Instrument der Einebnung der Kulturen anderer Völker werden [...], was nicht ausschließt, im Sinne I. Kants in ›weltbürgerlicher Absicht‹ zu denken und zu handeln [...]. Aber die Europäisierungsvorgänge sollen taktvoll und sensibel auf Europa beschränkt bleiben und allenfalls als ›Angebot‹ unterbreitet werden, nicht als verdeckte Form neuer Kolonialisierung.«

61 Hans P. Ipsen, »Der deutsche Jurist und das europäische Gemeinschaftsrecht«, in: *Verhandlungen des fünfundvierzigsten deutschen Juristentages* 1964, Bd II, S. L 5-L 27, hier S. L 7: »Anders als gegenüber dem nationalen deutschen Binnenrecht, in dessen Behausung der deutsche Jurist sich aus Erziehung, Erkenntnis und Erfahrung heimisch fühlt, geht ihm gegenüber dem Gemeinschaftsrecht das Gefühl der Mit-Verantwortlichkeit ab. Er sieht diese Rechtsmasse werden und wachsen ohne Fähigkeit und Vermögen, an dem neuen Prozess der Rechtsgestaltung in etwa derart verantwortlich mitzuwirken, wie ihm das – als pragmatischem Juristen aller denkbaren beruflichen Standorte nicht weniger als intellektuell und professionell dazu besonders berufenem Staatsbürger – in der Fortentwicklung der binnendeutschen Rechtsordnung möglich ist.«

62 Zur Rechtsvergleichung im Privatrecht vgl. die Werke von Ernst Rabel, Max Rheinstein, Konrad Zweigert; zur Rechtsvergleichung im Öffentlichen Recht

telte Detailkenntnisse gehen, sondern lediglich darum, dem jungen Juristen einen verlässlichen Zugang zu eröffnen und seine »Mit-Verantwortlichkeit« zu entwickeln.

Als »juristischer Kosmopolit« benötigt der europäische Jurist Sprachkompetenz – vor allem sollte er Englisch beherrschen und daneben möglichst noch eine weitere wichtige Fremdsprache.[63] Man denke nur an die Urteile des zunehmend bedeutsamen Europäischen Gerichtshofs für Menschenrechte (EGMR), die amtlich nur auf Französisch und Englisch verfasst werden. Deutsche Übersetzungen sind nur dann erhältlich, wenn sich eine deutschsprachige Fachzeitschrift zur Veröffentlichung der Entscheidung entschließt. Trotzdem müssen die endgültigen Entscheidungen des EGMR bei der Auslegung des nationalen Rechts berücksichtigt werden.[64] In Zukunft werden wir daher bei der juristischen Ausbildung dem Erwerb juristischer Fremdsprachenkenntnisse auch jenseits der Jura-Fakultäten in Passau und Trier, die hier vorbildlich sind, noch mehr Raum einräumen müssen.

Das Stichwort »Raum einräumen« führt mich zu einem weiteren Punkt, nämlich der Frage der Mobilität. Die schönste und direktes-

vgl. nur Peter Häberle, *Rechtsvergleichung im Kraftfeld des Verfassungsstaates*, Berlin 1992; Georgios Trantas, *Die Anwendung der Rechtsvergleichung bei der Untersuchung des öffentlichen Rechts*, Dresden 1998; Rainer Wahl, »Verfassungsvergleichung als Kulturvergleichung«, in: ders., *Verfassungsstaat, Europäisierung, Internationalisierung*, S. 96-120.

63 Vgl. von Bogdandy, »Beobachtungen zur Wissenschaft vom Europarecht«, S. 42: »Die Sprache dieser Metastruktur wird das Englische sein, und die englischen Rechtsbegriffe werden englische Rechtsbegriffe transportieren. [...] Die Übertragung kontinentaler öffentlich-rechtlicher Konstrukte [...] wird der Selbsttransparenz dienen, den Gedanken schärfen, vielleicht sogar – langfristig – auf die tendenziell hermetischen nationalen Argumentationskulturen modifizierend zurückwirken.« Böttcher, »Der europäische Jurist«, S. 9: »Zur inhaltlichen Ausrichtung der Juristenausbildung auf Europa gehört die Integration von Sprachunterricht [...]. Es kann nicht zweifelhaft sein, daß der europäische Jurist in Zukunft Englisch in Wort und Schrift beherrschen sollte, möglichst noch eine weitere europäische Sprache.« Günther/Randeria, *Recht, Kultur und Gesellschaft im Prozess der Globalisierung*, S. 106: »Von besonderer Bedeutung sind unterschiedliche Arten von ›Fernkompetenz‹, also vor allem linguistische Kompetenzen, eine Sensibilität für die kulturellen Unterschiede (und zwar als intellektuelles Vermögen und nicht als Kurztraining in interkultureller Kommunikation) und die Fähigkeit zur Wahrnehmung differenter sozialer wie historischer Kontexte.«

64 Vgl. BVerfGE 111, 307 (307 ff.).

te Weise, Sprachkompetenz und Verständnis für andere Rechtssysteme zu erwerben oder wenigstens die Bereitschaft zu entwickeln, sich diese zu erschließen, ist der Auslandsaufenthalt – auch wenn nicht jeder Studienaufenthalt in Bologna uns die spontane Kreativität eines Hermann Kantorowicz verleihen mag. Das politische Plädoyer für eine weitere Verkürzung der Studiendauer halte ich auch aus diesem Grunde für verfehlt. Wer während des Studiums ins Ausland gehen soll, benötigt nämlich vor allem eines: Zeit.

III. Juristische Allgemeinbildung und Überblickswissen: Der europäische Jurist als Wissensexperte mit rechtlichem Metawissen

Damit komme ich zu meiner dritten Schlussfolgerung. Sie lautet: Der europäische Jurist ist als Generalist »Wissensexperte« mit rechtlichem »Metawissen«.[65]

Soll der europäische Jurist flexibel mit Veränderungen umgehen können und sich in den konvergierenden Rechtsordnungen – die gleichwohl plural und unterschiedlich bleiben werden – zurechtfinden, kann es schon aus praktischen Erwägungen nicht darum gehen, als Ziel der Ausbildung noch breitere, umfassendere Kenntnisse vom positiven Recht und seinen weitreichenden Verästelungen zu verlangen. Allein das Europarecht ist heutzutage ein Rechtsgebiet, das in zahllose eigenständige Rechtsgebiete untergliedert ist, die ihrerseits eine enorme Komplexität und Ausdifferenzierung erreicht haben. Will man die Ausbildungszeit nicht ins Unendliche verlängern, scheiden die pauschale Erweiterung des Stoffs als Weg der Ausbildung und der »positivistische Stoffhuber« als Leitbild aus. Es kann also nur darum gehen, Methoden zu beherrschen, anhand deren das verfügbare Wissen im Bedarfsfall abgerufen und erschlossen werden kann.

Das bedeutet auch, dass der »Spezialist« nicht als Leitbild in Frage kommt, zumal innerhalb weniger Jahre ganze Rechtsgebiete neu entstehen können (man denke beispielsweise an das »IT-Recht«), während andere womöglich in die Bedeutungslosigkeit hinabsinken.[66] Trotzdem widerspricht es der Orientierung am Leitbild des

65 Voßkuhle, »Expertise und Verwaltung«, S. 657 f.

66 Vgl. bereits Stolleis, »Gesucht: Ein Leitbild der Juristenausbildung«, S. 200, der

Generalisten und »Wissensexperten« nicht, eine gewisse Schwerpunktsetzung in Studium und Referendariat zu ermöglichen. Eine zu frühe oder zu starke Spezialisierung wird aber stets zu Lasten der Flexibilität der jungen Juristin gehen, und ebendiese Flexibilität wird sie angesichts der fortschreitenden Geschwindigkeit der Veränderungen im Rechtssystem dringend benötigen.

IV. Wissenschaftlichkeit und Grundlagenorientierung: Der europäische Jurist als theoretisch und wissenschaftlich geschulter Praktiker

Aus den gleichen Erwägungen heraus sollten Theorie und Praxis der juristischen Ausbildung weiterhin in einem zweistufigen, einem »dualen« System grundsätzlich voneinander getrennt gehalten werden.[67] Wir brauchen das wissenschaftliche Selbstverständnis[68] des europäischen Juristen ebenso wie die Wissenschaftlichkeit seiner Ausbildung. Die universitäre Juristenausbildung darf – mit anderen Worten – keine reine Berufsqualifikation sein, sondern sie muss dem »Freiheitsgedanken des wissenschaftlichen Erkenntnisprozesses«[69] verbunden bleiben. Die Devise bleibt: »Erst die Theorie, dann die Praxis.«[70] Denn nirgendwo wird Praxis besser gelernt als eben in der Praxis.[71] Das nötige Rüstzeug, das aus einem schlichten Rechtsanwender einen guten Juristen macht, kann dagegen nur eine grundlagenorientierte, wissenschaftliche Ausbil-

von einer »Verschiebung der Schwerpunkte im Inneren der Fakultäten, vornehmlich unter Einfluss des Marktes« spricht.

67 Zu früheren Versuchen mit der »einstufigen Juristenausbildung« vgl. nur die Beiträge in: Winfried Hassemer u. a. (Hg.), *Juristenbildung zwischen Experiment und Tradition*, Baden-Baden 1986.

68 Vgl. zur Wissenschaftlichkeit als Merkmal europäischer Rechtskultur bereits Peter Häberle, *Europäische Rechtskultur*, Frankfurt/M. 1997, S. 22 ff.; ders., *Der europäische Jurist*, S. 27; ders., »Der europäische Jurist vor den Aufgaben unserer gemeinsamen Verfassungs-Zukunft – 17 Entwürfe auf dem Prüfstand«, in: *JöR n.* F. 53 (2005), S. 457-513, hier S. 473; Böttcher, »Der europäische Jurist«, S. 11.

69 Prütting, »Folgen der Globalisierung für die Juristenausbildung«, S. 10.

70 Zur Trennung von Theorie und Praxis in der Juristenausbildung des 18. und 19. Jahrhunderts vgl. Pieroth, »Literarische Streifzüge durch die Geschichte der Juristenausbildung in Deutschland«, S. 797 ff.

71 Möllers/Voßkuhle, »Die deutsche Staatsrechtswissenschaft im Zusammenhang der internationalisierten Wissenschaften«, S. 332.

dung an der Universität vermitteln. Nicht von ungefähr vermeiden gerade die besseren Law Schools in den USA eine Annäherung an die Praxis, während die schlechteren hier ihre Chancen wittern.[72]

Damit soll nicht gesagt sein, dass die wissenschaftliche, grundlagenorientierte Ausbildung an der Universität ihrerseits keinen praktischen Sinnbezug hat. Im Gegenteil: Die Rechtswissenschaft selbst war immer eine auf die Praxis bezogene Wissenschaft. Sie zielt nicht nur auf ein methodisch erarbeitetes, systematisch geordnetes, objektiv gesichertes, lehr- und lernbares rationales Wissen vom Recht[73] mit dem Ziel einer abstrakten Ordnung des rechtlichen Wissens, sondern ihr geht es auch um rechtliches Wissen zur Orientierung und Anleitung praktischer Handlungen und Entscheidungen. Die Rechtswissenschaft ist insofern Handlungs- und Entscheidungswissenschaft.[74]

Als solche umfasst sie jedenfalls in Deutschland zunächst die Rechtsdogmatik.[75] Rechtsdogmatisches Denken ist unmittelbar verknüpft mit dem römisch-rechtlich inspirierten Anspruch auf Systematik und Systembildung, der den meisten anderen Rechtskreisen fremd ist, und verkoppelt auf ganz eigentümliche Weise die Rechtspraxis mit der Rechtswissenschaft.[76] Rechtsdogmatik ist aber

72 Deutlich dazu Helge Dedek, »Recht an der Universität: ›Wissenschaftlichkeit‹ der Juristenausbildung in Nordamerika«, in: *JZ* (2009), S. 540-550, hier S. 548.

73 Alexander Hollerbach, »Rechtswissenschaft«, in: Görres-Gesellschaft zur Pflege der Wissenschaft (Hg.), *Staatslexikon. Recht, Wirtschaft, Gesellschaft*, Bd. 4, Freiburg [7]1988, Sp. 751-760, hier Sp. 751.

74 Vgl. dazu Voßkuhle, »Methode und Pragmatik im Öffentlichen Recht«, S. 179 ff.

75 Unter »Rechtsdogmatik« kann eine Klasse von Sätzen (Definitionen, Prinzipien etc.) verstanden werden, die auf das positive Recht und die Rechtsprechung bezogen, aber nicht mit ihrer Beschreibung identisch sind, die im Rahmen einer institutionell betriebenen Rechtswissenschaft aufgestellt und diskutiert werden und einen normativen Gehalt besitzen; siehe Robert Alexy, *Theorie der juristischen Argumentation*, Frankfurt/M. [3]1996, S. 326.

76 Näher Christoph Möllers, »Methoden«, in: Hoffmann-Riem u. a. (Hg.), *Grundlagen des Verwaltungsrechts*, Bd. I, § 3, Rn. 35 ff. Allgemein zur Aufgabe der Dogmatik vgl. Franz Wieacker, »Zur praktischen Leistung der Rechtsdogmatik«, in: Rüdiger Bubner u. a. (Hg.), *Hermeneutik und Dialektik. Hans-Georg Gadamer zum 70. Geburtstag*, Bd. II, Tübingen 1970, S. 311-336; Winfried Brohm, »Die Dogmatik des Verwaltungsrechts vor den Gegenwartsaufgaben der Verwaltung«, in: *VVDStRL* 30 (1972), S. 245-312, hier S. 246 ff.; Josef Esser, »Dogmatik zwischen Theorie und Praxis«, in: Fritz Baur u. a. (Hg.), *Funktionswandel der Privatrechtsinstitutionen. Festschrift für Ludwig Raiser zum 70. Geburtstag*, Tübingen

notwendigerweise ein introvertiertes Konzept. Erst wenn man mit Hilfe des Nachdenkens über die Grundlagen des Rechts die nationalen Bedingtheiten der eigenen Argumentation erkennt, vermag man auch die vermittelbaren Stärken der eigenen Jurisprudenz auszumachen und zu übersetzen.[77] Als praktische Wissenschaft erfasst die Rechtswissenschaft deshalb gerade auch diejenigen Disziplinen, die sich mit den philosophischen, gesellschaftlichen und geschichtlichen Grundlagen des Rechts befassen.[78] Es sind die Grundlagenfächer, die aus der Rechtswissenschaft eine internationale und international anschlussfähige »Gerechtigkeitswissenschaft«[79] machen und ihr zugleich das analytische Werkzeug zur Verfügung stellen, um »zu wissen, was sie tut«. Genannt seien hier nur die Rechtsphilosophie und die Rechtsvergleichung. Neu gefragt ist gegenwärtig auch die Rechtssoziologie: Sie erhält im Zuge der Diskussion über das »globale Recht« neuen Auftrieb, weil sie einen staatsunabhängigen Rechtsbegriff bereitstellt.[80] Wichtig und schon immer von besonderer Bedeutung ist auch die Rechtsgeschichte.[81] Insofern halte ich es mit dem großen Rechtsphilosophen Gustav Radbruch, einem engen Freund Herrmann Kantorowicz':[82]

1974, S. 517-540; Niklas Luhmann, *Rechtssystem und Rechtsdogmatik*, Stuttgart, Berlin u. a. 1974, S. 15 ff.; Jan Harenburg, *Die Rechtsdogmatik zwischen Wissenschaft und Praxis*, Stuttgart 1986, S. 42 ff., 363 ff.

77 Möllers/Voßkuhle, »Die deutsche Staatsrechtswissenschaft im Zusammenhang der internationalisierten Wissenschaften«, S. 331.

78 Hollerbach, »Rechtswissenschaft«, Sp. 752. Zur doppelten Rolle der Rechtsphilosophie als Theorie und als praktische Philosophie des Rechts vgl. Johannes Saurer, »Das Recht als symbolische Form und Gegenstand der praktischen Philosophie: Zur Rechts- und Staatsphilosophie Ernst Cassirers«, in: *ARSP* 95 (2009), S. 490-509.

79 Hollerbach, »Rechtswissenschaft«, Sp. 751, mit Verweis auf Ernst Fuchs.

80 Grundlegend Gunther Teubner, »Globale Bukowina. Zur Emergenz eines transnationalen Rechtspluralismus«, in: *RJ* (1996), S. 255-290.

81 Ein Beispiel einer institutionellen Verbindung von Grundlagenfächern bietet Okko Behrends, »Vom Sinn der institutionellen Verbindung der drei Grundlagenfächer Rechtsgeschichte, Rechtsphilosophie und Rechtsvergleichung«, in: ders. u. a. (Hg.), *Elementa iuris. Vorträge zur feierlichen Eröffnung des Instituts*, Baden-Baden 2009, S. 11-16.

82 Vgl. Kantorowicz Carter, »Gustav Radbruch and Hermann Kantorowicz«, S. 657-700.

Wer nicht das öde Banausentum eines auf die äußerste praktische Notdurft beschränkten Lernbetriebs wünscht, wird einem weiteren Abbau der geschichtlichen Fächer nicht zustimmen können. Gerade eine moderne ökonomisch-soziale Auffassung des Rechts kann durch die geschichtliche Betrachtung nur gefördert werden, wenn diese sich nicht auf Rechtsantiquitäten beschränkt, sondern die ökonomischen und sozialen Triebkräfte der Rechtsentwicklung herausarbeitet.[83]

Wer die Grundlagenfächer schleift, gräbt sich daher das frische Wasser der Erkenntnis ab, ohne das jedes juristische Meer zu einem Tümpel wird.

V. Nachhaltigkeit und Qualität: Der europäische Jurist als »Spitzenjurist«

Damit taucht am Horizont eine weitere Frage auf: Wie lässt sich die Nachhaltigkeit und Qualität der juristischen Ausbildung dauerhaft sichern? Oder anders formuliert: Wie wird die in Deutschland ausgebildete europäische Juristin zur »Spitzenjuristin«? Hierbei geht es wohlgemerkt nicht nur um das Anliegen, kompetent und professionell im internationalen »Wettbewerb um gute rechtliche Arrangements« vertreten zu sein. Die Qualität der juristischen Ausbildung ist von grundlegender Bedeutung für das Funktionieren des Rechtssystems, also für Demokratie und Rechtsstaatlichkeit an sich. Der Staat hat deshalb – auch und gerade vor dem Hintergrund der beschriebenen Veränderungsprozesse – eine besondere Verantwortung für die juristische Ausbildung. Es erscheint daher angemessen und notwendig, dass er nicht nur für den unmittelbaren »Staatsdiener« Qualitätsstandards in Gestalt staatlich reglementierter und verantworteter Prüfungen setzt. Auch im Hinblick auf die vielgestaltigen sonstigen Tätigkeitsfelder der europäischen Juristin können wir daher festhalten, dass die gleichbleibend hohe Qualität ihrer Ausbildung in Deutschland nach wie vor am besten

83 Gustav Radbruch, »Die Universität und die Ausbildung des Juristen. Juristische Studienreform«, in: Strempel (Hg.), *Juristenausbildung zwischen Internationalität und Individualität*, S. 263-274, hier S. 265. Zur Auseinandersetzung über die »Geschichte als Lehrmeisterin« in der Rechtsgeschichtswissenschaft vgl. nur – exemplarisch – Diethelm Klippel, *Juristische Zeitgeschichte*, Gießen 1985, und Michael Stolleis, »Aufgaben der neueren Rechtsgeschichte, oder: Hic sunt leones«, in: *RJ* (1985), S. 251-264, hier S. 253 f.

durch eine zentrale Staatsprüfung – das Staatsexamen[84] – sichergestellt werden kann.[85]

Deutsche Juristinnen und Juristen sind nicht von ungefähr für ihre herausragenden Fähigkeiten international bekannt; die breite Spitze von 10 bis 20 Prozent, die das begehrte »Vollbefriedigend« oder sogar eine bessere Note erreicht,[86] ist jedenfalls in fachlicher Hinsicht bestens ausgestattet und muss den Vergleich mit den Spitzenabsolventen anderer Ausbildungssysteme keineswegs scheuen. Das ist besonders bemerkenswert, wenn man sich klarmacht, dass jede und jeder die Chance hat, zu diesen besten 10 bis 20 Pro-

84 Zur Geschichte der Staatsprüfung für Juristen, die – nach dem Vorbild des preußischen Systems – 1877 in ganz Deutschland eingeführt wurde, vgl. Gerhard Dilcher, »Die preußischen Juristen und die Staatsprüfungen. Zur Entwicklung der juristischen Professionalisierung im 18. Jahrhundert«, in: Karl Kroeschell (Hg.), *Festschrift für Hans Thieme zu seinem 80. Geburtstag*, Sigmaringen 1986, S. 295-305, hier S. 298 ff.; Ina Ebert, *Die Normierung der juristischen Staatsexamina und des juristischen Vorbereitungsdienstes in Preußen (1849-1934)*, Berlin 1995; Pieroth, »Literarische Streifzüge durch die Geschichte der Juristenausbildung in Deutschland«, S. 801 ff.

85 Dafür spricht auch die Erfahrung mit der universitären Schwerpunktbereichsprüfung, die seit der Ausbildungsreform gemäß §§ 5 bis 5d des Deutschen Richtergesetzes (in der Fassung des Änderungsgesetzes vom 11. 7. 2002, BGBl. I S. 2592, mit den entsprechenden Änderungen der Juristenausbildungsgesetze der Länder) möglich ist. Die ersten Studierenden hatten damals das neue System durchlaufen, und schon beobachteten wir den Trend, dass die Noten der universitären Schwerpunktbereichsprüfung im Schnitt deutlich besser, manchmal sogar »meilenweit« entfernt von den Noten in den schriftlichen Klausuren des staatlichen Teils lagen. Damit will ich der Schwerpunktbereichsprüfung nicht jede Sinnhaftigkeit absprechen; immerhin ermöglicht sie eine stärkere Einbeziehung der Grundlagenfächer in die Examensnote. Gleichwohl ist hier die Einheitlichkeit und Vergleichbarkeit der Prüfungsstandards nicht in gleicher Weise gegeben wie im staatlich verantworteten Prüfungsteil. Vgl. zur Problematik bereits Heino Schöbel, »Die universitäre Schwerpunktbereichsprüfung – ›Kuschelnoten ante portas‹?«, in: *JA* (2008), S. 94-97. Zu einem statistischen Überblick vgl. etwa die Ausbildungsstatistik 2008, ⟨https://www.bundesjustizamt.de/DE/Themen/Buergerdienste/Justizstatistik/Juristen/Ausbildung_node.html⟩, letzter Zugriff 3. 3. 2021. Daraus ergibt sich, dass im Jahr 2008 im bundesweiten Durchschnitt etwa die Hälfte aller Kandidaten in der universitären Schwerpunktbereichsprüfung die Note »voll befriedigend« oder besser erzielt hat, während dies in der staatlichen Pflichtfachprüfung nur knapp 20 % der Teilnehmer gelungen ist.

86 Im Jahr 2007 waren es bei der ersten Staatsprüfung im Durchschnitt der Bundesländer 16,3 %, ⟨https://www.bundesjustizamt.de/DE/Themen/Buergerdienste/Justizstatistik/Juristen/Ausbildung_node.html⟩, letzter Zugriff 3. 3. 2021.

zent zu gehören: Anders als in den USA ist der Weg zum »Spitzenjuristen« hierzulande nicht an den Zugang zu exorbitant teuren Elite-Law-Schools gebunden; er steht jedem offen, der sich der Herausforderung des Staatsexamens stellt. Wir sollten stolz auf diese Errungenschaft des deutschen Sozialstaats sein!

Ich betone die Bedeutung des Staatsexamens für die Sicherung der Qualität der Ausbildung hier aber auch vor dem Hintergrund der Diskussion darüber, ob man die juristische Ausbildung aus Anlass der »Bologna-Erklärung« aus dem Jahr 1999 verbessern könnte. Was ist der Gehalt dieser – völkerrechtlich unverbindlichen – Erklärung? Im Wesentlichen geht es um die Strukturierung des Studiums. Dieses soll zwei Phasen erhalten: eine erste Studienphase, die mit dem Bachelor endet, und im Anschluss daran eine zweite Phase im Sinne eines »Aufbaustudiums«, das mit dem Master abschließt.[87] Beide Abschlüsse sollen berufsqualifizierend sein, und bei beiden Abschlüsse handelt es sich um universitäre Abschlüsse.[88] Damit sind auch schon die Hauptprobleme benannt, die eine grundsätzliche Vereinbarkeit des Bologna-Systems mit der juristischen Ausbildung in Deutschland sehr fraglich erscheinen lassen.[89]

Noch eine weitere Strukturierungsvorgabe der »Bologna-Erklärung« ist mit dem von mir skizzierten Leitbild des europäischen Juristen nur schwer kompatibel, nämlich die mit der »Bachelorisierung« des juristischen Studiums verbundene »Modularisierung«. Diese würde letztlich auf ständige studienbegleitende Prüfungen hinauslaufen. Das halte ich nicht für empfehlenswert. Die juristische Ausbildung als wissenschaftliche Ausbildung sollte keine bloße Fortsetzung der Schule mit anderen Inhalten sein. Ziel und Leitbild des europäischen Juristen muss vielmehr ein nachhaltig aufgebautes rechtliches Know-how sein. Ein Know-how, das eine Grundlage bietet für das »lebenslange Lernen« des europäischen Juristen – auf dass er nicht nur unmittelbar nach dem Staatsexamen, sondern dauerhaft ein »Spitzenjurist« sein kann.

87 Vgl. dazu statt vieler Finkenauer/Rüfner, »Einleitung«.

88 Wörtlich heißt es in der »Bologna-Erklärung« vom 19. Juni 1999: »Der nach dem ersten Zyklus erworbene Abschluß attestiert eine für den europäischen Arbeitsmarkt relevante Qualifikationsebene. Der zweite Zyklus sollte [...] mit dem Master und/oder der Promotion abschließen.«

89 Zu den verschiedenen kursierenden Modellen vgl. Pfeiffer, »Probleme alla bolognese«, S. 104ff.

Der erforderliche Überblick über die Rechtsordnung, die Methodenkompetenz und das Grundlagenwissen wird durch permanentes Abprüfen kurzfristig erlernten Wissens kaum zu erreichen sein. Die dem Staatsexamen vorausgehende akademische Freiheit des wissenschaftlichen Studiums ist anspruchsvoll – und sie soll es auch sein. Denn sie ist Voraussetzung für die Fähigkeit des europäischen Juristen, selbst zu denken und später auf die immer neuen Herausforderungen der Praxis flexibel zu reagieren.

VI. Inter- und Transdisziplinarität: Der europäische Jurist im fächerübergreifenden Diskurs

Das Stichwort »selbst denken« führt mich zu einem weiteren wichtigen Thema, nämlich der Auseinandersetzung mit anderen Denkstilen und Denkweisen – also mit anderen Disziplinen und anderen Fächern. Der europäische Jurist wird sich in Zukunft noch stärker als bisher divergierenden Wissensansprüchen gegenübersehen, deren Koordinierung auch aus staatlicher Sicht nicht mehr hierarchisch, sondern diskursiv und öffentlich in einem übergreifenden Verhandlungsraum erfolgt, in dem die Akzeptanz von Erklärungen und Lösungen ausgelotet wird.[90] Es geht also darum, an einem fächerübergreifenden Diskurs teilzunehmen und sich darin zurechtzufinden. Die europäische Juristin sollte interdisziplinär[91] oder wenigstens transdisziplinär arbeiten können. Damit ist nicht gemeint, dass sie auch alle anderen Fächer »können« soll. Es geht um »praktizierte Interdisziplinarität im Gespräch, nicht im eigenen Kopf«;[92] es geht um Neugier und darum, offen für andere Disziplinen zu sein und sich von ihnen irritieren[93] und inspirieren zu lassen. Ebenso

90 Voßkuhle, »Expertise und Verwaltung«, S. 655.

91 Zur erforderlichen Interdisziplinarität und für ein »differenziert-integratives Methodenverständnis« Andreas Voßkuhle, »Neue Verwaltungsrechtswissenschaft«, in: Hoffmann-Riem u. a. (Hg.), *Grundlagen des Verwaltungsrechts*, Bd. I, § 1, Rn. 39; allgemein zu den Problemen der Interdisziplinarität Jürgen Kocka (Hg.), *Interdisziplinarität. Praxis – Herausforderung – Ideologie*, Frankfurt/M. 1987; Gerfried W. Hunold, Dorothee Beckmann, *Grenzbegehungen. Interdisziplinarität als Wissenschaftsethos*, Frankfurt/M. 1995; Markus Käbisch u. a. (Hg.), *Interdisziplinarität. Chancen, Grenzen, Konzepte*, Leipzig 2001.

92 Baer, »Schlüsselbegriffe, Typen und Leitbilder als Erkenntnismittel und ihr Verhältnis zur Rechtsdogmatik«, S. 229.

93 Zur »produktiven Irritation« im Rahmen eines LL.M.-Studiums vgl. Matthias

wie er sich auf andere Rechtsordnungen, fremde Rechtskonzepte und andere Rechtsideen als die gewohnten einlassen können muss, sollte der europäische Jurist imstande sein, mit anderen Disziplinen in Austausch zu treten. Das gilt nicht nur für den Dialog mit den Sozial- und Geisteswissenschaften, sondern auch für die innovationsrelevanten naturwissenschaftlichen und technischen Fächer.[94] Gefordert vom europäischen Juristen ist daher eine »transdisziplinäre Offenheit«.[95]

VII. »Soft Skills« und Sozialkompetenz: Der europäische Jurist als konflikterfahrener Kommunikator

Wenn der europäische Jurist sich nicht nur auf andere Disziplinen und andere Rechtsordnungen einlassen können soll, sondern wenn er sich darüber hinaus »als Teil einer europäischen Öffentlichkeit« verstehen soll,[96] wenn er sich an diese wendet, sie mitbegründet, auf sie einwirkt, sie informiert, sich aus ihr und mit ihr bildet,[97] dann setzt dies freilich bestimmte Fähigkeiten voraus, die das reine Fachwissen übersteigen. Der europäische Jurist muss kommunikationsfähig sein und dafür nicht nur – wie bereits dargelegt – Sprach-

Kumm, »On the Past and Future of European Constitutional Scholarship«, in: *International Journal of Constitutional Law* 7 (2009), S. 401-415, hier S. 413 f.

94 Zum Konzept »rechtswissenschaftlicher Innovationsforschung« vgl. Wolfgang Hoffmann-Riem, »Rechtswissenschaftliche Innovationsforschung. Plädoyer für einen trans- und interdisziplinären Dialog zwischen Rechts- und Technikwissenschaft«, in: *TATuP* (2003), S. 92-101; ders., »Innovationsoffenheit und Innovationsverantwortung durch Recht. Aufgaben rechtswissenschaftlicher Innovationsforschung«, in: *AöR* 131 (2006), S. 255-277.

95 Vgl. Hoffmann-Riem, »Innovationsoffenheit und Innovationsverantwortung durch Recht«, S. 269.

96 »Ein [...] Aspekt für Wirken und Werke des europäischen Juristen ist das Werden und z. T. schon Vorhandensein einer europäischen Öffentlichkeit. Sie lässt sich vor allem aus der Kunst und Kultur darstellen, sie stellt sich mehr als nur punktuell auch schon aus dem europäischen (Verfassungs-)Recht her: Die Öffentlichkeit des Europäischen Parlamentes, der Beratenden Versammlung des Europarats, des Wirkens der beiden europäischen Verfassungsgerichte EuGH und EGMR, der Berichte des Bürgerbeauftragten und des Rechnungshofes – all dies setzt europäische Öffentlichkeit teils voraus, teils schafft es sie.« Häberle, »Der europäische Jurist vor den Aufgaben unserer gemeinsamen Verfassungs-Zukunft«, S. 469 f., m. w. N.

97 Pernice, »Peter Häberle: Der Europäische Jurist«, S. 11.

kompetenz besitzen, sondern auch Urteilskraft, Kritikfähigkeit und Meinungsstärke sowie Verantwortungsbewusstsein, dabei zugleich Toleranz, Einfühlungsvermögen, Bescheidenheit, kulturelle Sensibilität und Kreativität; er muss prozedural – in Verfahren – denken und in Aushandlungsprozessen bestehen können.

Offenkundig beinhaltet diese Aufzählung auch Charaktereigenschaften, die nur begrenzt oder vielleicht auch gar nicht qua juristischem Lehrplan vermittelt werden können. Hier gilt es, an die Verantwortung der Ausbilder in Lehre und Praxis zu erinnern. Ihre Aufgabe bleibt es, als Mensch und Person mit allen Schwächen und Vorzügen das Ideal des »europäischen Juristen« zu vermitteln.

D. Ausblick

Ich fasse zusammen: Der europäische Jurist ist *erstens* Akteur in nationalen, europäischen und internationalen Normerzeugungsprozessen, *zweitens* Europäer und Kosmopolit, *drittens* Generalist und »Wissensexperte«, *viertens* theoretisch und wissenschaftlich ausgebildeter Praktiker, *fünftens* »Spitzenjurist«, *sechstens* inter- und vor allem transdisziplinär dialogfähiger sowie *siebtens* sozialkompetenter Teilnehmer kommunikativer Prozesse.

Diesem Leitbild, dem man sich immer nur annähern kann, das man aber nie ganz erreichen wird, fehlt noch der wichtigste Mosaikstein, den ich zum Schluss hinzufügen möchte: Der europäische Jurist trägt in der sich verändernden, komplexen Welt der Europäisierung, Internationalisierung und Globalisierung entscheidende Verantwortung für Demokratie, Rechtsstaatlichkeit und Menschenrechte – für die Werte also, die Grundlage einer freiheitlichen Gesellschaft und des modernen Verfassungsstaates sind.[98] Der europäische Jurist – wie wir ihn uns wünschen – ist da-

98 Vgl. auch Böttcher, »Der europäische Jurist«, S. 10 f.: »Bei einer solchen Fragestellung [d. i. der nach der europäischen Rechtskultur] gewinnt die Thematik des europäischen Juristen dann eine andere Dimension. Es geht nicht mehr nur um Ausbildungsinhalte und Ausbildungsgänge, um Zugangsschranken und Selektionsmechanismen, sondern um die Essentials, die Wesensmerkmale des europäischen Juristen, um die Frage nach seiner Identität.« Walter Berka, »Juristenausbildung – Welche Juristen braucht die Gesellschaft?«, in: Österreichische Juristenkommission (Hg.), *Juristenausbildung. Welche Juristen braucht die Gesell-*

her kein Technokrat, sondern er ist Träger und Vermittler der Werte, die die »europäische Rechtskultur«[99] ausmachen. Aus diesem Grund endet die Aufgabe, ein guter europäischer Jurist zu werden, nicht mit dem Zweiten Staatsexamen. Sie ist uns allen aufgegeben, jeden Tag aufs Neue.

schaft?, Wien 2007, S. 9-27, hier S. 16: »Fraglich wird zugleich, ob sich [...] überhaupt noch ein verbindliches juristisches Berufsethos finden lässt, wenn dieses mehr sein soll als die hochgradig professionelle, erfolgsorientierte und erfolgshonorierte Wahrnehmung der verschiedenen Interessen, denen der moderne Jurist seine Dienste leiht [...].«

99 Grundlegend Häberle, *Europäische Rechtskultur*.

Über die Demokratie in Europa

Im Jahre 1835 veröffentlichte der französische Philosoph Alexis de Tocqueville seine berühmte Schrift *Über die Demokratie in Amerika*. In diesem Buch sucht er nach Antworten auf eine europäische Grundfrage. Denn in Europa war eine »große demokratische Revolution [...] im Gange«.[1] Deren Ausgang war noch ungewiss. Deshalb richtete er seinen Blick auf die bereits gefestigte Demokratie der Vereinigten Staaten von Amerika. Dort begegnete ihm das erste Beispiel repräsentativ-demokratischer Herrschaft in einem großen Flächenstaat.[2]

Tocquevilles optimistische Erzählung von der neuen Staatsform wurde in der bürgerlichen Revolution von 1848 mit Begeisterung aufgegriffen. Auch die Abgeordneten im ersten frei gewählten deutschen Parlament in der Frankfurter Paulskirche beriefen sich auf seinen Bericht.[3] Der Paulskirchenversammlung wiederum verdanken wir einen Verfassungsentwurf, dessen Ideen bis heute im Grundgesetz nachwirken und den wir als Grundstein für eine zwar durchaus gebrochene, letztlich aber doch erfolgreiche parlamentarisch-demokratische Traditionslinie in Deutschland ansehen dürfen.

Denkt man rund 200 Jahre nach Tocqueville über die Demokratie nach, dann ist festzustellen, dass es sich international betrachtet um ein echtes Erfolgsmodell handelt. Rund um den Erdball gab es zu keinem Zeitpunkt eine größere Anzahl demokratischer Staaten als heute. Die enorme Anziehungskraft der Demokratie haben zuletzt die Ereignisse des »Arabischen Frühlings« verdeutlicht. Gleichzeitig mehren sich aber Stimmen, welche die Funktionsfähigkeit unseres parlamentarischen Systems vor dem Hintergrund vielfältiger globaler Herausforderungen und der politischen Koordinierungszwänge in einem europäischen Mehrebenensystem in Zweifel ziehen. Sie erfahren Unterstützung durch diejenigen, die

1 Alexis de Tocqueville, *Über die Demokratie in Amerika*, Stuttgart 1986, S. 15 f.

2 Vgl. Hasso Hofmann, Horst Dreier, »Repräsentation, Mehrheitsprinzip und Minderheitenschutz«, in: Hans-Peter Schneider, Wolfgang Zeh (Hg.), *Parlamentsrecht und Parlamentspraxis in der Bundesrepublik Deutschland*, Berlin, New York 1989, § 5, Rn. 12.

3 Vgl. Charlotte A. Lerg, *Amerika als Argument*, Bielefeld 2011, S. 28.

schon seit längerem mit dem demokratischen Alltag in der Bundesrepublik aus unterschiedlichen Gründen hadern.

So wirft Alexandra Borchardt die Frage auf, ob sich unsere repräsentative parlamentarische Demokratie nicht vielleicht schlicht überlebt hat, wie »ein abgetragener Mantel, der in den Altkleidersack gehört. War mal schick, hat mal gewärmt und geschützt, aber jetzt gibt es etwas Besseres.«[4] Noch drastischer formuliert Dirk Schümer:

> [G]ut zwanzig Jahre nach dem triumphalen Beitritt junger Demokratien wie Polen, Ungarn, Tschechien, Rumänien befindet sich der Kontinent in einer schweren Verfassungskrise. [...] Das Projekt Europa als friedlicher Zusammenschluss unabhängiger Nationen ist gerade dabei, sich abzuschaffen. Es genügt ein Blick in die Stammländer der Demokratie. So haben Griechenland und Italien demokratische Regierungen, doch die Ministerpräsidenten gehören zu keiner Partei, haben keinen Wahlkampf geführt, haben auch im Amt nicht vor, politische Bewegungen zu bilden und damit je um die Zustimmung der Bevölkerung zu werben. Es handelt sich um bloße Notstandsverwaltungen, die Reformen beschließen, Einsparungen durchsetzen, Personalentscheidungen treffen, zu denen über viele Jahre die demokratisch gewählten Regierungen der Parteien nicht fähig waren.[5]

Sollten wir also nach anderen Möglichkeiten der demokratischen Herrschaftsausübung suchen, etwa einer »Internet-Demokratie« oder einer *liquid democracy*? Oder leben wir bereits in einer nachdemokratischen Zeit, in einer »Postdemokratie«, wie Colin Crouch sie beschreibt?[6]

A. Grundlagen der repräsentativen Demokratie

Alle diese Fragen geben Anlass, sich der Grundlagen unserer repräsentativen Demokratie in der Bundesrepublik und in Europa

4 Alexandra Borchardt, »Wir sind die Klicks«, in: Béla Anda u. a. (Hg.), *SignsBook – Zeichen setzen in der Kommunikation*, Wiesbaden 2012, S. 75-79.

5 Dirk Schümer, »Europa schafft sich ab«, ⟨https://www.faz.net/aktuell/feuilleton/postdemokratie-europa-schafft-sich-ab-11630285.html⟩, letzter Zugriff 23. 2. 2021.

6 Vgl. Colin Crouch, *Postdemokratie*, Frankfurt/M. 2008; eine ähnliche Parlamentarismuskritik bereits bei Carl Schmitt, *Die geistesgeschichtliche Lage des heutigen Parlamentarismus*, München, Leipzig 1923.

kritisch zu vergewissern. Demokratie als Thema ist ein sehr weites Feld. Folglich kann es hier nur um exemplarische »Probebohrungen« gehen. Um das Ergebnis vorwegzunehmen: Ohne eine lebendige parlamentarische Demokratie sind die Aufgaben, die vor uns liegen, nicht zu bewältigen. Gerade in einer Zeit, in der ein globales Krisenszenario auf das nächste folgt und weitreichende politische Entscheidungen getroffen werden müssen, bedürfen die handelnden Akteure einer ausreichenden Legitimationsgrundlage. Dazu brauchen wir bis auf Weiteres die nationalen Parlamente. Ohne die demokratische Zustimmung der Mehrheit der Bürgerinnen und Bürger werden wir das europäische Haus nicht erhalten und weiter ausbauen können.

Demokratie meint »Volksherrschaft« und beruht auf der Idee einer durch die Beteiligung aller Bürgerinnen und Bürger legitimierten Herrschaft auf Zeit, die durch die Mehrheit getragen wird. Das Grundgesetz hat sich für die repräsentative parlamentarische Demokratie entschieden: Die Bürgerinnen und Bürger realisieren ihre Herrschaft in erster Linie über die Wahl des Parlaments. Die Wahl stellt den »grundlegenden Legitimationsakt dar«, sie »bildet das wesentliche Element des Prozesses der Willensbildung vom Volk zu den Staatsorganen und damit zugleich die Grundlage der politischen Integration«.[7] Der Wahlakt gibt uns die Möglichkeit, mit extrem wenig Aufwand enorm viel Einfluss auszuüben, nämlich auf die Zusammensetzung des Parlaments und damit auf das zentrale Verfassungsorgan, das die Gesetze beschließt. Zugegeben, der Einfluss einer einzelnen Stimme auf das Wahlergebnis insgesamt ist rein quantitativ betrachtet äußerst gering. Das wird aber durch einen anderen großen Vorteil aufgewogen: Grundsätzlich hat bei einer Wahl jede Stimme das gleiche Gewicht. Der Wert des Grundsatzes der Gleichheit der Wahl kann gar nicht hoch genug eingeschätzt werden.

Das Bundesverfassungsgericht hat im November 2011 aus Anlass der Entscheidung zur Fünfprozentklausel im Europawahlrecht betont, dass der Grundsatz der Gleichheit der Wahl die vom Demokratieprinzip vorausgesetzte Egalität der Bürgerinnen und Bürger sichert. Aus ihm folgt, dass alle Wählerinnen und Wähler mit der Stimme, die sie abgeben, den gleichen Einfluss auf das Wahl-

7 BVerfGE 123, 29 (68 f.).

ergebnis haben. Die Fünfprozentsperrklausel im Europawahlrecht war deshalb für verfassungswidrig zu erklären, denn sie bewirkt bei einer Verhältniswahl ohne ausreichende Rechtfertigung eine Ungleichgewichtung der Wählerstimmen. So hatten bei der Europawahl 2009 ungefähr 2,8 Millionen Stimmen – mithin etwa zehn Prozent der gültig abgegebenen Stimmen – keinen Erfolgswert, also keinen Einfluss auf die Verteilung der Sitze im Europaparlament.[8] In dem Prinzip, dass alle Stimmen gleich zählen, manifestiert sich das Ideal gleicher Freiheit und Würde. Es kommt grundsätzlich allen Bürgerinnen und Bürgern, den politisch aktiven, aber auch den unpolitischen, gleichermaßen zugute.

Die Gleichheit der Wahl musste mühsam erkämpft werden. Am Ende dieses Kampfes stand die Einführung des Frauenwahlrechts. Das freie und gleiche Wahlrecht ist alles andere als selbstverständlich, es ist, so das Bundesverfassungsgericht, »der wichtigste vom Grundgesetz gewährleistete subjektive Anspruch der Bürger auf demokratische Teilhabe«[9] und letztlich »in der Würde des Menschen (Art. 1 Abs. 1 GG) verankert«.[10] Es verdient daher unsere besondere Wertschätzung. In der abnehmenden Wahlbeteiligung in allen europäischen Ländern spiegelt sich diese Wertschätzung allerdings nicht wider: Während in der Bundesrepublik im Jahre 1972 noch 91,1 Prozent der Bürgerinnen und Bürger bei der Bundestagswahl ihre Stimme abgaben, waren dies im Jahre 2009 nur noch 70,8 Prozent.[11] Seit Ende der 1980er Jahre geht hierzulande, aber auch anderswo das Gespenst der »Politikverdrossenheit« um.[12] Gründe für diese Politikverdrossenheit gerade auch der jüngeren Generation scheint es viele zu geben: nicht gehaltene Wahlversprechen, Trivialisierung der Medienberichterstattung, Selbstbedienungsmentalität und mangelnde Vorbildfunktion von Politikern, fehlende Bildung, der Mangel an politischen Alternativen, schrumpfende politische Entscheidungsspielräume. Nach meiner Einschätzung beruht Politikverdrossenheit aber auch zu nicht geringen Teilen auf Fehlvor-

8 BVerfGE 129, 300.

9 BVerfGE 123, 267 (340).

10 BVerfGE 123, 267 (341).

11 ⟨https://www.bundeswahlleiter.de/service/glossar/w/wahlbeteiligung.html⟩, letzter Zugriff 23. 2. 2021.

12 Vgl. Kai Arzheimer, *Politikverdrossenheit. Bedeutung, Verwendung und empirische Relevanz eines politikwissenschaftlichen Begriffs*, Wiesbaden 2002.

stellungen über die Funktionsweise des demokratischen Prozesses und auf zu hohen Erwartungen, was die Durchsetzung eigener, individueller Interessen angeht.

Nach dem Grundgesetz ist der Deutsche Bundestag der Ausgangspunkt der demokratischen Legitimation und der institutionelle Mittelpunkt des politischen Lebens.[13] Er wird als einziges Verfassungsorgan direkt gewählt und besitzt damit unmittelbare personelle demokratische Legitimation. Auch im Hinblick auf den Prozess der europäischen Integration ist die zentrale Rolle des Bundestages vom Bundesverfassungsgericht mehrmals bestätigt worden. Vor allem in seinem Urteil zum Vertrag von Lissabon und zuletzt auch im Urteil zum Euro-Rettungsschirm wurde die besondere »Integrationsverantwortung«[14] des Bundestages betont, der danach den Entwicklungsprozess der Europäischen Union aktiv zu begleiten hat.

In einer repräsentativen Demokratie neigt das Parteiensystem dazu, oligarchisch-elitäre Strukturen auszubilden.[15] Die Macht ist dann konzentriert in den Händen weniger Spitzenfunktionäre. Damit einhergehen können Nepotismus und der Verlust der Fähigkeit zum politischen Wandel. Als wirksames Gegenmittel wird häufig die Einführung von Plebisziten auf Bundesebene gefordert. Nun würde es zu weit führen, an dieser Stelle die breite Diskussion über Vorzüge und Nachteile plebiszitärer Elemente erneut aufzurollen. Eine Fehlannahme sollte man aber vermeiden: Plebiszite sind nicht demokratischer als die repräsentative Demokratie. Die spezifische Rationalität des parlamentarischen Verfahrens besteht darin, dass dort an einem von allen Bürgerinnen und Bürgern beobachtbaren festen Ort kontinuierlich Kompromisse ausgehandelt und öffentlich vermittelt werden müssen und man als Abgeordnete und Politikerin für die jeweiligen Ergebnisse dieses Prozesses spätestens bei der nächsten Wahl verantwortlich gemacht werden kann. Genau

13 Statt vieler Konrad Hesse, *Grundzüge des Verfassungsrechts der Bundesrepublik Deutschland*, Heidelberg [20]1995, Rn. 574. Zum funktionalen Mehrwert des Parlaments vgl. auch Oliver Lepsius, »Die erkenntnistheoretische Notwendigkeit des Parlamentarismus«, in: Martin Bertschi u. a. (Hg.), *Demokratie und Freiheit*, Stuttgart, München u. a. 1999, S. 123-180, hier S. 149 ff.

14 BVerfGE 123, 267 (356 ff.). Vgl. dazu Andreas Voßkuhle, »Die Integrationsverantwortung des Bundesverfassungsgerichts«, in diesem Band, S. 290-304.

15 Statt vieler vgl. Reinhold Zippelius, *Allgemeine Staatslehre*, München [17]2017, S. 160.

dies können Volksbefragungen und Volksentscheide nicht leisten. Sie reduzieren die Bewältigung komplexer politischer Herausforderungen auf singuläre Ja/Nein-Entscheidungen, für deren politische Anschlussfähigkeit und Umsetzung andere verantwortlich sind.

Das Gegenmodell zum Parlamentarismus ist die Expertokratie. Innerhalb der Bevölkerung genießt die Expertokratie durchaus Sympathie. Statt Politikern vertrauen die Bürgerinnen und Bürger häufig lieber »Experten«, wie sie angesichts der Euro-Krise auch in Italien und Griechenland regierten. Ja, sogar die Politiker selbst verschanzen sich gerne hinter Expertenmeinungen, und wenn wir nach Brüssel schauen, dann tritt uns mit der Europäischen Kommission eine expertokratisch orientierte Institution gegenüber, die sich irgendwo im Übergang vom neutralen administrativen Gestalter zu einer politischen Regierung befindet und als Ersatz für Demokratie gerne »unpolitische Politik« in Form wissensbasierter Governance-Programme anbietet.[16]

Experten können Politik und Demokratie aber nicht dauerhaft ersetzen,[17] und zwar aus mehreren Gründen: *Erstens* haben die Erfahrungen mit wissenschaftlicher Politikberatung[18] zu einem nicht unerheblichen Vertrauensverlust bezüglich der Problemlösungskompetenz sogenannter Experten geführt. In den einschlägigen Entscheidungs- und Politikarenen besitzt jede »Richtung« ihre eigenen Experten, die sich häufig gegenseitig zu widersprechen scheinen, und wenn sie es nicht tun, dann finden sie kein Gehör mehr.[19]

16 Christoph Möllers, *Demokratie – Zumutungen und Versprechen*, Berlin 2008, S. 126.

17 Kritisch bereits Hans Kelsen, »Verteidigung der Demokratie« (1932), in: Matthias Jestaedt, Oliver Lepsius (Hg.), *Hans Kelsen. Verteidigung der Demokratie*, Tübingen 2006, S. 229-237, hier S. 235 f.

18 Zu ihrer historischen Dimension vgl. Stefan Fisch, Wilfried Rudloff (Hg.), *Experten und Politik: Wissenschaftliche Politikberatung in geschichtlicher Perspektive*, Berlin 2004, sowie Andrea Brinckmann, *Wissenschaftliche Politikberatung in den 60er Jahren*, Berlin 2006. Vgl. auch Svenja Falk u. a. (Hg.), *Handbuch Politikberatung*, Wiesbaden 2006; stärker auf die juristische Perspektive abstellend Andreas Voßkuhle, »Sachverständige Beratung des Staates«, in: Josef Isensee, Paul Kirchhof (Hg.), *Handbuch des Staatsrechts der Bundesrepublik Deutschland*, Bd. III, Heidelberg ³2005, § 43.

19 Vgl. dazu den prägnanten Literaturbericht von Bernd Kleimann, »Das Dilemma mit den Experten – Ein Expertendilemma?«, in: Heinz-Ulrich Nennen, Detlef Garbe (Hg.), *Das Expertendilemma. Zur Rolle wissenschaftlicher Gutachter in der öffentlichen Meinungsbildung*, Berlin, Heidelberg 1996, S. 183-215.

Für zusätzliche Irritation sorgen *zweitens* grundsätzliche Zweifel an der Reichweite unseres Wissens, die durch den Hinweis der Wissenschaftssoziologie gestützt werden, dass selbst naturwissenschaftliche Erkenntnisse Resultat eines vielschichtigen Selektionsprozesses sind, der jedenfalls zum Teil auf ungesicherten Annahmen, persönlichen Vorverständnissen, speziellen Forschungsbedingungen und anderen externen Faktoren beruht.[20] Das *dritte* Bedenken gegen expertokratische Politik gründet auf dem Umstand, dass sich gerade auch auf europäischer Ebene verlässliches oder besser gesagt konsentiertes Wissen über die Voraussetzungen und Rahmenbedingungen einer politischen Initiative nur sehr schwierig gewinnen lässt. Daher greifen die politischen Akteure bei ihrer Vermittlung der avisierten Lösung in vielen Bereichen gerne auf formal objektiviertes Wissen zurück. So werden zum Beispiel Benchmarking-Prozesse zwischen Mitgliedstaaten der Europäischen Union bei der Formulierung europäischer Politiken immer wichtiger. Das gilt etwa für die im Europäischen Rat von Lissabon 2000 entwickelte »offene Methode der Koordinierung«.[21] Dabei werden umfangreiche Statistiken über den Erfolg nationaler Politiken erstellt und verglichen, etwa im Bereich der Arbeitsmarkt-,[22] Bildungs- oder Umweltpolitik. Zahlenbasierte Handlungsorientierung ist zuletzt auch in den Diskussionen über die Reform der Finanzmarktregulierung deutlich geworden: Wenn man die Risiken von Finanzunternehmen und das erforderliche Eigenkapital nur »richtig« berechne, dann sei die Stabilität des Marktes gesichert.[23]

20 Näher dazu Andreas Voßkuhle, »Expertise und Verwaltung«, in: Hans-Heinrich Trute u. a. (Hg.), *Allgemeines Verwaltungsrecht – zur Tragfähigkeit eines Konzepts*, Tübingen 2008, S. 637-663, hier S. 649 ff.

21 Näher dazu Marcus Göbel, *Von der Konvergenzstrategie zur offenen Methode der Koordinierung*, Baden-Baden 2002; Yves Jorens, *Open Method of Coordination*, Baden-Baden 2003.

22 Robert Salais, »On the Correct (and Incorrect) Use of Indicators in Public Action«, in: *Comparative Labor Law & Policy Journal* 27 (2006), S. 237-256.

23 Besonders intensiv widmet sich die ökonometrische Forschung der Berechnung sog. systemischer Risiken, vgl. hierzu etwa die viel beachteten Modelle von Tobias Adrian, Markus K. Brunnermeier, »CoVaR«, *Federal Reserve Bank of New York Staff Reports*, Nr. 348 (2008), ⟨https://papers.ssrn.com/sol3/papers.cfm?abstract_id=1269446⟩, letzter Zugriff 23. 2. 2021, und Andrew G. Haldane, »Rethinking the Financial Network«, ⟨www.bankofengland.co.uk/-/media/boe/files/speech/2009/rethinking-the-financial-network.pdf?la=en&hash=9ADEE0CD6B00A8136BE74046C6B602B74A1B6EC1⟩, letzter Zugriff 23. 2. 2021.

Die Abbildung der Wirklichkeit durch verrechenbare Indikatoren erweist sich bei näherem Hinsehen als äußerst problematische Konstruktion, die auch historisch gesehen Tür und Tor öffnet für Manipulationen und symbolische Politik. Gerade die Qualität öffentlicher Dienstleistungen lässt sich nur sehr schwer in Zahlen fassen. Gänzlich ohne statistische Grundlagen lassen sich heute aber politische Entscheidungen über die einschlägigen Realbereiche nicht mehr treffen. Daher müssen wir stärker als bisher versuchen, eine Kultur der reflektierten Zahl zu entwickeln, die numerische Grundlagen zum Ausgangspunkt politischer Argumentation nimmt, die Zahlen aber gleichzeitig hinterfragt und die einschlägigen Indikatoren einem stetigen Lernprozess aussetzt.[24] Dazu brauchen wir nicht zuletzt eine europäische Öffentlichkeit.[25] Einmal mehr zeigt sich: »Demokratie lebt zuerst von und in einer funktionsfähigen öffentlichen Meinung.«[26] Von einer solchen funktionsfähigen öffentlichen Meinung ist man auf europäischer Ebene jedoch noch weit entfernt. In ihrem Weißbuch *Über eine europäische Kommunikationspolitik* hat die Europäische Kommission deshalb im Jahre 2006 Vorschläge vorgelegt, wie durch verschiedene Maßnahmen auf die Entstehung einer solchen Öffentlichkeit hingewirkt werden kann.

B. Europa steht auf zwei demokratischen Säulen

Viele Bürgerinnen und Bürger befürchten im Zeitalter der Internationalisierung, dass die Demokratie ihre Wirkungskraft verliert. Die eigentliche Entscheidungsmacht scheint abzuwandern in über-

Zur »Illusion der Messbarkeit von Risiken« hingegen Martin Hellwig, »Capital Regulation after the Crisis: Business as Usual?«, *Working Paper/MPI für Gemeinschaftsgüter*, 31/2010, Berlin 2010, S. 6 ff.; Wissenschaftlicher Beirat beim BMWi, Reform von Bankenregulierung und Bankenaufsicht nach der Finanzkrise, Gutachten Nr. 03/10, Berlin 2010, S. 19 ff.

24 So bereits Andreas Voßkuhle, »Das Konzept des rationalen Staates«, in: Gunnar F. Schuppert, Andreas Voßkuhle (Hg.), *Governance von und durch Wissen*, Baden-Baden 2008, S. 13-32, hier S. 23 ff.

25 Vgl. dazu Katharina Benderoth, *Europäisierungstendenzen der medialen Öffentlichkeit in der Bundesrepublik Deutschland*, Kassel 2010; Claudio Franzius, Ulrich K. Preuß (Hg.), *Europäische Öffentlichkeit*, Baden-Baden 2004.

26 BVerfGE 123, 267 (358).

staatliche Zusammenhänge. Immer häufiger, so die Sorge, werden wesentliche Entscheidungen entweder im anonymen Dickicht der Brüsseler Bürokratie, in nächtlichen Sitzungen des Europäischen Rates oder sonst wo ausgehandelt, ohne dass sie hinreichend öffentlich diskutiert und beeinflusst würden.

In der Tat werden 30 Jahre nach der Unterzeichnung des Vertrages von Maastricht viele Regelungen nicht mehr im nationalen Alleingang getroffen. Das ist trotz aller damit verbundenen Schwierigkeiten zunächst einmal gut und richtig so. In der von Jürgen Habermas schon vor über zwei Jahrzehnten in einem berühmten Diktum als »postnationale Konstellation«[27] bezeichneten Lage der globalisierten Welt gibt es oft keine andere Möglichkeit als die Schaffung gemeinsamer Regelungen, wenn man überhaupt imstande sein möchte, wirtschaftliche und gesellschaftliche Entwicklungen politisch zu gestalten.

Das Grundgesetz befürwortet die hierfür notwendige Übertragung von Hoheitsrechten auf die europäische Ebene. In der Präambel hieß es von Beginn an, dass sich das Volk »kraft seiner verfassunggebenden Gewalt« das Grundgesetz gegeben habe und es dabei »von dem Willen beseelt« sei, »als gleichberechtigtes Glied in einem vereinten Europa dem Frieden der Welt zu dienen«. Hinzu kommt der heutige Art. 23 Abs. 1 GG. Beide Vorschriften enthalten einen »Verfassungsauftrag« an die deutschen Staatsorgane und sonstigen staatlichen Stellen, durch die Mitwirkung an der Entwicklung der Europäischen Union zur Verwirklichung eines vereinten Europas beizutragen.[28] Das Grundgesetz will also die europäische Integration und eine internationale Friedensordnung; es ist, wie es in der Rechtsprechung des Bundesverfassungsgerichts heißt, nicht nur völkerrechtsfreundlich, sondern auch »europarechtsfreundlich«.[29]

Das Grundgesetz verlangt und gewährleistet jedoch auch, dass die Ausübung der dem europäischen Staatenverbund übertragenen Hoheitsgewalt demokratisch legitimiert wird. Die Legitimation der hoheitlichen Gewalt der Europäischen Union ist eine sogenannte duale Legitimation, das heißt, sie verläuft über zwei Stränge.[30] Das

27 Jürgen Habermas, *Die postnationale Konstellation. Politische Essays*, Frankfurt/M. 1998.

28 BVerfGE 123, 267 (346 f.).

29 BVerfGE 123, 267 (344 ff., 347).

30 BVerfGE 89, 155 (184).

Urteil des Bundesverfassungsgerichts zum Vertrag von Lissabon spricht insoweit von einem »primären repräsentativ-demokratischen Legitimationszusammenhang«.[31] Das ist der *erste* Strang. Er geht von den Bürgerinnen und Bürgern der Mitgliedstaaten aus und ist Quelle der Unionsgewalt.[32] Hinzu kommt ein zweiter Zusammenhang, der auf der europäischen Ebene selbst zu erzeugen ist.[33] Bei genauer Betrachtung zeigt sich, dass die Europäische Union – was den *zweiten* Strang ihrer Legitimation betrifft – einen bemerkenswerten Demokratisierungsprozess durchlaufen hat. So kann das Europäische Parlament seit seiner ersten Direktwahl im Jahre 1979[34] einen kontinuierlichen Bedeutungsanstieg verzeichnen. Seit dem Vertrag von Lissabon ist es der mit dem Rat zusammenwirkende Gesetzgeber.[35] Es begründet heute als »unmittelbar von den Unionsbürgern gewähltes Vertretungsorgan der Völker« eine »eigenständige zusätzliche Quelle für [die] demokratische Legitimation« der Europäischen Union.[36]

Das hat das Bundesverfassungsgericht schon in seiner Entscheidung zum Vertrag von Maastricht so gesehen und in der Entscheidung zum Vertrag von Lissabon bestätigt. In einem wesentlichen Punkt freilich bleibt diese Legitimation unvollkommen: Die Gleichheit der Wahl ist auf europäischer Ebene nicht gewährleistet. Es fehlt nach dem Vertrag von Lissabon an »einem durch gleiche Wahl aller Unionsbürger zustande gekommenen politischen Entscheidungsorgan mit der Fähigkeit zur einheitlichen Repräsentation des Volkswillens«. Stattdessen sieht der Lissabon-Vertrag (Art. 14 Abs. 2 Unterabsatz 1 Satz 3 EUV) für das Europäische Parlament eine degressiv proportionale Zusammensetzung mit mitgliedstaatlichen Kontingentierungen vor, die das völkerrechtliche Prinzip der Staatengleichheit mit dem demokratischen Prinzip der Wahlrechtsgleichheit kombiniert. Das führt dazu, dass das Gewicht der Stimme des Staatsangehörigen eines bevölkerungsarmen

31 BVerfGE 123, 267 (369).

32 BVerfGE 123, 267 (349).

33 BVerfGE 123, 267 (363 ff.).

34 »Gesetz zu dem Beschluß und Akt des Rates der Europäischen Gemeinschaften vom 20. September 1976 zur Einführung allgemeiner unmittelbarer Wahlen der Abgeordneten der Versammlung«, BGBl. II v. 11. 8. 1977, S. 733.

35 BVerfGE 129, 300.

36 BVerfGE 123, 267 (368) unter Verweis auf BVerfGE 89, 155 (184 f.).

Mitgliedstaates etwa das Zwölffache des Gewichts der Stimme des Staatsangehörigen eines bevölkerungsreichen Mitgliedstaates betragen kann.[37]

Die Zukunft wird zeigen, inwieweit die Union »mit zusätzlichen neueren Formen transparenter oder partizipativ angelegter politischer Entscheidungsverfahren nach eigenen Wegen demokratischer Ergänzung« suchen wird. Solche Elemente partizipatorischer Demokratie können den auf Wahlen und Abstimmungen zurückgehenden Legitimationszusammenhang zwar nicht ersetzen; sie können aber »ergänzende Funktion bei der Legitimation europäischer Hoheitsgewalt übernehmen«[38] und eine europäische Öffentlichkeit etablieren. Die Entwicklung des supranationalen Legitimationszusammenhangs bedeutet demnach keineswegs, dass die parlamentarische, auf den Nationalstaat bezogene Demokratie überholt wäre. Bis auf Weiteres hängt die demokratische Legitimation der europäischen Hoheitsgewalt in zentraler Weise von den nationalen Demokratien ab.

Damit behält der Deutsche Bundestag seine Schlüsselfunktion für die demokratische Legitimation der deutschen *und* der europäischen Hoheitsgewalt. Von ihm geht der primäre Legitimationszusammenhang der Europäischen Union aus. Er besitzt – wie bereits erwähnt – nach der Rechtsprechung des Bundesverfassungsgerichts eine besondere »Integrationsverantwortung«.[39] Diese ist allerdings keine Einbahnstraße, sondern sie verlangt vom Parlament eine wohlwollende Begleitung des Integrationsprozesses, wobei das Grundgesetz die Wahlberechtigten vor einem Substanzverlust ihrer Herrschaftsgewalt schützt.[40] Beim Deutschen Bundestag müssen – das hat das Bundesverfassungsgericht in seinen Urteilen zu den Verträgen von Maastricht und Lissabon sowie in der Entscheidung zum Euro-Stabilisierungsmechanismusgesetz vom 7. September 2011 deutlich gemacht – »Aufgaben und Befugnisse von substantiellem Gewicht verbleiben«.

Die Übertragung von Hoheitsrechten findet eine Grenze im »materiellen Identitätskern der Verfassung«, der durch die »Ewigkeitsgarantie« in Art. 79 Abs. 3 GG geschützt ist. In der Entscheidung

37 Vgl. BVerfGE 123, 267 (373 f.).

38 BVerfGE 123, 267 (369).

39 BVerfGE 123, 267 (356).

40 Vgl. BVerfGE 129, 124 (124).

vom 7. September 2011 hat das Bundesverfassungsgericht diesen Identitätskern näher beschrieben. Danach dürfen Kompetenzen des Deutschen Bundestages nicht in einer Weise ausgehöhlt werden, die eine parlamentarische Repräsentation des Volkswillens unmöglich macht. Die Bürgerinnen und Bürger sollen nicht eines Morgens aufwachen und feststellen, dass diejenigen, die sie gewählt haben, nichts mehr zu entscheiden haben.

Gerade das Budgetrecht stellt ein zentrales Element der demokratischen Willensbildung des Volkes dar. Die gewählten Abgeordneten müssen deshalb auch in einem System intergouvernementalen Regierens die Kontrolle über grundlegende haushaltspolitische Entscheidungen behalten. Jede ausgabenwirksame solidarische Hilfsmaßnahme des Bundes größeren Umfangs im internationalen oder unionalen Bereich muss vom Bundestag im Einzelnen bewilligt werden.

Überdies muss gesichert sein, dass hinreichender parlamentarischer Einfluss auf die Art und Weise des Umgangs mit den zur Verfügung gestellten Mitteln besteht. Europäische Staatskommissare und europäische Wirtschaftsregierungen mit weitreichenden Kompetenzen in Bezug auf nationale Haushalte sind deshalb aus Sicht der Demokratie nicht ungefährlich, solange kein von den Unionsbürgerinnen und Unionsbürgern allein demokratisch legitimierter europäischer Bundesstaat mit entsprechenden Institutionen existiert.

Es wäre tragisch und geradezu fatal, wenn wir auf dem Weg zur Rettung des Euro und zu mehr Integration die Demokratie verlieren. Denn unter allen denkbaren Herrschaftsformen bleibt die Demokratie trotz aller Unzulänglichkeiten die mit Abstand beste. Gerade in Krisenzeiten empfinden wir demokratische Verfahren und die zwingend damit einhergehende Verrechtlichung der Politik als lästig. Auch unsere europäischen Nachbarn würden sich mitunter mehr spontanes politisches Engagement in manchen Fragen wünschen. Doch gerade uns Deutsche lehrt die jüngere Geschichte: Demokratie ist nicht alles, aber ohne Demokratie ist alles nichts.

Opposition im Europäischen Parlament

Es fehlt in jüngerer Zeit nicht an Opposition zur Europäischen Union. Europaskeptische Parteien erfahren in zahlreichen Mitgliedstaaten Zulauf. Statt Reformen für ein besseres Europa fordern sie eine Abkehr von Europa. Beruht der Erfolg dieser Strömungen auch darauf, dass die Möglichkeit, innerhalb der europäischen Institutionen abweichende Auffassungen zu artikulieren und Alternativen zu präsentieren, unterentwickelt ist? Welche Wirkung hätte es, der politischen Opposition im Europäischen Parlament größere Gestaltungsmöglichkeiten zuzuerkennen? Und bedarf die Europäische Union schon aufgrund ihrer demokratischen Selbstverpflichtung im Vertrag von Lissabon einer neuen (europa-)parlamentarischen Oppositionskultur?

Dass das Bundesverfassungsgericht der politischen Minderheit im Parlament – gleichbedeutend: der parlamentarischen Opposition und ihrer Organisationsform, der Oppositionsfraktion beziehungsweise den Oppositionsfraktionen – schon immer eine zentrale Rolle für das Gelingen des politischen Prozesses im Verfassungsstaat des Grundgesetzes zugeschrieben hat, ist kein Geheimnis. Nun stellt sich die Bedeutung von Widerspruch und Kontrolle sowohl durch das Europäische Parlament im Verhältnis zu den anderen Organen der Union als auch innerhalb dieser Institution naturgemäß anders dar als auf nationaler Ebene. Dennoch: Wenn ein lernwilliger europäischer Souverän produktive mitgliedstaatliche Verfassungstraditionen aufnehmen wollte, käme er an der Einsicht nicht vorbei, dass die politische Minderheit stets »Motor der Demokratie« ist.

A. Die Mehrheitsdemokratie lebt von ihren politischen Minderheiten[1]

Die Entwicklung der modernen nationalstaatlichen Demokratie, wie sie durch das Mit- und Gegeneinander von Regierung und Opposition geprägt ist, hat sich in wenigstens drei institutionen- und mentalitätsgeschichtlichen Stufen vollzogen.[2] Der Öffnung des Staates für die Beteiligung der Bürgerinnen und Bürger durch Wahlen folgte die Einrichtung permanenter Repräsentativorgane und, zuletzt, die Einsicht in die Notwendigkeit einer organisierten und mit einklagbaren Rechten versehenen Opposition zu Regierung und Regierungsmehrheit im Parlament.[3]

Dementsprechend findet in den klassischen Demokratietheorien die Unterscheidung zwischen Regierung(-smehrheit) und Opposition noch nicht statt.[4] Der politischen Minderheit kommen dort wenig Aufmerksamkeit und erst recht keine besondere Legitimität zu. Setzt man etwa mit den identitären Demokratiekonzepten das von der Mehrheit beschlossene Gesetz und die *volonté générale* in eins, so ist die unterlegene Minderheit qua Natur der Sache »im Irrtum über das Wahre und Richtige«.[5] Auch das klassische, auf dem Dualismus von Regierung und Parlament basierende Gewaltenteilungsdenken des Konstitutionalismus räumt der politischen Minderheit wenig Raum ein. Vielmehr legt es die in der deutschen Staatsrechtslehre des 19. Jahrhunderts vertretene Ansicht nahe, wonach die Volksvertreter in den Ständeversammlungen die Volksrechte gegenüber der Regierung einheitlich

1 In Anlehnung an die Formulierung in Hasso Hofmann, Horst Dreier, »Repräsentation, Mehrheitsprinzip und Minderheitenschutz«, in: Hans-Peter Schneider, Wolfgang Zeh (Hg.), *Parlamentsrecht und Parlamentspraxis in der Bundesrepublik Deutschland*, Berlin, New York 1989, § 5, Rn. 59: »Die Mehrheitsdemokratie lebt von ihren Minderheiten.«

2 Vgl. Peter Mair, »Political Opposition and the European Union«, in: *Government and Opposition* 42 (2007), S. 1-17, hier S. 6 f.

3 Vgl. hierzu die klassische Darstellung bei Robert A. Dahl, »Preface«, in: ders. (Hg.), *Political Oppositions in Western Democracies*, New Haven, London 1966, S. xiii.

4 Näher auch zum Folgenden Ralf Poscher, »Die Opposition als Rechtsbegriff«, in: *AöR* 122 (1997), S. 444-468.

5 Konrad Hesse, *Grundzüge des Verfassungsrechts der Bundesrepublik Deutschland*, Heidelberg [20]1995, Rn. 154; Poscher, »Die Opposition als Rechtsbegriff«, S. 444 f.

wahrzunehmen hätten und sich grundsätzlich nicht »aufspalten« dürften.[6]

Die Anerkennung der politischen Minderheit als rechtlich verfasster Kategorie ist jüngeren Datums: Sie ist Produkt der pluralen Gesellschaft und des Parteienstaats.[7] Ihre Legitimität beruht auf der Anerkennung der Meinungs- und Interessenvielfalt der Bürgerinnen und Bürger.[8] Plurale Gesellschaften sind Sozietäten von Minderheiten,[9] in denen die Willensbildung erst organisiert und vermittelt werden muss.[10] Hier schaffen politische Parteien Orientierung: Sie bündeln die verschiedenen Interessen und setzen sie in Wettbewerb zueinander.[11] So machen erst die Parteien die Minderheit sichtbar und politische Opposition wirksam.[12] Erst auf dieser Stufe gilt also, was Hans Kelsen als notwendig für die Demokratie bestimmt hat, nämlich »dass sie eine Opposition – die Minorität – ihrem innersten Wesen nach nicht nur begrifflich voraussetzt, sondern auch politisch anerkennt und […] schützt«.[13]

Diesen Gedanken hat das Bundesverfassungsgericht aufgenommen, indem es von der Opposition als dem »Gegenspieler der Regierungsmehrheit« ausgeht.[14] Dabei weist das Gericht der parlamentarischen Opposition insbesondere drei Funktionen zu.[15] Diese

6 Siehe Hans-Peter Schneider, *Die parlamentarische Opposition im Verfassungsrecht der Bundesrepublik Deutschland*, Bd. 1, Frankfurt/M. 1974, S. 49 f., m. w. N.

7 Vgl. Peter M. Huber, »Regierung und Opposition«, in: Josef Isensee, Paul Kirchhof (Hg.), *Handbuch des Staatsrechts der Bundesrepublik Deutschland*, Bd. III, Heidelberg ³2005, § 47, Rn. 31. Zu den historischen Wurzeln vgl. Andreas Voßkuhle, »Hugo Preuß als Vordenker einer Verfassungstheorie des Pluralismus«, in diesem Band S. 139-161.

8 Vgl. Schneider, *Die parlamentarische Opposition im Verfassungsrecht*, S. 34.

9 Hofmann/Dreier, »Repräsentation, Mehrheitsprinzip und Minderheitenschutz«, § 5, Rn. 59.

10 Horst Dreier, in: ders. (Hg.), *Kommentar GG*, Bd. II, Tübingen ²2006, Art. 20 (Demokratie), Rn. 69.

11 Zur Rolle der Parteien in der modernen parlamentarischen Demokratie etwa BVerfGE 44, 124 (145 f.).

12 Vgl. BVerfGE 44, 124 (145).

13 Hans Kelsen, *Vom Wesen und Wert der Demokratie*, Tübingen 1920, S. 36.

14 BVerfGE 90, 286 (344); 123, 267 (431).

15 Zu dieser »klassischen Funktionentrias« siehe Stephan Haberland, *Die verfassungsrechtliche Bedeutung der Opposition nach dem Grundgesetz*, Berlin 1995, S. 40 ff.; Poscher, »Die Opposition als Rechtsbegriff«, S. 454 f.; Pascale Cancik, *Parlamentarische Opposition in den Landesverfassungen*, Berlin 2000, S. 150 ff.

kommen jedoch nicht nur der Opposition im Verfassungsstaat des Grundgesetzes zu, sondern lassen sich für alle auf demokratischer Legitimation basierenden Regierungssysteme verallgemeinern.

I. Kontrolle der Regierung als Oppositionsaufgabe

Erstens überwacht die Opposition die Regierungsmehrheit; ihr kommt also eine Kontrollfunktion zu. Dass die Regierung in der parlamentarischen Demokratie der Kontrolle gerade durch die oppositionelle Minderheit unterliegt, ist zentrales Element der Gewaltenteilung.[16]

Die Vorstellung, Kontrolle fände in parlamentarischen Regierungssystemen als Widerstreit zwischen der Regierung und dem ganzen Parlament statt, haben Politikwissenschaftler zu Recht in das Reich formalistischer Verfassungsrechtsübungen verwiesen.[17] Vielmehr wird auch die politische Praxis in der Bundesrepublik Deutschland durch die »Aktionseinheit von Regierung und Parlamentsmehrheit«[18] geprägt. Auch das Bundesverfassungsgericht geht davon aus, dass die Regierung und die sie unterstützende Parlamentsmehrheit gegenüber der Opposition politisch eine Einheit bilden.[19]

Die für die Wahrung der Gewaltenteilung so wichtige Grenze verläuft also »quer durch das Plenum«.[20] Das klassische Spannungsverhältnis zwischen den Gewalten wird durch die Gegenpole Regierungsmehrheit–Opposition zumindest ergänzt, wenn nicht

16 Vgl. BVerfGE 49, 70 (85 f.); 67, 100 (130); 110, 199 (219); 124, 78 (121).

17 Vgl. Rudy B. Andeweg, »A Comment on Auel, Benz, and Maurer«, in: Beate Kohler-Koch, Berthold Rittberger (Hg.), *Debating the Democratic Legitimacy of the European Union*, Lanham u. a. 2007, S. 102-110, hier S. 103: »Die symbiotische Beziehung zwischen Regierung und parlamentarischer Mehrheit in Großbritannien und in Deutschland führt jedoch dazu, dass jede Diskussion über die Befugnisse des Parlaments gegenüber der Regierung eher zu einem formalistischen Fingerspiel im Verfassungsrecht als zu einer politikwissenschaftlichen Debatte führt.« Für die Bundesrepublik vgl. ferner nur Hans D. Jarass, *Politik und Bürokratie als Elemente der Gewaltenteilung*, München 1975.

18 Joachim Krause, »Der Bedeutungswandel parlamentarischer Kontrolle: Deutscher Bundestag und US-Kongreß im Vergleich«, in: *ZParl* (1999), S. 534-555, hier S. 545.

19 BVerfGE 102, 224 (236).

20 Ebd.

sogar weitgehend ersetzt.[21] Auch wenn im Hintergrund selbstverständlich ebenfalls die Regierungsfraktionen auf die Arbeit der Regierung kontrollierend einwirken: Die öffentliche Kontrolle der Regierung erfolgt vorwiegend durch die politische Auseinandersetzung mit der Opposition.[22] Angesichts dieser Ausgangslage hat das Bundesverfassungsgericht in den letzten Jahren – jeweils auf Klagen von Oppositionsfraktionen oder von einzelnen Oppositionsabgeordneten hin – die Kontrollrechte des Parlaments gegenüber der Regierung weiter als Minderheitenrechte ausgestaltet.[23]

Gleichzeitig hat es die Kontrollfunktion des Parlaments als solche gestärkt. Kontrolle durch das Parlament findet wesentlich durch Informationsgewinnung statt,[24] denn ohne Beteiligung am Wissen der Regierung laufen die parlamentarischen Kontrollmöglichkeiten leer.[25] Die parlamentarischen Informationsrechte – etwa Untersuchungsausschüsse und Anfragen von Abgeordneten – werden wie alle öffentlichkeitswirksamen Kontrollmittel vor allem von der Opposition genutzt.[26] Als roter Faden der jüngeren Entscheidungen lässt sich festhalten, dass die Bundesregierung das Parlament in einer Weise zu informieren und einzubinden hat, die eine effektive Kontrolle durch die Opposition ermöglicht.

II. Thematisierungs-, Innovations- und Mobilisierungsfunktion der Opposition

Zweitens zwingt die Opposition die Mehrheit zur Rechtfertigung ihrer Entscheidungen[27] und bringt dabei ihre geistige Arbeit und Kritik in den Diskussionsprozess ein.[28] Man kann das als »The-

21 Vgl. BVerfGE 47, 70 (86).

22 Krause, »Der Bedeutungswandel parlamentarischer Kontrolle«, S. 545.

23 Vgl. hierzu insbesondere BVerfGE 124, 78; 124, 161; 130, 318.

24 Sigrid Emmenegger, »Die Stärkung des Parlaments in der neueren Rechtsprechung des Bundesverfassungsgerichts«, in: dies., Ariane Wiedmann (Hg.), *Linien der Rechtsprechung des Bundesverfassungsgerichts*, Bd. 2, Berlin, Boston 2011, S. 447-470, hier S. 450.

25 Vgl. BVerfGE 67, 100 (135).

26 Winfried Steffani, »Formen, Verfahren und Wirkungen der parlamentarischen Kontrolle«, in: Schneider/Zeh (Hg.), *Parlamentsrecht und Parlamentspraxis*, § 49, Rn. 26.

27 Vgl. BVerfGE 5, 85 (198).

28 BVerfGE 5, 85 (199).

matisierungs-, Innovations und Mobilisierungsfunktion« oder kurz »Kritikfunktion« bezeichnen. Die Opposition greift typischerweise einen von Regierung und Regierungsmehrheit unbeachtet gelassenen gesellschaftlichen Input auf und versucht, ihm zu politischem Erfolg zu verhelfen.[29] Die Berücksichtigung der von der Opposition in den Entscheidungsprozess eingespeisten Interessen macht die zu treffende Entscheidung letztlich oft besser.[30] Die geistige Arbeit der Opposition geht gewinnbringend in die Sachentscheidungen der Mehrheit ein,[31] und ganz generell fördert der durch die Opposition erzwungene permanente demokratische Wettbewerb innovative Lösungen.[32] Die Opposition mobilisiert auch: Oft generiert erst die politische Auseinandersetzung mit der Mehrheit überhaupt Aufmerksamkeit der Wählerinnen und Wähler für bestimmte Themen.[33] Damit erhöht sie die Teilhabe der Bürgerinnen und Bürger an der politischen Willensbildung und stärkt die effektive Verantwortlichkeit der Regierungsmehrheit gegenüber dem Volk. Ein Nebeneffekt dieser Stärkung des Bandes zwischen Wählern und Gewählten ist die erhöhte Responsivität von Politik: Wer sich beim nächsten Wahltermin gegen konkurrierende Parteien durchsetzen muss, wird verstärkt auf die Präferenzen der Bürgerinnen und Bürger achten. Dementsprechend macht das Bundesverfassungsgericht das Parlament als zentralen Ort der politischen Debatte aus und schützt die Mitwirkungs- und Artikulationsmöglichkeiten der Opposition.[34]

29 Vgl. Martin Sebaldt, *Die Thematisierungsfunktion der Opposition. Die parlamentarische Minderheit des Deutschen Bundestags als innovative Kraft im politischen System der Bundesrepublik Deutschland*, Frankfurt/M. u. a. 1992, S. 50 und passim.

30 Hesse, *Grundzüge des Verfassungsrechts*, Rn. 141; vgl. auch Simon Hix, »Jenseits des Regulationsstaates. Warum die Europäische Union mehr politischen Wettbewerb braucht«, in: Frank Decker, Marcus Höreth (Hg.), *Die Verfassung Europas. Perspektiven des Integrationsprojekts*, Wiesbaden 2009, S. 99-127, hier S. 106 f.

31 Vgl. BVerfGE 5, 85 (199).

32 Armin Hatje, »Demokratie als Wettbewerbsordnung«, in: *VVDStRL* 69 (2010), S. 135-172, hier S. 146.

33 Ondřej Kalina, »Europa in Prokrustes' Bett? Die Europäische Union als Konkordanzsystem im Demokratiedilemma«, in: Stefan Köppl, Uwe Kranenpohl (Hg.), *Konkordanzdemokratie. Ein Demokratietyp der Vergangenheit?*, Baden-Baden 2012, S. 189-218, hier S. 203 f.; vgl. auch Christoph Möllers, *Demokratie – Zumutungen und Versprechen*, Berlin 2008, S. 67.

34 Vgl. in dieser Richtung die AWACS-Entscheidung (BVerfGE 121, 135 [154 ff.], in Fortführung von BVerfGE 90, 286 [381 ff.]), die Entscheidungen des Gerichts zur

III. Das Anbieten einer Alternative als Kernaufgabe der Opposition

Damit Kontrolle und Kritik funktionieren, braucht man die Opposition – sie hat hier aber kein Monopol. Die letzte Oppositionsfunktion kann dagegen nur von der Opposition wahrgenommen werden und ist deshalb deren Kernaufgabe, nämlich das Anbieten einer politischen Alternative.[35] Dies gilt in zweierlei Hinsicht: Der Opposition obliegt zum einen die Erarbeitung einer alternativen Programmatik und zum anderen die Bereitstellung personeller Alternativen. Nicht von ungefähr war in England, dem Mutterland der Opposition, eine Zeitlang für diese die Bezeichnung *His/Her Majesty's alternative government* gängig.[36] Dieser Titel macht ebenso wie das geflügelte Wort von der »Opposition als Regierung im Wartestand« oder dem »Schattenkabinett« plastisch, dass der potentielle Machtwechsel und der Wille hierzu zum Wesen der Opposition gehören. Erst die reale Chance des Mehrheitswechsels macht das Mehrheitsprinzip erträglich. Daher ist die Machtperspektive der politischen Minderheit für die Mehrheitsdemokratie ein wesentliches legitimierendes Element.[37] Die Opposition effektuiert die Möglichkeit der Abwahl der politischen Führung und der Einsetzung einer Alternative[38] und trägt somit das der parteienstaatlichen Demokratie immanente Konzept einer den Bürgerinnen und Bürgern verantwortlichen Regierung.

Die Mehrheitsdemokratie lebt damit von der Alternierungschance der politischen Minderheit. Diese Alternierungschance offenzuhalten, ist im Verfassungsstaat ein komplexes Unterfangen. Dies gilt in stark von horizontaler und vertikaler Gewaltentei-

Gestaltungsmacht des Vermittlungsausschusses (BVerfGE 120, 56; 125, 104) sowie die Entscheidung zum Untergremium des Bundestages in Angelegenheiten der Europäischen Finanzstabilisierungsfazilität (BVerfGE 130, 318).

35 Vgl. BVerfGE 102, 224 (243); ausführlicher dazu Cancik, *Parlamentarische Opposition in den Landesverfassungen*, S. 154 f.

36 Ivor W. Jennings, *Parliament*, Cambridge ²1957, S. 174; Schneider, *Die parlamentarische Opposition im Verfassungsrecht*, S. 48.

37 Vgl. Markus Kotzur, »Demokratie als Wettbewerbsordnung«, in: *VVDStRL* 69 (2010), S. 173-226, hier S. 192: Die real gleiche Alternierungschance in der Zukunft mache das Mehrheitsprinzip »für die Minderheit von heute erträglich«. Näher auch Haberland, *Die verfassungsrechtliche Bedeutung der Opposition*, S. 19 ff.

38 Vgl. Hesse, *Grundzüge des Verfassungsrechts*, Rn. 155.

lung bestimmten föderalen Verfassungsordnungen in besonderem Maße, denn hier ist das Wechselspiel zwischen Regierung und Opposition dadurch gebremst, dass es nicht die eine entscheidende Arena, sondern eine Vielzahl dezentraler Schauplätze für den politischen Wettbewerb gibt.[39]

Die tatsächliche Machtwechselchance kann der Verfassungsstaat nicht garantieren.[40] Sie setzt eine starke, regierungswillige und potentiell regierungsfähige politische Minderheit voraus, deren Existenz der Staat nicht »verordnen« kann und die etwa in Zeiten großer Koalitionen nicht selbstverständlich ist.[41] Eine Verfassungsordnung kann und muss jedoch die Grundbedingungen dafür schaffen, dass ein »System alternativer Regierung« möglich bleibt.[42] Vehikel für dieses Offenhalten des politischen Prozesses ist die Herstellung möglichst weitgehender Chancengleichheit von Opposition und Regierungsmehrheit.[43]

39 Vgl. Robert A. Dahl, »Patterns of Opposition«, in: ders. (Hg.), *Political Oppositions in Western Democracies*, S. 332-347, hier S. 340.

40 Hesse, *Grundzüge des Verfassungsrechts*, Rn. 158; Werner Heun, *Das Mehrheitsprinzip in der Demokratie. Grundlagen, Struktur, Begrenzungen*, Berlin 1983, S. 198.

41 Hesse, *Grundzüge des Verfassungsrechts*, Rn. 158.

42 Ebd., Rn. 157; Heun, *Das Mehrheitsprinzip in der Demokratie*, S. 198 f.

43 Vgl. etwa Kotzur, »Demokratie als Wettbewerbsordnung«, S. 191 f.; Hans-Peter Schneider, »Verfassungsrechtliche Bedeutung und politische Praxis der parlamentarischen Opposition«, in: ders./Zeh (Hg.), *Parlamentsrecht und Parlamentspraxis*, § 38, Rn. 26 f.; Poscher, »Die Opposition als Rechtsbegriff«, S. 454. Differenzierend Cancik, *Parlamentarische Opposition in den Landesverfassungen*, S. 191 ff.: Eine spezielle »Oppositionschancengleichheit« sei angesichts von Abgeordneten-, Fraktionen- und Parteiengleichheit überflüssig, es bedürfe vielmehr »besondere[r] Ausstattung« der Opposition für ihre besonderen Aufgaben. Ob ein verfassungsmäßiges Recht der Opposition auf »Chancengleichheit mit der Regierung« besteht, wird offengelassen in BVerfGE 10, 4 (16); vgl. aber BVerfGE 44, 125 (145): »In einem freiheitlichen Staat, in dem der Mehrheitswille in den Grenzen der Rechtsstaatlichkeit entscheidet, müssen Minderheitsgruppen die Möglichkeit haben, zur Mehrheit zu werden. Demokratische Gleichheit fordert, dass der jeweils herrschenden Mehrheit und der oppositionellen Minderheit bei jeder Wahl aufs Neue die grundsätzlich gleichen Chancen im Wettbewerb um die Wählerstimmen offengehalten werden.«

Im Grundsatz gilt also, dass die Opposition als Alternative zur jeweils gegenwärtigen Mehrheit erkennbar bleiben muss, genauso wie es wichtig ist, dass sich die Mehrheit bisweilen gegen großen Widerstand durchsetzt.[44] Entscheidungen, die aus einem Diskussionsprozess erwachsen, Kritik und Kontrolle überstehen und sich gegenüber denkbaren Alternativen bewähren, haben nicht nur die Chance, als solche inhaltlich zu überzeugen. Sie sind auch geeignet, den Rückhalt der Entscheidungsträger, der demokratischen Institutionen, zu stärken.[45] Das Zusammenspiel aus Mehrheit und Opposition, ja schon allein die Möglichkeit von Kritik an der Regierungsarbeit ist ein zentrales vertrauensstärkendes Element. Das Vertrauen der Bürgerinnen und Bürger in ihre Institutionen setzt ein System von *checks and balances* voraus, zu dem ganz zentral auch starke Oppositionen mit Minderheitenrechten im Parlament zählen.

Die »Politisierung« von Entscheidungen gehört in der Demokratie dazu und fördert das Vertrauen der Bürgerinnen und Bürger. Wenig ist schädlicher als der Eindruck, es gäbe keine Alternativen. Alternativlosigkeit frustriert und kann dadurch Vertrauens- und Institutionenkrisen auslösen.[46] Wo viel und Wichtiges entschieden werden soll, muss Vertrauen in der Bevölkerung dadurch hergestellt werden, dass die Lösungen von einer »Gegenkraft« kritisch geprüft, demokratische Rückkopplungszusammenhänge gewahrt und rechtliche Grenzen eingehalten werden. Dazu trägt eine Reihe von Institutionen bei, zuvörderst aber eine aktive parlamentarische Opposition.

44 Andreas Voßkuhle, »Über die Demokratie in Europa«, in diesem Band S. 48-59, hier S. 52-55.

45 Vgl. hierzu im Anschluss an die Demokratietheorie Claude Leforts auch Isabelle Ley, »Die fehlende Opposition – Konzeptionelle Schwierigkeiten nichtstaatlicher Demokratietheorievorstellungen«, in: Claudio Franzius u. a., (Hg.), *Grenzen der europäischen Integration. Herausforderungen für Recht und Politik*, Baden-Baden 2014, S. 197-210, hier S. 198 f.

46 Vgl. zu diesem Zusammenhang mit Blick auf die Europäische Union auch Mair, »Political Opposition and the European Union«, S. 6 f.

B. Das oppositionelle Defizit in der Europäischen Union

Das Thema »Vertrauen« ist nicht nur auf nationaler Ebene zentral. Um das Vertrauen der Bürgerinnen und Bürger ringt auch die Europäische Union, die derzeit eine veritable Institutionen- und Vertrauenskrise durchlebt.[47] Viele Bürgerinnen und Bürger gehen davon aus, dass sie auf den Kurs der Europäischen Union keinen Einfluss haben – angeblich fühlen sich 75 Prozent der deutschen Bevölkerung ohnmächtig gegenüber dem Geschehen auf europäischer Ebene.[48] Die Bürgerinnen und Bürger beschleicht das Gefühl, dass die Entscheidungen von »three men in a room«[49] getroffen werden und nicht das Ergebnis eines transparenten demokratischen Prozesses sind. Auch die gegenwärtig verstärkt zu beobachtende Flucht aus den Europäischen Verträgen in intergouvernementale Arrangements[50] und die Krisenrhetorik mancher Akteure können den Eindruck erwecken, dass man es mit den rechtlichen Vorgaben im Notfall nicht so genau nimmt. Das schafft kein Vertrauen.

Deshalb stellt sich die Frage: Gibt es auf europäischer Ebene ebenjene »Gegengewichte«, die durch Kritik, Kontrolle und Alternativenbildung das Vertrauen der Bürgerinnen und Bürger in die

47 Siehe die Zahlen bei TNS Opinion & Social, »Public Opinion in the European Union«, *Standard Eurobarometer 79*, 2013, S. 9 ⟨http://ec.europa.eu/public_opinion/archives/eb/eb79/eb79_first_en.pdf⟩, letzter Zugriff 24. 2. 2021.

48 Renate Köcher, »Entspannter Fatalismus«, in: *FAZ* v. 17. 10. 2012, Nr. 242, S. 8: »Noch weitaus größer sind Ohnmachtsgefühle jedoch mit Blick auf die europäische Ebene. Hier sind 75 Prozent der deutschen Bevölkerung überzeugt, dass es für die Bürger keinerlei Einflussmöglichkeiten gibt [...]. Selbst politisch engagierte Bürger, die ansonsten überwiegend davon ausgehen, dass sie Einfluss nehmen können, sehen auf europäischer Ebene keinerlei Chancen.«

49 Vgl. Seymour P. Lachman, Robert Polner, *Three Men in a Room. The Inside Story of Power and Betrayal in an American Statehouse*, New York 2006.

50 Zur Intergouvernementalisierung der EU-Politik in der Schuldenkrise etwa Martin Große Hüttmann, Michèle Knodt, »Das Ende der Demokratie in Europa? Intergouvernementalismus, Euro-Krisenpolitik und ›Mehrebenenparlamentarismus‹ in der EU«, in: Gabriele Abels, Annegret Eppler (Hg.), *Auf dem Weg zum Mehrebenenparlamentarismus? Funktionen von Parlamenten im politischen System der EU*, Baden-Baden 2011, S. 133-148; Frank Schorkopf, »Finanzkrisen als Herausforderung der internationalen, europäischen und nationalen Rechtsetzung«, in: *VVDStRL* 71 (2012), S. 183-225, hier S. 204 ff., sowie BVerfGE 130, 318 (344); 131, 195 (239 ff.).

Entscheidungsprozesse befördern? Vor allem aber: Wie stark sind diese in Form einer echten parlamentarischen Opposition in das Regierungssystem eingebunden und wie ließe sich diese noch stärken? Denn so gewiss es der Union nicht an Gegnern fehlt, so selten wurden doch bislang politische Gegensätze offen in den Foren und Formen des europäischen Verfassungsgefüges ausgetragen. Kurz: Wie steht es also um die Opposition im Europäischen Parlament?

I. Schwierige Rahmenbedingungen für Oppositionsarbeit auf europäischer Ebene

Gerade im Europäischen Parlament sind die Entscheidungsprozesse vielfach auf die Einbindung breiter Teile des politischen Spektrums angelegt. Dementsprechend schwierig sind die Rahmenbedingungen für die Oppositionsarbeit im Europäischen Parlament.

So ist die Europäische Union auf der Skala zwischen Westminsterdemokratie und Konkordanzdemokratie klar als Konkordanzsystem einzuordnen[51] – und zwar im Ausgangspunkt als eines mit nunmehr mindestens 28 »Vetospielen« (die europäischen Institutionen nicht eingerechnet) und damit prinzipiellem Zwang zum breiten Kompromiss.[52] Hier zeigt sich das Erbe einer überwiegend funktional verstandenen Integrationslogik.[53] Ein Hang zu Konsensentscheidungen besteht allerdings auch dort, wo die Europäischen Verträge mittlerweile bestimmte Mehrheiten genügen lassen.[54] Dies mag auch mit der vielfach noch als fragil empfunde-

51 Vgl. etwa Arend Lijphart, *Patterns of Democracy. Government Forms and Performances in Thirty-Six Countries*, New Haven, London 1999, S. 46 f.; Michael Newman, »Democracy and Accountability in the EU«, in: Jeremy J. Richardson (Hg.), *European Union. Power and Policy-Making*, London, New York ²2001, S. 357-374, hier S. 368 f.; Stefan Oeter, »Föderalismus und Demokratie«, in: Armin von Bogdandy, Jürgen Bast (Hg.), *Europäisches Verfassungsrecht. Theoretische und dogmatische Grundzüge*, Berlin, Heidelberg ²2009, S. 73-120, hier S. 112 ff.

52 Anton Pelinka, »Die Europäische Union – eine Konkordanzdemokratie? Zur typologischen Verortung der EU«, in: Klemens H. Schrenk, Markus Soldner (Hg.), *Analyse demokratischer Regierungssysteme. Festschrift für Wolfgang Ismayr zum 65. Geburtstag*, Wiesbaden 2010, S. 83-92, hier S. 88.

53 Zum Funktionalismus als genuin »unpolitischem Rechtfertigungsmechanismus« siehe Ley, »Die fehlende Opposition«, S. 200 ff., sowie dies., *Opposition im Völkerrecht. Ein Beitrag zur Legitimation internationaler Rechtserzeugung*, Berlin u. a. 2015, S. 99 ff.

54 Vgl. Hix, »Jenseits des Regulationsstaates«, S. 105 ff.

nen demokratischen Legitimation der Europäischen Union zu tun haben, denn wenn von knappen Mehrheiten getragene europäische Entscheidungen auf dezidierte Gegenpositionen nationaler Regierungen und Parlamente prallen, kann dies zu einer Zerreißprobe führen, die man nicht gern provoziert.[55] Breite Mehrheiten signalisieren dagegen politisches Gewicht – dies gilt auch für die »institutionelle Selbstbehauptung«[56] gegenüber den anderen Organen der Europäischen Union.[57]

Aber auch konkrete Regeln in den Europäischen Verträgen zwingen in der Praxis die beiden großen Fraktionen im Europäischen Parlament zur Zusammenarbeit und einer semipermanenten »großen Koalition«. So bedarf es der Kooperation im Parlament, um dessen nunmehr erweiterte Zuständigkeiten im Rahmen des Mitentscheidungsverfahrens wahrnehmen und sich gegenüber dem Rat behaupten zu können.[58] Daneben fehlt es im Europäischen Parlament an der klassischen Ausrichtung von Fraktionen auf das »Stützen oder Stürzen« einer Regierung. Das Europäische Parlament wählt keine Unionsregierung, die auf seine fortlaufende Unterstützung angewiesen wäre.[59] Die Möglichkeit des Parlaments, die Kommission mit Zweidrittelmehrheit abzusetzen, entspricht eher einem Impeachment-Verfahren als einer Parlamentsabhängig-

55 Christopher Lord, »Parliamentary Representation in a Decentred Polity«, in: Kohler-Koch/Rittberger (Hg.), *Debating the Democratic Legitimacy of the European Union*, S. 139-156, hier S. 145.

56 Abweichende Meinung der Richter Udo Di Fabio und Rudolf Mellinghoff in BVerfGE 129, 300 (355).

57 Volker Neßler, *Europäische Willensbildung. Die Fraktionen im Europaparlament zwischen nationalen Interessen, Parteipolitik und Europäischer Integration*, Schwalbach/Ts. 1997, S. 173 f.; Karsten Schmitz, »Zwischen Polarisierung und Konsensprinzip: Das Europäische Parlament im Institutionengefüge der EU«, in: Jürgen Mittag (Hg.), *30 Jahre Direktwahlen zum Europäischen Parlament (1979-2009). Europawahlen und EP in der Analyse*, Baden-Baden 2011, S. 331-350, hier S. 342, 344.

58 Näher Jürgen Bast, »Europäische Gesetzgebung – Fünf Stationen in der Verfassungsentwicklung der EU«, in: Claudio Franzius u. a. (Hg.), *Strukturfragen der Europäischen Union*, Baden-Baden 2010, S. 173-180, hier S. 175; Schmitz, »Zwischen Polarisierung und Konsensprinzip«, S. 334 ff.; Jürgen Mittag, Janosch Steuwer, *Politische Parteien in der EU*, Wien 2010, S. 212 f. Vgl. auch BVerfGE 129, 300 (330). Dass dies allgemein für internationale parlamentarische Versammlungen gilt, zeigt Ley, *Opposition im Völkerrecht*, S. 213 ff.

59 BVerfGE 129, 300 (336).

keit der Regierung.[60] Die Kommission ihrerseits ist nicht das politische Äquivalent einer Parlamentsfraktion, sondern repräsentiert in der Regel eine Vielzahl politischer Gruppen.[61] Politikwissenschaftler weisen darauf hin, dass ohne den Druck, den die Abhängigkeit einer Regierung vom Parlament erzeugt, ein ganz entscheidender disziplinierender Faktor für jede Art parlamentarischer und damit auch oppositioneller Arbeit fehlt.[62] Dieses Manko werde im Europäischen Parlament nicht durch andere Disziplinierungsmöglichkeiten der Fraktionen gegenüber einzelnen Abgeordneten wettgemacht.[63] Damit einher geht dann ein im Vergleich zu nationalen Parlamenten geringerer Zusammenhalt der jeweiligen Fraktionen, der nicht nur der Tatsache geschuldet ist, dass die Abgeordneten sich auch als Vertreter ihrer jeweiligen nationalen Parteien mit entsprechenden Loyalitäten begreifen.[64] Hinzu kommt schließlich, dass die Fraktionen kaum Kontrolle über die Themen haben, die im Parlament verhandelt werden (»Agendakontrolle«). Mangels Initiativrechts des Europäischen Parlaments bestehen nur eingeschränkte Chancen für die Fraktionen, selbstgewählte Themen »durchzubringen« und damit Profil zu gewinnen[65] oder die anderen Fraktionen dazu zu zwingen, sich zu einer bestimmten Position zu verhalten.[66]

60 Vgl. Simon Hix u. a., *Democratic Politics in the European Parliament*, Cambridge 2007, S. 17.

61 Ebd., S. 183 f.

62 Neßler, *Europäische Willensbildung*, S. 178; Hix u. a., *Democratic Politics in the European Parliament*, S. 88 f.

63 Mittag/Steuwer, *Politische Parteien in der EU*, S. 111, 213 f.: Insbesondere hängt die Wiederaufstellung von Abgeordneten zur Wahl nicht von den europäischen Fraktionen, sondern von den nationalen Parteien ab.

64 Vgl. Kalina, »Europa in Prokrustes' Bett?«, S. 196 f.; Aaretti Siitonen, »State or the Unions? Political Parties Bridging the National/European Divide«, in: Fleur de Beaufort, Patrick van Schie (Hg.), *Democracy in Europe. Of the People, by the People, for the People?*, Brüssel 2010, S. 85-98, hier S. 93: »Untersuchungen zeigen, dass in Fällen, in denen Vorlieben einer nationalen Partei in direktem Gegensatz zu denen der Fraktion im Europäischen Parlament stehen, die Mitglieder des Europäischen Parlaments (MEP) doppelt so wahrscheinlich mit ihren nationalen Parteien abstimmen.« Siehe auch Jens-Peter Eickhoff, *Das Funktionsrecht des Europäischen Parlaments*, Frankfurt/M. 2008, S. 167 f.

65 Vgl. Hix u. a., *Democratic Politics in the European Parliament*, S. 4 f.

66 Daniel Göler, »Endlich ein echtes Parlament? Die Rahmenbedingungen des Vertrags von Lissabon und das Europäische Parlament«, in: Mittag (Hg.), *30 Jahre Direktwahlen zum Europäischen Parlament (1979-2009)*, S. 289-312, hier S. 297.

Gleichzeitig fehlt es nach verbreiteter Auffassung an einer Möglichkeit der Fraktionen, die Tagesordnungspunkte »vorzuselektieren«.[67] Damit gebe es kaum die Chance, Themen von der Tagesordnung fernzuhalten, bei denen die Fraktion nicht mit einer Stimme sprechen kann.[68]

Zu diesen Gesichtspunkten treten weitere »weiche« Faktoren hinzu. So wirkt die oft notwendige Fokussierung des Parlaments auf technische Details tendenziell eher entpolitisierend[69] und verstärkt den Hang zum »Arbeitsparlament« mit wechselnden Mehrheiten bei unterschiedlichen Abstimmungsgegenständen.[70] Konsens fördert auch die Informalisierung bestimmter Entscheidungsprozesse unter Einbindung einer ganzen Reihe von Akteuren schon im Frühstadium:[71] Dies gilt etwa für die Dreiertreffen (sogenannte Triloge) von Vertretern des Europäischen Parlaments, des Rates und der Europäischen Kommission mit dem Ziel einer frühzeitigen Abstimmung im Gesetzgebungsverfahren.[72]

Es überrascht nicht, dass dieser Befund auch Niederschlag in der Rechtsprechung gefunden hat. So stellte das Gericht der Europäischen Union (EuG) 2001 fest, dass das Europäische Parlament, anders als die nationalen Parlamente, nicht durch den überkommenen Gegensatz zwischen Mehrheit und Opposition gekennzeichnet sei.[73] Und auch das Bundesverfassungsgericht hatte in seiner Entscheidung zur Fünfprozentsperrklausel für die Wahl zum Europäischen Parlament diese Gesichtspunkte zur Kenntnis zu nehmen.[74]

II. »Von der Völkervertretung zur Bürgervertretung«

Diese nüchterne Beschreibung verkennt nicht, in welchem Maße sich das Europäische Parlament über die letzten Jahrzehnte hinweg zu einem gewichtigen Akteur der europäischen Politik entwi-

67 Neßler, *Europäische Willensbildung*, S. 188.

68 Vgl. Hix u. a., *Democratic Politics in the European Parliament*, S. 4 f., 110.

69 Vgl. etwa Thomas Oppermann u. a., *Europarecht*, München [6]2014, § 5, Rn. 23.

70 Zu Letzterem BVerfGE 129, 300 (331).

71 Vgl. Neßler, *Europäische Willensbildung*, S. 156 f.

72 Näher BVerfGE 129, 300 (333).

73 EuG, Urt. v. 2. 10. 2001 – T-222/99, T-327/99 und T-329/99, ECLI:EU:T:2001:242, Rn. 146 (*Martinez u. a. v. EP*). Aufgenommen in BVerfGE 129, 300 (327).

74 BVerfGE 129, 300 (336).

ckelt hat.[75] Wenngleich ein antagonistisches Profil der Fraktionen im Europäischen Parlament bislang nur selten sichtbar geworden ist, zeigen sich doch zunehmend Ansätze wirkungsvoller Oppositionsarbeit. Dabei ist die Grundvoraussetzung für oppositionelle Kritik und Alternativenbildung, dass die Entscheidungen im Parlament nach programmatischen Gesichtspunkten fallen, also eine richtungspolitische Willensbildung erfolgt. Unter Zurückstellung der jeweiligen nationalen Interessen kann dann ein »Wettbewerb der Konzepte« stattfinden. Ebendies ist zunehmend der Fall: Konstatiert wird ein langsamer Wandel »von der Völkervertretung zur Bürgervertretung«,[76] der auch im Text des Vertrags von Lissabon Niederschlag gefunden hat.[77] Er bereitet den Boden für einen Wettbewerb politischer Gruppen.

So positionieren sich die Abgeordneten immer stärker entlang weltanschaulicher, nicht territorialer Trennlinien.[78] Dies gilt schon längst für die Fraktionen, in denen sich die gegenwärtig mehr als 160 im Europäischen Parlament vertretenen Parteien bündeln: Sie sind nach weltanschaulich-ideologischen Grenzen strukturiert.[79] Gerade die jüngeren Erweiterungsrunden haben aber nochmals zu einer größeren Heterogenität des Parlaments und zu einer Abnahme des Gewichts einzelner nationaler Delegationen geführt und

75 Dazu Berthold Rittberger, »The Creation and Empowerment of the European Parliament«, in: *Journal of Common Market Studies* 41 (2003). S. 203-225; Sven Hölscheidt, in: Eberhard Grabitz u.a (Hg.), *Das Recht der Europäischen Union*, 51. EL, München 2013, Art. 14 EUV, Rn. 4 ff.; Johann Schoo, in: Jürgen Schwarze (Hg.), *EU-Kommentar*, Baden-Baden ³2012, Art. 14 EUV, Rn. 2 ff.

76 Stefan Marschall, »Zwischen Völker- und Bürgervertretung: Das EP und die Europawahlen im Spannungsfeld repräsentativer Demokratie jenseits des Nationalstaates«, in: Mittag (Hg.), *30 Jahre Direktwahlen zum Europäischen Parlament (1979-2009)*, S. 33-50, hier S. 43 f.

77 Art. 10 Abs. 2 EUV: »Die Bürgerinnen und Bürger sind auf Unionsebene unmittelbar im Europäischen Parlament vertreten.«

78 Hierzu ausführlich Hix u. a., *Democratic Politics in the European Parliament*, S. 93 ff.; Mittag/Steuwer, *Politische Parteien in der EU*, S. 212; Roger Scully u. a., »National or European Parliamentarians? Evidence from a New Survey of the Members of the European Parliament«, in: *Journal of Common Market Studies* 50 (2012), S. 670-683.

79 Überblick zur »transnationalen Binnenorganisation« des Europäischen Parlaments bei Peter M. Huber, in: Rudolf Streinz (Hg.), *EUV/AEUV*, München ²2012, Art. 14 EUV, Rn. 43; zu den nach der Europawahl 2009 gebildeten Fraktionen Schoo, in: Schwarze (Hg.), *EU-Kommentar*, Rn. 68.

dadurch weiter zur Überwindung territorialen Denkens beigetragen.[80] Gleiches bewirkt die höhere Dichte der Regelungsmaterien infolge der Vertiefung der Integration. Wenn man bedenkt, dass in der Frühphase der europäischen Integration die Mitglieder der Gemeinsamen Versammlung der Europäischen Gemeinschaft für Kohle und Stahl noch nach Art klassischer Völkervertretungen in alphabetischer Ordnung Platz nehmen sollten,[81] ist das eine bemerkenswerte Entwicklung. Insgesamt lässt sich daher bei den Fraktionen ein Gewinn »sowohl an Profil als auch an Stabilität« konstatieren.[82]

Feststellen lassen sich zudem Elemente einer »Regierungsoppositionspolitik« im Verhältnis zur Kommission.[83] Zwar bringt das Europäische Parlament, wie dargelegt, nicht im eigentlichen Sinne eine Regierung hervor. Es nimmt jedoch durch die Wahl des Kommissionspräsidenten und die Zustimmung zum Gesamtkollegium der Kommission Einfluss auf die Bestellung der Kommission. Dieser erweiterte Einfluss fördert eine parteipolitische Polarisierung im Parlament, und die Bestellung und Kontrolle der Santer-Kommission gilt als die Geburtsstunde einer Polarisierung zwischen rechten und linken politischen Gruppen im Parlament gegenüber der Kommission.[84] Parteipolitik ist seitdem ein Faktor sowohl bei der Wahl der Kommission als auch bei der Positionierung gegenüber Kommissionsinitiativen.[85] So werden die Abstimmung über die Kommission Barroso 2004 und die damalige Wahl des Kommissionspräsidenten als »klar parteipolitisch geprägt«[86] eingeordnet.

III. Gefahren nicht hinreichend sichtbarer Opposition

Dennoch ist für den derzeitigen Integrationsstand festzuhalten, dass man die politische Mehrheit und die politische Minderheit im klassischen Sinne auf der europäischen Ebene (noch) nicht findet.[87]

80 Kalina, »Europa in Prokrustes' Bett?«, S. 199.
81 Vgl. Hix u. a., *Democratic Politics in the European Parliament*, S. 22.
82 Mittag/Steuwer, *Politische Parteien in der EU*, S. 218.
83 Vgl. Hix u. a., *Democratic Politics in the European Parliament*, S. 183 ff., 195 ff.
84 Näher dazu ebd., S. 186 ff.
85 Ebd., S. 199.
86 Schmitz, »Zwischen Polarisierung und Konsensprinzip«, S. 339, m. w. N.
87 Vgl. zur Abwesenheit einer »klassischen« Opposition in der EU die apodiktische Feststellung bei Karlheinz Neunreither, »Governance without Opposition:

Die Entscheidungsprozesse sind überwiegend geprägt von Konsens oder wechselnden Mehrheiten gepaart mit Adhoc-Oppositionen.[88] Das europäische Institutionengefüge hat bis jetzt noch keinen sichtbaren Wettstreit der europäischen Parteien um die besten Ideen hervorgebracht, an dem sich die Unionsbürgerinnen und Unionsbürger orientieren könnten.[89] Weil kein klares System von Regierung und Opposition existiert, wissen die Unionsbürgerinnen und Unionsbürger häufig nicht, wen sie wählen sollen, damit auf europäischer Ebene etwas in die eine oder andere Richtung entschieden wird.[90] Umgekehrt erhalten die europäischen Akteure Gestaltungsmacht nicht in erster Linie dadurch, dass sie die Wünsche und Bedürfnisse einer europäischen Öffentlichkeit besonders erfolgreich aufgegriffen hätten.[91]

Dies mag auch Vorteile haben: So wird das in der Riege der europäischen Institutionen vergleichsweise hohe Ansehen des Europäischen Parlaments bei den Bürgerinnen und Bürgern auch auf dessen konsensdemokratischen Kurs zurückgeführt.[92] Zudem hilft innere Geschlossenheit des Parlaments bei der Durchsetzung seiner institutionellen Interessen.[93] Auch würden bestimmte als ideologiefern verstandene klassische Unions-Politiken wie das Binnenmarkt-Programm durch stark an Wählerinteressen orientierte Institutionen wohl nicht mit gleicher Verve durchgesetzt.[94] Und:

The Case of the European Union«, in: *Government and Opposition* 33 (1998), S. 419-441, hier S. 420: »Offensichtlich gibt es eine solche Opposition in der EU nicht.«

88 Differenzierend Mittag/Steuwer, *Politische Parteien in der EU*, S. 217 f.

89 Zu den Ursachen vgl. etwa ebd., S. 107 f.

90 Vgl. Andreas Maurer, »Mehrebenendemokratie und Mehrebenenparlamentarismus: Das Europäische Parlament und die nationalen Parlamente nach Lissabon«, in: Stefan Kadelbach (Hg.), *Europäische Integration und parlamentarische Demokratie*, Baden-Baden 2009, S. 19-58, hier S. 53.

91 Vgl. Christopher Lord, *Democracy in the European Union*, London 1998, S. 129. Zur nur begrenzten Repräsentationsfunktion der europäischen Parteien und Fraktionen auch Mittag/Steuwer, *Politische Parteien in der EU*, S. 103 f.

92 So Schmitz, »Zwischen Polarisierung und Konsensprinzip«, S. 346.

93 Vgl. etwa die Untersuchung von Amie Kreppel, »What Affects the European Parliament's Legislative Influence? An Analysis of the Success of EP Amendments«, in: *Journal of Common Market Studies* 37 (1999), S. 521-537, hier S. 523, 533.

94 In diesem Sinne etwa Renaud Dehousse, »Constitutional Reform in the European Community: Are There Alternatives to the Majoritarian Avenue?«, in:

Die Europäische Union kann bislang überwiegend überzeugende Ergebnisse vorweisen. Mit anderen Worten: Der Output stimmt.

Allerdings birgt die Schwäche der Oppositionsfunktion auch Gefahren für den Erfolg einzelner Politikvorhaben[95] wie für die Legitimitätsbilanz der Europäischen Union im Ganzen. Um ein Wort eines britischen Politikwissenschaftlers aufzunehmen: Die Stärken der Europäischen Union als einer auf Elitenebene funktionierenden Konsensdemokratie begründen gleichzeitig die Defekte der Union als Bürgerdemokratie.[96] Die »hyperkonsensual«[97] austarierten Entscheidungsprozesse erscheinen gegenüber äußeren Einwirkungen weitgehend immun. Es bleibt schwer, Elemente öffentlicher Auseinandersetzung zu etablieren. Gleiches gilt für die Möglichkeit, durch Abwahl der Entscheidungsträger politischen Wandel herbeizuführen.[98] Das Fehlen einer effektiven Opposition ist dabei Teil eines umfassenderen Problems: Das System von *checks and balances* wird auf europäischer Ebene nicht hinreichend öffentlich. Die Bürgerinnen und Bürger haben – mitunter zu Unrecht – den Eindruck, dass sich die politischen Akteure in Europa untereinander nicht in einer Art und Weise kontrollieren, die sicherstellt, dass keine Institution zu selbstgewiss wird. Dass konsensuale Entscheidungen häufig »im Schatten« einer drohenden Mehrheitsentscheidung erfolgen, ändert daran nichts.[99] Auf eine reine »Interelitenkontrolle«[100] kann die Demokratie nicht setzen. Ein institutionelles Arrangement, in dem es nur wenige öffentlich sichtbare Kontrollmechanismen gibt, generiert kein Vertrauen. Es befördert vielmehr das Gefühl, dass die

West European Politics 18 (1995), S. 118-136; Giandomenico Majone, »The European Commission: The Limits of Centralization and the Perils of Parliamentarization«, in: *Governance* 15 (2002), S. 375-392. Kritisch dazu Hix, »Jenseits des Regulationsstaates«, S. 102 ff.

95 Hierzu am Beispiel der Dienstleistungsrichtlinie: ebd., S. 108.

96 Lord, *Democracy in the European Union*, S. 129: »Die Stärke der Union als einer Konsensdemokratie auf Elitenebene ist eine wichtige Ursache für ihre Mängel als Massendemokratie.«

97 Zu diesem Begriff vgl. Hix, »Jenseits des Regulationsstaates«, S. 113.

98 Lord, *Democracy in the European Union*, S. 129.

99 Zu diesem Phänomen Philipp Dann, »Die politischen Organe«, in: von Bogdandy/Bast (Hg.), *Europäisches Verfassungsrecht*, S. 335-387, hier S. 350, m. w. N.

100 Lord, *Democracy in the European Union*, S. 129: »Die Union ist [...] durch ein oftmals respektables Maß an interelitärer Rechenschaftspflicht gekennzeichnet. Die Öffentlichkeit ist bisher jedoch kaum involviert.«

Europäische Union nach einer expertokratischen Eigenlogik agiert. Der Minusrekord von 43,0 Prozent bei der Beteiligung an der Wahl zum Europäischen Parlament im Jahr 2014 deutet darauf hin, dass die Mehrzahl der Bürgerinnen und Bürger sich nicht als Mitgestalter europäischer Politik begreift. Europa wird offenbar immer noch als technokratisches Elitenprojekt wahrgenommen. Gerade in Krisenzeiten ist das fatal.

C. Die Entwicklung hin zu einer neuen europäischen Oppositionskultur

Wie kann man hier entgegenwirken? Stimmt man der Einschätzung zu, dass wir nicht nur mehr europäische Öffentlichkeit in den einzelnen Mitgliedstaaten, sondern zugleich auch mehr Politisierung auf europäischer Ebene benötigen, sollte man das Ringen um die Mehrheit in einem Wettbewerb politischer Konzepte stärken. Das hätte drei meines Erachtens zentrale Auswirkungen: *Erstens* kann es nach der Formel »politischer Streit generiert Aufmerksamkeit«[101] allgemein das Interesse an Europa erhöhen, wenn die Bürgerinnen und Bürger stärker den Eindruck bekommen, dass auf europäischer Ebene kontrovers um Lösungen gefochten wird.[102] *Zweitens*: Ein offener politischer Richtungswettstreit macht die politischen Alternativen deutlich und gibt den Bürgerinnen und Bürgern Orientierung für ihre Wahlentscheidung.[103] Insbesondere aber macht er *drittens* die *checks and balances* in den europäischen Entscheidungsprozessen stärker sichtbar und schafft so Vertrauen in die europäischen Institutionen.

Daraus ergibt sich die Aufgabe, auch die Oppositionsstrukturen im politischen System der Union und damit vor allem im Europaparlament weiter zu stärken. Diese Aufgabe tritt neben die vom Bundesverfassungsgericht immer wieder betonte Notwendigkeit,

101 Kalina, »Europa in Prokrustes' Bett?«, S. 203.

102 Anders aber etwa Andrew Moravcsik, »In Defence of the ›Democratic Deficit‹: Reassessing Legitimacy in the European Union«, in: *Journal of Common Market Studies* 40 (2002), S. 603-624, hier S. 616, wonach mehr Partizipation weder realistisch noch wünschenswert sei.

103 Siehe auch Maurer, »Mehrebenendemokratie und Mehrebenenparlamentarismus«, S. 54.

die Mitwirkung der nationalen Parlamente in europapolitischen Angelegenheiten zu sichern[104] und die direkte Einbeziehung der Unionsbürgerinnen und Unionsbürger in die Gestaltung europäischer Politik, etwa durch die mit dem Vertrag von Lissabon neu geschaffene Europäische Bürgerinitiative, weiter zu fördern.[105] Denn letztlich wird es wohl allein eine starke (europa-)parlamentarische Opposition vermögen, eine konkrete und umfassende Politikalternative auf europäischer Ebene anzubieten.

Der Vertrag von Lissabon geht schon einen wichtigen Schritt in diese Richtung. So bestimmt Art. 17 Abs. 7 Satz 1 EUV mittlerweile, dass der Rat beim Vorschlag eines Kommissionspräsidenten das Ergebnis der Wahlen zum Europäischen Parlament »berücksichtigt«.[106] Im Europawahlkampf 2014 haben dementsprechend alle großen Europaparteien »Spitzenkandidaten« für das Amt des Kommissionspräsidenten aufgestellt. Die stärkste Partei im Europäischen Parlament, der es gelingt, »ihren« Kandidaten als Kommissionspräsidenten zu installieren, nähert sich damit funktionell ein wenig der Regierungsmehrheit in den nationalen Parlamenten an.[107] Sollte sich dieses Prozedere bewähren, ist davon langfristig auch eine weitere Politisierung der Kommission zu erwarten.[108] Art. 17 Abs. 8 EUV, der die parlamentarische Verantwortlichkeit der Kommission statuiert, sowie die im AEUV geregelten Informations- und Darlegungslasten der Kommission gegenüber dem Europäischen Parlament ergänzen dieses Bild.[109] Diese ver-

104 Hierzu auch Jürgen Schwarze, »Die Einbeziehung nationaler Parlamente in die Architektur Europas«, in: Gérard Cohen-Jonathan u. a., *Chemins d'Europe. Mélanges en l'honneur de Jean-Paul Jacqué*, Paris 2010, S. 625-638.

105 Vgl. auch zu weiteren in der Diskussion befindlichen Vorschlägen Claudio Franzius, Ulrich K. Preuß, *Die Zukunft der europäischen Demokratie*, Baden-Baden 2012, S. 97 ff.

106 Hierzu Dieter Kugelmann, in: Streinz (Hg.), *EUV/AEUV*, Art. 17 EUV, Rn. 112; Paul Nemitz, in: Schwarze (Hg.), *EU-Kommentar*, Art. 17 EUV, Rn. 71 f.

107 Vgl. Matthias Ruffert, in: Christian Calliess, Matthias Ruffert (Hg.), *EUV/AEUV*, München ^{4}2011, Art. 17 EUV, Rn. 46.

108 Die Wahl von Ursula von der Leyen als Kommissionspräsidentin im Jahre 2019 muss vor diesem Hintergrund als »Rückschritt« gewertet werden. Vgl. zur zunehmenden Politisierung der Kommission seit Inkrafttreten des Vertrages von Nizza aber Hix, »Jenseits des Regulationsstaates«, S. 120 ff.

109 Dazu näher Ruffert, in: Calliess/Ruffert (Hg.), *EUV/AEUV*, Art. 17 EUV, Rn. 56-60.

traglichen Bestimmungen mit praktischem Leben zu füllen, obliegt den Abgeordneten des Europäischen Parlaments.

Punktuelle Maßnahmen dieser Art können jedoch nur Zwischenschritte auf dem Weg zu einer umfassenden Demokratisierung der Europäischen Union darstellen. Angesichts der schon erwähnten Komplexität des institutionellen Arrangements der Union ist zudem von einfachen Maßnahmen kein demokratischer »Durchbruch« zu erwarten.[110] Denn auch jetzt sind in Parlament und Rat bereits Parteien und politische Ansprüche je eigener Provenienz gegeneinander gestellt; auch werden die Kommissare und herausgehobene Posten der Administration keineswegs »politikfern« besetzt, sondern spiegeln sorgfältig die Regierungskonstellationen in den jeweiligen Mitgliedstaaten.[111] Es wird daher zu beobachten sein, wie sich eine durch die parlamentarische Wahl ihrer Präsidentin oder ihres Präsidenten politisierte Kommission in das vielschichtige »duale« Legitimationssystem der europäischen Institutionen einfügt.

Komplexität allein enthebt aber nicht von Verantwortung, notwendige Veränderungen in Angriff zu nehmen. Dabei ist klar, dass es für nachhaltige institutionelle Reformen der Union mittelfristig eines umfassenden Ansatzes und damit einer Vertragsänderung bedürfte. Folgende Maßnahmen, die in der europapolitischen Diskussion immer wieder zur Stärkung der Rolle der Opposition im Europäischen Parlament erwogen werden, erscheinen dabei besonders vielversprechend. *Erstens*: Den Fraktionen im Europäischen Parlament ist mehr Mitsprache bei der »Agendasetzung« zu verschaffen. Dies gelänge etwa durch ein historisch für die Ausbildung der parlamentarischen Kultur in den Nationalstaaten zentrales allgemeines Gesetzesinitiativrecht.[112] *Zweitens* ist das Profil der politi-

110 Zur Komplexität des Problems der Verantwortlichkeit in der Europäischen Union vgl. nur Dann, »Die politischen Organe«, S. 358.

111 Vgl. zu dieser »Parteienherrschaft ohne Parteienregierung« Thomas Poguntke, »Politik in der Europäischen Union: Parteienherrschaft ohne Parteienregierung«, in: ders. u. a. (Hg.), *Auf dem Weg zu einer europäischen Parteiendemokratie*, Baden-Baden 2013, S. 9-22, hier S. 9 f.

112 Vgl. zur bisherigen Situation Art. 17 Abs. 2 EUV, Art. 294 Abs. 2, 225 AEUV, sowie zu den kleinen Schritten, in denen sich die Anerkennung eines Initiativrechts des Europäischen Parlaments vollzieht, Manfred A. Dauses, »Europaparlament erkämpft Stärkung seines Initiativaufforderungsrechts«, in: *EuZW* (2010), S. 241.

schen Parteien auf europäischer Ebene zu schärfen.[113] Dies könnte insbesondere durch die weitergehende Abkopplung von den nationalen Parteien geschehen, etwa mittels einer »europäischen« Kandidatenaufstellung[114] oder einer Europäisierung der Europawahlkämpfe.[115] Der Vorschlag, bei der Europawahl einen Teil der Europaabgeordneten nicht über nationale, sondern über europaweite Listen zu wählen und zudem durch eine weitgehende Vereinheitlichung des Wahlrechts eine größere Transparenz der Wahl zu erreichen,[116] wurde zwar vom Ausschuss für konstitutionelle Fragen im Europaparlament erwogen, scheiterte jedoch bislang.[117] *Drittens* gälte es, den Einfluss des Parlaments auf die Exekutive im Sinne von »Kontrolle und Kritik« zu stärken. Hier wäre langfristig eine vom Parlament abhängige »Kommissionsregierung« denkbar.[118]

113 Auch ohne Vertragsänderungen sind insoweit wichtige und notwendige Reformen möglich, etwa die Weiterentwicklung einer eigenen Rechtsform für europäische politische Parteien und klarer Regelungen zu deren Finanzierung. Vgl. dazu etwa Martin Morlok, »Unionsweite Rechtspersönlichkeit der Europarteien«, in: Poguntke u. a. (Hg.), *Auf dem Weg zu einer europäischen Parteiendemokratie*, S. 29-44; Heike Merten, »Die Finanzierung der Europarteien«, in: ebd., S. 45-68.

114 Abwägend Mittag/Steuwer, *Politische Parteien in der EU*, S. 219. Vgl. hierzu die Detailstudie von Jürgen Mittag, »Die Kandidatenkür zum Europäischen Parlament: Vom nationalen Hinterzimmer auf die europäische Bühne?«, in: Poguntke u. a. (Hg.), *Auf dem Weg zu einer europäischen Parteiendemokratie*, S. 191-218, hier S. 200 ff.

115 Zum »Fehlen eines europäischen politischen Marktes« Pelinka, »Die Europäische Union – eine Konkordanzdemokratie?«, S. 87; Marschall, »Zwischen Völker- und Bürgervertretung«, S. 46. Zur operativen Durchführung der Europawahlkämpfe durch die nationalen Parteien Mittag/Steuwer, *Politische Parteien in der EU*, S. 106 f.

116 Zur Bedeutung des letztgenannten Aspekts, der weitgehenden Verwirklichung von Wahlrechtsgleichheit, für die Legitimation des Europäischen Parlaments als Repräsentationsorgan, vgl. auch BVerfGE 123, 267 (364 ff., 372).

117 Vgl. den Bericht des Berichterstatters Andrew Duff, Europäisches Parlament, Ausschuss für konstitutionelle Fragen, Bericht v. 28. 4. 2011 (PE 440.210v01-00 / A7-0176/2011) über einen Vorschlag zur Änderung des Akts vom 20. September 1976 zur Einführung allgemeiner unmittelbarer Wahlen der Abgeordneten des Europäischen Parlaments, 2009/2134(INI).

118 Vgl. nur Kalina, »Europa in Prokrustes' Bett?«, S. 207. Zu Vor- und Nachteilen etwa Lord, *Democracy in the European Union*, S. 130 ff.

D. Fazit

Wie viel Opposition von welcher Art ist wünschenswert? Was ist die optimale Balance von Konsens und Dissens?[119] Die Fragen, die Robert A. Dahl im Epilog seiner grundlegenden Untersuchung *Political Oppositions in Western Democracies* aufwarf, lassen sich nur schwer abschließend beantworten und schon gar nicht an dieser Stelle. Es macht gerade die Demokratie aus, dass wir darüber, wie wir sie bestmöglich verwirklichen, kontinuierlich streiten werden. In einem Gemeinwesen kann man nur immer wieder erneut versuchen, die demokratischen Institutionen zu verbessern und die Auseinandersetzung über die Demokratie lebendig zu halten. Die Aufgabe von Höchstgerichten ist dabei nicht der Entwurf von Verfassungstheorien.[120] Sie haben vielmehr die Verfassung auszulegen – hier konkret: die in der jeweiligen Verfassung angelegten Rechte der politischen Minderheit zur Entfaltung zu bringen. Die Rechtsprechung des deutschen Bundesverfassungsgerichts ist in besonderer Weise mit der politischen Minderheit im Parlament verbunden. Ganz generell lässt sich aber sagen: Opposition – ob innerparteilich oder in Parteien organisiert, ob von Sozialverbänden verkörpert oder in Volksinitiativen verwirklicht – belebt das demokratische Geschäft.[121] Zusammen mit anderen Elementen bildet sie das Fundament eines ausgewogenen und stabilen, aber gleichzeitig veränderungsoffenen und innovationsfähigen Gemeinwesens, das von den Bürgerinnen und Bürgern wirklich mitgetragen wird. Ein Leitspruch für die nächsten Jahre könnte deshalb in Abwandlung des berühmten Diktums von Willy Brandt lauten: Lasst uns mehr Opposition wagen!

119 Vgl. Robert A. Dahl, »Epilogue«, in: ders. (Hg.), *Political Oppositions in Western Democracies*, S. 387-402, hier S. 387: »Wie viel und welche Arten von Opposition sind für Personen wünschenswert, die an den wesentlichen Wert eines demokratischen Gemeinwesens glauben? Was ist das optimale Gleichgewicht zwischen Konsens und Dissens? Selbst unter Demokraten gibt es nicht viel Übereinstimmung über die Antworten auf diese Fragen.«

120 Vgl. Andreas Voßkuhle, »Die Staatstheorie des Bundesverfassungsgerichts«, in: ders. u. a. (Hg.), *Verabschiedung und Wiederentdeckung des Staates im Spannungsfeld der Disziplinen* (= *Der Staat*, Beiheft 21 [2013]), S. 371-383.

121 Poscher, »Die Opposition als Rechtsbegriff«, S. 447.

»Integration durch Recht«
Der Beitrag des Bundesverfassungsgerichts

A. Die Idee einer europäischen Rechtsgemeinschaft

Die Europäische Union ist unter Druck geraten. 75 Jahre nach Ende des Zweiten Weltkrieges scheint der Glanz des Versprechens von Freiheit, Frieden, Wohlstand und Solidarität, in dem der europäische Einigungsprozess einst erstrahlte, verloren gegangen zu sein. Der Lackmustest der Staatsschulden- und Finanzkrise hat nicht nur Baufehler und Machtverschiebungen auf institutioneller Ebene sichtbar gemacht,[1] er hat auch auf unterschiedliche Weise nationale Egoismen in den Mitgliedstaaten befördert und Zweifel am inneren Zusammenhalt zutage treten lassen. Weiter verstärkt werden diese Zentrifugalkräfte durch die Herausforderungen, vor denen die Europäische Union angesichts des nicht abreißenden Zustroms von Flüchtlingen steht. Gerade in diesen Momenten der Verunsicherung[2] kann es hilfreich sein, sich die Leistungen des bisherigen Integrationsprozesses zu vergegenwärtigen.

Vielleicht eine der größten Erfolgsgeschichten, die Europa in den vergangenen Jahrzehnten hervorgebracht hat, ist der Aufbau einer funktionierenden europäischen Rechtsgemeinschaft.[3] Das hat seinen Grund: Die Bewahrung der Werte, auf die sich die Europäische Union gründet (Art. 2 EUV),[4] und die Erreichung der Unionsziele lassen sich in einem Verbund von 27 Mitgliedstaaten mit

1 Vgl. statt vieler Michael Rodi, »Machtverschiebungen in der Europäischen Union im Rahmen der Finanzkrise und Fragen der europäischen Legitimation«, in: *JZ* (2015), S. 737-744.

2 Radikale Konsequenzen etwa bei Wolfgang Streeck, »Es ist so weit«, ⟨www.zeit.de/2015/06/euro-waehrungsunion-europa-ende⟩, letzter Zugriff 22. 2. 2021.

3 Deutlich Uwe Volkmann, »Was ist Europa? Von der Union zur Gemeinschaft und zurück«, in: *Merkur* 68:787 (2014), S. 1059-1069, hier S. 1061 f.

4 Näher Christian Calliess, »Europa als Wertegemeinschaft. Integration und Identität durch europäisches Verfassungsrecht«, in: *JZ* (2004), S. 1033-1045; Karl-Peter Sommermann, »Die gemeinsamen Werte der Union der Mitgliedstaaten«, in: Matthias Niedobitek (Hg.), *Europarecht. Grundlagen der Union*, Berlin 2014, S. 287-320, m. w. N.; Andreas Voßkuhle, »Die Idee der europäischen Wertegemeinschaft«, in diesem Band, S. 108-136.

unterschiedlichsten historischen, kulturellen, sozialen und wirtschaftlichen Prägungen ohne die Einhaltung selbstgesetzter Regeln nicht verwirklichen. Das Recht erfüllt vor diesem Hintergrund auf der europäischen Ebene gleich mehrere Funktionen: Es gibt inhaltliche Orientierung, hilft bei der Konfliktvermeidung und -bewältigung und schafft Legitimation, indem es Entscheidungsgewalt zuordnet und Entscheidungsverfahren bereitstellt. Gerade in der Europäischen Union, in der die Kohäsionskräfte aufgrund verschiedener Interessenlagen der Mitgliedstaaten zunächst einmal eher schwach ausgeprägt sind, zeigt sich zudem die Integrationsleistung des Rechts. Es bleibt damit auch in Zeiten der Krise trotz zu Recht beklagter Rechtsverstöße[5] Europas stabilstes Fundament.

An der Verwirklichung der Idee der Rechtsgemeinschaft, wie sie bereits Walter Hallstein eindringlich forderte,[6] sind viele Akteure beteiligt. Erwähnt seien hier nur die Regierungen der Mitgliedstaaten, die die europäischen Verträge aushandeln und fortentwickeln, das europäische Parlament und der Rat, die zusammen mit der Kommission das europäische Sekundärrecht erlassen, der Europäische Gerichtshof (EuGH), der die Wahrung des Rechts bei der Anwendung und Auslegung der Verträge sichert,[7] die nationalen Parlamente, Verwaltungen und Gerichte, die ihrerseits für die Umsetzung des europäischen Rechts verantwortlich sind, und nicht zuletzt die Bürgerinnen und Bürger, die sich etwa über Verbände oder Bürgerinitiativen in unterschiedlicher Weise in den Rechtsdiskurs einbringen können. Bereits die Vielzahl der Akteure macht deut-

5 Vgl. Paul Kirchhof, »Verfassungsnot!«, in: *FAZ* v. 12.7.2012, S. 25; ders., »Stabilität von Recht und Geldwert in der Europäischen Union«, in: *NJW* (2013), S. 1-6, hier S. 3; Peter M. A. Graf von Kielmansegg, »Zwangsintegration«, in: *FAZ* v. 15.12.2012, S. 44; Reiner Schmidt, »Geldwirtschaft im Weltfinanzsystem«, in: Josef Isensee, Paul Kirchhof (Hg.), *Handbuch des Staatsrechts der Bundesrepublik Deutschland*, Bd. XI, Heidelberg ³2013, § 252, Rn. 60: »Die gegenwärtige Finanzkrise ist ›durch Missachtung des Rechts‹ entstanden.« Ders., »Ende der Rechtsgemeinschaft«, in: *FAZ* v. 5.4.2012, S. 7; Peter M. Huber, »In der Sinnkrise«, in: *FAZ* v. 1.10.2015, S. 7.

6 Walter Hallstein, »Die EWG – Eine Rechtsgemeinschaft«, in: Thomas Oppermann (Hg.), *Europäische Reden*, Stuttgart 1979, S. 341-348.

7 Zu seinen Aufgaben in der Krise speziell Ulrich Everling, »Justizielle Krisenbewältigung: Der EuGH als Garant des europäischen Rechts«, in: Armin Hatje (Hg.), *Verfassungszustand und Verfassungsentwicklung der Europäischen Union* (= *EuR*, Beiheft 2 [2015]), S. 85-102.

lich, dass die Etablierung und Fortentwicklung der europäischen Rechtsgemeinschaft in einem überaus komplexen, von zahlreichen Verschränkungen und Abhängigkeiten geprägten Prozess stattfindet, dessen Gelingensvoraussetzungen und Gefährdungen immer nur teilweise reflektiert werden können. Vor diesem Hintergrund möchte ich den Beitrag des Bundesverfassungsgerichts (BVerfG) zur »Integration durch Recht«[8] in den letzten Jahrzehnten näher beleuchten und dabei zehn zentrale Verrechtlichungsimpulse in den Blick nehmen. Einige Gedanken zu möglichen Grenzen der Idee der Rechtsgemeinschaft schließen die Überlegungen ab.

B. Verrechtlichungsimpulse in der Rechtsprechung des BVerfG

I. Öffnung der Verfassung für die Integration und rechtliche Anleitung des Integrationsprozesses

Beginnen wir mit einem prominenten Beispiel für eine Verrechtlichung: die Einfügung von Art. 23, des sogenannten Europaartikels, in das Grundgesetz im Jahr 1992. Bei der Neufassung dieser Vorschrift hat sich der verfassungsändernde Gesetzgeber an zentrale Grundsätze der Europarechtsprechung des BVerfG angelehnt.

Bereits im Jahr 1967 hatte das BVerfG festgestellt, dass die damalige Europäische Wirtschaftsgemeinschaft eine im Prozess fortschreitender Integration stehende Gemeinschaft eigener Art ist, auf die die Bundesrepublik auf der Grundlage des Art. 24 GG Hoheitsrechte übertragen kann.[9] Damit hatte das Gericht sehr frühzeitig die Integrationsoffenheit des Grundgesetzes betont, und die entsprechenden Ausführungen des BVerfG taugten als Vorbild für die Staatszielbestimmung und den Verfassungsauftrag zur Verwirklichung eines vereinten Europas in Art. 23 Abs. 1 Satz 1 GG, der das entsprechende Bekenntnis in der Präambel des Grundgesetzes noch einmal verstärkte.

Zugleich entwickelte das BVerfG in der *Solange-I*-Entscheidung aus dem Jahr 1974 eine rechtliche Anleitung des internen Integra-

8 Begriffsprägend Mauro Cappelletti u. a. (Hg.), *Integration Through Law*, Berlin, Boston 1986.

9 Vgl. BVerfGE 22, 293 (296).

tionsprozesses und machte die Zulässigkeit der Übertragung von Hoheitsrechten von der Einhaltung bestimmter struktureller Anforderungen abhängig.[10] Sie betrafen die Wahrung der nationalen Verfassungsidentität, den Grundrechtsschutz sowie die Kompetenzverteilung.

Den Grundrechtsteil rechnet das Gericht zu den »Essentialen« des Grundgesetzes und setzt sich damit für eine den Menschen- und Bürgerrechten verpflichtete Integration ein.[11] Zur Verfassungsidentität gehört insbesondere die Einhaltung demokratischer Grundsätze; in der *Solange-I*-Entscheidung diagnostizierte das BVerfG diesbezüglich ein Defizit auf der europäischen Ebene. Dies zeige sich daran, dass die Gemeinschaft nicht über ein aus allgemeinen Wahlen hervorgegangenes Parlament verfüge, das Gesetzgebungsbefugnisse besitze und dem die zur Gesetzgebung zuständigen Gemeinschaftsorgane politisch voll verantwortlich seien.[12] Mit Blick auf die Kompetenzverteilung zwischen der Gemeinschaft und den Mitgliedstaaten unterstrich das Gericht in dem *Kloppenburg*-Beschluss aus dem Jahr 1987 ferner, dass die Übertragung von Kompetenzen nicht zu einer Aushöhlung der souveränen Staatlichkeit führen dürfe, da die Mitgliedstaaten die »Herren der Verträge« seien.[13] Dies unterstreicht, dass die heutige Union nach dem Grundsatz der begrenzten Einzelermächtigung nur die Materien regeln kann, für die ihr die Zuständigkeit übertragen wurde, und dass sie dabei dem Prinzip der Subsidiarität unterliegt.

Diese zentralen Vorgaben der Rechtsprechung hat der verfassungsändernde Gesetzgeber später im Grundgesetz in der sogenannten Struktursicherungsklausel des Art. 23 GG festgeschrieben und weiter ausgeformt. Sie verpflichtet die Union auf die Einhaltung demokratischer, rechtsstaatlicher, sozialer und föderativer Grundsätze, den Grundsatz der Subsidiarität und die Gewährleistung eines dem Grundgesetz im Wesentlichen vergleichbaren Grundrechtsschutzes.

10 Vgl. BVerfGE 37, 271 (279 f.).
11 Vgl. BVerfGE 37, 271 (280).
12 Vgl. ebd.
13 Vgl. BVerfGE 75, 223 (242).

II. Absicherung der Rechtsfortbildung des EuGH

Anders als Redeweisen wie »Krieg der Richter«[14] oder »Kampf ums letzte Wort«[15] nahelegen, hat das BVerfG die Kompetenz des EuGH zur Rechtsfortbildung bereits früh verfassungsrechtlich abgesichert und die zentrale Rolle des Gerichtshofs bei der Entstehung der Rechtsgemeinschaft hervorgehoben.[16]

Anfang der 1960er Jahre ging der EuGH dazu über, die ihm vertraglich zugewiesene Aufgabe der »Wahrung des Rechts bei der Auslegung und Anwendung dieses Vertrages« (Art. 19 Abs. 1 EUV) besonders integrationsfreundlich zu interpretieren. Durch seine rechtsergänzende und rechtsfortbildende Rechtsprechung trieb er die Integration voran und stärkte dadurch zugleich seine eigene Stellung im institutionellen Gefüge.[17] Wegweisend war zunächst die Entscheidung des EuGH in der Rechtssache *van Gend & Loos v. Niederländische Finanzverwaltung* aus dem Jahr 1963. Darin befreite der Gerichtshof die Gemeinschaft aus dem klassischen völkerrechtlichen Korsett und postulierte, dass das Gemeinschaftsrecht eine gegenüber den Mitgliedstaaten eigenständige Rechtsordnung bildet und in den Mitgliedstaaten ohne Dazwischentreten eines nationalen Bestätigungsaktes unmittelbar gilt.[18] Ein Jahr später schrieb der EuGH in dem Urteil *Costa v. E.N.E.L.* diese europafreundliche Rechtsprechung fort und entschied, dass im Fall einer Kollision zwischen dem unmittelbar geltenden Unionsrecht und

14 Ulrich Karpenstein, [»Droht ein »Krieg der Richter«?«] Interview (geführt von Maximilian Steinbeis), ⟨www.deutschlandfunk.de/droht-ein-krieg-der-richter.724.de.html?dram:article_id=99555⟩, letzter Zugriff 22. 2. 2021.

15 Vgl. in diese Richtung Jürgen Schwarze, »Der Schutz der Grundrechte durch den EuGH«, in: *NJW* (2005), S. 3459-3466, hier S. 3459.

16 Eingehend Franz C. Mayer, »Europa als Rechtsgemeinschaft«, in: Gunnar F. Schuppert u. a. (Hg.), *Europawissenschaft*, Baden-Baden 2005, S. 429-488, hier S. 456 ff.

17 Deutlich statt vieler Dieter Grimm, »Europa: Ja – aber welches?«, in: ders., *Europa ja – aber welches?*, München 2016, S. 9-28, hier S. 12-18. Vgl. ferner etwa Ditlev Tamm, »The History of the Court of Justice of the European Union Since its Origin«, in: Allan Rosas u. a. (Hg.), *The Court of Justice and the Construction of Europe: Analyses and Perspectives on Sixty Years of Case-Law*, Berlin, Heidelberg 2013, S. 9-35, hier S. 22 ff.

18 Vgl. EuGH, Urt. v. 5. 2. 1963 – C-26/62, ECLI:EU:C:1963:1 (*van Gend & Loos v. Niederländische Finanzverwaltung*).

dem nationalen Recht Ersterem der Vorrang zukommt.[19] Beide Entscheidungen versinnbildlichen, wie auf europäischer Ebene die Integration durch Recht(-sprechung) funktioniert: Die europäische Rechtsordnung öffnet sich für Bürgerinnen und Bürger und gewährt ihnen Rechte wie die Grundfreiheiten, die sie auch gegenüber nationalen Stellen durchsetzen können. Dies schafft die Voraussetzung für einen ungehinderten grenzüberschreitenden Verkehr von Waren, Personen, Dienstleistungen und Kapital, in dessen Folge ökonomische, soziale und kulturelle Verflechtungen entstehen, die für die Verwirklichung der Unionsziele von Frieden, Freiheit und Wohlstand elementar sind. Gleichzeitig ermöglicht das Vorrangprinzip die Koordinierung großer Rechtsmassen zwischen Unionsrecht und nationalem Recht und sichert die Einheitlichkeit der Rechtsanwendung.

Auf nationaler Ebene hat das BVerfG den EuGH als »Motor der Integration« nicht gebremst, sondern durch die Anerkennung seiner Rechtsprechung bisweilen sogar ermuntert. 1967 schloss es sich der Einstufung des Gemeinschaftsrechts als einer im Verhältnis zu Völkerrecht und nationalem Recht eigenständigen Rechtsordnung an.[20] Des Weiteren sicherte das BVerfG bereits im Jahr 1971[21] und damit im Vergleich zu den Verfassungsgerichten beziehungsweise obersten Gerichtshöfen anderer Länder relativ früh[22] den Grundsatz des Vorrangs des Gemeinschaftsrechts verfassungsrechtlich ab, wenn es auch eine andere rechtsdogmatische Begründung als der EuGH wählte. Schließlich akzeptierte es 1987 – erstmals ausdrücklich – grundsätzlich die Methode richterlicher Rechtsfortbildung durch den EuGH unter Verweis auf eine jahrhundertelange Tradition richterlicher Rechtsschöpfung in Europa vom römischen Recht bis zum deutschen Arbeitsrecht.[23]

Nun obliegt es maßgeblich den nationalen Verwaltungen und Gerichten, für die Durchsetzung des europäischen und nationa-

19 Vgl. EuGH, Urt. v. 15.7.1964 – C-6/64, ECLI:EU:C:1964:66 (*Costa v. E.N.E.L.*).

20 Vgl. BVerfGE 22, 293 (296).

21 Vgl. BVerfGE 31, 145 (174f.).

22 Rechtsvergleichend: Christoph Grabenwarter, »Staatliches Unionsverfassungsrecht«, in: Armin von Bogdandy, Jürgen Bast (Hg.), *Europäisches Verfassungsrecht. Theoretische und dogmatische Grundzüge*, Berlin, Heidelberg ²2009, S. 121-175, hier S. 124ff.

23 Vgl. BVerfGE 75, 223 (242ff.).

len Rechts zu sorgen. Aufgrund des dezentralen Vollzugsmodells sind gerade die nationalen Fachgerichte wichtige Akteure bei der Durchsetzung des Unionsrechts.[24] Schlechthin konstitutiv für die Verrechtlichung des europäischen Integrationsprozesses ist dabei das Vorabentscheidungsverfahren gemäß Art. 267 AEUV.[25] Dieses Verfahren sichert die Verpflichtung der innerstaatlichen Gerichte, dem Unionsrecht Vorrang vor entgegenstehendem nationalen Recht einzuräumen, prozedural ab und ist Ausdruck der Verantwortungsteilung in einem Verbund, in dem die Ebenen des Unionsrechts und des nationalen Rechts zusammenhängen.[26]

III. Durchsetzung der Vorlageverpflichtung zum EuGH

Das Vorabentscheidungsverfahren liefe freilich teilweise leer, wenn die Vorlagepflicht nicht kontrolliert würde. Von Anfang an hat sich das BVerfG daher um seine verfassungsrechtliche Effektuierung bemüht.[27] Verletzt ein deutsches Gericht seine unionsrechtliche Vorlagepflicht in willkürlicher Weise, verstößt es nach Auffassung des BVerfG (auch) gegen die Garantie des gesetzlichen Richters in Art. 101 Abs. 1 Satz 2 GG. Die Garantie gewährt den Parteien ein Recht auf Klärung der europarechtlichen Frage durch den EuGH. Wird die Vorlagepflicht in offensichtlich unhaltbarer Weise durch

24 Näher Klaus F. Gärditz, »Europäisches Unionsrecht als Gegenstand des nationalen Rechtsschutzes«, in: Hans-Werner Rengeling u. a. (Hg.), *Handbuch des Rechtsschutzes in der Europäischen Union*, München ³2014, § 34, Rn. 1.

25 Deutlich statt vieler Vassilios Skouris, »Stellung und Bedeutung des Vorabentscheidungsverfahrens im europäischen Rechtsschutzsystem«, in: *EuGRZ* (2008), S. 343-349, und Ulrich Karpenstein, »Das Vorabentscheidungsverfahren«, in: Stefan Leible, Jörg P. Terhechte (Hg.), *Europäisches Rechtsschutz- und Verfahrensrecht*, Baden-Baden 2014, § 8, Rn. 1. Vgl. ferner nur Alexander Proelß, *Bundesverfassungsgericht und überstaatliche Gerichtsbarkeit*, Tübingen 2014, S. 172 ff., m. w. N.

26 Näher Andreas Voßkuhle, »Der europäische Verfassungsgerichtsverbund«, in diesem Band, S. 265-289. Vgl. auch Markus Ludwigs, »Kooperativer Grundrechtsschutz zwischen EuGH, BVerfG und EGMR«, in: *EuGRZ* (2014), S. 273-285. Krit. etwa Giovanni Biaggini, »Einige Gedanken zum interjudikativen Dialog aus rechtswissenschaftlicher Sicht«, in: *EuGRZ* (2014), S. 29-30.

27 Näher Gabriele Britz, »Verfassungsrechtliche Effektuierung des Vorabentscheidungsverfahrens«, in: *NJW* (2012), S. 1313-1317. Allgemein dazu Andreas Voßkuhle, Moritz Lange, »Die Rolle der nationalen Gerichte im Europarecht«, in: Leible/Terhechte (Hg.), *Europäisches Rechtsschutz- und Verfahrensrecht*, § 6, Rn. 19 ff., m. w. N.

ein Gericht gehandhabt, kann dies mittels Verfassungsbeschwerde vor dem BVerfG gerügt werden. Man erkennt daran: Auch das Zusammenspiel des BVerfG mit dem Gerichtshof vollzieht sich im Verbund. Es ist daher nur konsequent, dass der Zweite Senat im Jahr 2014 im Zusammenhang mit dem sogenannten OMT-Programm der Europäischen Zentralbank erstmals in der Geschichte des BVerfG dem Gerichtshof mehrere Fragen zur Vorabentscheidung vorlegte.[28]

IV. Anstöße zur Entwicklung des Grundrechtsschutzes

Selbst dort, wo das BVerfG dem Anwendungsvorrang des Unionsrechts Grenzen zog und damit vordergründig eher retardierend agierte, förderte es letztlich den rechtlichen Integrationsprozess. So gab es mit seiner Rechtsprechung entscheidende Anstöße zur Entwicklung des Grundrechtsschutzes in der Union. Ausgangspunkt war der bereits erwähnte *Solange-I*-Beschluss aus dem Jahr 1974. Darin schränkte das BVerfG noch den Anwendungsvorrang von Vorschriften des Unionsrechts ein, soweit sie mit den Grundrechten des Grundgesetzes kollidierten. Dabei stützte es sich auf das Argument, dass das Unionsrecht nicht über einen dem des Grundgesetzes entsprechenden Grundrechtskatalog verfüge.[29] Aus seinem Verständnis als Bürgergericht heraus war das BVerfG bestrebt, den Grundrechtsschutz als elementaren Bestandteil einer rechtsstaatlichen Ordnung auch auf Ebene der Europäischen Union zu stärken.[30] Der EuGH hat diese Herausforderung angenommen und seit Anfang der 1970er Jahre konsequent unter Berufung auf die gemeinsamen Verfassungsüberlieferungen der Mitgliedstaaten und die Europäische Menschenrechtskonvention (EMRK) einen ungeschriebenen Grundrechtskatalog erarbeitet.[31] Unter diesem Eindruck sah das BVerfG im *Solange-II*-Beschluss aus dem Jahr 1986 seine frühere Forderung aus der *Solange-I*-Entscheidung als in der Sache erfüllt an. Nun übt das BVerfG seine Gerichtsbarkeit

28 Vgl. BVerfGE 134, 366.

29 Vgl. BVerfGE 37, 271 (285).

30 Vgl. Jutta Limbach, »Das Bundesverfassungsgericht und der Grundrechtsschutz in Europa«, in: *NJW* (2001), S. 2913-2919, hier S. 2916.

31 Vgl. nur EuGH, Urt. v. 17.12.1970 – C-11/70, ECLI:EU:C:1970:114 (*Internationale Handelsgesellschaft v. Einfuhr- und Vorratsstelle für Getreide und Futtermittel*).

nur noch dann aus, wenn nicht mehr sichergestellt wäre, dass im Unionsrecht ein dem Standard des Grundgesetzes im Wesentlichen vergleichbarer Grundrechtsschutz gewährleistet ist.[32]

Die Rechtsprechung des EuGH zu den Unionsgrundrechten lieferte ihrerseits einen wichtigen Impuls für die Ausarbeitung eines Grundrechtekatalogs in der Grundrechtecharta, die am 1. Dezember 2009 in Kraft trat. Gegenwärtig droht das austarierte System des Grundrechtsschutzes jedoch leider in eine Schieflage zu geraten. In der *Åkerberg-Fransson*-Entscheidung aus dem Jahr 2013 legte der Gerichtshof eine Vorschrift über den Anwendungsbereich der Grundrechtecharta (Art. 51 Abs. 1 Satz 1 GrCh) derart großzügig aus, dass praktisch jedes mitgliedstaatliche Handeln mit Bezug zum Unionsrecht seiner Grundrechtskontrolle unterfallen könnte.[33] Daraufhin mahnte das BVerfG in einem Urteil zur Anti-Terror-Datei aus dem April 2013, dass die *Åkerberg-Fransson*-Entscheidung nicht so verstanden und angewendet werden dürfe, dass für eine Bindung der Mitgliedstaaten an die Grundrechtecharta jeder sachliche Bezug einer Regelung zum bloß abstrakten Anwendungsbereich des Unionsrechts oder rein tatsächliche Auswirkungen auf dieses ausreiche.[34] Damit zielte das BVerfG auch auf die Aufrechterhaltung eines effektiven Grundrechtsschutzes auf europäischer Ebene. Es besteht nämlich die Gefahr, dass durch die generelle Verlagerung des Grundrechtsschutzes von der nationalen auf die

32 BVerfGE 73, 339 (376, 387); fortgeführt in BVerfGE 89, 155 (174 f.); 102, 147 (167); 123, 267 (335).

33 EuGH, Urt. v. 26. 2. 2013 – C-617/1, ECLI:EU:C:2013:105, Rn. 17-27 (*Åklargen v. Åkerberg Fransson*); vgl. zur Kritik an der Auslegung des Art. 51 GrCh durch den EuGH nur Eike M. Frenzel, »Die Charta der Grundrechte als Maßstab für mitgliedstaatliches Handeln zwischen Effektivierung und Hyperintegration«, in: *Der Staat* 53 (2014), S. 1-29, hier S. 18 ff. Zur Notwendigkeit einer weiteren Konkretisierung des Tatbestandsmerkmals der »Durchführung« von Unionsrecht durch den EuGH vgl. Emily Hancox, »The Meaning of ›Implementing‹ EU Law under Article 51 (1) of the Charter: Åkerberg Fransson«, in: *Common Market Law Review* 50 (2013), S. 1411-1431, hier S. 1425 ff. Die Entwicklung der Kammer-Rechtsprechung des EuGH danach ist nicht eindeutig; vgl. nur Claudio Franzius, »Grundrechtsschutz in Europa«, in: *ZaöRV* 75 (2015), S. 383-412, hier S. 390, m. w. N.

34 BVerfGE 133, 277 (316). Differenzierte Rekonstruktion der Rechtsprechung des BVerfG bei Gabriele Britz, »Grundrechtsschutz durch das Bundesverfassungsgericht und den Europäischen Gerichtshof«, in: *EuGRZ* (2015), S. 275-281, m. w. N.

supranationale Ebene ein vermeintlich höherer Grundrechtsschutz zum Preis der Zielgenauigkeit und Sachnähe erkauft wird. Auch kann es in sogenannten multipolaren Grundrechtsverhältnissen, in denen mehrere Grundrechtspositionen gegeneinander abgewogen werden, zu Konflikten kommen, wenn der Gerichtshof eine Grundrechtsposition der Charta als gegenüber einem gegenläufigen nationalen Grundrecht vorrangig ansieht.[35]

Unabhängig davon sollte auch der folgende Aspekt nicht vernachlässigt werden: Eine Zentralisierung des Grundrechtsschutzes bei einem Gericht liefe dem Konzept einer föderal angelegten Rechtsgemeinschaft mit geteilten Verantwortungen zuwider. Sie würde potentiell zu einer Vereinheitlichung verschiedenster Rechtsmaterien vom Datenschutzrecht über das Versicherungsrecht bis zum Strafrecht führen, die nicht durchweg mit der Kompetenzverteilung kompatibel ist und damit nicht vom Willen der Mitgliedstaaten getragen wird. Eine derartige »formalistische Gleichmacherei«[36] durch das Recht verengt politische Spielräume und überlagert einen ausdifferenzierten, historisch gewachsenen Grundrechtsschutz in den Mitgliedstaaten.[37] All dies wirkt im Zweifel eher desintegrativ und läuft damit den Zielen der Union zuwider.

Auch eine Fusion der Grundrechtssphären dürfte vor diesem Hintergrund nicht zielführend sein. Der Vorschlag, das BVerfG solle eine Grundrechtsprüfung zunächst anhand des Grundgesetzes vornehmen, sich dabei inhaltlich aber den Vorgaben der Grundrechtecharta und der EMRK annähern und im Konfliktfall dem Unionsrecht den Vorrang einräumen,[38] wäre nur bei einer stark zu-

35 Friederike Lange, »Verschiebungen im europäischen Grundrechtssystem?«, in: *NVwZ* (2014), S. 169-174, hier S. 173.

36 Hallstein, »Die EWG – Eine Rechtsgemeinschaft«, S. 347.

37 Deutlich Johannes Masing, »Einheit und Vielfalt des Europäischen Grundrechtsschutzes«, in: *JZ* (2015), S. 477-487, hier S. 486. Vgl. ferner Christoph Ohler, »Grundrechtliche Bindungen der Mitgliedstaaten nach Art. 51 GRCh«, in: *NVwZ* (2013), S. 1433-1438, hier S. 1438. Allgemein zum Grundrechtspluralismus z. B. die Beiträge in: Matej Avbelj, Jan Komárek (Hg.), *Constitutional Pluralism in the European Union and Beyond*, Oxford, Portland 2012.

38 Dahingehend Daniel Thym, »Vereinigt die Grundrechte!«, in: *JZ* (2015), S. 53-63, hier S. 57. Radikaler Matthias Bäcker, »Das Grundgesetz als Implementationsgarant der Unionsgrundrechte«, in: *EuR* (2015), S. 389-414, hier S. 410 f. Instruktive Analyse der Debatte bei Franzius, »Grundrechtsschutz in Europa«, S. 383 ff.

rückgenommenen Kontrolle durch den EuGH akzeptabel,[39] für die ich derzeit aber nur wenig Anhaltspunkte erkennen kann.[40]

Gleichzeitig sollte uns die Komplexität des Grundrechtsschutzes im europäischen Mehrebenensystem nicht schrecken. Dies gilt auch für den durch Art. 6 Abs. 2 EUV vorgesehenen Beitritt der Union zur EMRK, in dessen Folge Rechtsakte und Urteile der Unionsorgane der Kontrolle durch das Straßburger Gericht unterstellt würden. Allerdings ist der EuGH in seinem Gutachten vom 18. Dezember 2014[41] zu dem Ergebnis gekommen, dass der Entwurf der Übereinkunft über den Beitritt der Europäischen Union zur Europäischen Konvention zum Schutz der Menschenrechte und Grundfreiheiten nicht mit dem europäischen Primärrecht vereinbar ist.[42] Ob der Vorwurf im Schrifttum, der EuGH wolle insoweit lediglich seine eigene Deutungshoheit über Grundrechtsfragen in der Europäischen Union sichern, berechtigt ist,[43] soll hier dahinstehen. Festhalten können wir jedenfalls, dass die Einbeziehung eines spezialisierten internationalen Menschenrechtsgerichtshofs die Legitimität und Glaubwürdigkeit des Systems des Menschenrechtsschutzes insgesamt erhöhen würde.

39 So auch Claudio Franzius, »Strategien der Grundrechtsoptimierung in Europa«, in: *EuGRZ* (2015), S. 139-153, hier S. 152.

40 Vorbildlich aber etwa EuGH, Urt. v. 14. 10. 2004 – C-36/02, ECLI:EU:C:2004:614, Rn. 23 ff. (*Omega Spielhallen- und Automatenaufstellungs GmbH v. Oberbürgermeisterin der Bundesstadt Bonn*); vgl. zu einer zurückgenommenen Grundrechtskontrolle durch den EuGH in Anlehnung an den Solange-II-Beschluss Ferdinand Kirchhof, »Kooperation zwischen nationalen und europäischen Gerichten«, in: *EuR* (2014), S. 267-276, hier S. 272.

41 EuGH (Plenum), Gutachten 2/13 v. 18. 12. 2014, ECLI:EU:C:2014:2454, Abl. EU C 65 v. 23. 2. 2015, S. 2.

42 Zu einer kritischen Würdigung des Gutachtens siehe Mattias Wendel, »Der EMRK-Beitritt als Unionsrechtsverstoß. Zur völkerrechtlichen Öffnung der EU und ihren Grenzen«, in: *NJW* (2015), S. 921-926.

43 Vgl. Franz C. Mayer, »Die EZB vor Gericht – nächste Runde«, in: *EuZW* (2015), S. 121-122, hier S. 122; Christian Tomuschat, »Der Streit um die Auslegungshoheit: Die Autonomie der EU als Heiliger Gral – Das EuGH-Gutachten gegen den Beitritt der EU zur EMRK«, in: *EuGRZ* (2015), S. 133-139, hier S. 137, 139; Frank Schorkopf, »Anmerkung«, in: *JZ* (2015), S. 781-784, hier S. 783.

V. Sicherung der Einhaltung des Integrationsprogramms

Neben der Grundrechtskontrolle hat das BVerfG zwei weitere Instrumente entwickelt, die auf die Einhaltung des in den Europäischen Verträgen vereinbarten Integrationsprogramms zielen: die Identitätskontrolle und die Ultra-vires-Kontrolle.[44]

Im Wege der Identitätskontrolle prüft das BVerfG, ob der unantastbare Kerngehalt des Grundgesetzes (Art. 23 Abs. 1 Satz 3 i. V. m. Art. 79 Abs. 3 GG) gewahrt ist. Das Grundgesetz zieht in Art. 23 Abs. 1 Satz 3 bei der Übertragung von Hoheitsrechten auf die Europäische Union ausdrücklich Grenzen. Danach dürfen, wie schon gesagt, die grundlegenden Strukturprinzipien unseres Staates wie das Demokratieprinzip, die Rechts- und Sozialstaatlichkeit, die Republik und die Bundesstaatlichkeit nicht preisgegeben werden. Gleiches gilt für die Garantie der Menschenwürde und solcher Grundrechte, die – verkürzt gesagt – Ausfluss der Menschenwürde sind.[45] Hier gilt: Was für den verfassungsändernden Gesetzgeber unverfügbar ist, muss auch weiterhin integrationsfest sein.[46] Europäische Rechtsakte, die diesen unantastbaren Kerngehalt der Verfassung berühren, sind in Deutschland unanwendbar.[47] Dabei bedingen Integration und Identität sich gegenseitig. Sie sind zwei Seiten derselben Medaille, zwei verfassungs- und unionsrechtlich zu schützende Werte, deren Bewahrung und Förderung ineinandergreifen. Das ergibt sich nicht zuletzt aus dem EU-Vertrag selbst. Dort heißt es in Art. 4 Abs. 2: »Die Union achtet die Gleichheit der Mitgliedstaaten vor den Verträgen und ihre jeweilige nationale

44 Zusammenfassend BVerfGE 134, 366 (382 ff.). Zur Entwicklung beider Kontrollvorbehalte und ihrer Rezeption durch die Gerichte der Mitgliedstaaten vgl. etwa Mattias Wendel, *Permeabilität im europäischen Verfassungsrecht*, Tübingen 2011, S. 462 ff., 471 ff., jeweils m. w. N. Die Kompensationsfunktion beider Kontrollvorbehalte betont zutreffend Wolfgang Kahl, »Bewältigung der Staatsschuldenkrise unter Kontrolle des Bundesverfassungsgerichts – ein Lehrstück zur horizontalen und vertikalen Gewaltenteilung«, in: *DVBl.* (2013), S. 197-207. Krit. dagegen z. B. Angela Schwerdtfeger, »Europäisches Unionsrecht in der Rechtsprechung des Bundesverfassungsgerichts – Grundrechts-, ultra-vires- und Identitätskontrolle im gewaltenteiligen Mehrebenensystem«, in: *EuR* (2015), S. 290-310.

45 Vgl. BVerfGE 123, 267 (348).

46 Vgl. ebd.

47 Vgl. BVerfGE 123, 267 (400); 126, 286 (302).

Identität, die in ihren grundlegenden politischen und verfassungsmäßigen Strukturen einschließlich der regionalen und lokalen Selbstverwaltung zum Ausdruck kommt.«[48]

Von der Identitätskontrolle ist die Ultra-vires-Kontrolle zu unterscheiden. Ihr liegt der Gedanke zugrunde, dass die Union nicht wie ein Staat eigene Kompetenzen generieren kann. Durch Art. 5 Abs. 2 Satz 1 EUV haben die Mitgliedstaaten die Unionsorgane vielmehr vertraglich dazu verpflichtet, die Grenzen der ihnen als begrenzte Einzelermächtigung eingeräumten Hoheitsrechte zu wahren. Eine vorrangig am Ziel der Funktionsfähigkeit und Effektivität der Union orientierte teleologische Handhabung von Kompetenznormen, der keine effektive richterliche Kontrolle gegenübersteht,[49] birgt hier die Gefahr einer Aushöhlung des vertraglich vereinbarten Integrationsprogramms und damit letztlich die Gefahr der Abkehr vom Recht, an deren Ende die Desintegration steht. Offensichtlichen Grenzüberschreitungen soll durch die Ultra-vires-Kontrolle Einhalt geboten werden.[50]

Bereits im *Maastricht*-Urteil aus dem Jahr 1993 behielt sich das BVerfG die Prüfung vor, ob Rechtsakte der europäischen Einrichtungen und Organe sich in diesen Grenzen halten oder aus ihnen ausbrechen.[51] Im *Lissabon*-Urteil aus dem Jahr 2009 sprach das BVerfG erstmals von einer Ultra-vires-Kontrolle und wies einschränkend darauf hin, dass diese nur europarechtsfreundlich ausgeübt werden dürfe.[52] In der *Honeywell*-Entscheidung vom 6. Juli 2010 hat das BVerfG das Gebot der Europarechtsfreundlichkeit weiter präzisiert. Danach ist zum einen vor der Annahme eines Ultra-vires-Akts dem Gerichtshof im Rahmen eines Vorabentschei-

48 Näher dazu statt vieler Thomas Wischmeyer, »Nationale Identität und Verfassungsidentität. Schutzgehalte, Instrumente, Perspektiven«, in: *AöR* 140 (2015), S. 415-460, m. w. N.

49 Vgl. Hans H. Klein, »Integration und Verfassung«, in: *AöR* 139 (2014), S. 165-195, hier S. 185.

50 Vgl. auch Markus Ludwigs, »Der Ultra-vires-Vorbehalt des BVerfG – Judikative Kompetenzanmaßung oder legitimes Korrektiv?«, in: *NVwZ* (2015), S. 537-543, hier S. 537.

51 BVerfGE 89, 155 (188, 209 f.); vgl. auch BVerfG, Beschl. v. 17. 2. 2000 – 2 BvR 1210/98; aus den vielen kritischen Stimmen in der Literatur exemplarisch Manfred Zuleeg, »Die Rolle der rechtsprechenden Gewalt in der europäischen Integration«, in: *JZ* (1994), S. 1-8, hier S. 3 ff.

52 BVerfGE 123, 267 (354).

dungsverfahrens die Gelegenheit zur Vertragsauslegung sowie zur Entscheidung über die Gültigkeit und die Auslegung der fraglichen Handlungen zu geben.[53] Zum anderen kommt eine Ultravires-Kontrolle nur in Betracht, wenn ein Kompetenzverstoß der europäischen Organe offensichtlich ist und zu einer strukturell bedeutsamen Verschiebung zu Lasten der Mitgliedstaaten führt.[54]

Einen solchen Fall hat das BVerfG erstmals in Bezug auf den Beschluss des EZB-Rates über den Ankauf von Staatsanleihen ausgewählter Mitgliedstaaten in unbegrenzter Höhe (sogenannter OMT-Beschluss) angenommen[55] und – wie bereits erwähnt – dem EuGH die Frage vorgelegt, ob der OMT-Beschluss mit dem währungspolitischen Mandat der Europäischen Zentralbank (vgl. Art. 119 und 127 ff. AEUV) vereinbar ist beziehungsweise ob er gegen das Verbot monetärer Haushaltsfinanzierung (vgl. Art. 123 Abs. 1 AEUV) verstößt. Der EuGH hat diese beiden Vorlagefragen in seinem Urteil vom 16. Juni 2015[56] im Ergebnis verneint, gleichzeitig aber hervorgehoben, dass entgegen der Annahme der Mitgliedstaaten und mancher Stimmen aus der Rechtswissenschaft[57] auch die Tätigkeit der Europäischen Zentralbank gerichtlich kontrollierbaren Grenzen unterliegt und insbesondere das Verbot der monetären Haushaltsfinanzierung nicht umgangen werden darf.[58] Der Zweite Senat des BVerfG musste auf dieser Grundlage seine Endentscheidung im OMT-Verfahren treffen.

53 Krit. zu einer Vorlage in diesem Fall: Kirchhof, »Stabilität von Recht und Geldwert in der Europäischen Union«, S. 5.

54 BVerfGE 126, 286 (303 ff.).

55 Vgl. BVerfGE 134, 366.

56 EuGH, Urt. v. 16. 6. 2015 - C-62/14, ECLI:EU:C:2015:400 (*Gauweiler u. a. v. Deutscher Bundestag*).

57 Krit. dazu Reiner Schmidt, »Die entfesselte EZB«, in: *JZ* (2015), S. 317-327, hier S. 326, m. w. N.

58 Den Aspekt der rechtlichen Umhegung der EZB positiv hervorhebend Franz C. Mayer, »Zurück zur Rechtsgemeinschaft: Das OMT-Urteil des EuGH«, in: *NJW* (2015), S. 1999-2003, hier S. 2002 f. Ähnlich Christoph Ohler, »Rechtliche Maßstäbe der Geldpolitik nach dem Gauweiler-Urteil des EuGH«, in: *NVwZ* (2015), S. 1001-1007, hier S. 1004 ff. Relativierend dagegen Jan H. Klement, »Der geldpolitische Kompetenzmechanismus. Sind die Outright-Geschäfte der EZB zugleich rechtmäßig und rechtswidrig? - Zum Urteil des EuGH vom 16. 6. 2015«, in: *JZ* (2015), S. 754-760, hier S. 754 f.

VI. Der Grundsatz der Europarechtsfreundlichkeit

Wie dargelegt, beschränken sich die integrationssichernden Kontrollbefugnisse des BVerfG auf evidente Ausnahmefälle. Grund hierfür ist auch, dass ihre Ausübung dem Grundsatz der Europarechtsfreundlichkeit unterliegt. Das BVerfG hat diesen Grundsatz in seinem *Lissabon*-Urteil aus der Taufe gehoben; er folgt aus einer Zusammenschau des Verfassungsauftrags zur Verwirklichung eines vereinten Europas in Art. 23 Abs. 1 GG und der Präambel des Grundgesetzes. Der Grundsatz der Europarechtsfreundlichkeit darf als weiterer Beleg für die Integrationsfreundlichkeit der Rechtsprechung des Gerichts gelten. Danach gebietet das Grundgesetz die Mitwirkung an der europäischen Integration und der internationalen Friedensordnung.[59] Im Dienst dieses Grundsatzes stehen alle Verfassungsorgane einschließlich des BVerfG. Wie viel Direktionskraft dem Postulat der Europarechtsfreundlichkeit im Einzelfall innewohnt, lässt sich heute noch nicht ganz absehen. Denkt man aber an andere übergreifende Prinzipien wie etwa den *effet utile*, den der EuGH als Methode bei der Interpretation des Unionsrechts heranzieht, um diesem zu seiner größtmöglichen praktischen Wirksamkeit zu verhelfen, sollte man seine Prägekraft nicht unterschätzen. Jedenfalls ist der Grundsatz der Europarechtsfreundlichkeit nicht nur ein unverbindliches Versprechen eines Wohlverhaltens in Fragen der europäischen Einigung.

VII. Das Konzept der Integrationsverantwortung

Im Lauf der Zeit dürfte deutlich geworden sein, dass die staatlichen Stellen bei der Verwirklichung der Idee der Rechtsgemeinschaft vor einem schwierigen Balanceakt stehen: Einerseits sollen sie den Integrationsprozess im Sinne der Europarechtsfreundlichkeit des Grundgesetzes fördern, andererseits sollen sie die nationale Verfassungsidentität wahren.[60] Zur Vermeidung einseitiger

59 Vgl. BVerfGE 123, 267 (346 f.).

60 Treffend Koen Lenaerts, »In Vielfalt geeint / Grundrechte als Basis des europäischen Integrationsprozesses«, in: *EuGRZ* (2015), S. 353-361, hier S. 353: »Weder Einheitlichkeit noch Vielfalt können also absolute Geltung beanspruchen. Beide Aspekte muss die Europäische Union fortlaufend berücksichtigen, da keiner von beiden für sich genommen zur Sicherung des Integrationsprojektes ausreicht.«

Dynamiken mit dem Risiko der Vernachlässigung des Unionsrechts oder des nationalen Rechts hat das BVerfG in seinem *Lissabon*-Urteil daher versucht, das Konzept der Integrationsverantwortung für den europäischen Integrationsprozess fruchtbar zu machen.[61] Integrationsverantwortung bedeutet danach die dauerhafte und nachhaltige Übernahme von Verantwortung im Rahmen der europäischen Integration, also zunächst bei der Übertragung von Hoheitsrechten und der Ausgestaltung der europäischen Entscheidungsverfahren,[62] des Weiteren aber auch bei der dynamischen Vertragsentwicklung beziehungsweise dem weiteren Verwaltungsvollzug.[63] Kurz gesagt geht es um eine Verrechtlichung der Begleitung der Integration. Die Integrationsverantwortung trifft die Mitgliedstaaten und ihre Verfassungsorgane neben den Organen der Europäischen Union.[64] Welche konkreten Anforderungen sich daraus ergeben können, hat das BVerfG im OMT-Vorlagebeschluss exemplarisch aufgeführt. So erwächst aus der Integrationsverantwortung etwa für den Bundestag und die Bundesregierung die Pflicht, über die Einhaltung des Integrationsprogramms zu wachen. Bei offensichtlichen und strukturell bedeutsamen Kompetenzüberschreitungen durch Organe der Europäischen Union haben sie nicht nur Mitwirkungs- und Umsetzungshandlungen zu unterlassen, sondern aktiv auf die Einhaltung des Integrationsprogramms hinzuwirken.

61 BVerfGE 123, 267 (267 2. Leitsatz). Näher Andreas Voßkuhle, »Die Integrationsverantwortung des Bundesverfassungsgerichts«, in diesem Band, S. 290-304; Martin Nettesheim, »Die Integrationsverantwortung. Vorgaben des BVerfG und gesetzgeberische Umsetzung«, in: *NJW* (2010), S. 177-183; Christian Calliess, »Absicherung der parlamentarischen Integrations- und Budgetverantwortung auf europäischer und nationaler Ebene«, in: Matthias Pechstein (Hg.), *Integrationsverantwortung*, Baden-Baden 2012, S. 53-86, hier S. 55 ff.; krit. Armin von Bogdandy, »Prinzipien der Rechtsfortbildung im europäischen Rechtsraum. Überlegungen zum Lissabon-Urteil des BVerfG«, in: *NJW* (2010), S. 1-5, hier S. 3.

62 BVerfGE 123, 267 (356).

63 BVerfGE 123, 267 (435).

64 Vgl. auch BVerfGE 134, 366 (395), m. w. N.

VIII. Stärkung der parlamentarischen Rückanbindung europapolitischer Entscheidungsprozesse

Gerade seit Ausbruch der Staatsschuldenkrise gibt es starke Kräfte, die nach dem Motto »Not kennt kein Gebot« eine Problemlösung jenseits rechtlicher Vorgaben auf politischer Ebene anstreben.[65] An die Stelle transparenter parlamentarischer Rechtsetzungsverfahren tritt schnell die tagespolitisch orientierte Krisenbewältigung durch die Exekutive, die dabei unterschiedlichsten Interessen und Zwängen Rechnung zu tragen hat. In mehreren Entscheidungen hat das BVerfG daher die demokratische Rückanbindung europapolitischer Entscheidungsprozesse eingefordert und damit die Verrechtlichung des Integrationsprozesses gestärkt.[66]

Bereits in seinem *Maastricht*-Urteil aus dem Jahr 1993 wies das BVerfG darauf hin, dass im Staatenverbund der Europäischen Union demokratische Legitimation notwendig auch durch die Rückkoppelung des Handelns europäischer Organe an die Parlamente der Mitgliedstaaten erfolgt.[67]

Die Entscheidungen im Kontext der Staatsschuldenkrise betrafen vor allem die Sicherung der Budgethoheit des Parlaments. In der Entscheidung zur Griechenlandhilfe und zum Euro-Rettungsschirm von September 2011 stellte das BVerfG fest, dass ein Parlament nicht seine finanziellen Handlungsmöglichkeiten aufgeben darf. So muss die Entscheidung über Einnahmen und Ausgaben der öffentlichen Hand in der Verantwortung des Deutschen Bundestags bleiben.[68] Dieses Budgetrecht stellt ein zentrales Element

65 Krit. neben den in Fn. 5 Genannten etwa Sebastian Müller-Franken, »Die Währungsunion als Stabilitätsgemeinschaft. Zur Unhintergehbarkeit des gesetzgeberischen Willens der Staaten bei Auslegung und Anwendung des Rechts der Europäischen Integration«, in: Gilbert-Hanno Gornig (Hg.), *Rechtspolitische Entwicklungen im nationalen und internationalen Kontext. Festschrift für Friedrich Bohl zum 70. Geburtstag*, Berlin 2015, S. 353-372, hier S. 356 f.

66 Näher dazu Birgit Daiber, »Die Mitwirkung des Deutschen Bundestages an den Maßnahmen zur Eindämmung der Staatsschuldenkrise im Euroraum«, in: *DÖV* (2014), S. 809-820, m. w. N. Zu dieser allgemeinen Rechtsprechungslinie Sigrid Emmenegger, »Die Stärkung des Parlaments in der neueren Rechtsprechung des Bundesverfassungsgerichts«, in: dies., Ariane Wiedmann (Hg.), *Linien der Rechtsprechung des Bundesverfassungsgerichts*, Bd. 2, Berlin, Boston 2011, S. 447-470.

67 Vgl. BVerfGE 89, 155 (185).

68 Vgl. BVerfGE 129, 124 (177); vgl. die zusammenfassende Analyse der Maßstäbe

der demokratischen Willensbildung dar. Jede ausgabenwirksame solidarische Hilfsmaßnahme größeren Umfangs seitens des Bundes im internationalen oder unionalen Bereich muss vom Bundestag im Einzelnen bewilligt werden.[69]

Dabei darf die Ausgestaltung der Entscheidungsfindung nicht in einer Weise erfolgen, die einen Großteil der Abgeordneten von der Wahrnehmung der haushaltspolitischen Gesamtverantwortung ausschließt. Die besondere Vertraulichkeit oder Eilbedürftigkeit von Entscheidungen, etwa über Notfallmaßnahmen zur Bewältigung der Staatsschuldenkrise, erlaubt es grundsätzlich nicht, Entscheidungsbefugnisse auf Untergremien zu delegieren. So sah es das BVerfG in einer Entscheidung aus dem Jahr 2012 nicht als gerechtfertigt an, einem neunköpfigen sogenannten Sondergremium des Bundestags die Befugnis zu übertragen, ausnahmsweise in Angelegenheiten der Europäischen Finanzstabilisierungsfazilität, dem Vorläufer des dauerhaften Rettungsfonds ESM, die parlamentarischen Beteiligungsrechte wahrzunehmen.[70] Hinsichtlich des dauerhaften Rettungsschirms ESM hat das BVerfG zunächst im September 2012 die Eilanträge im Wesentlichen abgelehnt, die darauf zielten, dem Bundespräsidenten im Wege der einstweiligen Anordnung zu untersagen, die deutschen Zustimmungsgesetze zum ESM-Vertrag zu unterzeichnen.[71] In summarischer Prüfung bejah-

des Griechenlandhilfe-Urteils etwa bei Hanno Kube, »Nationale Budgethoheit und Europäische Integration«, in: *AöR* 137 (2012), S. 205-222.

69 Zum Ganzen: BVerfGE 129, 124 (180). Den Schutz der Budgethoheit in der Entscheidung analysieren etwa Martin Nettesheim, »›Euro-Rettung‹ und Grundgesetz. Verfassungsrechtliche Vorgaben für den Umbau der Währungsunion«, in: *EuR* (2011), S. 765-783, hier S. 771; Matthias Ruffert, »Die europäische Schuldenkrise vor dem Bundesverfassungsgericht – Anmerkung zum Urteil vom 7. September 2011«, in: *EuR* (2011), S. 842-855, hier S. 847 ff. Siehe auch den Maßstab in BVerfGE 132, 195 (238 ff.).

70 Vgl. BVerfGE 130, 318.

71 BVerfGE 132, 195 (195 ff.). Vgl. dazu Christoph Herrmann, »Die Bewältigung der Euro-Staatsschulden-Krise an den Grenzen des deutschen und europäischen Währungsverfassungsrechts«, in: *EuZW* (2012), S. 805-812; Kahl, »Bewältigung der Staatsschuldenkrise unter Kontrolle des Bundesverfassungsgerichts«, S. 197 ff.; Oliver Lepsius, »ESM-Vertrag, Fiskalpakt und das BVerfG«, in: *EuZW* (2012), S. 761-762; Sebastian Müller-Franken, »BVerfG: Eilanträge gegen Ratifikation von ESM-Vertrag und Fiskalpakt überwiegend erfolglos. Anmerkung«, in: *NJW* (2012), S. 3145-3162, hier S. 3161 f.; Frank Schorkopf, »›Startet die Maschinen‹ – Das ESM-Urteil des BVerfG vom 12. 9. 2012«, in: *NVwZ* (2012), S. 1273-

te das Gericht die Verfassungsmäßigkeit des Zustimmungsgesetzes zum ESM-Vertrag. Gleichzeitig hat es diese Rettungsmaßnahme aber nicht bloß »abgenickt«. Für die Ratifikation stellte das BVerfG unter anderem die Bedingung auf, es müsse völkerrechtlich sichergestellt sein, dass sämtliche Zahlungsverpflichtungen der Bundesrepublik Deutschland aus diesem Vertrag der Höhe nach auf rund 190 Milliarden Euro begrenzt bleiben; dabei dürfe keine Vorschrift des Vertrages so ausgelegt werden, dass ohne Zustimmung des deutschen Vertreters in den Gremien des ESM höhere Zahlungsverpflichtungen begründet würden.[72] Dies bedeutet außerdem: Ohne eine erneute Billigung des Bundestags darf die Haftung der Bundesrepublik nicht erhöht werden. Gleichzeitig hat das BVerfG den sogenannten Fiskalvertrag, der die Vertragsparteien zur Einführung einer Schuldenbremse verpflichtet, als ebenfalls mit dem Demokratieprinzip vereinbar angesehen. In seiner Hauptsacheentscheidung zum ESM und zum Fiskalvertrag vom 18. März 2014 ist das Gericht der in der Eilentscheidung angelegten Linie gefolgt.[73]

IX. Vorwirkungen der Rechtsprechung des BVerfG

Gerade im Kontext der europäischen Rettungsmaßnahmen tritt ein weiterer wichtiger Verrechtlichungsimpuls der Entscheidungen des BVerfG zutage: die Vorwirkungen seiner Rechtsprechung. Dass es im Rahmen der Krisenbewältigung überhaupt zu einem ESM und einem Fiskalvertrag gekommen ist, stellt nämlich einen sehr beachtlichen Erfolg für die Idee des Rechts dar. Die Politik hat sich hier in einer äußerst schwierigen Situation gegen informelle Ad-hoc-Absprachen und für eine Verrechtlichung und demokratische Rückanbindung von Kriseninstrumentarien entschieden. Die Vermutung, dass nicht zuletzt die Rechtsprechung des BVerfG zur Sicherung der Budgethoheit des Parlaments diesen Prozess befördert haben könnte, halte ich für naheliegend, wenn man sich verschiedene Elemente in der Architektur des Stabilitätsmechanismus näher anschaut. So sieht der ESM-Vertrag beispielsweise zur Wahrung

1276; Christian Tomuschat, »Anmerkung zum Urteil des BVerfG vom 12. 9. 2012 – BvR 1390/122 u. a. – Verhinderung der Ratifikation von ESM-Vertrag und Fiskalpakt überwiegend erfolglos«, in: *DVBl.* (2012), S. 1431-1434.

72 BVerfGE 132, 195 (257).

73 Vgl. BVerfGE 135, 317.

der haushaltspolitischen Gesamtverantwortung der nationalen Parlamente eine Obergrenze für die Zahlungsverpflichtungen vor und legt fest, dass in zentralen haushaltsrelevanten Fragen Beschlüsse nicht gegen die Stimme der Vertreter jener Mitgliedstaaten gefasst werden können, die die Last der finanziellen Hilfsmaßnahmen maßgeblich tragen. Die im Fiskalvertrag niedergelegte Verpflichtung der Mitgliedstaaten zur Vorlage eines ausgeglichenen Haushaltes und der Einführung einer nationalen Schuldenbremse lehnt sich ebenfalls an die Rechtsprechung des BVerfG an. Sie zielt auf die Aufrechterhaltung der Haushaltsdisziplin und trägt somit der verfassungsrechtlichen Vorgabe der Sicherung der Budgethoheit der Parlamente Rechnung.

X. Der rechtsrealistische Blick

Der letzte Punkt, auf den ich im vorliegenden Zusammenhang aufmerksam machen möchte, ist der rechtsrealistische Blick, den das BVerfG in seinen Entscheidungen auf die Integration wirft. Er schärft das Verständnis für die Ausgestaltung, Funktionsweise und Defizite des europäischen Vertragswerks. Die Bewährungsprobe für das Recht ist in der Regel die Krise und der Konflikt. Daher denkt das BVerfG sehr häufig vom »Worst-case-Szenario« her. So wies es im *Maastricht*-Urteil etwa darauf hin, dass ein Fehlschlag der Stabilitätsbemühungen finanzpolitische Zugeständnisse der Mitgliedstaaten zur Konsequenz haben könnte, mit unabsehbaren Folgen für die gesamte Europäische Union.[74] Im *Lissabon*-Urteil stellte es unter anderem fest, dass die demokratische Grundregel der wahlrechtlichen Erfolgschancengleichheit (»one man, one vote«) auf Unionsebene nicht durchgehalten werde, mit Folgen für die demokratische Legitimation von Entscheidungen und ihre Akzeptanz.[75] In der *ESM*-Entscheidung verlangte es von der Bundesregierung, Vertragslücken im Hinblick auf die Schuldenbegrenzung im ESM-Vertrag zu schließen.[76] Im Vorlagebeschluss zum EuGH warnte es vor einer Umgehung des Verbotes monetärer Haushaltsfinanzierung (Art. 123 Abs. 1 AEUV).[77] Diese Liste ließe

74 Vgl. BVerfGE 89, 155 (205).
75 Vgl. BVerfGE 123, 267 (371 f.).
76 Vgl. BVerfGE 132, 195 (195 ff.).
77 Vgl. BVerfGE 134, 366 (411 ff.).

sich weiter fortsetzen. Häufig sind diese und andere Ausführungen in den Entscheidungsgründen als »beckmesserisch« und europafeindlich wahrgenommen worden. Es fehle offensichtlich an Empathie für das europäische Projekt und seinen Institutionen, so war zu hören, was sich ungeachtet der jeweiligen rechtlichen Ergebnisse bereits am gesamten Duktus der Begründungen zeige. Und tatsächlich: Der »Sound« der Entscheidungen des BVerfG ist auf den ersten Blick wenig einnehmend. Dem ausführlichen und häufig sehr detaillierten Sachbericht folgen komplexe Herleitungen der anzuwendenden Maßstäbe aus dem vorhandenen Normmaterial und der eigenen Rechtsprechung mit zahlreichen Distinktionen und Differenzierungen,[78] an die sich die eher technisch anmutende Subsumtion anschließt. Ob dieser sehr dogmatische Stil,[79] gerade in europäischen und internationalen Zusammenhängen, immer hinreichend anschlussfähig ist, mag trotz der breiten Rezeption der Rechtsprechung des BVerfG bezweifelt werden. Im Gegenzug ist aber vor einer allzu affirmativen Europa-Rhetorik zu warnen. Es kann – salopp gesagt – nicht Aufgabe von Gerichten sein, die Dinge »schön«zureden. Sie sollen durch eine realitätsgerechte und nüchterne Analyse des zu entscheidenden Falles dazu beitragen, die rechtlichen Fundamente der europäischen Integration zu festigen.

C. Gegenbewegungen: Wird die Idee der Rechtsgemeinschaft nicht überstrapaziert?

Damit bin ich am Ende meiner Tour d'Horizon durch 50 Jahre Rechtsprechung des BVerfG zu Europa angekommen. Sicherlich ließe sich zu jeder einzelnen Entscheidung noch sehr viel mehr sagen, auch Kritisches. Mir kam es aber vor allem darauf an, eine

78 Krit. Oliver Lepsius, »Die maßstabsetzende Gewalt«, in: Matthias Jestaedt u. a., *Das entgrenzte Gericht. Eine kritische Bilanz nach sechzig Jahren Bundesverfassungsgericht*, Berlin 2011, S. 159-280.

79 Zu seinem Ursprung Christian Bumke, »Rechtsdogmatik. Überlegungen zur Entwicklung und zu den Formen einer Denk- und Arbeitsweise der deutschen Rechtswissenschaft«, in: *JZ* (2014), S. 641-650, hier S. 642 ff. Zur Unterscheidung von Gebrauchs- und Wissenschaftsdogmatik näher Anna-Bettina Kaiser, »Die Öffnung der öffentlich-rechtlichen Methode durch Internationalität und Interdisziplinarität. Erscheinungsformen, Chancen, Grenzen«, in: *DVBl.* (2014), S. 1102-1108, hier S. 1105.

verbindende Linie zwischen den einzelnen Judikaten aufzuzeigen. Sie alle sind getragen von dem Glauben an die integrative Kraft der europäischen Rechtsgemeinschaft. »Integration durch Recht« – ist dieses Konzept aber nicht letztlich trotz internationalrechtlicher Begriffsprägung[80] doch eine sehr deutsche Idee, die gerade in der Finanz- und Staatsschuldenkrise an ihre Grenze gestoßen ist?[81] Es fehlt nicht an Skepsis, und einige gewichtige Einwände seien im Folgenden genannt:[82]

- Das Recht dringe zu den eigentlichen Ursachen der Krise nicht vor. Es blende aufgrund seiner Abstraktheit notwendigerweise eine ganze Reihe von Bedürfnissen und Besonderheiten aus. Dies führe dazu, dass es beispielsweise der Komplexität der Staatsschuldenkrise und den vielschichtigen Interessen der betroffenen Akteure und Länder nicht gerecht werde.
- Ferner seien die vom Recht vorgesehenen Konfliktlösungen zu starr. Recht sei »binär codiert«; ein bisschen rechtswidrig gebe es ebenso wenig wie ein bisschen schwanger. Gerade in Krisenzeiten seien aber Zwischenlösungen oder Kompromisse nötig.
- Auch seien weder der Gesetzgeber auf nationaler oder europäischer Ebene noch die Gerichte in der Lage, in der gebotenen Schnelligkeit zu reagieren, zumal notwendige Vertragsänderungen auf europäischer Ebene als politisch kaum durchsetzbar erscheinen.
- Sowohl dem Gesetzgeber als auch den Gerichten fehle es im Übrigen angesichts der überbordenden Komplexität und Dynamik etwa der Staatsschuldenkrise und der damit verbundenen globalen Effekte und Risiken schlicht an ausreichendem Wissen zur Schaffung sinnvoller rechtlicher Lösungen.[83] Die notwendigen

80 Vgl. oben, Fn. 8.

81 Deutlich Rodi, »Machtverschiebungen in der Europäischen Union im Rahmen der Finanzkrise und Fragen der europäischen Legitimation«, S. 737: »Mit der Finanzkrise ist das rechtliche Kleid der Wirtschafts- und Währungsunion materiell wie auch institutionell zu eng geworden.« Vgl. ferner die Beiträge in Thomas M. J. Möllers, Franz-Christoph Zeitler (Hg.), *Europa als Rechtsgemeinschaft – Währungsunion und Schuldenkrise*, Tübingen 2013.

82 Näher zum Folgenden Andreas Voßkuhle, »Europa als Rechtsgemeinschaft?! Gefährdungen und Herausforderungen«, in: Günter Stock u. a. (Hg.), *Zukunftsort: Europa*, Berlin, Boston 2015, S. 135-148.

83 Zur durch die Finanz- und Staatsschuldenkrise verursachten »Ad-hoc-Technokratisierung« vgl. Henrik Enderlein, »Das erste Opfer der Krise ist die Demo-

Informationen befänden sich allenfalls bei der Exekutive, mehr noch aber bei spezialisierten Institutionen wie zum Beispiel den verschiedenen europäischen Agenturen, der Europäischen Zentralbank oder im privaten Sektor.

– Und überhaupt würden sich viele Akteure auf europäischer Ebene in zentralen Fragen gar nicht (mehr) an das Recht halten. Der offensichtliche Verstoß gegen die Stabilitätskriterien gerade auch durch Deutschland und Frankreich[84] oder die Nichtbeachtung der Vorgaben des Dublin-Systems seien dafür der beste Beleg.

Diese Liste an Einwänden ließe sich noch erweitern. Indes: Die meisten von ihnen greifen meines Erachtens zu kurz. Sicherlich kann der Umstand, dass das Recht viele Aspekte eines Konflikts ausblendet, als »Kälte« empfunden werden und als Unfähigkeit, Komplexität zuzulassen. Der große Vorteil dieser Distanz ist aber: Sie erlaubt es, von der Verschiedenheit der Menschen oder der Staaten zu abstrahieren. Distanz zu persönlichen und politischen Konflikten ist eine spezifische Stärke des Rechts. Mittels dieser Distanz kann das Recht eine gemeinsame Basis auch dort schaffen, wo eine Gemeinschaft durch kulturelle Unterschiede geprägt ist. Das Recht drückt für eine plurale Gemeinschaft allgemeingültige Gerechtigkeitsvorstellungen aus, auf die man sich trotz aller Unterschiede hat einigen können. Deshalb kommt ihm in einem Europa der Vielfalt eine so große Bedeutung für den europäischen Integrationsprozess zu.

Besonders plastisch wird diese Bedeutung, wenn wir uns die Alternativen vergegenwärtigen. Was würde passieren, wenn jeder Konflikt zwischen den Mitgliedstaaten politisch entschieden werden müsste? Nicht nur begönne für jeden die Suche nach dem kurzfristigen Vorteil. Bei der Auseinandersetzung kämen darüber hinaus auch ebenjene Faktoren ins Spiel, die das Recht erfolgreich ausblendet – zum Beispiel die Größe und wirtschaftliche Macht des betroffenen Mitgliedstaates, die Parteifarbe der jeweiligen Regierungen, etwaige in der Vergangenheit geknüpfte Allianzen, erfahrene Kränkungen oder enttäuschte Erwartungen. Die Europäische

kratie: Wirtschaftspolitik und ihre Legitimation in der Finanzmarktkrise 2008-2013«, in: *PVS* (2013), S. 714-739, hier S. 724 ff.

84 Näher dazu Ulrich Palm, »Der Bruch des Stabilitäts- und Wachstumspakts«, in: *EuZW* (2004), S. 71-75.

Union würde innerhalb kürzester Zeit Zerreißproben ausgesetzt, die sie kaum überstehen dürfte. Gerade die Verhandlungen über die Griechenlandhilfen bieten hier gutes Anschauungsmaterial. Das Recht besitzt gegenüber politischen Auseinandersetzungen einen ganz entscheidenden Vorteil: Zwar stellt die Einigung auf einen Rechtsrahmen das Ergebnis politischer Kontroversen dar[85] – das Recht wird jedoch vor dem Konflikt gesetzt. Die Politisierung eines konkreten Streitfalls wird dadurch zwar nicht immer, aber im Regelfall verhindert. Hierin liegt eine ganz maßgebliche Integrationsleistung des Rechts für Europa.

Grundlage des Prozesses der europäischen Integration sollten nach der Vorstellung der Gründungsväter der Gemeinschaft die wirtschaftliche Zusammenarbeit (Stichwort: Montanunion) und die politische Kooperation (Stichwort: Europäische Verteidigungsgemeinschaft) sein. Beide Ziele waren und sind naturgemäß Gegenstand von Interessenkonflikten und dementsprechend fragil. Erst durch die einende Kraft des Vertragswerks tritt in den Worten Walter Hallsteins die Herrschaft des Rechts »[a]n die Stelle der Macht und ihrer Manipulierung, […] des Gleichgewichts der Kräfte, des Hegemoniestrebens und des Spiels der Allianzen« und verdrängt »Gewalt und politische[n] Druck«.[86] Die bereits angesprochene Etablierung des ESM und des Fiskalvertrags darf als Beispiel dafür dienen, wie die Politik auch in der Krise schnell und effektiv mit den Mitteln des Rechts agieren kann.

Dass schließlich auch in Rechtsgemeinschaften gegen Recht verstoßen wird, ist in gewisser Weise eine Banalität und diskreditiert nicht die Idee als solche. Gefährdungen entstehen hier erst, wenn Recht systematisch nicht beachtet wird oder sein Geltungsanspruch generell in Abrede gestellt wird. Davon ist man in der Europäischen Union trotz unterschiedlicher Rechtskulturen und des laxen Umgangs mit rechtlichen Vorgaben in bestimmten Bereichen[87] angesichts der Masse an europäisch imprägnierten Rechtsvorgängen jedoch (noch) relativ weit entfernt. Abgesehen davon erweisen sich behauptete Rechtsverstöße bei näherem Hinsehen nicht selten als Konflikte über die richtige Interpretation offener und konkretisie-

85 Näher Susanne Baer, *Rechtssoziologie*, Baden-Baden ²2015, S. 141 f.

86 Hallstein, »Die EWG – Eine Rechtsgemeinschaft«, S. 344, 348.

87 Vgl. die N. in Fn. 5.

rungsbedürftiger Normen.[88] Diese Konflikte sind aber ihrerseits konstituierender Teil einer Rechtsgemeinschaft. Gleichwohl sollten die Vorboten einer partiellen Rechtsvergessenheit nicht ignoriert werden. Wenn sich der nicht nur in Deutschland immer wieder geäußerte Eindruck verstärkt, dass in zentralen Konflikten das europäische Recht dehnbar oder zur *quantité négligeable* wird, gefährdet dies nicht nur die Rechtsgemeinschaft, sondern das zentrale Fundament der europäischen Integration.

D. Schluss

Ich schließe daher mit einem Zitat eines Nestors des Europarechts in Deutschland, mit einem Zitat von Thomas Oppermann:

> Je größer die EU wird, umso mehr bedarf sie der ordnenden Kraft ihres Rechts. Staatliche Zwangsgewalt steht der Union nicht zur Verfügung. Sie vermag sich nur als Rechtsgemeinschaft zu erhalten. Die *Rule of Law* des Unionsrechts ist für die Verwirklichung der europäischen Idee *unentbehrlich*. Dies gilt auch und gerade für eine Bewältigung der Finanzkrise seit 2010.[89]

88 So zutreffend Volkmann, »Was ist Europa?«, S. 1062.

89 Thomas Oppermann, »Die Europäische Union seit Maastricht«, in: ders. u. a. (Hg.), *Europarecht*, München [6]2014, § 3, Rn. 19.

Die Idee der europäischen Wertegemeinschaft

A. Einleitung

Die Berufung auf die europäische Wertegemeinschaft war viele Jahrzehnte eine beruhigende *façon de parler*.[1] Angesichts der politischen Entwicklungen in einigen Mitgliedstaaten der Europäischen Union in den letzten Jahren hat sich die Situation grundlegend verändert. Wir sind auf einmal herausgefordert, Farbe zu bekennen und deutlich zu machen, was uns diese Wertegemeinschaft, die offensichtlich mehr sein will als eine reine Rechtsgemeinschaft,[2] tatsächlich bedeutet, was sie ausmacht und ob und wie wir sie verteidigen wollen.[3]

Ich werde im Folgenden versuchen, einige Antworten auf diese zentralen Fragen zu geben. Ich gehe dabei in vier Schritten vor. Am Anfang steht ein kurzer Blick auf das Europa der Gegenwart und die dort zu beobachtenden Relativierungen der im EU-Vertrag proklamierten europäischen Grundwerte. Sodann wende ich mich der historischen Genese der europäischen Wertegemeinschaft und ihrer normativen Verankerung zu, bevor ich in einem vierten Schritt die Tragfähigkeit des Wertekonzepts für die Zukunft beleuchte.

B. Krise einer Idee: Die Erosion des Wertefundaments

Beginnen wir also mit der Gegenwart. Wenn die Feststellung von Rudolf Smend richtig ist, dass es letztlich keine formelle Integration ohne eine sachliche Wertegemeinschaft geben kann,[4] dann steht

1 Vgl. Ulrich Haltern, »Europäische Verfassungsästhetik«, in: *KritV* (2002), S. 261-272, hier S. 271.

2 Näher Andreas Voßkuhle, »›Integration durch Recht‹. Der Beitrag des Bundesverfassungsgerichts«, in diesem Band, S. 83-107; Armin von Bogdandy, »Jenseits der Rechtsgemeinschaft. Begriffsarbeit in der europäischen Sinn- und Rechtsstaatlichkeitskrise«, in: *EuR* (2017), S. 487-511, jeweils m. w. N.

3 Deutlich Heinrich A. Winkler, »Ohne Werte ist Europa nichts«, ⟨https://www.zeit.de/2017/49/eu-werte-demokratie-polen-reform⟩, letzter Zugriff 26. 2. 2021.

4 Vgl. Rudolf Smend, »Verfassung und Verfassungsrecht«, in: ders., *Staatsrechtliche Abhandlungen und andere Aufsätze*, Berlin [3]1994, S. 119-276, hier S. 159.

es aktuell um Europas Zukunft nicht zum Besten. Es darf nämlich keineswegs mehr als gesichert gelten, dass sämtliche Mitgliedstaaten Teil einer Gemeinschaft sein wollen, die in den verfassungsstaatlichen Grundwerten des Abendlandes ihre *raison d'être* findet.[5] Im Gegenteil: Das europäische Wertefundament erodiert.[6] Der sprichwörtliche Finger ist dabei schnell in die europäische Wunde gelegt, was ich durch zwei Bilder illustrieren möchte.

Erstes Bild: Wir alle erinnern die Hochstimmung, in der die Osterweiterung der Europäischen Union vorangetrieben und begleitet wurde. Noch im Jahre 2005 konstatierte der Völkerrechtler Thilo Rensmann:

> Gerade in den Beitrittsstaaten aus Mittel- und Osteuropa hat sich [...] ein subtiles wertorientiertes Verfassungsdenken entwickelt. Vor diesem Hintergrund sollte der bevorstehende Eintritt der Staaten aus Mittel- und Osteuropa in die Europäische Union nicht nur als große Herausforderung, sondern auch als eine nachhaltige Bereicherung der Verfassungsrechtskultur begriffen werden.[7]

Wie viel ist von dieser Bereicherung heute geblieben, die nach Überwindung der Fremdherrschaft hart errungen wurde? Und sprechen wir wirklich von der gleichen Wertorientierung? Vor allem die aktuellen Justizreformen in Ungarn und Polen[8] lassen hier berechtigte Zweifel aufkommen. Schauen wir zunächst nach Polen: Das polnische Verfassungsgericht wurde bereits Ende 2015 durch zwei Gesetzesnovellen und eine Reihe anderer Maßnahmen faktisch entmachtet: Statt bereits gewählter Richter wurden fünf PiS-

5 Vgl. Thilo Rensmann, »Grundwerte im Prozess der europäischen Konstitutionalisierung«, in: Dieter Blumenwitz u.a. (Hg.), *Die Europäische Union als Wertegemeinschaft*, Berlin 2005, S. 49-72, hier S. 56; vgl. auch Peter M. Huber, »Europäische Verfassungs- und Rechtsstaatlichkeit in Bedrängnis«, in: *Der Staat* 56 (2017), S. 389-414.

6 Krit. wegen der krisenbedingten Suspendierung zentraler Werte durch die EU selbst: Ibrahim Kanalan u.a., »Die Unverzichtbarkeit der Werte?«, in: *Der Staat* 56 (2017), S. 193-226, hier S. 195.

7 Rensmann, »Grundwerte im Prozess der europäischen Konstitutionalisierung«, S. 71.

8 Zu den Grundlagen des Verfassungsrechts Polens und Ungarns: Piotr Tuleja, »Polen«, in: Armin von Bogdandy u. a. (Hg.), *Handbuch Ius Publicum Europaeum*, Bd. I: *Grundlagen und Grundzüge staatlichen Verfassungsrechts*, Heidelberg 2007, § 8; Gábor Halmai, »Ungarn«, in: ebd., § 12.

Vertraute in einer Nacht-und-Nebel-Aktion ernannt, Urteile wurden weder im Amtsblatt veröffentlicht noch befolgt, der amtierende Vizepräsident wurde in den Zwangsurlaub geschickt usw. Wenig später wurden drei weitere Reformpakete auf den Weg gebracht. Danach sollen unter anderem zahlreiche der aktuellen Richter des Obersten Gerichtshofs in den vorzeitigen Ruhestand versetzt und Sonderkammern eingerichtet werden. Der nationale Justizrat, ein Verfassungsorgan, das Kandidaten für die Besetzung von Richterstellen in ganz Polen vorschlägt, soll künftig bis auf wenige Positionen mit Parlamentariern der Mehrheitspartei besetzt werden. Dem Justizminister, der gleichzeitig als Generalstaatsanwalt fungiert, ist das Recht eingeräumt worden, die Amtszeit von Richtern, die das Pensionsalter erreicht haben, nach eigenem Ermessen zu verlängern. Hinzu kommt die Möglichkeit, nach eigenem Ermessen Gerichtspräsidenten zu entlassen und zu ernennen. Die Europäische Kommission hat daraufhin unter anderem wegen struktureller Gefährdung der richterlichen Unabhängigkeit ein Vertragsverletzungsverfahren gegen Polen eingeleitet.[9] Die polnische Regierung zeigte sich davon bisher wenig beeindruckt. Vielmehr erklärte der Botschafter der Republik Polen in Berlin im April 2017:

> Rechtsstaatlichkeit, Unabhängigkeit der Justiz, Demokratie, Wahrung der Menschenrechte und Pressefreiheit […], alle diese Werte werden in Polen gepflegt. Das Problem ist die Interpretation. Brüssel ist zu sehr ideologisch geprägt. Und zwar durch linksliberale Ideologie.[10]

Aber handelt es sich bei den Vorwürfen der Kommission, die vom Europarat,[11] von der Venedig-Kommission[12] und nicht zuletzt von

9 Europäische Kommission, Pressemitteilung v. 29.7.2017, IP/17/2205; Europäische Kommission, Pressemitteilung v. 12.9.2017, IP/17/3186.

10 Andrzej Przyłębski [»Unser Lebensmodell ist anders«], Interview (geführt von Norbert Meyer), ⟨https://www.noz.de/deutschland-welt/politik/artikel/883261/polens-botschafter-im-interview-unser-lebensmodell-ist-anders⟩, letzter Zugriff 26.2.2021; vgl. die Analyse derartiger Kommunikationsmuster bei Christoph Möllers, Linda Schneider, *Demokratiesicherung in der Europäischen Union*, Tübingen 2018, S. 94.

11 Menschenrechtskommissar des Europarats, Schreiben v. 31.3.2017.

12 Venice Commission, »Opinion on amendments to the Act of 25 June 2015 on the Constitutional Tribunal of Poland, Opinion no. 833/2015«, Venedig 2016; Venice Commission, »Poland – Opinion on the Act on the Constitutional Tribunal, Opinion no. 860/2016«, Venedig 2016; zuletzt Venice Commission, »Poland

Rechtswissenschaftlern[13] sowie hochrangigen Justizvertretern[14] aus Polen selbst geteilt werden, tatsächlich lediglich um den Ausdruck »linksliberaler Ideologie«? Oder ist hier nicht doch der in Art. 2 Satz 1 EUV normierte Wert der Rechtsstaatlichkeit verletzt?

Zweites Bild:

Freiheit und Demokratie, Rechtsstaatlichkeit und Menschenrechte stehen nicht zur Disposition. [...] Es ist der Wesenskern Europas, es ist das, was Europa ausmacht in den Augen der Welt, worum uns viele sogar beneiden.

– Opinion on the Act on the Public Prosecutor's office, as amended, Opinion no. 892/2017«, Straßburg 2017; ferner Venice Commission, »Poland – Opinion on the Draft Act amending the Act on the National Council of the Judiciary, on the Draft Act amending the Act on the Supreme Court, proposed by the President of Poland, and on the Act on the Organisation of Ordinary Courts, Opinion no. 904/2017«, Straßburg 2017.

13 Mateusz Mazzini, »For Central Europe's Illiberal Democracies, the Worst is yet to Come«, ⟨http://verfassungsblog.de/for-central-europes-illiberal-democracies-the-worst-is-yet-to-come⟩, letzter Zugriff 26. 2. 2021; Tomasz T. Koncewicz, »Farewell to the Separation of Powers – On the Judicial Purge and the Capture in the Heart of Europe«, ⟨http://verfassungsblog.de/farewell-to-the-separation-of-powers-on-the-judicial-purge-and-the-capture-in-the-heart-of-europe⟩, letzter Zugriff 26. 2. 2021; Marcin Matczak, »Defenceless Formalists: on Abuse of Law and the Weakness of the Polish Judiciary«, ⟨http://verfassungsblog.de/defenceless-formalists-on-abuse-of-law-and-the-weakness-of-the-polish-judiciary⟩, letzter Zugriff 26. 2. 2021; Marta Bucholc, Maciej Komornik, »Die PiS und das Recht«, in: *Osteuropa* (2016), S. 79-93; Ewa Łętowska, Aneta Wiewiórowska-Domagalska, »A ›Good‹ Change in the Polish Constitutional Tribunal?«, in: *OER* (2016), S. 79-93; anderer Ansicht hingegen Bogusław Banaszak, »The Changes to the Act on the Constitutional Tribunal and the Changes in the Make-up of the Constitutional Tribunal in Poland«, in: *OER* (2016), S. 94-102. Vgl. zu internationalen Stimmen: Huber, »Europäische Verfassungs- und Rechtsstaatlichkeit«, S. 391 ff.; Möllers/Schneider, *Demokratiesicherung in der Europäischen Union*, S. 68-81; Ulrich Ernst, »Eingriffe in die Verfassungsgerichtsbarkeit in EU-Mitgliedstaaten. Ungarn, Rumänien und Polen im Vergleich«, in: *OER* (2017), S. 49-64, hier S. 55 ff.; Mark Leppich, »Justizkrise in Polen verschärft sich«, in: *DRiZ* (2017), S. 270-273; Hannes Hofmeister, »Polen als erster Anwendungsfall des neuen ›EU-Rahmens zur Stärkung des Rechtsstaatsprinzips‹«, in: *DVBl.* (2016), S. 869-875.

14 Stellungnahmen der früheren Präsidenten des Verfassungsgerichts, veröffentlicht am 30. 11. 2016, ⟨http://verfassungsblog.de/statement-by-the-former-presidents-of-the-constitutional-tribunal-marek-safjan-jerzy-stepien-bohdan-zdziennicki-and-andrzej-zoll⟩, letzter Zugriff 26. 2. 2021; und am 13. 7. 2016, ⟨http://verfassungsblog.de/statement-by-the-former-presidents-of-the-constitutional-tribunal-andrzej-rzeplinski-marek-safjan-jerzy-stepien-bohdan-zdziennicki-and-andrzej-zoll⟩, letzter Zugriff 26. 2. 2021.

Wenn wir dazu stehen, wenn wir ein Leuchtturm sein wollen für Rechtsstaat und Menschenrechte in der Welt, dann darf es uns nicht egal sein, wenn dieses Fundament im Inneren Europas wackelt. Und dann darf Europa nicht schweigen, wenn der Zivilgesellschaft, selbst der Wissenschaft – wie jetzt an der Central European University in Budapest – die Luft zum Atmen genommen wird.[15]

In diesen Worten des deutschen Bundespräsidenten Frank-Walter Steinmeier klingt an, dass die soeben in der Causa Polonia angedeutete Erosion des europäischen Wertefundaments keineswegs singulär ist. Die Europäische Kommission sieht sich auch durch die Entwicklungen in Ungarn herausgefordert und hat 2017 zwei Vertragsverletzungsverfahren in Bezug auf Strukturreformen auf dem Sektor der Hochschul- und Wissenschaftsfreiheit und in Bezug auf Fragen des Umgangs mit Nichtregierungsorganisationen eingeleitet.[16] Es geht um Eingriffe in zivilgesellschaftlich prägende Grundrechte, die essentiell sind für freiheitliche Demokratien europäischen Zuschnitts. Zu Recht steht Ungarn wegen dieser Eingriffe auch in der Kritik der Venedig-Kommission.[17] Damit nicht genug: Das Verfassungsgericht, die Justiz insgesamt und damit der Rechtsstaat selbst sind ebenfalls durch verschiedene Gesetzgebungsmaßnahmen unter Druck geraten. Auch hier sind die Fakten gut dokumentiert durch Berichte der Venedig-Kommission[18] und durch wissenschaftliche Analysen.[19]

15 Aus der Rede des Bundespräsidenten am 4.4.2017 im Plenum des Europäischen Parlaments, ⟨http://www.bundespraesident.de/SharedDocs/Downloads/DE/Reden/2017/04/170404-Strassburg.pdf;jsessionid=CA996E5A28170D3A8028F660D2C281C7.1_cid362?__blob=publicationFile⟩, letzter Zugriff 26.2.2021.

16 Europäische Kommission, Pressemitteilungen v. 13.7.2017, IP/17/1982 und IP/17/1952; Europäische Kommission, Pressemitteilung v. 4.10.2017, IP/17/3663.

17 Venice Commission, »Hungary – Opinion on the Draft Law on the Transparency of Organisations receiving support from abroad, Opinion no. 889/2017«, Straßburg 2017; Venice Commission, »Hungary – Preliminary Opinion on Act XXV of 4 April 2017 on the amendment of Act CCIV of 2011 on National Tertiary Education, Opinion no. 891/2017«, Straßburg 2017.

18 Venice Commission, »Opinion on Act CLXII of 2011 on the Legal Status and Remuneration of Judges and Act CLXI of 2011 on the Organisation and Administration of Courts of Hungary, Opinion no. 663/2012«, Straßburg 2012; Venice Commission, »Opinion on Act CLI of 2011 on the Constitutional Court of Hungary, Opinion no. 665/2012«, Straßburg 2012; Venice Commission, »Opinion on the Fourth Amendment to the Fundamental Law of Hungary, Opinion no. 720/2013«, Straßburg 2012. Vgl. zur Rolle der Venedig-Kommission im Verhältnis zu Ungarn: Joakim Nergelius, »The Role of the Venice Commission in Main-

Man könnte weitere Befunde ausbreiten. Auch die Regierung Rumäniens hat sich beispielsweise keinen Ruhm im Ringen um (verfassungs-)rechtsstaatliche Standards verdient,[20] von der Türkei als Beitrittskandidatin zur Europäischen Union wollen wir ganz schweigen.

C. Historie einer Idee: Die Genese der europäischen Wertegemeinschaft

Vor dem Hintergrund dieser Krisensymptome brauchen wir dringend Sicherheit im Umgang mit den europäischen Werten. Hilfreich könnte daher zunächst ein kurzer Gang durch die Ideengeschichte der Werte sein.

taining the Rule of Law in Hungary and in Romania«, in: Armin von Bogdandy, Pál Sonnevend (Hg.), *Constitutional Crisis in the European Constitutional Area*, Oxford 2015, S. 291-308.

19 Huber, »Europäische Verfassungs- und Rechtsstaatlichkeit«, S. 390 f.; Möllers/Schneider, *Demokratiesicherung in der Europäischen Union*, S. 53-62; Ernst, »Eingriffe in die Verfassungsgerichtsbarkeit in EU-Mitgliedstaaten«, S. 50 ff.; Richard Yamato, Juliane Stephan, »Eine Politik der Nichteinmischung«, in: *DÖV* (2014), S. 58-65; András Jakab, Pál Sonnevend, »Kontinuität mit Mängeln: Das neue ungarische Grundgesetz«, in: *ZaöRV* 72 (2012), S. 79-102; László Sólyom, »The Rise and Decline of Constitutional Culture in Hungary«, in: von Bogdandy/Sonnevend (Hg.), *Constitutional Crisis in the European Constitutional Area*, S. 5-32; ders., »Ende der Gewaltenteilung«, in: *Osteuropa* (2013), S. 5-11; Kim L. Scheppele, »Understanding Hungary's Constitutional Revolution«, in: von Bogdandy/Sonnevend (Hg.), *Constitutional Crisis in the European Constitutional Area*, S. 111-124; Zoltán Szente, »Challenging the Basic Values. Problems in the Rule of Law in Hungary and the Failure of the EU to Tackle them«, in: András Jakab, Dimitry Kochenov (Hg.), *The Enforcement of EU Law and Values*, Oxford 2017, S. 456-475; Balázs Majtényi, »A Game of Values. Particular National Identities Awaken in Europe«, ⟨http://verfassungsblog.de/a-game-of-values-particular-national-identities-awaken-in-europe⟩, letzter Zugriff 26. 2. 2021.

20 Vgl. nur Ernst, »Eingriffe in die Verfassungsgerichtsbarkeit in EU-Mitgliedstaaten«, S. 49, 52 ff.; Bogdan Iancu, »Separation of Powers and the Rule of Law in Romania: The Crisis in Concepts and Contexts«, in: von Bogdandy/Sonnevend (Hg.), *Constitutional Crisis in the European Constitutional Area*, S. 153-170; Cosmina Tanasoiu, »Romania in the European Union. Political Developments and the Rule of Law after Accession«, in: ebd., S. 171-190.

I. Wertbegriff

Wenig andere politische Begriffe sind derart trügerisch wie der Wertbegriff. Was sich genau hinter so alltäglichen Worten wie *Wert*, *valeur* oder *value* verbirgt, ist bis heute nicht abschließend geklärt.

Aus geistesgeschichtlicher Sicht dient das Postulat von Werten als Surrogat für den verlorenen alten Naturbegriff, womöglich sogar den Vernunftbegriff:[21] Werte nehmen den Platz von metaphysischen Orientierungspunkten ein, über die früher Gewissheit bestand. Wir sprechen indes heute nicht mehr unschuldig von einem Telos der Natur, von Naturrecht oder gar von göttlicher Vorbestimmung menschlichen Handelns.

Etwas festeren Grund betreten wir, wenn wir auf die Erkenntnisse der Sozialwissenschaften zurückgreifen. Reflektieren wir einmal das Diktum Niklas Luhmanns, wonach ein Wert in modernen Gesellschaften einen Ausdruck der »Höchstrelevanz mit normativem Gehalt« markiert.[22] Durch diese zunächst kryptisch anmutende Bestimmung sind zwei Teildimensionen des Wertbegriffs angedeutet: Relevanz und Normativität. In unserem rechtlich geformten Denken operieren wir häufig in binären Kategorien, wie etwa: Recht – Unrecht, Recht – Moral, Sein – Sollen. Diese gewohnten Kodierungen erlauben, dass wir ausdrücklich und streng rational den Inbegriff der freiheitsrechtlichen Bedingungen menschlichen Interagierens erkennen und im Diskurs offenlegen können. Hingegen entziehen sich Werte einer ähnlich klaren Zuordnung. Werte werden impliziert, sie werden unterstellt und gewinnen ihr Gewicht durch Geltung.[23] Was eine solche »Höchstrelevanz« besitzt, steht nicht mehr zur Diskussion; im Gegenteil, es wirkt kommunikativ als »Reflexionsstopp«.[24] Mit anderen Worten: Werte operieren zwischen Sein und Sollen und sind eine normative Kategorie ganz eigener Art; im Modus des »Geltens« finden sie die ihnen eigene

21 Vgl. Ernst-Wolfgang Böckenförde, »Zur Kritik der Wertbegründung des Rechts«, in: ders., *Recht, Staat, Freiheit. Studien zur Rechtsphilosophie, Staatstheorie und Verfassungsgeschichte*, Frankfurt/M. 1991, S. 67-91; Niklas Luhmann, *Gibt es in unserer Gesellschaft noch unverzichtbare Normen?*, Heidelberg 1993, S. 19.

22 Ebd., S. 18.

23 Vgl. ebd.

24 Vgl. ebd., S. 19.

Form des Bestehens.[25] *Dass* ein Wert »gilt«, indiziert den insoweit verwirklichten sicheren Grundkonsens in einer Gesellschaft, und zwar ohne Rücksicht darauf, ob diese Grundeinstellungen wiederum rational oder emotional fundiert sind.[26] Daher müssen wir bei Werten immer kritisch fragen, welche Überzeugung tatsächlich »gilt« und auch unausgesprochen höchste Relevanz einfordert.

Um den Wertbegriff vollständig zu erfassen, bedarf es ferner eines Blicks auf seine normative Seite. Diese weitere Teildimension von Werten erwächst aus ebendieser »Geltung«. Beschreiben nämlich Werte rechtlich Güter, die eine Rechtsordnung als gegeben, als »geltend« anerkennt, verleihen sie Normen eine neue Aussagekraft und verweisen diese jeweils auf sich zurück. Damit wirken Werte reflexiv als Auslegungsleitlinie und Normenkontrollmaßstab, mit anderen Worten: Sie sind das maßstabsbildende Fundament der Rechtlichkeit.[27]

II. Impulse des Bundesverfassungsgerichts

Wie hat sich nun die europäische Wertegemeinschaft entwickelt? Europäische Ideen schöpfen ihre Inspiration nicht selten aus dem nationalstaatlichen Kulturfundament, wie auch die Union heute ihre Kraft – immer noch – in erster Linie aus den mitgliedstaatlichen Anstrengungen zur Vergemeinschaftung gewinnt. Als zentraler wie anfangs unbewusster Impulsgeber für die Idee der europäischen Wertegemeinschaft hat sich in diesem Sinne schon früh das Bundesverfassungsgericht erwiesen. In wegweisenden Entscheidungen erkannte es in den Grundrechten des Grundgesetzes nicht nur ihre traditionelle abwehrrechtliche Dimension der Sicherung der individuellen Freiheitssphäre vor Eingriffen der öf-

25 Böckenförde, »Zur Kritik der Wertbegründung des Rechts«, S. 70 f.

26 Udo Di Fabio, »Grundrechte als Werteordnung«, in: *JZ* (2004), S. 1-8; Christian Calliess, »Europa als Wertegemeinschaft. Integration und Identität durch europäisches Verfassungsrecht?«, in: *JZ* (2004), S. 1033-1045, hier S. 1034; vgl. Ernst-Wolfgang Böckenförde, »Geschichtliche Entwicklung und Bedeutungswandel der Verfassung«, in: ders., *Staat, Verfassung, Demokratie. Studien zur Verfassungstheorie und zum Verfassungsrecht*, Frankfurt/M. 1992, S. 29-52, hier S. 50 f.

27 Vgl. Koen Lenaerts, »Die Werte der Europäischen Union in der Rechtsprechung des Gerichtshofs der Europäischen Union. Eine Annäherung«, in: *EuGRZ* (2017), S. 639-642, hier S. 640; Calliess, »Europa als Wertegemeinschaft«, S. 1034.

fentlichen Gewalt, sondern zugleich eine objektive Wertordnung. Das Grundgesetz, das keine wertneutrale Ordnung sein will, bringt gerade durch diese verfassungsrechtliche Grundentscheidung eine prinzipielle Verstärkung der Geltungskraft der Grundrechte zum Ausdruck und erstreckt die hiervon ausgehenden Richtlinien und Impulse auf alle Bereiche des Rechts.[28] Die Wertkonzeption des BVerfG zielte einerseits auf die normative Verstärkung der Grundrechte über ihre bloß subjektive Dimension hinaus,[29] andererseits aber auch auf die Feststellung einer Werteordnung, die durch das Grundgesetz insgesamt aufgerichtet wurde.[30] Diesen Prozess des Suchens nach dem geistig, sozial und politisch Verbindenden[31] hat das BVerfG in mannigfaltigen Reflexionen in den innerstaatlichen Rechtsdiskurs eingebracht, was freilich nicht ohne Kritik geblieben ist.[32] Zugleich bestimmte dieser Prozess das äußere Wachstum der europäischen Gemeinschaften und deren Integration nach innen. So ist eine Wertediskussion auf europäischer Ebene ohne diese konstitutionelle Fundierung kaum vorstellbar. Es ist daher nicht zu hoch gegriffen, die Rechtsprechung des BVerfG als eine wesentliche Quelle des europäischen Grundrechts- und Grundwertedenkens zu betrachten.[33]

28 BVerfGE 7, 198 (205); vgl. bereits vorher BVerfGE 2, 1 (12): »wertgebundene Ordnung«; BVerfGE 5, 85 (134ff., 197ff.): »verfassungsrechtliche Grundwerte«; BVerfGE 6, 32 (40): »wertgebundene Ordnung«; BVerfGE 6, 55 (72): »verbindliche Wertentscheidung«.

29 BVerfGE 33, 303 (330); BVerfGE 50, 290 (337).

30 BVerfGE 10, 59 (81): »allgemeine Werteordnung der Verfassung«; BVerfGE 32, 98 (108): »grundgesetzliche Wertordnung«, »grundlegendes Wertsystem«, »grundrechtliches Wertsystem«; BVerfGE 33, 23 (29): »Wertsystem des Grundgesetzes«.

31 Vgl. BVerfGE 89, 155 (186); dazu Ingolf Pernice, »Carl Schmitt, Rudolf Smend und die europäische Integration«, in: *AöR* 120 (1995), S. 100-120, hier S. 103.

32 Vgl. nur die Darstellung von Horst Dreier, »Dimensionen der Grundrechte«, in: ders., *Idee und Gestalt des freiheitlichen Verfassungsstaates*, Tübingen 2014, S. 185-248, hier S. 186ff.

33 Di Fabio, »Grundrechte als Werteordnung«, S. 1; vgl. Matthias Ruffert, »Das Bundesverfassungsgericht als Akteur im Prozess der europäischen Integration«, in: *EuGRZ* (2017), S. 241-249.

III. Europäische Verträge

Neben nationalstaatlichen rechtskulturellen Überlieferungen speisen auch gemeinsame historische Erfahrungen das europäische Wertesystem. Zu Recht hebt Walter Hallstein in seinen Überlegungen zu den europäischen Grundwerten hervor: »Kein Motiv für die europäische Einigung kann es an Stärke mit dem Verlangen nach Frieden aufnehmen.«[34] Leider wird man kaum verkennen können, dass wir dieses eigentlich so offensichtliche, über Jahrzehnte des Vertrauens errungene Gut langsam aus dem Fokus verlieren, weil es als »gegeben« und garantiert vorausgesetzt wird. Die geschichtliche Notwendigkeit des europäischen Einigungsprozesses muss heute schon wieder erklärt werden.[35] Dabei müssen wir uns eingestehen, dieses Grundmotiv von Europas Einigung nicht offensiv genug beworben zu haben. Zu selbstverständlich ist uns glücklichen Spätgeborenen die große Friedensleistung der europäischen Einigung.

Auch die Gründungsverträge der Europäischen Gemeinschaften, deren 60-jähriges Jubiläum wir 2017 feierten, spiegelten in ihrem Wortlaut den Leitwert des Friedens nur unzureichend. Daher rührt womöglich das verbreitete Missverständnis, EGKS (1951), Euratom und EWG (1957) hätten sich in ihrem Regelungsansatz auf äußere Motive mit dem Zweck des Abbaus innereuropäischer Handels- und Wirtschaftshemmnisse beschränkt. Auf eine Kurzformel gebracht lautet der Vorwurf: Europa ging es nur um die Schaffung eines gemeinsamen Marktes. Indes postulierte etwa die Präambel des EWG-Vertrags sowohl den Willen, die »Grundlagen für einen immer engeren Zusammenschluss der europäischen Völker zu schaffen«, als auch das Bekenntnis zu dem hohen Ziel, »durch diesen Zusammenschluss ihrer Wirtschaftskräfte Frieden und Freiheit zu wahren und zu festigen«.[36] Die Vertragstexte

34 Walter Hallstein, *Der unvollendete Bundesstaat. Europäische Erfahrungen und Erkenntnisse*, Düsseldorf 1969, S. 43 f.

35 Vgl. Dieter Grimm, »Europa: Ja – aber welches?«, in: ders., *Europa ja – aber welches?*, München 2016, S. 9-28; Thomas Oppermann, »Die Zukunft der Europäischen Union und ihrer Verfassung«, in: Armin Hatje (Hg.), *Verfassungszustand und Verfassungsentwicklung in der Europäischen Union* (= *EuR*, Beiheft 2 [2015]), S. 172-177, hier S. 173 f.

36 Rensmann, »Grundwerte im Prozess der europäischen Konstitutionalisierung«, S. 52 f.; Calliess, »Europa als Wertegemeinschaft«, S. 1037; Matthias Herdegen, »Die Europäische Union als Wertegemeinschaft. Aktuelle Herausforderungen«,

vertrauten dabei auf die wirksame Stärke des Rechts als Europas stabilstes Fundament: Die Gemeinschaft war zugleich Schöpfung des Rechts, Rechtsquelle und Rechtsordnung.[37] Sie war jedoch von Anfang an mehr, und zwar noch über die Ausrichtung auf die Friedenssicherung hinaus. Es gab eine gemeinsame Überzeugung, dass die Mitgliedschaft nur rechtsstaatlichen und demokratischen Prinzipien verpflichteten Staaten offenstehen sollte. Diese Überzeugung der Wertgebundenheit wurde selten ausdrücklich ausgesprochen, doch galt sie *de facto* als gemeinsames Einverständnis. An den frühen Erweiterungsrunden lässt sich diese Werteerwartung ablesen.[38] So befürwortete die Kommission den Antrag der Republik Griechenland auf Beitritt zu den Europäischen Gemeinschaften 1979 mit der Maßgabe und Erwägung:

> Die Grundsätze der pluralistischen Demokratie und der Beachtung der Menschenrechte gehören zu dem gemeinsamen Erbe der in den Europäischen Gemeinschaften zusammengeschlossenen Völker und sind daher wesentliche Bestandteile der Zugehörigkeit zu diesen Gemeinschaften.[39]

Der heutige Art. 21 Abs. 1 UAbs. 1 EUV fasst dies prägnant zusammen und spricht von Grundsätzen der Union, die für ihre eigene Entstehung, Entwicklung und Erweiterung maßgebend waren.

Die fortschreitende europäische Integration prägte auch die einschneidenden Vertragswerke, die ich mit den Schlagworten Maastricht, Amsterdam, Nizza und Lissabon nur andeuten möchte. Der Vertrag von Maastricht errichtete eine Europäische Union, verpflichtete auf die Achtung der Grundrechte, wie sie in der EMRK gewährleistet sind und wie sie sich aus den gemeinsamen Verfassungsüberlieferungen der Mitgliedstaaten als allgemeine Grundsätze des Gemeinschaftsrechts ergeben.[40] Neben diese Verpflichtung

in: Rainer Pitschas, Arnd Uhle (Hg.), *Wege gelebter Verfassung in Recht und Politik. Festschrift für Rupert Scholz zum 70. Geburtstag*, Berlin 2007, S. 139-150, hier S. 141.

37 Hallstein, *Der unvollendete Bundesstaat*, S. 33; vgl. dazu auch von Bogdandy, »Jenseits der Rechtsgemeinschaft«, S. 488 ff.

38 Vgl. Benedikt Speer, »Die Europäische Union als Wertegemeinschaft«, in: *DÖV* (2001), S. 980-988, hier S. 983 f.; Dimitry Kochenov, »The Acquis and Its Principles«, in: Jakab/Kochenov (Hg.), *The Enforcement of EU Law and Values*, S. 9-27, hier S. 12 f.

39 ABl. EG L 291 v. 19. 11. 1979, S. 3.

40 ABl. EG C 191 v. 29. 7. 1992, Art. F Abs. 2, S. 5.

im Binnenverhältnis, deren selbstbewusste Begleitung und Fortbildung durch den EuGH hier nicht unerwähnt bleiben soll,[41] trat auf dem Gebiet der Gemeinsamen Außen- und Sicherheitspolitik von Union und Mitgliedstaaten ausdrücklich das Ziel der Wahrung der gemeinsamen Werte, ferner die Entwicklung und Stärkung von Demokratie und Rechtsstaatlichkeit sowie die Achtung der Menschenrechte und Grundfreiheiten.[42]

Mit dem Vertrag von Amsterdam wurde ein weiterer Schritt auf dem Weg der Kodifizierung des europäischen Wertekonzepts unternommen. Über die schon bisher betonte Grundrechtsgebundenheit (nun Art. 6 Abs. 2 EUV) hinaus findet sich in Art. 6 Abs. 1 EUV der erstmalige ausdrückliche Rekurs auf allen Mitgliedstaaten gemeinsame Grundsätze, auch wenn sie noch nicht als Werte bezeichnet werden: »Die Union beruht auf den Grundsätzen der Freiheit, der Demokratie, der Achtung der Menschenrechte und Grundfreiheiten sowie der Rechtsstaatlichkeit.«[43] Die zur Grundlage der Gemeinsamen Außen- und Sicherheitspolitik erhobene Wahrung der gemeinsamen Werte wurde unverändert in Art. 11 Abs. 1 EUV überführt, während die Achtung der Grundsätze des Art. 6 EUV in Art. 49 Abs. 1 EUV ausdrücklich zur *conditio sine qua non* der Antragsberechtigung für die Mitgliedschaft in der Europäischen Union gemacht wurde.[44]

Weitere wichtige Schritte sind der Vertrag von Nizza mit seiner Neufassung der Sanktionsnorm des Art. 7 EUV[45] sowie die zunächst noch ohne Rechtswirkung gebliebene Proklamation der Charta der Grundrechte der Europäischen Union. Schon die Prä-

41 Vgl. nur Lenaerts, »Die Werte der Europäischen Union«, S. 639 ff.; Ulrich Everling, »Richterliche Rechtsfortbildung in der Europäischen Gemeinschaft«, in: *JZ* (2000), S. 217-227; Eckart Klein, »Europäischer Grundrechtsschutz und nationale Identität«, in: Matthias Niedobitek, Karl-Peter Sommermann (Hg.), *Die Europäische Union als Wertegemeinschaft*, Berlin 2013, S. 59-77; allgemein zur Rolle des EuGH im europäischen Verfassungsgerichtsverbund: Andreas Voßkuhle, »Der europäische Verfassungsgerichtsverbund«, in diesem Band, S. 265-289, hier s. 270 ff.; Vassilios Skouris, »Die Rechtsstaatlichkeit in der Europäischen Union«, in: Hatje (Hg.), *Verfassungszustand und Verfassungsentwicklung der Europäischen Union*, S. 8-19, hier S. 12 ff.

42 ABl. EG C 191 v. 29. 7. 1992, Art. J.1 Abs. 2, S. 58.

43 ABl. EG C 340 v. 10. 11. 1997, S. 153.

44 Ebd., S. 155, 171.

45 ABl. EG C 80 v. 10. 3. 2001, S. 6.

ambel der Grundrechtecharta gründete die Union auf die »unteilbaren und universellen Werte der Würde des Menschen, der Freiheit, der Gleichheit und der Solidarität«, beruhend auf »den Grundsätzen der Demokratie und der Rechtsstaatlichkeit«.[46] Nach dem Scheitern des Vertrags über eine Verfassung für Europa und dessen vielfältigem Wertebezug[47] ist mit dem Vertrag von Lissabon die aktuelle primärrechtliche Konsolidierungsstufe der Europäischen Union erreicht.[48]

D. Verfassung einer Idee: Die normative Verankerung europäischer Werte

Die dargestellte Entwicklung lässt bereits erkennen, wie bemüht man einerseits um eine verfassungsrechtliche Disziplinierung der Werte der Europäischen Union in den Vertragstexten war, ohne dabei indes andererseits ihr »integrationsförderndes Pathos« zu ersticken.[49] Das Ergebnis dieses historisch motivierten, kollektiven Lernprozesses können wir heute in seiner ganzen Vielfalt verschiedener Werte den operativen Vertragstexten ablesen.[50]

I. Verfasste Werte

Sieht man von der durch Art. 6 EUV ausgesprochenen Grundrechtsbindung der Europäischen Union und ihrer hierdurch bezweckten Verankerung im europäischen Grundrechtsraum insgesamt ab,[51] findet sich die zentrale Normierung der Idee einer europäischen Wertegemeinschaft in Art. 2 EUV, der identisch aus dem gescheiterten Verfassungsentwurf übernommen ist. Nach Satz 1 gründet sich die Union auf folgende Werte: Achtung der Menschenwürde,

46 ABl. EU C 303 v. 14.12.2007, S. 2.

47 ABl. EU C 310 vom 16.12.2004, vgl. nur Art. I-2, S. 11.

48 Konsolidierte Fassungen von EUV und AEUV: ABl. EU C 202 v. 7.6.2016, S. 13, 47.

49 Rensmann, »Grundwerte im Prozess der europäischen Konstitutionalisierung«, S. 56.

50 Vgl. Lenaerts, »Die Werte der Europäischen Union«, S. 640; siehe auch den Systematisierungsansatz von Calliess, »Europa als Wertegemeinschaft«, S. 1038 f.

51 Vgl. Frank Schorkopf, in: Eberhard Grabitz u. a. (Hg.), *Das Recht der Europäischen Union*, 71. EL, München 2020, Art. 6 EUV, Rn. 10.

Freiheit, Demokratie, Gleichheit, Rechtsstaatlichkeit und die Wahrung der Menschenrechte einschließlich der Rechte der Personen, die Minderheiten angehören. Nach Satz 2 sind diese Werte allen Mitgliedstaaten in einer Gesellschaft gemeinsam, die sich durch Pluralismus, Nichtdiskriminierung, Toleranz, Gerechtigkeit, Solidarität und die Gleichheit von Frauen und Männern auszeichnet. Die herausgehobene Stellung gleich am Anfang des Vertrags lässt keinen Zweifel daran, dass mit Art. 2 EUV das zentrale Identitätsmerkmal des europäischen Zusammenschlusses identifiziert ist. Man könnte auch vom eigentlichen Proprium der Europäischen Union sprechen.[52] Art. 2 EUV bildet nach der aktuell geltenden Primärrechtslage den maßgeblichen Wertekanon der Union, insbesondere, weil nur die hier genannten Werte nach Art. 7 EUV sanktionsbewehrt und zugleich gemäß Art. 49 EUV Aufnahmebedingungen für die Mitgliedschaft in der Europäischen Union sind.

In den Vertragswerken finden sich noch zahlreiche andere und breit gefächerte Verweise auf Werte, die ich hier nur kurz andeuten möchte: Art. 3 Abs. 1 EUV setzt der Union das Ziel, den Frieden, ihre Werte und das Wohlergehen ihrer Völker zu fördern. Im Rahmen des Binnenmarktes zielt die Union nach Art. 3 Abs. 3 EUV unter anderem auf sozialen Fortschritt und wirkt auf ein hohes Maß an Umweltschutz hin; zudem bekämpft sie soziale Ausgrenzung und Diskriminierungen und tritt für soziale Gerechtigkeit und sozialen Schutz, die Gleichstellung von Frauen und Männern, die Solidarität zwischen den Generationen und den Schutz der Rechte des Kindes ein. In Art. 3 Abs. 3 EUV postuliert die Union ferner die Solidarität zwischen den Mitgliedstaaten und die Wahrung der kulturellen wie sprachlichen Vielfalt Europas. Für das auswärtige Handeln der Europäischen Union spricht Art. 21 Abs. 1 EUV eine Gebundenheit bezogen auf die – zum Teil – auch in Art. 2 Satz 1 EUV verankerten Werte aus: Demokratie, Rechtsstaatlichkeit, die universelle Gültigkeit und Unteilbarkeit der Menschenrechte und Grundfreiheiten, die Achtung der Menschenwürde, der Grundsatz der Gleichheit und der Grundsatz der Solidarität sowie die Achtung der Grundsätze der Charta der Vereinten Nationen und des Völkerrechts. Noch weiter gehend verpflichtet Art. 3 Abs. 5 EUV die Union zur Förderung ihrer Werte in ihren auswärtigen Bezie-

52 Vgl. Meinhard Hilf, Frank Schorkopf, in: Grabitz u. a. (Hg.), *Recht der Europäischen Union*, Art. 2 EUV, Rn. 12.

hungen; dabei will sie einen Beitrag leisten zu Frieden, Sicherheit, globaler nachhaltiger Entwicklung, Solidarität und gegenseitiger Achtung unter den Völkern, zu freiem und gerechtem Handel, zur Beseitigung der Armut und zum Schutz der Menschenrechte, insbesondere der Rechte des Kindes.

Ihre Wertgebundenheit will die Union auch in ihrer Arbeitsweise zum Ausdruck bringen. Unter den allgemein geltenden Bestimmungen hierzu finden sich die Förderung der Gleichstellung von Mann und Frau (Art. 8 AEUV), die Gewährleistung angemessenen sozialen und gesundheitlichen Schutzes (Art. 9 AEUV), die Bekämpfung von Diskriminierungen (Art. 10 und 19 AEUV), die Einbeziehung des Umweltschutzes (Art. 11 AEUV), des Verbraucherschutzes (Art. 12 AEUV) und des Tierschutzes (Art. 13 AEUV). Auch soll die Entwicklungszusammenarbeit gemäß Art. 208 AEUV nach den Grundsätzen und Zielen des auswärtigen Handelns der Union durchgeführt werden, die wiederum über Art. 21 EUV den oben referierten Wertekanon des Art. 2 EUV in den Blick nehmen.

II. Normativität der Werte

Angesichts der Vielgestaltigkeit der soeben aufgezeigten Einzelwerte drängt sich die Frage auf: Kommt dieser primärrechtlichen Wertekonzeption ein normativer Gehalt zu? Die Antwort lautet: Ja.[53] Werte sind mehr als nur festtagstaugliche Lyrik. So ist einerseits der Katalog des Art. 2 EUV über den Sanktionsmechanismus des Art. 7 EUV – und in schwächerem Maße auch über die Aufnahmebedingungen des Art. 49 EUV – unmittelbar in die Operationalität der Europäischen Verträge eingebunden. Unter diesem Gesichtspunkt können wir durchaus von einer Art »Geschäftsgrundlage« der Mitgliedschaft in der Union sprechen.[54] Andererseits subjektivieren und konkretisieren die Europäischen Grundrechte die einzelnen Werte; auf diese Weise bekommen sie Bedeutung für Auslegung

53 Vgl. nur Hilf/Schorkopf, in: Grabitz u. a. (Hg.), *Recht der Europäischen Union*, Art. 2 EUV, Rn. 46 f.; Christian Calliess, in: ders., Matthias Ruffert (Hg.), *Kommentar EUV/AEUV*, München [5]2016, Art. 2 EUV, Rn. 12; Kanalan u. a., »Die Unverzichtbarkeit der Werte?«, S. 194.

54 Vgl. EuGH, Urt. v. 27. 2. 2018 – C-64/16, ECLI:EU:C:2018:117, Rn. 30 (*Associação Sindical dos Juízes Portugueses v. Tribunal de Contas*); Calliess, »Europa als Wertegemeinschaft«, S. 1040.

und Anwendung von Sekundärrecht.[55] Man könnte insoweit von einer prokuratorisch-funktionellen Verbindung von Grundrechten und Grundwerten sprechen.[56]

Je stärker nun der rechtliche Charakter des Wertekonzepts auf der Ebene der Union ausgeprägt ist, desto problematischer gestaltet sich das Verhältnis zur mitgliedstaatlichen Ebene. Die Verfassung von Werten trägt in sich das Versprechen von Identität. Wie wir indes aus den skizzierten aktuellen Krisen[57] ablesen können, lässt sich eine Spannungslage europäischer Werte zu der von Art. 4 Abs. 2 EUV geforderten Achtung der Union vor der jeweiligen nationalen Identität der Mitgliedstaaten nicht von der Hand weisen, die in ihren grundlegenden politischen und verfassungsmäßigen Strukturen zum Ausdruck kommt.[58] Auch das BVerfG hat – wie andere Verfassungsgerichte[59] – die durch Art. 4 Abs. 2 EUV geschützte Verfassungsidentität der Mitgliedstaaten gegenüber dem europäischen Integrationsverband betont und den Werten des Art. 2 EUV jedenfalls unter Zuständigkeitsgesichtspunkten Grenzen gesetzt.[60]

55 Ebd., S. 1040 f.

56 In anderem – verwaltungsrechtlichem – Kontext ist diese Funktionalität eines *status procuratoris* jedenfalls als Diskussionsfigur bekannt, vgl. etwa Johannes Masing, »Der Rechtsstatus des Einzelnen im Verwaltungsrecht«, in: Wolfgang Hoffmann-Riem u. a. (Hg.), *Grundlagen des Verwaltungsrechts*, Bd. I, München ²2012, § 7, Rn. 36.

57 Vgl. auch Peter Häberle, »Fünf Krisen im EU-Europa. Weltweite Implikationen, Möglichkeiten und Grenzen der Verfassungstheorie für Europa«, in: *AVR* 53 (2015), S. 409-423.

58 Vgl. Klein, »Europäischer Grundrechtsschutz und nationale Identität«, S. 64 ff.; Armin von Bogdandy, Stephan Schill, »Die Achtung der nationalen Identität unter dem reformierten Unionsvertrag«, in: *ZaöRV* 70 (2010), S. 701-734, hier S. 711 ff.; hierzu auch EuGH, Urt. v. 22. 12. 2010 – C-208/09, ECLI:EU:C:2010:806, Rn. 92 (*Ilonka Sayn-Wittgenstein v. Landeshauptmann von Wien*); EuGH, Urt. v. 12. 5. 2011 – C-391/09, ECLI:EU:C:2011:291, Rn. 86 ff. (*Malgožata Runevič-Vardyn und Łukasz Paweł Wardyn v. Vilniaus miesto savivaldybės administracija*).

59 Vgl. nur Conseil Constitutionnel, Décision n° 2006-540 DC v. 27. 7. 2006, Rn. 19; Décision n° 2017-749 DC v. 31. 7. 2017, Rn. 14, 73, jeweils bezogen auf: »*une règle ou un principe inhérent à l'identité constitutionnelle de la France*«. Einen Überblick bietet Huber, »Europäische Verfassungs- und Rechtsstaatlichkeit«, S. 406.

60 BVerfGE 123, 267 (397); Huber, »Europäische Verfassungs- und Rechtsstaatlichkeit«, S. 505 f. Krit. hierzu Albert Ingold, »Die verfassungsrechtliche Identität der Bundesrepublik Deutschland«, in: *AöR* 140 (2015), S. 1-30; differenzierend Thomas Wischmeyer, »Nationale Identität und Verfassungsidentität. Schutzgehalte, Instrumente, Perspektiven«, in: *AöR* 140 (2015), S. 415-460.

In eine ähnliche Richtung geht die Betonung der Prinzipien der Subsidiarität (Art. 5 Abs. 3 EUV) und der Verhältnismäßigkeit (Art. 5 Abs. 4 EUV).[61]

E. Zukunft einer Idee: Zur Tragfähigkeit des Wertekonzepts

Wollen wir die Orientierungsfunktion europäischer Werte für die zukünftige Entwicklung der Union nicht verlieren, müssen wir diese Spannungslage auflösen. Blickt man allein auf Art. 2 EUV und die oben – noch nicht einmal abschließend – gestreiften weiteren Einzelwerte, zeigt sich die ganze Schwierigkeit dieser Vielfalt. Schon Luhmann beschrieb sie treffend so: »Wie Sterne am Himmel gibt es aber unzählige Werte.«[62] Aber sind nicht auch dem Wanderer in der Nacht nur wenige, besonders hell strahlende Gestirne Leit- und Orientierungspunkt? Was trägt im Wesenskern die Idee einer sachlichen Wertegemeinschaft in der Europäischen Union? Oder anders gewendet: Auf welche Werte können wir nicht verzichten, ohne dass die Grundfesten Europas erschüttert würden? Um diese Frage zu beantworten, müssen wir zunächst versuchen, den Wertbegriff methodisch zu disziplinieren.

I. Methodische Einhegung des Wertbegriffs

Vergegenwärtigen wir uns noch einmal die schon angedeuteten Schwierigkeiten bei der Bestimmung des Wertbegriffs selbst. Nach einem mittlerweile berühmten Diktum Böckenfördes ist die Berufung auf »Werte« nicht mehr als eine pluralistische Einigungsformel: eine Konsensformel für etwas, das im Hinblick auf die Fundierung der staatlichen und gesellschaftlichen Ordnung einer sinnvermittelnden Begründung bedarf – wohlgemerkt ohne dass diese Begründung mit dieser Berufung selbst schon gegeben ist.[63] Jede Idee einer Werteordnung leidet in ihrer Begründung an einem Rationalitätsdefizit. Zugleich trägt sie einen Begründungsanschein vor sich her: Die Berufung auf Werte gibt sich als Begründung für

61 Vgl. BVerfGE 123, 267 (383 f.).

62 Luhmann, *Gibt es in unserer Gesellschaft noch unverzichtbare Normen?*, S. 19.

63 Böckenförde, »Zur Kritik der Wertbegründung des Rechts«, S. 52.

etwas aus, das damit in der Sache nicht begründet, jedoch jeder weiteren Begründung gleichsam enthoben wird.[64] Ist nicht das, was »Höchstrelevanz« hat, sowieso von jeder Notwendigkeit intersubjektiver Vermittlung befreit? Ein ungutes Gefühl bleibt. Denn die Möglichkeit der Erklärbarkeit von Recht ist ein wesentliches Merkmal freiheitlicher Rechtsverhältnisse.

Zusätzliche Schwierigkeiten ergeben sich, wenn Werte auf Grundrechte treffen. Zwar mag es noch angehen, dass einzelne Grundrechte durch ihre Verankerung in der Werteordnung verstärkt und gleichsam in ihrer Geltungskraft »aufgeladen« werden. Was aber, wenn sich die Werte von den Grundrechten ablösen und verselbstständigt neben oder gar vor diese treten? Werte können die Balance rechtlich wohlgeordneter Freiheit[65] durchaus ins Ungleichgewicht bringen. Für ein in sich austariertes grundrechtliches Gefüge droht dann die Schieflage. Anders gewendet: »Es entsteht ein so helles Licht, dass alles andere in den Schatten gerät.«[66] Nicht nur aus systematischer Sicht ist das problematisch.[67] Will man daher trotz dieser prinzipiellen wie methodischen Kritikpunkte an der Idee einer europäischen Wertegemeinschaft festhalten, führt kein Weg daran vorbei, etwas Ballast abzuwerfen und die europäischen Werte auf das zu beschränken, was als Überzeugung tatsächlich von allen geteilt wird und unzweifelhaft »Höchstrelevanz mit normativem Gehalt« besitzt.

II. Der Wertekanon des Art. 2 EUV

Wie schwierig die Bestimmung dessen ist, was in Europa sowohl verwirklichter, geltender Grundkonsens als auch normativ unverzichtbares Fundament ist, zeigt sich deutlich an Art. 2 EUV selbst.

64 Ebd., S. 87.

65 Grundlegende Prägung dieses Begriffs durch Wolfgang Kersting, *Wohlgeordnete Freiheit. Immanuel Kants Rechts- und Staatsphilosophie*, Berlin, New York 1993; vgl. ders., »›Wohlgeordnete Freiheit‹. Der Aufbau der Rechtsphilosophie«, in: Massiomo Mori (Hg.), *Vom Naturzustand zur kosmopolitischen Gesellschaft. Souveränität und Staat bei Kant*, Wiesbaden 2017, S. 9-38.

66 Di Fabio, »Grundrechte als Werteordnung«, S. 2; so schon BVerfGE 50, 290 (337).

67 Vgl. krit. auch Marc A. Wiegand, *Demokratie und Republik. Historizität und Normativität zweier Grundbegriffe des Verfassungsstaates*, Tübingen 2017, S. 129.

Zwar ist die »Schlüsselnorm«[68] des europäischen Werteverbundes in der Aufzählung der Grundwerte in Satz 1 noch leicht zugänglich; ausgesprochen kryptisch wird es aber in Satz 2.[69] Selbsterklärend ist diese Vorschrift nicht, auch Versuchen zur Systematisierung widersteht sie.[70] Das primärrechtliche Werteverständnis erhellt sich ferner nicht nach den üblichen Prinzipien der Auslegung von Unionsrecht.[71] Als wäre all dies noch nicht diffizil genug, stehen die Werte des Art. 2 EUV nicht isoliert für sich, sondern gleich einem System kommunizierender Röhren in Verbindung mit den Verfassungskulturen der Mitgliedstaaten. Wollen wir die Inhalte europäischer Werte dechiffrieren, ist ihre Wechselbezüglichkeit mit nationalstaatlichen Pendants in den Blick zu nehmen. Man könnte hierbei von »Werteinteraktion« sprechen.[72]

1. Menschenwürde, Freiheit und Gleichheit

Unter den Werten, auf die sich die Europäische Union gegründet sieht, nimmt die Menschenwürde den ersten Platz ein. Dies ist in der Aufzählung des Art. 2 Satz 1 EUV gespiegelt und mehr als ein bloß programmatisches Motiv: Es verweist auf Art. 1 GrCh wie auch Art. 1 Abs. 1 GG, und bestärkt die dort zum Ausdruck gebrachte Selbstzweckhaftigkeit des Menschen, seine unverfügbare Autonomie und die Erkenntnis des Menschen als *daseiende* Freiheit.[73] Das Bekenntnis der Verfassung zur Menschenwürde verkör-

68 Calliess, in: ders./Ruffert (Hg.), *Kommentar EUV/AEUV*, Art. 2 EUV, Rn. 31.

69 Allgemein zur Entstehungsgeschichte der Vorschrift sowie zum Verhältnis der beiden Sätze Hilf/Schorkopf, in: Grabitz u. a. (Hg.), *Recht der Europäischen Union*, Art. 2 EUV, Rn. 1 ff., 41, 49.

70 Eine Systematisierung nach Leit-, Grund- und weiteren Einzelwerten unternimmt Calliess, »Europa als Wertegemeinschaft«, S. 1038 f.

71 Vgl. zur Auslegung von Unionsrecht statt vieler Karl Riesenhuber, »Die Auslegung«, in: ders. (Hg.), *Europäische Methodenlehre*, Berlin, Boston ^{3}2015, § 10.

72 Calliess, »Europa als Wertegemeinschaft«, S. 1042; Lenaerts, »Die Werte der Europäischen Union«, S. 640, spricht treffend von »fortwährender Rückkoppelung«.

73 Vgl. zur weiteren geistesgeschichtlichen und vernunftrechtlichen Entfaltung des Würdebegriffs etwa Joachim Hruschka, »Die Würde des Menschen bei Kant«, in: *ARSP* 88 (2002), S. 463-480, hier S. 477 ff.; Thomas S. Hoffmann, »Der Mensch

pert nach unserem Verständnis den rechtsverbindlichen Inbegriff unverzichtbarer Mindeststandards gerechter Ordnung, ist tragendes Konstitutionsprinzip und oberster Wert.[74] Bei uns steht auch im Staat der einzelne Mensch im Mittelpunkt: Der Staat ist um des Menschen willen da, nicht der Mensch um des Staates willen.[75] In der europäischen Perspektive ist dieser Würdebegriff indes offen für national wie historisch von Zeit zu Zeit differenziert zu beantwortende Fragen der Moral und der guten Sitten.[76] Die Schwierigkeit einer Exposition der Menschenwürde als Rechtstitel zeigt sich in der Synthese beider Werteverständnisse. Sicherheit gewinnen wir hier durch Beschränkung. Der Rekurs auf die Menschenwürde trägt danach als Schutz vor der Überschreitung »letzter Grenzen«, wie etwa das Verbot staatlicher Folter (Art. 4 GrCh, Art. 3 EMRK).[77] Auch die unumkehrbare Abschaffung der Todesstrafe wird schon durch

als daseiende Freiheit und die europäische Rechtsidee«, in: Hanna-Barbara Gerl-Falkovitz u. a. (Hg.), *Europäische Menschenbilder*, Dresden 2009, S. 133-145; Rainer Zaczyk, *Selbstsein und Recht. Eine rechtsphilosophische Untersuchung*, Frankfurt/M. 2014, S. 58 ff.

74 Christoph Enders, »Das Bekenntnis zur Menschenwürde im Bonner Grundgesetz – ein Hemmnis auf dem Weg der Europäisierung«, in: *JöR n. F.* 59 (2011), S. 245-257, hier S. 247 f.; Rensmann, »Grundwerte im Prozess der europäischen Konstitutionalisierung«, S. 58 ff.; vgl. zuletzt BVerfGE 144, 20 (206 ff.).

75 So Art. 1 Abs. 1 des Herrenchiemseer Entwurfs des Grundgesetzes, nach einer Formulierung von Carlo Schmid.

76 Vgl. Christoph Enders, »Die Würde des Menschen ist unantastbar – Die Leitidee des Grundgesetzes und ihr europäisches Schicksal«, in: Johannes Masing, Joachim Wieland (Hg.), *Menschenwürde – Demokratie – Christliche Gerechtigkeit. Tagungsband zum Festlichen Kolloquium aus Anlass des 80. Geburtstags von Ernst-Wolfgang Böckenförde*, Berlin 2011, S. 9-22, hier S. 18 f., unter Bezug u. a. auf EuGH, Urt. v. 14. 10. 2004 – C-36/02, ECLI:EU:C:2004:614, Rn. 31 ff. (*Omega Spielhallen- und Automatenaufstellungs GmbH v. Oberbürgermeisterin der Bundesstadt Bonn*); ebenso ders., »Die ›Würde des Menschen‹ als Leitidee staatlicher Ordnung. Zu den Chancen und Risiken der Karriere eines Verfassungssatzes«, in: Hans-Georg Babke (Hg.), *Menschenwürde – Probleme der Begründung und Geltung einer universalen Norm*, Frankfurt/M. 2016, S. 23-42, hier S. 32-38. Allgemein zur diesbezüglichen Rechtsprechung des EuGH: Lenaerts, »Die Werte der Europäischen Union«, S. 640 f., unter Bezug u. a. auf EuGH, Urt. v. 18. 12. 2014 – C-364/13, ECLI:EU:C:2014:2451 (*International Stem Cell Corporation v. Comptroller General of Patents, Designs and Trade Marks*).

77 Der Topos der sog. Rettungsfolter verweist dabei auf eine durchaus kontroverse Debatte, vgl. eingehend Manfred Baldus, *Kämpfe um die Menschenwürde. Die Debatten seit 1949*, Berlin 2016, S. 206 ff.

den Bezug auf sie zur Staatsfundamentalnorm (Art. 102 GG, Art. 2 Abs. 2 GrCh, Art. 1 Protokolle Nr. 6 und 13 zur EMRK).[78]

Darüber hinaus ist Menschenwürde als »Grund des Rechts«,[79] als Quellcode der gesamten Rechts- und Wertearchitektur auf nähere Entfaltung angelegt.[80] Hieran knüpfen die Werte der Freiheit und der Gleichheit an. Jede den Menschen in den Mittelpunkt stellende Verfassungsordnung muss sich vor diesem Binärgestirn bewähren, das seine Strahlkraft aus der Würde selbst schöpft. Über die rechtlichen Ausfächerungen von Freiheit und Gleichheit wird die Selbstgesetzlichkeit des Menschen erst konkret und operabel. Beide Werte ruhen auf der jedem Menschen schon aus seinem bloßen So-Sein als Vernunftwesen zukommenden Selbstbestimmungsfähigkeit; rassistische und antisemitische Abwertungen oder sonstige Negierungen des Selbstseins des anderen in äußerer Handlung[81] sind damit unvereinbar. Unvereinbar mit diesem Grundverständnis von Würde und Freiheit ist auch, die Gemeinschaftsbezogenheit von individueller Freiheitsbetätigung zu leugnen und dem verfassten Gemeinwesen die Befugnis, ja die Pflicht abzusprechen, die Freiheitssphären aller in einen rechtlich verbürgten Ausgleich zu bringen.

2. *Demokratie*

Noch schwieriger als der Umgang mit der Menschenwürde ist der Umgang mit der Demokratie. Im europäischen Diskurs verwenden wir Demokratie häufig ganz allgemein als Chiffre für die Legitimität politischer Systeme. Auf Probleme stoßen wir dann, wenn Detailregelungen zur Debatte stehen: Besteht etwa ein Konsens über Fragen demokratischer Verhältnisbestimmung zwischen Herrschaftssystemen? Denken wir beispielsweise an Systeme mit Schwerpunkt auf entweder präsidialer oder parlamentarisch-repräsentativer oder gar plebiszitärer Machtzentrierung. Ein solcher Konsens ist hier nicht ersichtlich, aber er scheint mir auch nicht

78 Vgl. Jens Kersten, in: Theodor Maunz, Günter Dürig (Hg.), *Grundgesetz Kommentar*, 92. EL, München 2020, Art. 102, Rn. 17.

79 Zaczyk, *Selbstsein und Recht*, S. 60.

80 Vgl. Di Fabio, »Grundrechte als Werteordnung«, S. 6; auch BVerfGE 107, 275 (284) deutet diesen Gedanken an.

81 Vgl. Zaczyk, *Selbstsein und Recht*, S. 64.

erforderlich zu sein. Denn eine Übereinstimmung gibt es jedenfalls über das – legitimationsvermittelnde – Prinzip der Volkssouveränität, welches wir in seinen Ursprüngen bis heute mit Rousseau in Verbindung setzen.[82] Selbstbestimmung ist dabei der verbindende Schlüsselbegriff. Denn Volkssouveränität verklammert die Idee der Selbstgesetzgebung auf der gesellschaftlichen Ebene mit der in individueller Selbstbestimmung wurzelnden Ebene freier und gleicher Subjekte. Demokratie in dieser Rückbindung an den Einzelnen als unhintergehbaren Ausgangspunkt jeder Form von Staatlichkeit fordert mehr als nur die formale Herrschaft der Mehrheit. Mit anderen Worten: Demokratie bedeutet mehr als nur quantitativ-technische Fragen der Partizipation und Wahlrechtsegalisierung.[83] Das Grundgesetz hat sich daher für die Demokratie als Herrschaftsform der Freien und Gleichen entschieden, die auf der institutionell gesicherten Idee der freien Selbstbestimmung aller Bürger beruht: Es geht – in den Worten des Bundesverfassungsgerichts – vom Eigenwert und der Würde des zur Freiheit befähigten Menschen aus und verbürgt im Recht der Bürger, in Freiheit und Gleichheit durch Wahlen und Abstimmungen die sie betreffende öffentliche Gewalt personell und sachlich zu bestimmen, zugleich den menschenrechtlichen Kern des Demokratieprinzips.[84] Mit dieser Vorstellung ist etwa ein Parteiensystem unvereinbar, in dem es einer Minderheit strukturell unmöglich gemacht wird, im politischen Prozess die Mehrheit zu erringen.[85] Noch substantieller immunisiert dieses Verständnis von Demokratie gegen Angriffe auf gesellschaftliche Voraussetzungen der Volksherrschaft:[86] freie Wissenschaft und Lehre, Versammlungsfreiheit und ganz essentiell Meinungs- und Pressefreiheit.

82 Vgl. etwa Wiegand, *Demokratie und Republik*, S. 12 ff.; grundsätzlich und krit. auch Ingeborg Maus, *Über Volkssouveränität. Elemente einer Demokratietheorie*, Berlin 2011, S. 359 ff., insbesondere S. 367 ff.

83 Vgl. Huber, »Europäische Verfassungs- und Rechtsstaatlichkeit«, S. 397 ff.; unter Betonung des republikanischen Prinzips: Wiegand, *Demokratie und Republik*, S. 133.

84 BVerfGE 144, 20 (208).

85 Möllers/Schneider, *Demokratiesicherung in der Europäischen Union*, S. 5 ff., 97 ff. sowie 130; vgl. auch BVerfGE 123, 267 (367).

86 Vgl. Christoph Möllers, *Demokratie – Zumutungen und Versprechen*, Berlin 2008, S. 36 ff., 109 ff.

Auch die Vorstellungen darüber, was *en détail* unter Rechtsstaatlichkeit, *rule of law* oder *état de droit* verstanden wird, gehen in den Mitgliedstaaten auseinander.[87] Jedoch können wir die Schnittmenge des konsentierten Kerns von Rechtsstaatlichkeit freilegen. Dieser Kern steht in einem untrennbaren historischen wie ideellen Zusammenhang einerseits mit Würde und Freiheit, andererseits mit dem demokratischen Prinzip.[88] Die äußere Sicherung sowohl von Würde und Freiheit als auch des demokratischen Prinzips erfordert die rechtliche Entfaltung in organisierter Staatlichkeit: Durch den *Rechts*staat erst werden diese Werte freiheitlicher Selbstbestimmung gültig und für jedermann in der Praxis erfahrbar.

Der moderne Rechtsstaat ist nicht zu denken ohne die Strukturentscheidung der Gewaltenteilung. Lassen wir geistesgeschichtliche Grundsteinlegungen bei Aristoteles[89] einmal außen vor, können wir uns dabei historisch schon auf Montesquieu berufen. Legislative, Exekutive und Judikative sind voneinander getrennt und bringen doch – als Einheit – den vereinigten Willen aller, die Volkssouveränität zur Geltung, jede Gewalt auf ihre jeweilige Weise.[90] Diese Struktur des Rechtsstaats ist auf Ausfächerung und Konkretisierung angelegt. Zentral sind dabei einerseits die Rechtsbindung der öffentlichen Gewalt und andererseits die Kontrolle dieser Bindung durch unabhängige Gerichte.[91] Vor allem die Gewährleistung von effektivem Rechtsschutz ist der Probierstein eines Rechtsstaats, der nicht nur auf *rule by law*, sondern gerade auf *rule of law* zielt. Dies schließt Prinzipien ein wie Rechtssicherheit, Erkennbarkeit und Bestimmtheit, Widerspruchsfreiheit, Durchsetzbarkeit und Vertrauensschutz; hinzu treten prozessuale Garantien wie der Grundsatz des *fair trial*.[92]

87 Vgl. Eberhard Schmidt-Aßmann, »Der Rechtsstaat«, in: Josef Isensee, Paul Kirchhof (Hg.), *Handbuch des Staatsrechts der Bundesrepublik Deutschland*, Bd. II, München ^{3}2004, § 26.

88 Vgl. allgemein Skouris, »Rechtsstaatlichkeit in der Europäischen Union«, S. 9 ff.

89 Aristoteles, *Politik*, Hamburg 2012, S. 177 ff.

90 Vgl. Zaczyk, *Selbstsein und Recht*, S. 84; Michael Köhler, *Recht und Gerechtigkeit*, Tübingen 2017, S. 696 ff.

91 BVerfGE 144, 20 (210); zuletzt auch EuGH, Urt. v. 27. 2. 2018 – C-64/16, ECLI:EU:C:2018:117, Rn. 30 ff. (*Associação Sindical dos Juízes Portugueses v. Tribunal de Contas*).

92 Vgl. nur Lenaerts, »Die Werte der Europäischen Union«, S. 641, m. w. N. aus

Institutionell ist dies schlechterdings nicht denkbar ohne unabhängige Gerichte (Art. 47 Abs. 2 GrCh, Art. 6 Abs. 1 EMRK).

Für die Rechtsstaatlichkeit sind Eingriffe anderer Gewalten in organisatorische und personelle Kernbereiche der Justiz besonders heikel, denn sie wirken sich unmittelbar auf die Rechtsgewährleistung der Bürger aus. Wer Richter zum Freiwild politischer Einflussnahme erklärt, untergräbt das Vertrauen der Bürgerinnen und Bürger in die Funktionsfähigkeit ihrer Gerichte und letztlich die Substanz des Rechtsstaats selbst. Dies wiegt umso schwerer, als die Justiz nicht über eigene Machtmittel verfügt. So ist eine freie und unabhängige Gerichtsbarkeit als Kernstück rechtsstaatlicher Verfassung zwar die eigentliche »Gerechtigkeit eines Landes«,[93] zugleich ist sie verwundbar und oft genug erstes Opfer der Despotie.

4. Menschenrechte

Last, but not least nennt Art. 2 Satz 1 EUV die Wahrung der Menschenrechte einschließlich der Rechte der Personen, die Minderheiten angehören, als Wert der Europäischen Union. Damit befinden wir uns wieder auf dünnem Eis. Auch ohne nähere Ausdifferenzierung einzelner Menschenrechte ist augenscheinlich, dass Wertkonzeptionen, deren Modus die *Geltung* ist, gerade hier an Grenzen stoßen. Bei keinem anderen der bislang genannten Werte ist ein derart eklatantes Auseinanderfallen von Geltungsanspruch und Geltungswirklichkeit zu verzeichnen. Es wäre bereits viel zu behaupten, es gäbe einen materialen Konsens über universale Menschenrechte an sich.[94] Was es gibt, sind Deklarationen und Garantien von Menschenrechtskatalogen, die den semantischen Konsens der beteiligten Staaten abbilden, sofern sie überhaupt individuelle

der Rechtsprechung des EuGH; Guy Beaucamp, »Rechtssicherheit als Wert und als Argument im Verhältnis der Staatsgewalten zueinander«, in: *DÖV* (2017), S. 699-708, hier S. 701 ff.

93 Immanuel Kant, *Die Metaphysik der Sitten*, Berlin 2016, S. 28 ff.; vgl. vertiefend Joachim Hruschka, *Kant und der Rechtsstaat und andere Essays zu Kants Rechtslehre und Ethik*, München 2015, S. 13 ff.; Zaczyk, *Selbstsein und Recht*, S. 85.

94 Vgl. Josef Isensee, »Weltpolizei für Menschenrechte. Zur Wiederkehr der humanitären Intervention«, in: *JZ* (1995), S. 421-430, hier S. 426; zur philosophischen Sicht Otfried Höffe, »Menschenrechte: europäischer Kulturexport oder universales Ethos?«, in: Mariano Delgado, Matthias Lutz-Bachmann (Hg.), *Herausforderung Europa. Wege zu einer europäischen Identität*, München 1995, S. 114-130.

subjektive Rechtsansprüche verbürgen.[95] So kennt auch die Europäische Union mit der GrCh und der EMRK eigenständige Grund- und Menschenrechtsgewährleistungen (Art. 6 EUV), die dem Grunde nach als Konkretisierungen von Art. 2 Satz 1 EUV angesehen werden können.[96] Zugleich fällt es schwer, sämtliche menschenrechtlichen Normierungen in all ihrer Diversität, Heterogenität und unterschiedlichen Gewichtung in gleichem Maße dem Wert des in Art. 2 Satz 1 EUV postulierten Menschenrechtsschutzes zuzurechnen. Denn hier müssten sie sich auf einer Stufe von Höchstrelevanz zusammen mit Würde, Freiheit, Demokratie und Rechtsstaatlichkeit behaupten, und zwar nicht nur dann, wenn im Verteilungsüberfluss das Postulat eines Menschenrechts leichtfällt, sondern auch dann, wenn es darauf ankommt – wenn die Frage der Notstandsfestigkeit gestellt wird.[97] So wichtig beispielsweise das in Art. 29 GrCh[98] statuierte Recht auf Zugang zu einem unentgeltlichen Arbeitsvermittlungsdienst sein mag: Ist es in nur annähernd vergleichbarer Weise identitäre Sinnstiftung, Orientierung und Legitimation für Europa wie ein im eigentlichen Sinne »harter Kern« der Menschenrechte?

Gerade unter den Vorzeichen der anderen in Art. 2 Satz 1 EUV normativ verankerten Werte kann es also nur um die fundamentalen Gewährleistungen des konsensfähigen und tatsächlich konsentierten Menschenrechtsschutzes gehen: Recht auf Leben und auf körperliche Unversehrtheit, Folterverbot, *habeas corpus*, *nulla poena sine lege*, Meinungs- und Versammlungsfreiheit, Gewissens- und Religionsfreiheit, Diskriminierungsverbot.[99]

95 Vgl. Isensee, »Weltpolizei für Menschenrechte«, S. 426.

96 Vgl. Thomas Schmitz, »Die Charta der Grundrechte der Europäischen Union als Konkretisierung der gemeinsamen europäischen Werte«, in: Blumenwitz u. a. (Hg.), *Die Europäische Union als Wertegemeinschaft*, S. 73-98, hier S. 85 ff.; Hilf/Schorkopf, in: Grabitz u. a. (Hg.), *Recht der Europäischen Union*, Art. 2 EUV, Rn. 36.

97 Zur Problematik der »Suspendierung« von Werten: Kanalan u. a., »Die Unverzichtbarkeit der Werte?«, S. 196.

98 Statt vieler Beate Rudolf, in: Jürgen Meyer (Hg.), *Charta der Grundrechte der Europäischen Union*, Baden-Baden [4]2014, Art. 29.

99 Vgl. Hilf/Schorkopf, in: Grabitz u. a. (Hg.), *Recht der Europäischen Union*, Art. 2 EUV, Rn. 37.

Konfrontiert man die soeben umrissenen Werte mit den methodisch-kritischen Anfragen an Wertegemeinschaften insgesamt, überrascht es nicht, dass europäische Werte in der Krise stecken. Dies gilt jedenfalls für diejenigen Werte, die über die dargestellten wesensmäßigen Kerngehalte des Art. 2 Satz 1 EUV hinausgehen. Eine auf dem Konstitutionsprinzip der Menschenwürde basierende demokratische Rechtsstaatlichkeit ist Konsens in Europa und hat sinnstiftende Geltungskraft. Sowenig wir diese Erkenntnis in Abrede stellen können, so wenig haben wir die Gewissheit einer derartigen Akzeptanz anderer sozialer, kultureller und gesellschaftlicher Werteproklamationen. Anders gefasst: Die Idee der europäischen Wertegemeinschaft bezieht sich ausschließlich auf die generelle Anerkennung eines Minimums allgemeingültiger Prinzipien.

Zugegeben, es handelt sich um einen *wert*konservativen Ansatz, für den ich werben möchte. Aber er entspricht dem Selbstverständnis der Europäischen Union, die sich als »in Vielfalt geeint« begreift. Einigkeit und Vielfalt stehen sich nicht ablehnend gegenüber, sondern ergeben gerade im Kontrast ein positives Konzept der Gemeinsamkeit. Gemeinsamkeit und Einvernehmen in den wahrhaft unverzichtbaren Wertebestimmungen, ohne die Möglichkeit von Dissens und Differenz zu tabuisieren. So achtet die Union nach Art. 4 Abs. 2 EUV auch ausdrücklich die den grundlegenden politischen und verfassungsmäßigen Strukturen der Mitgliedstaaten inhärente Identität. Diese Zurückhaltung gegenüber Kernfragen staatlicher Verfasstheit in den Mitgliedstaaten ist gerade Teil der *eigenen* Identität der Europäischen Union.

Das Problem genereller Anerkennung und Geltung von Werten stellt sich auf der europäischen Ebene in gleicher Weise wie in den demokratischen Nationalstaaten: Was ist der Bereich des Unabstimmbaren und Unverfügbaren? Die Politikwissenschaft lehrt, dass Mehrheitsentscheidungen in heterogen-pluralen Gesellschaften deshalb akzeptiert werden, weil es einen von Mehrheit und Minderheit zugleich konsentierten Bereich des Unabstimmbaren gibt.[100] Jede freiheitliche Demokratie lebt davon, sowohl Differen-

100 Rensmann, »Grundwerte im Prozess der europäischen Konstitutionalisierung«, S. 66.

zierung als auch Übereinstimmung zuzulassen, mithin, dass es sowohl einen kontroversen als auch einen nicht kontroversen Sektor gibt.[101] Der kontroverse Sektor umschreibt den Diskursraum der öffentlichen Meinungen und tagespolitischen Auseinandersetzung, der auch der Differenz offensteht; nicht kontrovers ist hingegen das, was im Sinne eines *consensus omnium* generell als gültig anerkannter Wertekodex dem Normensystem eines funktionierenden politischen Gemeinwesens zugrunde liegt, mit anderen Worten: das Wertefundament.[102] Nichts anderes gilt für die Europäische Union in ihrer Struktur eines pluralistischen Verbunds. Lebensfähig ist sie als rechtlich-politische Gemeinschaft nur, wenn wir einerseits den nicht kontroversen Kernbereich der ideellen Übereinstimmung bestimmen und zugleich andererseits alle übrigen Fragen dem offenen politischen Diskurs überlassen. Der Nukleus europäischer Verfasstheit wird dann nicht nur dem tagespolitisch schwankenden, mitunter beliebigen Zugriff entzogen; er gewinnt sogar eine neue Qualität. Hinsichtlich dieser Fundamentalnormen könnten wir dann nicht nur von der Werte*gemeinschaft*, sondern von einer echten Werte*union* sprechen.

Die Attraktivität eines solchen Konzepts zeigt sich, wenn wir an das schwierige Verhältnis zwischen nationaler Identität und europäischen Werten denken. Die Idee einer Werteunion kann einen wichtigen Beitrag zur Auflösung der Spannungslage von Art. 2 EUV und Art. 4 Abs. 2 EUV leisten. Denn die unionsrechtlichen Werte des Art. 2 Satz 1 EUV haben in ihrer Genese bereits den konsentierten Wertgehalt der in den grundlegenden verfassungsmäßigen Strukturen verfestigten nationalen Identitäten aufgenommen und tragen diese gleichsam verselbstständigt in sich fort.[103] Daher scheidet eine Berufung auf den Schutz nationaler Identität aus, wenn einzelstaatliche Maßnahmen in ihrem Kontext und nach der Regelungsabsicht den eng verstandenen Grundwerten der Union widersprechen.[104] Maßgeblich kann in dieser Hinsicht nur die

101 Grundlegend Ernst Fraenkel, *Deutschland und die westlichen Demokratien*, Stuttgart [9]2011, S. 109, 243 ff., 256 ff.

102 Vgl. ebd., S. 243.

103 Vgl. zu dieser »Werteinteraktion« Calliess, »Europa als Wertegemeinschaft«, S. 1042; Lenaerts, »Die Werte der Europäischen Union«, S. 640.

104 Vgl. im Ergebnis Albrecht Weber, »Europäisches Rechtsdenken in der Krise?«,

Schlüsselnorm des Art. 2 Satz 1 EUV sein, deren wesentliche Kerngehalte ich versucht habe freizulegen.

Menschenwürde, Freiheit und Gleichheit, Rechtsstaatlichkeit, grundlegende Menschenrechte und das demokratische Prinzip bilden das zentrale Nervensystem des Wertefundaments, seine Schädigung ist zugleich ein Angriff auf die normative Basis der europäischen Gemeinsamkeit. Wie gezeigt, ist hierbei eine Konzentration auf wenige zentrale Grundprinzipien unentbehrlich.[105] Was für die freiheitliche demokratische Grundordnung[106] eines Nationalstaats gilt, gilt umso mehr auf der überstaatlichen Ebene des europäischen Integrationsverbands. Denn die ideelle Homogenität selbst in fundamentalen Leit- und Orientierungspunkten ist hier noch schwieriger zu bestimmen als in den bereits durch Geschichte, Kultur und Sprache geeinten Staaten.

Es ist somit die Dualität, das Sowohl-als-auch von hartem Verfassungskern einerseits und diskursoffener, politischer Wertevielfalt andererseits, was europäische Identität heute ausmacht. Hieraus ergeben sich Konsequenzen für mögliche Reaktionen auf ihre Bedrohung. Die hier vorgeschlagene Konzeption der europäischen Werteunion hält es aus, dass unbestimmte Wertekategorien wie Pluralismus, Toleranz oder Gerechtigkeit kontrovers diskutiert und interpretiert werden. Inakzeptabel sind hingegen illiberale Gefährdungen des Kernsektors, etwa der rechtsstaatlichen Verfasstheit. Da hierbei mit der rechtlichen Identität der Lebenspuls der Europäischen Union betroffen ist, kann sie solche auf ihre Grundpfeiler zielenden Angriffe durch einzelne Mitgliedstaaten nicht hinnehmen. Auch moderne Verfassungsstaaten stellen sich nach den Erfahrungen des 20. Jahrhunderts Angriffen auf ihre Existenz als wehrhafte Demokratien entgegen.[107] Gefährdungen des unverzichtbaren Fundaments der Europäischen Union verlangen politisch die eindeutige Benennung und Beantwortung von Seiten der Union und anderer Mitgliedstaaten.

in: *DÖV* (2017), S. 741-748, hier S. 747; Armin von Bogdandy, Stephan Schill, in: Grabitz u. a. (Hg.), *Recht der Europäischen Union*, Art. 4 EUV, Rn. 18.

105 Rensmann, »Grundwerte im Prozess der europäischen Konstitutionalisierung«, S. 56 f.

106 Vgl. BVerfGE 144, 20 (205).

107 Vgl. zum Konzept der wehrhaften Demokratie Hans-Jürgen Papier, Wolfgang Durner, »Streitbare Demokratie«, in: *AöR* 128 (2003), S. 340-371.

Indes bieten in rechtlicher Hinsicht die Sanktionsnormen der Art. 7 EUV und Art. 258 AEUV ein bislang nur wenig schlagkräftiges Instrument der Reaktion auf die Verletzung zentraler Verfassungswerte.[108] Ob darüber hinaus gehende Vorschläge für eine effektive Sicherung insbesondere der demokratisch-rechtsstaatlichen Substanz in einzelnen Mitgliedstaaten realistisch oder auch nur opportun sind, soll hier nicht vertieft werden.[109] Primäre Herausforderung der in Vielfalt geeinten europäischen Öffentlichkeit ist es, derartige Eingriffe in den Wesensgehalt des Wertefundaments offenzulegen und als das zu markieren, was sie sind: Angriffe auf die europäische Friedensordnung.

108 Vgl. Martin Nettesheim, in: Thomas Oppermann u. a., *Europarecht*, München [7]2016, § 15, Rn. 40; Weber, »Europäisches Rechtsdenken in der Krise?«, S. 748; Leonard Besselink, »The Bite, the Bark, and the Howl. Article 7 TEU and the Rule of Law Initiatives«, in: Jakab/Kochenov (Hg.), *The Enforcement of EU Law and Values*, S. 128-144; Jan-Werner Müller, »A Democracy Commission of One's Own, or What it Would Take for the EU to Safeguard Liberal Democracy in its Member States«, in: Jakab/Kochenov (Hg.), *The Enforcement of EU Law and Values*, S. 234-251, hier S. 235 f.; Hofmeister, »Polen als erster Anwendungsfall«, S. 871 ff.

109 Überblick bei Kochenov, »The Acquis and its Principles«, S. 18 ff.; Jan-Werner Müller, »Europas anderes Demokratieproblem, oder: Ist Brüssel Hüter der Demokratie in den Mitgliedstaaten?«, in: Jürgen Rüttgers, Frank Decker (Hg.), *Europas Ende, Europas Anfang*, Frankfurt/M. 2017, S. 133-148, hier S. 138 ff.; vertiefend zur Aktivierung des EuGH im Rahmen einer »Reverse-Solange-Doktrin«: Armin von Bogdandy u. a., »Ein Rettungsschirm für europäische Grundrechte. Grundlagen einer unionsrechtlichen Solange-Doktrin gegenüber Mitgliedstaaten«, in: *ZaöRV* 72 (2012), S. 45-78, hier S. 58 ff.; Armin von Bogdandy u. a., »A European Response to Domestic Constitutional Crisis: Advancing the Reverse-Solange-Doctrine«, in: von Bogdandy/Sonnevend (Hg.), *Constitutional Crisis in the European Constitutional Area*, S. 235-253; krit. dazu Klein, »Europäischer Grundrechtsschutz und nationale Identität«, S. 72 f.; Nettesheim, *Europarecht*, § 15, Rn. 40.

Demokratie

Hugo Preuß als Vordenker einer Verfassungstheorie des Pluralismus

Am 28. Oktober 1860 wurde Hugo Preuß geboren. Sein 150. Geburtstag gibt uns Anlass, auf das facettenreiche Leben und Wirken eines ungewöhnlichen Gelehrten zurückzublicken, der wie kaum ein zweiter namhafter rechts- und gesellschaftswissenschaftlicher Autor des späten 19. und frühen 20. Jahrhunderts die Perspektiven über die Grenzen der Einzeldisziplinen hinweg geöffnet hat.[1] So ist Hugo Preuß von Berufs wegen sowohl als brillanter Wissenschaftler, später auch als einflussreicher Politiker und als – wissenschaftlicher wie politischer – Publizist in Erscheinung getreten. Die von ihm vorgelebte Verbindung von Theorie und Praxis[2] wurde dadurch begünstigt, dass er – in betontem Gegensatz zum damals vorherrschenden staatsrechtlichen Positivismus[3] – für ein Rechtsdenken eingetreten ist, das seine Begriffe auch an der sozialen und politischen Wirklichkeit ausrichtet.[4]

1 So auch Detlef Lehnert, »Einleitung«, in: Hugo Preuß, *Gesammelte Schriften*, Bd. 4: *Politik und Verfassung in der Weimarer Republik*, hg. von dems., Tübingen 2008, S. 1-72, hier S. 70. Gleichwohl war Preuß zeitlebens ein »Außenseiter« in der deutschen Staatsrechtslehre und ist es bis heute in gewisser Weise geblieben, so zutreffend Jens Kersten, »Hugo Preuß. Zum 150. Geburtstag«, in: *JZ* (2010), S. 1062-1063, hier S. 1062.

2 Vgl. bereits Ernst Feder, *Hugo Preuß. Ein Lebensbild*, Berlin 1926, S. 5, der darauf hinweist, dass sich Wissenschaft und Politik bei Preuß als zwei Ausdrucksformen derselben Tätigkeit darstellten, von denen die eine die andere ergänzt und bestätigt habe. Kathrin Groh (*Demokratische Staatsrechtslehrer in der Weimarer Republik*, Tübingen 2010, S. 19 f.) spricht diesbezüglich allerdings von einem »sowohl notgedrungen gepflegten als auch ihm aufgedrängten ambivalenten Rollenverständnis«, welches der Geschlossenheit seines theoretischen Systems und dessen Rezeptionsfähigkeit abträglich gewesen sei.

3 Vgl. Detlef Lehnert, Christoph Müller, »Zur Einführung: Perspektiven und Probleme einer Wiederentdeckung von Hugo Preuß«, in: dies. (Hg.), *Vom Untertanenverband zur Bürgergenossenschaft*, Baden-Baden 2003, S. 11-47, hier S. 28 ff.

4 Vgl. Marcus Llanque, »Bürgerschaft, Staat und Regierung: Das Politikverständnis von Hugo Preuß, Carl Schmitt und Hermann Heller«, in: Lehnert/Müller (Hg.), *Vom Untertanenverband zur Bürgergenossenschaft*, S. 203-232; Lehnert, »Einleitung«, S. 67: Preuß ist noch vor Heller als früher Vertreter eines gegenüber politikwissenschaftlichen Fragestellungen offenen Profils zu verstehen. Vgl. auch Dian Schefold, »Hugo Preuß (1860-1925). Von der Stadtverfassung zur Staats-

Mit diesem Beitrag verfolge ich die Absicht, Hugo Preuß als einen Vordenker einer Verfassungstheorie des Pluralismus zu würdigen. Dazu möchte ich einleitend seine Rolle bei der Entstehung der Weimarer Reichsverfassung in den Blick nehmen, bevor ich mich im Anschluss daran seinem wissenschaftlichen und publizistischen Wirken unter dem Gesichtspunkt des gesellschaftlichen und politischen Pluralismus widme. Nach einer Bestandsaufnahme zur Bedeutung der Pluralismustheorie nach dem Zweiten Weltkrieg schließe ich mit einem kurzen Ausblick auf ihre Zukunft.

A. Hugo Preuß – der »Vater« der Weimarer Reichsverfassung

I. Historisch-biographische Perspektive

Wenn man die Ereignisse am Ende des Ersten Weltkrieges als Zäsur begreift, dann war der linksliberale, bürgerliche[5] Hugo Preuß bis 1918 aus dem *Gelehrten*dasein[6] in den Status eines auf verschiedenen Ebenen auch publizistisch hervortretenden *Politikers* hinübergewachsen.[7] Mit der Berufung zum Staatssekretär des Reichsamtes

verfassung der Weimarer Republik«, in: Helmut Heinrichs u.a. (Hg.), *Deutsche Juristen jüdischer Herkunft*, München 1993, S. 429-453; Günther Gillessen, *Hugo Preuß. Studien zur Ideen- und Verfassungsgeschichte der Weimarer Republik*, Berlin 2000, S. 62 f.

5 So Michael Stolleis, *Geschichte des öffentlichen Rechts in Deutschland*, Bd. 3: *Staatsrechtswissenschaft und Verwaltungsrechtswissenschaft in Republik und Diktatur 1914-1945*, München 1999, S. 81. Nach Schefold (»Hugo Preuß [1860-1925]«, S. 445) war Hugo Preuß ein eher der linken – deutschfreisinnigen, sozialfortschrittlichen – Richtung zuzuordnender Liberaler.

6 Mit insbesondere kommunalpolitischer Erfahrung als Mitglied der Berliner Stadtverordnetenversammlung und ab 1910 als Mitglied des Magistrats, vgl. Michael Stolleis, *Geschichte des öffentlichen Rechts in Deutschland, 1800-1914*, Bd. 2, München 1992, S. 363; zu diesem kommunalpolitischen Engagement auch Theodor Heuss, »Einleitung«, in: Hugo Preuß, *Staat, Recht und Freiheit. Aus 40 Jahren deutscher Politik und Geschichte*, Tübingen 1926, S. 1-23, hier S. 9 f.; Lehnert/Müller, »Einführung«, S. 41 f.

7 So Detlef Lehnert, »Verfassungsdispositionen für die Politische Kultur der Weimarer Republik – Die Beiträge von Hugo Preuß im historisch-konzeptiven Vergleich«, in: ders., Klaus Megerle (Hg.), *Pluralismus als Verfassungs- und Gesellschaftsmodell*, Opladen 1993, S. 11-47, hier S. 38; vgl. auch Ernst Benda, »Hugo Preuß und Ger-

des Innern durch den Rat der Volksbeauftragten (am 15. November 1918) wurde Preuß zum Hauptverantwortlichen für die auszuarbeitende neue Verfassung.[8] Der spätere Reichspräsident Friedrich Ebert bewies mit dieser Personalentscheidung als Vorsitzender der Revolutionsregierung im Nachgang der Revolutionswirren ein ausgeprägtes politisches Gespür,[9] indem er über die Grenze der sozialistischen Parteien hinausgriff und mit Hugo Preuß einen Mann an sich zog, dessen demokratische Gesinnung von niemandem der Linken angezweifelt werden konnte, dessen antisozialistische Grundhaltung aber auch in »bürgerlichen« Kreisen vertrauensbildend wirken musste.[10]

Gerade weil sich die meisten Staatsrechtler zwischen 1918 und 1919 nur schwerfällig von der Monarchie abwandten, ohne wirklich innerlich zur Republik zu finden,[11] blieb selbstverständlich auch scharfe Kritik an der Berufung von Preuß zum Staatssekretär nicht aus; diese Kritik entzündete sich insbesondere an seinen Ideen einer politischen und organisatorischen Neugliederung des Reiches.

hard Leibholz«, in: Herta Däubler-Gmelin, Helmut Schmidt (Hg.), *Gestalten und Dienen: Fortschritt mit Vernunft. Festschrift zum 70. Geburtstag von Hans-Jochen Vogel*, Baden-Baden 1996, S. 43-54, hier S. 46 f.

8 Eine komprimierte Darstellung zum Prozess der Verfassungsgebung findet sich bei Schefold, »Hugo Preuß (1860-1925)«, S. 444 ff.; vgl. auch Michael Stolleis, *Geschichte des öffentlichen Rechts in Deutschland*, Bd. 2: *Staatsrechtslehre und Verwaltungswissenschaft 1800-1914*, S. 363; und Bd. 3, S. 82 f.; Gerhard Lingelbach, »Verfassungsgebung 1919 in Weimar«, in: Eberhard Eichenhofer (Hg.), *80 Jahre Weimarer Reichsverfassung – Was ist geblieben?*, Tübingen 1999, S. 23-48; Jörg-Detlef Kühne, »Demokratisches Denken in der Weimarer Verfassungsdiskussion«, in: Christoph Gusy (Hg.), *Demokratisches Denken in der Weimarer Republik*, Baden-Baden 2000, S. 115-133.

9 Nach Lehnert (»Verfassungsdispositionen für die Politische Kultur der Weimarer Republik«, S. 15), hatten die Arbeiterparteien auch keine geeigneten eigenen Kandidaten; so auch Reinhard Rürup, »Entstehung und Grundlagen der Weimarer Verfassung«, in: Eberhard Kolb (Hg.), *Vom Kaiserreich zur Weimarer Republik*, Köln 1972, S. 218-243, hier S. 222 f.

10 Vgl. Heuss, »Einleitung«, S. 19. Nach Rürup (»Entstehung und Grundlagen der Weimarer Verfassung«, S. 223) mochte es nur konsequent erscheinen, die Vorarbeiten für die Verfassung dem am weitesten »links« stehenden Staatsrechtler zu übertragen.

11 So Stolleis, *Geschichte des öffentlichen Rechts in Deutschland*, Bd. 3, S. 63; vgl. dazu auch Adolf J. Merkl, »Die monarchische Befangenheit der deutschen Staatsrechtslehre« (1920), in: ders., *Gesammelte Schriften*, hg. von Dorothea Mayer-Maly u. a., Bd. I/2: *Grundlagen des Rechts*, Berlin 1995, S. 3-12.

So echauffierte sich beispielsweise Erich Kaufmann, ein Vertreter kraftvoller Machtpolitik durch ein von Preußen dominiertes »souveränes« Reich, der Kollege Preuß verstehe nichts vom »Staat«; bei ihm handle es sich »eigentlich nur um einen verärgerten Kommunalpolitiker, der jetzt unter Überspringung der Arbeit am Staat gleich in ein oberstes Reichsamt berufen worden« sei.[12]

II. Republikanisierung der politischen Kultur

Bei der Verfassung von Weimar handelt es sich um das Ergebnis zahlreicher Kompromisse in praktischen und theoretischen Fragen,[13] Erfolg und Misserfolg mussten also auch für Hugo Preuß nahe beieinanderliegen.[14] Nichtsdestoweniger kann der staatsorganisatorische Teil der Weimarer Reichsverfassung als Kristallisation zahlreicher Gedanken und Ideen gelten, die Hugo Preuß seit der zweiten Hälfte der 1880er Jahre entwickelt hatte.[15] Ohne die Weimarer Reichsverfassung an dieser Stelle einer genaueren Analyse zu unterziehen, möchte ich versuchen, Preuß' Staats- und Politikverständnis zu skizzieren, das »seiner« Verfassung ein besonderes Gepräge gegeben hat.[16]

12 So Erich Kaufmann, *Grundfragen der künftigen Reichsverfassung*, Berlin 1919, S. 2f.

13 So statt vieler Stolleis, *Geschichte des öffentlichen Rechts in Deutschland*, Bd. 3, S. 86.

14 Vgl. ebd., S. 85. Dies gilt namentlich etwa für die Aufnahme eines ausführlichen Grundrechtekatalogs, dem Preuß skeptisch gegenüberstand und dessen Autorenschaft er letztlich ablehnte, vgl. Hugo Preuß, »Deutschlands republikanische Reichsverfassung« (1923), in: ders., *Gesammelte Schriften*, Bd. 4, S. 307-366, hier S. 351. Ausführlich Groh, *Demokratische Staatsrechtslehrer in der Weimarer Republik*, S. 412f.; Walter Pauly, *Grundrechtslaboratorium Weimar*, Tübingen 2004, S. 52, 57.

15 Dian Schefold, »Einleitung«, in: Hugo Preuß, *Gesammelte Schriften*, Bd. 2: *Öffentliches Recht und Rechtsphilosophie im Kaiserreich*, hg. von dems., Tübingen 2009, S. 1-78, hier S. 74; vgl. zusammenfassend auch ders., »Hugo Preuß (1860-1925)«, S. 446ff.

16 Eine ausführlichere Würdigung von Preuß' Bedeutung und Leistung bei der Ausarbeitung der Weimarer Reichsverfassung findet sich beispielsweise bei Gillessen, *Hugo Preuß*, S. 103ff.; Rürup, »Entstehung und Grundlagen der Weimarer Verfassung«; Heuss, »Einleitung«, S. 19ff. Allgemein zur Weimarer Reichsverfassung vgl. nur Christoph Gusy, *Die Weimarer Reichsverfassung*, Tübingen 1997. Eine Bestandsaufnahme der Übergangszeit findet sich auch bei Ernst-Wolfgang Böckenförde, »Der Zusammenbruch der Monarchie und die Entstehung der Weimarer Republik«, in: Karl D. Bracher u.a. (Hg.), *Die Weimarer Republik 1918-1933 – Politik, Wirtschaft, Gesellschaft*, Bonn 1987, S. 17-43.

Eine der Ursachen für die Katastrophe des Ersten Weltkrieges und die Implosion des Kaiserreichs in der Novemberrevolution erkannte Preuß darin, dass das Kaiserreich – aus Mangel an politischer Kultur[17] – nicht in der Lage gewesen war, die militärischen Fähigkeiten in dauerhafte politische Vorteile zu verwandeln.[18] Den Grund hierfür sah Preuß in der unterschiedlichen Verlaufsgeschichte von Nationalbewusstsein und Staatlichkeit. Nationalstaat und Volksgeist gingen in Deutschland nicht Hand in Hand; vielmehr entwickelte sich der Staat zu einem paternalistischen Polizeistaat, der sein Volk sorgend behütete und hierfür patrimoniale und obrigkeitliche Strukturen errichtete.[19]

In seinem ursprünglichen Verfassungsentwurf appellierte Preuß folgerichtig an das »nationale Selbstbewußtsein eines sich selbst organisierenden Staatsvolkes«.[20] Damit beschwor er – in Abgrenzung zum gescheiterten Kaiserreich und begünstigt durch die revolutionäre Veränderung der politischen Verhältnisse – die radikale Abkehr vom gescheiterten Militär- und Obrigkeitsstaat.[21] Wörtlich heißt es dazu bei Preuß: »Der neue Bau des Deutschen Reiches muß also ganz bewußt auf den Boden gestellt werden, den Bismarck bei seiner Reichsgründung ganz bewußt nicht betreten hat.«[22] Fünf Tage nach Ausrufung der Republik am 9. November 1918 warnte er unter Zuspitzung auf die Alternativen »Demokratie oder Bol-

17 Vgl. Detlef Lehnert, *Verfassungsdemokratie als Bürgergenossenschaft*, Baden-Baden 1998, S. 122, unter Berufung auf Hugo Preuß, *Sitzungsberichte des Preußischen Landtags (13. 12. 1921)*, Bd. 4, Berlin 1921, S. 5819: »Es war unser Stigma in der Vergangenheit, eine unpolitische Kultur zu haben. Und der Reflex einer unpolitischen Kultur ist vielfach eine kulturlose Politik [...]. Ein Lebensbedürfnis der neuen Zeit und eine wahrhaft nationale Notwendigkeit ist die Durchführung politischer Kultur und einer von kulturellem Geiste getragenen Politik.«

18 So Llanque, »Bürgerschaft, Staat und Regierung«, S. 213.

19 So ebd., S. 214.

20 Hugo Preuß, »Denkschrift zum Entwurf des allgemeinen Teils der Reichsverfassung vom 3. Januar 1919«, in: ders., *Staat, Recht und Freiheit*, S. 368-393, hier S. 370.

21 So Lehnert, »Verfassungsdispositionen für die Politische Kultur der Weimarer Republik«, S. 15. Rückblickend stellt Preuß (»Deutschlands republikanische Reichsverfassung«, S. 308) auch fest: »Die Reichsverfassung der Deutschen Republik vom 11. August 1919 ist der staatsrechtliche Niederschlag der Revolution vom 9. November 1918«.

22 Preuß, »Denkschrift zum Entwurf des allgemeinen Teils der Reichsverfassung vom 3. Januar 1919«, S. 370.

schewismus«[23] vor einem »umgedrehten Obrigkeitssystem«.[24] Anstelle einer etwaigen proletarischen Diktatur »von unten« über das Bürgertum (als Gegensatz zum bisherigen reaktionären Obrigkeitssystem »von oben«) warb er eindringlich für die Vorzüge einer »auf Gleichberechtigung aller Volksgenossen ruhenden politisch-demokratischen Organisation«.[25]

Damit plädierte Preuß für einen dritten Weg zwischen Status quo und Radikalumsturz. Die Weimarer Reichsverfassung sollte nach seiner Vorstellung einer pluralistischen Ordnung jenseits des Bürgerkrieges oder der Konfliktunterdrückung den Boden bereiten.[26] Mit Blick auf die bevorstehende Arbeit an der Verfassung schreibt Preuß: »Im Rahmen der zu schaffenden demokratischen Verfassung sind die unausbleiblichen sozialpolitischen Kämpfe der Zukunft friedlich auszutragen.«[27] Auch an anderer Stelle wird das horizontal balancierte und gerade nicht vertikal hierarchisierte Konstruktionsprinzip[28] der Verfassung deutlich, wenn er die seiner Vorstellung zugrunde liegende Verfassungstrias[29] wie folgt beschreibt:

Demokratie, *Parlamentarismus* und *Rechtsstaat* sind die drei Grundgedanken, auf denen die Reichsverfassung der Deutschen Republik aufgebaut ist. Damit ist zunächst die *politische* Organisation gegeben; sie verleiht dem

23 Hugo Preuß, »Volksstaat oder verkehrter Obrigkeitsstaat?« (zuerst in *Berliner Tagblatt* v. 14. 11. 1918), in: ders., *Staat, Recht und Freiheit*, S. 365-368, hier S. 368.

24 Ebd., S. 365.

25 Ebd., S. 366.

26 Vgl. Lehnert, »Verfassungsdispositionen für die Politische Kultur der Weimarer Republik« S. 17, 23 (»konzeptiver Ausgangspunkt einer modernen Pluralismustheorie«).

27 Preuß, »Volksstaat oder verkehrter Obrigkeitsstaat?«, S. 368; rückblickend heißt es bei Hugo Preuß, »Die ›Unmöglichkeit‹ des Notwendigen« (zuerst in *Frankfurter Zeitung* v. 4. 4. 1920), in: ders., *Gesammelte Schriften*, Bd. 4, S. 145-147, hier S. 147: »Die Demokratie steht und fällt mit der politischen Gleichberechtigung des einheitlichen Staatsbürgertums; vermag sie diese politische Synthese nicht gegenüber der sozialen Antithese von Kapitalisten und Proletariern unbedingt aufrechtzuerhalten, so ist sie unmöglich in der parlamentarischen wie in jeder anderen Form. Eine ›reine Arbeiterregierung‹ ist für sie ebenso tödlich wie eine Kapitalisten- oder Junkerregierung.«

28 So Detlef Lehnert, »Verfassungsprojekte: Hugo Preuß zwischen Hans Kelsen und Max Weber«, in: ders./Müller (Hg.), *Vom Untertanenverband zur Bürgergenossenschaft*, S. 151-178, hier S. 176.

29 Ebd., S. 177.

Bürger politische Rechte und legt ihm politische Pflichten auf. Doch zugleich schafft diese freie politische Organisation die heute unentbehrlichen Voraussetzungen für eine fortschreitende Entfaltung der Freiheit und Gerechtigkeit auf sozialem, wirtschaftlichem und kulturellem Gebiete. Mehr als die Voraussetzungen dafür kann keine, wie auch immer geartete Verfassung geben; ihre weitere Entwicklung ist Sache des Gemeinlebens, das sich im Rahmen und auf der Grundlage der Verfassung gestaltet.[30]

So verstanden ist die Weimarer Reichsverfassung (in ihrem staatsorganisatorischen Teil[31]) Ausdruck einer pluralistischen Betrachtungsweise ihres geistigen »Vaters«.[32]

B. Das Staats- und Politikverständnis bei Hugo Preuß

I. Staatstheoretischer Hintergrund: Umbildung des »Obrigkeitsstaates« in einen »Volksstaat«

Mit der programmatischen Aussage »Der Volksstaat wendet sich gegen den Obrigkeitsstaat«[33] ist der Grundgedanke des staatstheoretischen Konzepts bei Hugo Preuß prägnant beschrieben.[34] Preuß

30 Hugo Preuß, »Deutschlands Staatsumwälzung. Die verfassungsmäßigen Grundlagen der deutschen Republik« (1919), in: ders., *Gesammelte Schriften*, Bd. 4, S. 101-113, hier S. 112.

31 Vgl. zu seinen Vorbehalten gegenüber dem Grundrechtsteil die N. in Fn. 14.

32 In diese Richtung Lehnert (»Verfassungsprojekte«, S. 176), wenn er feststellt, dass Preuß ein demokratischer Fundamentalismus dergestalt, im Parlament nur ein Sprachrohr des Gemeinwillens und der öffentlichen Meinung und die Justiz auf Vollzugsaufgaben reduziert zu sehen, aus seiner pluralistischen Betrachtungsweise gänzlich fremd gewesen sei. Skeptisch hingegen Groh (*Demokratische Staatsrechtslehrer in der Weimarer Republik*, S. 265 f.), die der Preuß'schen Staats- und Demokratielehre dennoch immerhin »pluralistische Züge« zuspricht. Stolleis (*Geschichte des öffentlichen Rechts in Deutschland*, Bd. 3, S. 82 f.) weist zu Recht darauf hin, dass sich Preuß' Relativierung des Monopols der Rechtsetzung durch den souveränen Staat zugunsten eines in sich gestaffelten Pluralismus menschlicher Verbände angesichts der entgegenstehenden herrschenden Meinung schwerlich in Verfassungsnormen habe umsetzen lassen. Krit. mit Blick auf die pluralistischen Tendenzen in der Weimarer Reichsverfassung beispielsweise Carl Schmitt, *Der Hüter der Verfassung*, Tübingen 1931, S. 71 ff.

33 Hugo Preuß, »Verwaltungsreform und Staatsreform in Preußen und Österreich« (1912), in: ders., *Gesammelte Schriften*, Bd. 2, S. 732-749, hier S. 749.

34 Ausführlich legt Hugo Preuß sein Verständnis des Dualismus von Obrigkeitsregierung und Verfassungsstaat dar in »Das deutsche Volk und die Politik« (1915),

geht von der Überlegung aus, dass erst die Überwindung des Obrigkeitsstaates Raum für den politisierten Staat schafft;[35] sein Ziel ist die Etablierung eines freiheitlich-demokratischen Verfassungsstaates auf der Grundlage einer demokratischen Kultur.[36] Insbesondere mit dem von ihm immer wieder betonten »Prinzip der Differenzierung« wendet sich Preuß gegen obrigkeitliche Staats- und Regierungsformen jeglicher Couleur.[37] Er kritisiert den etatistischen Politikbegriff, der als spezifisch deutsche Blickverengung Bürgerschaft und Obrigkeit voneinander trennt, von der Lüge staatlicher Interessensneutralität lebt und gleichzeitig verhindert, dass der Staat sich gegenüber dem Volk verantwortet.[38]

Preuß knüpft in diesem Zusammenhang unmittelbar an das Genossenschaftsdenken seines Lehrers Otto von Gierke an und wendet es ins Demokratische,[39] indem er schreibt:

> [E]s ist der genossenschaftliche Gedanke der Organisation von unten nach oben, auf dessen Grund die Republik und das demokratische Prinzip ruhen. Sie leiten keine Antwort von oben her ab, sondern aus der Gemeinschaft der Genossen, der Bürger, aufsteigend von den engeren zu den weiteren Verbänden, von unten nach oben.[40]

Als »Verfassungsdemokrat« ging Preuß dabei nicht von einem homogenen Allgemeinwillen des Volkes aus,[41] sondern setzte auf die

in: ders., *Gesammelte Schriften*, Bd. 1: *Politik und Gesellschaft im Kaiserreich*, hg. von Lothar Albertin, Tübingen 2007, S. 383-530, hier S. 384.

35 Vgl. Hugo Preuß, »Vom Obrigkeitsstaat zum Volksstaat« (1921), in: ders., *Gesammelte Schriften*, Bd. 4, S. 157-171, hier S. 160.

36 Vgl. Lehnert, »Verfassungspositionen für die Politische Kultur der Weimarer Republik«, S. 12. Vgl. aber auch Groh (*Demokratische Staatsrechtslehrer in der Weimarer Republik*, S. 41), der zufolge Preuß' Demokratielehre im Vergleich zu denen anderer zeitgenössischer Staatsrechtslehrer »harmonistisch und normativ« blieb: »Er beschwor mehr das Ethos der gemeinwohlverträglichen Mitarbeit des Volkes an seinem Staat, als dass er die Prozeduren des gesellschaftlichen Interessenausgleichs analysierte.«

37 So Lehnert, *Verfassungsdemokratie als Bürgergenossenschaft*, S. 115 ff., 118 f.

38 Vgl. auch Lehnert, »Verfassungspositionen für die Politische Kultur der Weimarer Republik«, S. 12 f.

39 Vgl. Groh, *Demokratische Staatsrechtslehrer in der Weimarer Republik*, S. 41.

40 Hugo Preuß, »Die Bedeutung der demokratischen Republik für den sozialen Gedanken« (1925), in: ders., *Staat, Recht und Freiheit*, S. 481-498, hier S. 489.

41 Dies insbesondere entgegen der Vorstellung Rousseaus, vgl. Lehnert, »Einleitung«, S. 12; Schefold, »Hugo Preuß (1860-1925)«, S. 437. Zeitgenössisch krit.

Bürgergenossenschaft als eine pluralistische Einheit in Vielfalt.[42] Bereits früh war er davon überzeugt: »Nur jene Dezentralisation, welche alle Kräfte zu freier Tätigkeit entfaltet und so eine Mehrzahl von Machtzentren schafft, ermöglicht wahre politische Freiheit [...]. Wo nur ein Machtzentrum existiert, gibt es keine Freiheit, sondern Despotie [...].«[43] Damit verknüpft er sein Ziel der Etablierung einer (neuen) politischen Kultur[44] in Deutschland mit der demokratisch-pluralistischen Idee der Bürgergenossenschaft[45] und weiß sich dabei in der Tradition der »drei großen Quellströme der Entwicklung des modernen Verfassungswesens«,[46] der Entwicklungen in England, Amerika und Frankreich.

gegenüber einem strukturell heterogenen Parlamentarismus zeigte sich z. B. Carl Schmitt (*Die geistesgeschichtliche Lage des heutigen Parlamentarismus*, München ²1926, S. 13 f.), der eine solche Vorstellung als Ausdruck der Gedankenwelt des Liberalismus brandmarkte.

42 So Lehnert, »Einleitung«, S. 9, unter Bezugnahme auf Preuß, »Verwaltungsreform und Staatsreform in Preußen und Österreich«, S. 521; vgl. auch ders., »Verfassungsdispositionen für die Politische Kultur der Weimarer Republik«, S. 12, soweit dort auf das Verständnis des Gemeinwesens aus seinen vielgestaltigen »Teilgenossenschaften in der Organisation der nationalen Bürgergenossenschaft« (Hugo Preuß, *Die Entwicklung des deutschen Städtewesens. Erster und einziger Band: Entwicklungsgeschichte der deutschen Städteverfassung*, Leipzig 1906, S. 233) verwiesen wird. Vgl. auch Hugo Preuß, *Gemeinde, Staat, Reich als Gebietskörperschaften. Versuch einer deutschen Staatskonstruktion auf der Grundlage der Genossenschaftstheorie*, Berlin 1889, S. 162, wo er darlegt, dass das begriffliche Wesen des Organismus gerade darauf beruht, dass er eine Einheit in Vielheit ist.

43 Hugo Preuß, »Die Sozialdemokratie und der Parlamentarismus« (1891), in: ders., *Gesammelte Schriften*, Bd. 1, S. 176-198, hier S. 195. Vgl. hierzu Groh (*Demokratische Staatsrechtslehrer in der Weimarer Republik*, S. 260), die anmerkt, dass diese Ausführungen trotz ihres abstrahierenden Inhalts nur auf die Verwaltungsebenen des Staates zugeschnitten waren.

44 Vgl. z. B. Hugo Preuß, »Karl Schrader als Politiker« (zuerst in *Die Hilfe* v. 15. 5. 1913), in: ders., *Gesammelte Schriften*, Bd. 1, S. 378-380, hier S. 379.

45 So Lehnert, »Verfassungsdispositionen für die Politische Kultur der Weimarer Republik«, S. 13.

46 Hugo Preuß, *Verfassungspolitische Entwicklungen in Deutschland und Westeuropa*. Aus dem Nachlass des Verfassers herausgegeben von Hedwig Hintze, Berlin 1927, S. 432; vgl. auch ders., *Reich und Länder. Bruchstücke eines Kommentars zur Verfassung des Deutschen Reiches*. Aus dem Nachlass des Verfassers herausgegeben von Gerhard Anschütz, Berlin 1928, S. 35.

II. Die Habilitationsschrift als Zugang zum Werk von Hugo Preuß

Ein in vielerlei Hinsicht wichtiger Schlüssel zu Hugo Preuß' Werk bildet die Arbeit *Gemeinde, Staat, Reich als Gebietskörperschaften*,[47] mit der er sich 1889 habilitierte.[48] Deren zentrales Thema ist die Art und Weise, wie öffentliche Gewalt im modernen Staat auf mehreren unterschiedlichen Ebenen ausgeübt wird.

Preuß stellt – ganz in der Tradition Gierkes – zunächst einem individualistischen Begriff des Rechtssubjekts eine auf der Bildung menschlicher Verbände beruhende Lehre von der Genossenschaft entgegen.[49] Der Verbandsgedanke erlaubt es Preuß, das Reich als mehrstufiges Gebilde zu begreifen, auf dessen verschiedenen Stufen jeweils eine eigenständige Willensbildung durch das Volk stattzufinden hat.[50] Die unterschiedlichen Ebenen der öffentlichen Gewalt – Gemeinde(-verbände), Gliedstaaten und Reich oder Bundesstaat – bilden ein System, das den Bürgern Entfaltung auf allen Ebenen ermöglicht.[51] Auf diese Weise werden nicht nur kommunale und nationale Selbstverwaltung, sondern auch Rechtsstaat, Selbstverwaltung und Demokratie miteinander vereint. Die damit verbundene Herausbildung des Rechts aus der Gesellschaft bei gegenseitiger Bedingung von Staat und Recht wird für Preuß zur Grundform der Rechtsstaatlichkeit.[52]

In einem entscheidenden Punkt ging Preuß dabei über Gierke hinaus, indem er die Unvereinbarkeit des Souveränitätsbegriffs mit dem Konzept sich genossenschaftlich bildender politischer

47 Hugo Preuß, *Gemeinde, Staat, Reich als Gebietskörperschaften. Versuch einer deutschen Staatskonstruktion auf der Grundlage der Genossenschaftstheorie*, Berlin 1889.

48 Vgl. Schefold, »Hugo Preuß (1860-1925)«, S. 437; dort findet sich auch eine knappe, prägnante Zusammenfassung der wesentlichen Gedankengänge der Arbeit.

49 Nach Schefold, »Hugo Preuß (1860-1925)«, S. 437, unter Verweis auf Preuß, *Gemeinde, Staat, Reich als Gebietskörperschaften*, S. 137 ff.

50 So Schefold, »Hugo Preuß (1860-1925)«, S. 439.

51 So Schefold, »Einleitung«, S. 22.

52 Vgl. ebd., S. 76; Schefold, »Hugo Preuß (1860-1925)«, S. 437, unter Verweis auf Preuß, *Gemeinde, Staat, Reich als Gebietskörperschaften*, S. 199 ff. Lehnert (*Verfassungsdemokratie als Bürgergenossenschaft*, S. 116 f.) spricht davon, dass die Kategorienbildung von Preuß darauf zielte, ein politisches Gemeinwesen als eine sich nur ihren selbstgewählten Normen unterwerfende Bürgerschaft zu konzipieren.

Verbände betonte[53] und sich von der bis dahin wenig in Frage gestellten Souveränitätsdoktrin abwandte.[54] Die Vorstellung einer Souveränität des Gesamtstaates war für Hugo Preuß ein Symbol obrigkeitlicher, nichtdemokratischer Herrschaft, die für ihn auf einer willkürlichen Setzung beruht und die demokratisch-genossenschaftliche Substanz der übrigen Gebietskörperschaften entleert.[55] Demgegenüber sind es bei Preuß maßgeblich die vielgestaltigen genossenschaftlichen »Zwischenbildungen«, die erst das Volk zum Staat organisieren können.[56]

Die ausdifferenzierte Organstellung aller Staatsgewalt und die »Charakterisierung des Staates als Organismus«,[57] der schon in den unteren und engeren Verbänden vorgebildet ist,[58] zeichnen den Weg zu einem Verfassungsstaat vor. Herrschaft kann in einem derart mehrstufig gegliederten Staatswesen, das als personale Einheit zu verstehen ist, allein nach einer organschaftlichen – man könnte auch sagen: nach einer verfassungsdemokratischen[59] – Ordnung stattfinden.[60] Später – 1915 – heißt es dann bei Preuß, dass »der Staat nichts anderes ist als das durch die Verfassung organisierte Volk«.[61]

53 Schefold, »Hugo Preuß (1860-1925)«, S. 437, unter Verweis auf Preuß, *Gemeinde, Staat, Reich als Gebietskörperschaften*, S. 129 ff., 174 f.

54 So Lehnert, »Einleitung«, S. 12; vgl. auch Groh, *Demokratische Staatsrechtslehrer in der Weimarer Republik*, S. 260 ff.; Karsten Malowitz, »Zwischen Kaiserreich und Republik: Hugo Preuß und Otto von Gierke«, in: Lehnert/Müller (Hg.), *Vom Untertanenverband zur Bürgergenossenschaft*, S. 123-150, hier S. 125 ff. Die Tatsache, dass es Preuß und nicht Gierke war, der mit dem Dogma der Staatssouveränität gebrochen hatte, führt auch dazu, den konkreteren Urheber moderner Pluralismus-Theorien eher in Preuß als in Gierke zu erkennen, vgl. Schefold, »Hugo Preuß (1860-1925)«, S. 437; angedeutet auch bei Stolleis, *Geschichte des öffentlichen Rechts in Deutschland*, Bd. 2, S. 363; Ernst Fraenkel, »Pluralismus« (1957), in: ders., *Gesammelte Schriften*, Bd. 5: *Demokratie und Pluralismus*, hg. von Alexander von Brünneck, Baden-Baden 2007, S. 383-385; dagegen ist Groh (*Demokratische Staatsrechtslehrer in der Weimarer Republik*, S. 259) der Ansicht, Preuß sei in der Ausarbeitung einer pluralismustypischen Verbandstheorie hinter Gierke sogar zurückgefallen.

55 So Stolleis, *Geschichte des öffentlichen Rechts in Deutschland*, Bd. 2, S. 363.

56 Vgl. Lehnert, »Einleitung«, S. 12.

57 So Preuß, *Gemeinde, Staat, Reich als Gebietskörperschaften*, S. 137, 174 f.

58 So ebd., S. 145.

59 So Lehnert, »Einleitung«, S. 12.

60 So Schefold, »Einleitung«, S. 22 f.

61 Preuß, »Verwaltungsreform und Staatsreform in Preußen und Österreich«, S. 475.

Mit welchen »pluralistischen« Instrumenten Hugo Preuß seiner Überzeugung, Politik und staatliche Entscheidungen »von unten nach oben« zu ermöglichen, Geltung verschaffte, lässt sich an zwei Beispielen näher verdeutlichen: der kommunalen Selbstverwaltung und der bürgerschaftlichen Partizipation durch Verbände, insbesondere durch politische Parteien.

III. Vom kommunalen *self-government* zur supranationalen Integration

Die Leitmotive seiner Habilitationsschrift differenzierte Hugo Preuß in den folgenden Jahrzehnten weiter aus. Den in der städtischen Gemeinschaft entfalteten genossenschaftlichen Gedanken erklärte er zum Vorbild der Konstituierung auf allen Ebenen, so dass Selbstverwaltung und Bundesstaat nur mehr als Entfaltungen ein und desselben Prinzips erscheinen. Konsequent zu Ende gedacht, eignete sich das Mehrebenenprinzip des Genossenschaftsgedankens für Preuß sogar dazu, zwischenstaatliche Beziehungen als eine völkerrechtliche Gemeinschaftsordnung anzuerkennen, die ein dem innerstaatlichen Recht gleichwertiges supranationales Recht setzt.[62]

Um einen Rückfall in obrigkeitliche Denkstrukturen zu vermeiden, betonte Preuß in späteren Schriften eine stärkere Gegenüberstellung von kommunaler und staatlicher Organisation. Dies führte zur Forderung nach der Verankerung einer leistungsfähigen und eigenverantwortlichen Selbstverwaltung[63] auf den Ebenen von

62 Schefold, »Hugo Preuß (1860-1925)«, S. 440; vgl. auch ders., »Einleitung«, S. 25, 74; Lehnert/Müller, »Einführung«, S. 37. Nach Lehnert (»Verfassungsdispositionen für die Politische Kultur der Weimarer Republik«, S. 25) war Preuß als Autor und Interpret des Art. 4 WRV (»Die allgemein anerkannten Regeln des Völkerrechts gelten als bindende Bestandteile des deutschen Reichsrechts«) perspektivisch ohnehin auf eine »die gesamte Menschheit umfassende Gemeinschaft« orientiert, die »civitas maxima« (Preuß, *Reich und Länder*, S. 101); vgl. auch Hugo Preuß, »Deutscher Frühling?« (zuerst in *Berliner Börsen-Courier* v. 1. 4. 1923), in: ders., *Gesammelte Schriften*, Bd. 4, S. 255-257, hier S. 256 f.

63 Unter Bezugnahme auf die preußische Städteordnung des Freiherrn vom Stein (1808) sowie der Vorbilder kommunaler Selbstverwaltung (*selfgovernment*) in England und Frankreich vgl. beispielsweise Hugo Preuß, »Die Lehre Gierkes und das Problem der preußischen Verwaltungsreform« (1910), in: ders., *Gesammelte Schriften*, Bd. 2, S. 605-644, hier S. 607 ff.; ders., »Verwaltung« (1913), in: ebd., S. 750-759, hier S. 755 ff.

Gemeinde, Kreis und Provinz.[64] Der (staatliche) Gesamtverband hatte sich mit Blick auf die Gebietskörperschaften in seiner Fremdverwaltung idealerweise auf eine – unverzichtbare – Rechtsaufsicht zu beschränken.[65] Letztlich ergänzen sich nach Preuß' Vorstellung die zentrale Politikebene und die dezentrale Ebene der kommunalen Selbstverwaltung; sie stellen zwei notwendige, komplementäre Aspekte einer demokratischen Politik dar.[66] Gerade die Mehrstufigkeit des Staatsaufbaus, das Modell des Volksstaates auf den Ebenen von Gemeinde, Gliedstaat und Gesamtstaat bis hin zur völkerrechtlichen Gemeinschaft, kennzeichnet staatsorganisatorisch gesehen den Ausgangspunkt einer modernen Pluralismustheorie.[67]

IV. Bürgerschaftliche Partizipation am Beispiel der Rolle politischer Parteien

Bereits frühzeitig erkannte Hugo Preuß, dass der »Volksstaat« auf neue gesellschaftliche Akteure angewiesen ist, die das »Gemeinwohl« (*bonum commune*) bestimmen, das spätestens seit der Aufklärung die entscheidende Bezugsgröße rationalen staatlichen Handelns verkörpert.[68] Nachdem die Ermittlung dieses Gemeinwohls keinen objektiven wissenschaftlichen Methoden zugänglich ist, kann nach seiner Überzeugung der Meinungsstreit darüber in einer freiheitlichen und ausdifferenzierten demokratischen Grund-

64 Bereits in seiner Habilitationsschrift bezeichnet Preuß das politische Selbstverwaltungsrecht als Gegner und Überwinder der Souveränitätsidee, vgl. Preuß, *Gemeinde, Staat, Reich als Gebietskörperschaften*, S. 118; allgemein dazu auch Siegfried Grassmann, *Hugo Preuß und die deutsche Selbstverwaltung*, Berlin 1965.

65 Vgl. Schefold, »Hugo Preuß (1860-1925)«, S. 442; ders., »Einleitung«, S. 61 f., 69.

66 So Lehnert/Müller, »Einführung«, S. 35.

67 So Lehnert, »Verfassungsdispositionen für die Politische Kultur der Weimarer Republik«, S. 23, 25; vgl. auch Schefold, »Einleitung«, S. 22 (Mehrebenentheorie als Abbild pluralistischer politischer Formationen).

68 Zum Begriff des Gemeinwohls vgl. z. B. auch Winfried Brugger, »Gemeinwohl, Konkretisierung des Rechts und Auslegung der Gesetze«, in: ders., *Liberalismus, Pluralismus, Kommunitarismus. Studien zur Legitimation des Grundgesetzes*, Baden-Baden 1999, S. 44-73; mit Blick auf Pluralismus und Antipluralismus siehe ders., »Theorie und Verfassung des Pluralismus. Zur Legitimation des Grundgesetzes im Anschluß an Ernst Fraenkel«, in: ders. (Hg.), *Legitimation des Grundgesetzes aus Sicht von Rechtsphilosophie und Gesellschaftstheorie*, Baden-Baden 1996, S. 273-316, hier S. 281 ff.

ordnung nur »politisch« entschieden werden.[69] Die Form dafür bilden demokratische Wahl und Abstimmung sowie die Mitwirkung autonomer Gruppen.[70] Eine zentrale Rolle für die Bestimmung des Gemeinwohls nehmen bei Preuß die politischen Parteien ein, die sich im Zuge der Industrialisierung im späten 19. Jahrhundert als bürgerschaftliche Vertreter bestimmter sozialer Milieus und politischer Interessen herausgebildet hatten. Sein Ausspruch »Parlamentarismus ist Parteiherrschaft«[71] lässt es hier an Deutlichkeit nicht mangeln. Der Umstand, dass politische Parteien in der Verfassung der Weimarer Republik keine herausgehobene Stellung einnahmen,[72] darf nicht darüber hinwegtäuschen, dass nach Preuß' Überzeugung eine parlamentarische Demokratie notwendigerweise einen parteienstaatlichen Charakter tragen muss.[73] Noch zur Zeit

69 Hierüber bestand unter den demokratischen Weimarer Staatsrechtslehrern Einigkeit, vgl. Groh, *Demokratische Staatsrechtslehrer in der Weimarer Republik*, S. 241.

70 Lehnert/Müller, »Einführung«, S. 27. Vgl. allgemein dazu auch Ernst Fraenkel, »Der Pluralismus als Strukturelement der freiheitlich-rechtsstaatlichen Demokratie«, in: ders., *Gesammelte Schriften*, Bd. 5, S. 256-280, hier S. 273.

71 Hugo Preuß, »Unser Parlamentarismus und unsere auswärtige Lage« (zuerst in *Berliner Tagblatt* v. 13. 4. 1921), in: ders., *Gesammelte Schriften*, Bd. 4, S. 189-192, hier S. 190.

72 Gustav Radbruch hat in diesem Zusammenhang das Schlagwort der »Parteienprüderie« geprägt, vgl. ders., »Rede auf der Verfassungsfeier der Reichsregierung 11. 8. 1928«, in: Ralf Poscher (Hg.), *Der Verfassungstag*, Baden-Baden 1999, S. 81-88, hier S. 83 ff.; Gustav Radbruch (»Die politischen Parteien im System des deutschen Verfassungsrechts« [1930], in: ders., *Gesamtausgabe*, Bd. 14: *Staat und Verfassung*, hg. von Hans-Peter Schneider, Heidelberg 2002, S. 42-53, hier S. 46, 52) erkennt die Ignorierung der Partei in der Reichsverfassung weniger in der Ideologie der Demokratie als in der überkommenen und auch im neuen Staat folgewidrig festgehaltenen Ideologie des Obrigkeitsstaates. Vgl. außerdem Hans-Peter Schneider, »Einleitung«, in: ebd., S. 1-25, hier S. 12 f.

73 Preuß selbst bedauerte dementsprechend die fehlende Würdigung der Parteien im Verfassungstext, vgl. Preuß, *Reich und Länder*, S. 269: »Es herrscht also immer noch die Regel, dass Verfassungen und Gesetze die Voraussetzung ihrer Wirksamkeit, das Parteiwesen, mit keiner Silbe erwähnen.« Vgl. hierzu Groh, *Demokratische Staatsrechtslehrer in der Weimarer Republik*, S. 243. Vgl. ferner Lehnert/Müller, »Einführung«, S. 27, und Detlef Lehnert, »Der Beitrag von Hans Kelsen und Hugo Preuß zum modernen Demokratieverständnis«, in: Gusy (Hg.), *Demokratisches Denken in der Weimarer Republik*, S. 221-255, hier S. 238 ff.; vgl. aber auch Schefold, »Hugo Preuß (1860-1925)«, S. 451, der bemängelt, dass Preuß die Realität des sich schon im späten 19. Jahrhundert ankündigenden und in der

des Kaiserreichs schrieb Preuß: »Ein Gemeinwesen kann sich nicht anders selbst regieren als durch Parteien; nur im Parteiregiment kann sich der Gemeinwille nach einer bestimmten Richtung positiv verwirklichen.«[74] Über ihre Rolle als Interessenvertreter hinaus überträgt er den politischen Parteien Mitverantwortung für das parlamentarische Regierungssystem; sie seien »nicht mehr Selbstzweck, sondern [...] Mittel parlamentarischer Regierungsbildung«.[75] Auch der Opposition in Gestalt oppositioneller Parteien, die von den Vertretern des Obrigkeitsstaates als staatsfeindlich und unnational desavouiert wurde, weist er eine konstruktive und konstituierende Rolle zu: Im Parlamentarismus sei die Opposition ein integrierendes Element des Regierungssystems; sie bilde mit der jeweiligen Regierung den Willen der nationalen Gemeinschaft.[76]

Heute sind uns diese Vorstellungen vertraut und selbstverständlich. Damals, Anfang der 1920er Jahre, waren sie neu, mutig und weitsichtig. Aus heutiger Perspektive ist es deshalb sicher nicht zu kurz gegriffen, Hugo Preuß als einen bedeutenden Wegbereiter des Parteienpluralismus der parlamentarischen Demokratie zu bezeichnen.[77] Zugleich sind die Grundelemente der Preuß'schen pluralistischen Verfassungstheorie freigelegt: Die Gesellschaft ist durch Heterogenität und Interessenvielfalt gekennzeichnet, die sich in politischen Parteien und anderen Verbänden ausdrückt. Mit Hilfe des demokratischen Verfassungsstaates formt sich diese Gesellschaft zu einer politischen Gemeinschaft, die genossenschaftlich strukturiert

Weimarer Nationalversammlung darstellenden Parteienstaats nicht wirklich in Rechnung gestellt habe.

74 Preuß, »Verwaltung«, S. 759; vgl. hierzu Groh, *Demokratische Staatsrechtslehrer in der Weimarer Republik*, S. 242.

75 Preuß, »Unser Parlamentarismus und unsere auswärtige Lage«, S. 190; vgl. dazu auch Lehnert, »Verfassungsdispositionen für die Politische Kultur der Weimarer Republik«, S. 30, sowie Groh, *Demokratische Staatsrechtslehrer in der Weimarer Republik*, S. 241 ff., insbes. S. 242 f. und 245, zu der von Preuß vorgenommenen Überführung der Parteien vom bürgerlichen zum öffentlichen Recht als wichtige Etappe im Bedeutungswandel der Parteien von einer bloßen gesellschaftlichen Gruppierung zum (Verfassungs-)Organ.

76 So Hugo Preuß, »Parlamentarismus und auswärtige Politik« (zuerst in *Berliner Tagblatt* v. 7. 10. 1925), in: ders., *Gesammelte Schriften*, Bd. 4, S. 301-304, hier S. 303; vgl. auch ders., »Die Improvisierung des Parlamentarismus« (zuerst in *Norddeutsche Allgemeine Zeitung* v. 26. 10. 1918), in: ders., *Gesammelte Schriften*, Bd. 1, S. 718-720, hier S. 720.

77 So Lehnert »Einleitung«, S. 67.

ist und deren Entscheidungsprozesse mehrstufig-föderal und durchlässig angelegt sind. Politische Einheit soll also gerade durch die umfassende Einbindung bürgerlicher Vielfalt hergestellt werden.

C. Die Pluralismustheorie nach dem Zweiten Weltkrieg

Die Idee des Pluralismus fand in Deutschland zunächst gerade auch innerhalb der Wissenschaft wenig Anklang.[78] Es waren insbesondere englische (etwa Frederick William Maitland)[79] und französische (etwa Léon Duguit) Staatstheoretiker, die entsprechende Überlegungen zu einer Neubegründung des demokratischen Denkens nutzten.[80] Erst nach dem Zweiten Weltkrieg kam es in Deutschland, inspiriert insbesondere durch wissenschaftliche Einflüsse aus dem anglo-amerikanischen Raum, zu einer – man muss schon sagen – (Wieder-)Entdeckung der Ideen des Pluralismus.[81]

An dieser Stelle ist insbesondere der aus Nazi-Deutschland in die USA emigrierte und danach zurückgekehrte Ernst Fraenkel zu nennen,[82] der die Pluralismustheorie in Deutschland – in Gestalt

78 Fraenkel, »Pluralismus«, S. 384. Schmitt (*Der Hüter der Verfassung*, S. 71 ff.) erblickt in dem Zusammenspiel von Pluralismus, Polykratie und Föderalismus sogar die tiefere Ursache für die innere Aushöhlung und den Verfall der Weimarer Republik.

79 Weiterentwickelt z. B. in einer radikalen Version durch Harold J. Laski. Eine gemäßigtere Version, die sich im Weiteren bei den Neopluralisten durchgesetzt hat, zu denen auch Ernst Fraenkel zu zählen ist, vertrat z. B. Ernest Barker, vgl. allgemein dazu Winfried Brugger, »Radikaler und geläuterter Pluralismus«, in: *Der Staat* 29 (1990), S. 497-520.

80 Vgl. Lehnert/Müller, »Einführung«, S. 22; Anna Leisner-Egensperger, *Vielfalt – ein Begriff des Öffentlichen Rechts*, Berlin 2004, S. 34 f.; einen Überblick über die Entwicklung in England bei Helmut Quaritsch, »Zur Entstehung der Theorie des Pluralismus«, in: *Der Staat* 19 (1980), S. 29-56.

81 Vgl. beispielsweise Fritz Scharpf, *Demokratietheorie zwischen Utopie und Anpassung*, Konstanz 1970, S. 29 ff.; zur Rezeption der Pluralismustheorien vgl. Robert C. van Ooyen, *Der Staat der Moderne. Hans Kelsens Pluralismustheorie*, Berlin 2003, S. 222 ff.

82 Zur Rolle Fraenkels vgl. Brugger, »Gemeinwohl, Konkretisierung des Rechts und Auslegung der Gesetze«, S. 44-73; vgl. auch Joachim Perels, »Überwindung der NS-Herrschaft durch Pluralismus – Ernst Fraenkel«, in: ders. (Hg.), *Recht und Autoritarismus*, Baden-Baden 2009, S. 307-318; Hubertus Buchstein, »Verfassung, Demokratie und Pluralismus in den Weimarer Schriften von Ernst Fraenkel«, in:

eines Neopluralismus[83] – erneut und in weiten Kreisen erstmals »hoffähig« gemacht hat.[84] Im Anschluss an Fraenkel sind den im Übergang des späten 19. zum frühen 20. Jahrhundert entwickelten Pluralismustheorien zwei Merkmale gemeinsam: der Widerstand gegen den Monopolanspruch des Staates auf die Loyalität seiner Angehörigen und die Forderung nach der prinzipiellen Gleichwertigkeit der Macht des Staates und der Macht der autonomen Gruppen innerhalb des Staates.[85] Der Staat kann in dem pluralistischen Beziehungsgeflecht verschiedener »Souveränitäten« Loyalität nur in dem Maße erwarten, in dem er sich durch Leistungserbringung Zustimmung zu verschaffen vermag.[86]

I. Das Menschenbild des Pluralismus

Pluralismus und Antipluralismus liegen vollkommen unterschiedliche Menschenbilder zugrunde. Der Pluralismus beruht auf dem *optimistischen Vertrauen*, dass ein freiheitlicher Staat in der Regel ausreichend stark ist, um heterogenen Kräften zu gestatten, sich frei in Gesellschaft und Staat zu bewegen.[87] Pluralismus setzt damit vor allem auf Toleranz und Gewaltlosigkeit.[88] Entsprechend erach-

Manfred Gangl (Hg.), *Linke Juristen in der Weimarer Republik*, Frankfurt/M. u. a. 2003, S. 246-275.

83 Vgl. Ernst Fraenkel, »Strukturanalyse der modernen Demokratie« (1969), in: ders., *Gesammelte Schriften*, Bd. 5, S. 314-344, hier S. 334 ff., 338; van Ooyen, *Der Staat der Moderne*, S. 243 ff.; in diesem Sinne auch die Bezeichnung als »geläuterter« Pluralismus bei Brugger, »Radikaler und geläuterter Pluralismus«, S. 501 f.

84 Den philosophischen Rahmen behandelt unter Einfluss der englischen Verfassungspraxis Karl R. Popper, *Die offene Gesellschaft und ihre Feinde*, Bern 1957; aus verfassungstheoretischem Blickwinkel vgl. auch Karl Loewenstein, *Verfassungslehre*, Tübingen 1959, S. 367 ff.; Ulrich Scheuner, »Konsens und Pluralismus als verfassungsrechtliches Problem«, in: Günther Jakobs (Hg.), *Rechtsgeltung und Konsens*, Berlin 1976, S. 34-56; Hans Zacher, »Pluralität der Gesellschaft als rechtspolitisches Problem«, in: *Der Staat* 9 (1970), S. 161-187.

85 So Fraenkel, »Pluralismus«, S. 383 f. Einen Überblick über die verschiedenen Strömungen gibt Klaus Schuber, »Pluralismus versus Korporatismus«, in: Dieter Nohlen (Hg.), *Lexikon der Politik*, Bd. 1, S. 407-423.

86 So van Ooyen, *Der Staat der Moderne*, S. 25.

87 Nach Fraenkel, »Pluralismus als Strukturelement«, S. 268, weiterführend S. 280; vgl. ferner Peter Häberle, *Die Verfassung des Pluralismus*, Königstein i. Ts. 1980, S. 62 f.

88 Vgl. ebd., S. 61; darauf beruht letztlich auch die Idee gewaltfreier Kommunika-

tet die pluralistische Theorie des Gemeinwohls gesellschaftliche Heterogenität als unvermeidlich, ja geradezu als Indiz eines in Freiheit pulsierenden Lebens.[89] Meinungsverschiedenheiten zwischen verschiedenen Gruppen tragen aus Sicht der Vertreter des Pluralismus dazu bei, auf der – häufig tastenden und manchmal auch schwerfälligen – Suche nach konsensfähigen Kompromissen eine Vielfalt von Interessen und Anschauungen zur Wirkung kommen zu lassen und Alternativenreichtum zu erzeugen. Sie ermöglichen – gerade unter Ungewissheitsbedingungen über das Gemeinwohl – eine Generierung und Verarbeitung von Wissen durch eine Verbreiterung der Entscheidungsbasis; dadurch halten sie den großen Prozess von *trial and error* lebendig, der entscheidend ist für eine gesellschaftliche Weiterentwicklung, und sie ermöglichen – bei eingeschlossener Lernfähigkeit und Bereitschaft zur Selbstkorrektur – das Experimentieren mit Gedanken und sozialen Lebensformen.[90]

Antipluralisten hingegen unterliegen dem *pessimistischen Verdacht*, der Staat müsse gegen abweichende und heterogene Kräfte in Staat und Gesellschaft Gewalt anwenden.[91] Antipluralistische Gesellschaftsentwürfe mit ihrer Tendenz zur Unterdrückung abweichender Meinungen weisen deshalb immer auch eine Nähe zu totalitär-diktatorischen, autoritär-zentralistischen oder doktrinär-fundamentalistischen Verfassungs- und Politikmodellen auf.[92]

tion bei Jürgen Habermas, siehe z. B. *Faktizität und Geltung. Beiträge zur Diskurstheorie des Rechts und des demokratischen Rechtsstaats*, Frankfurt/M. 1992, S. 399 ff., 435 ff.

89 So Fraenkel, »Pluralismus als Strukturelement«, S. 259; vgl. auch Brugger, »Radikaler und geläuterter Pluralismus«, S. 500. Damit wendet sich der Pluralismus auch mit Entschiedenheit gegen die Identitätstheorie Rousseaus mit ihrer Vorstellung eines einheitlichen und homogenen Volkswillens sowie der Fiktion einheitlicher Interessen zwischen Regierenden und Regierten; vgl. Fraenkel, »Pluralismus als Strukturelement«, S. 265; so auch Häberle, *Die Verfassung des Pluralismus*, S. 5.

90 Vgl. auch Reinhold Zippelius, *Recht und Gerechtigkeit in der offenen Gesellschaft*, Berlin ²1996, S. 226.

91 Nach Fraenkel, »Pluralismus als Strukturelement«, S. 268, 280.

92 Vgl. auch Detlef Lehnert, Klaus Megerle, »Vorwort«, in: dies. (Hg.), *Pluralismus als Verfassungs- und Gesellschaftsmodell*, S. 7-11; in dieser Richtung auch Fraenkel (»Pluralismus als Strukturelement«, S. 278), wenn er feststellt, dass sich der Neopluralismus gegen den Totalitätsanspruch des Staates wendet; vgl. in diesem Zusammenhang auch Brugger, »Gemeinwohl, Konkretisierung des Rechts und Auslegung der Gesetze«, S. 279 ff.

II. Die Verbindung von Pluralismus- und Demokratietheorie

Zu Beginn des 21. Jahrhunderts entspricht es dem Grundverständnis demokratischer Verfassungsordnungen, allen Gruppen und Verbänden Gelegenheit zu geben, sich zu bilden und miteinander in einen Wettbewerb um Macht und Einfluss zu treten.[93] Die Zielwerte der Pluralismustheorie sind Mäßigung der Macht, Minderheitenschutz und die prozeduralisierte Suche nach Konsens. Sie stehen dabei immer auch in engem Zusammenhang mit den Fragen politischer Partizipation und damit in Zusammenhang mit der Demokratietheorie.[94] Mit Blick auf ein demokratisch organisiertes Regierungssystem weist der Pluralismus weit über die Begründung zeitlich und sachlich begrenzter, von der Mehrheit des Volkes legitimierter Herrschaft des Parlamentarismus hinaus. Er ist darauf ausgerichtet, über einen freien und offenen politischen Prozess pluralistische Initiativen und Alternativen auch außerhalb des Parlaments zu ermöglichen. Hinter dieser Überlegung steht die Erkenntnis, dass nicht nur die Beteiligung von Minderheiten am politischen Prozess über die Rolle eines bloßen Überstimmtwerdens hinausgeht, sondern auch die Tätigkeit der politischen Eliten deliberativ an die Bürgerinnen und Bürger rückgebunden bleiben muss. Nur dann wird die Beteiligung des ganzen Volkes am politischen Prozess auf den verschiedenen Ebenen eines pluralistischen Gemeinwesens Realität gewinnen;[95] dies gilt insbesondere im Zuge der fortschreitenden Fragmentierung gesellschaftlicher Interessen. Demokratische Ordnungen müssen einer Minderheit – als Alter-

93 Vgl. Peter Häberle, »Grundrechte in pluralistischen Gesellschaften – die Verfassung des Pluralismus«, in: *Die Verwaltung* 26 (1993), S. 421-447; van Ooyen, *Der Staat der Moderne*, S. 96 ff.; zum Folgenden auch Reinhold Zippelius, *Allgemeine Staatslehre*, München [16]2010, § 26.

94 Vgl. Scharpf, *Demokratietheorie zwischen Utopie und Anpassung*, S. 54 ff.; vgl. z. B. auch Häberle, *Die Verfassung des Pluralismus*, S. 5; Oliver Gerstenberg, *Bürgerrechte und deliberative Demokratie. Elemente einer pluralistischen Verfassungstheorie*, Frankfurt/M. 1997, S. 19 ff.; David Strecker, »Warum deliberative Demokratie?«, in: Gary S. Schaal (Hg.), *Das Staatsverständnis von Jürgen Habermas*, Baden-Baden 2009, S. 59-80.

95 Vgl. auch Konrad Hesse, *Grundzüge des Verfassungsrechts der Bundesrepublik Deutschland*, Heidelberg [20]1995, Rn. 135 f.

native zur Mehrheit – immer die Chance eröffnen, selbst zur Mehrheit werden zu können.[96]

Dem Staat obliegt es dabei als einer Gruppe besonderer Art,[97] den pluralistischen Prozess der individuellen Meinungs- und politischen Willensbildung offenzuhalten (beziehungsweise zu fördern), Konflikte zwischen den Gruppen zu schlichten sowie den Einzelnen gegen eine mögliche Gruppentyrannis zu schützen.[98] Der demokratisch aufgebaute und gewaltengeteilt gestaltete Staat ist derjenige, der die Verfahren und Foren anzubieten und offenzuhalten hat, in deren Rahmen Kompromisse zwischen den widerstreitenden Interessen ausgehandelt werden und der schließlich – in formal vorgegebenen Prozeduren – über Interessenkonflikte rechtsverbindlich entscheidet.

III. Toleranzgrenzen

Die inhaltliche Offenheit darf jedoch nicht darüber hinwegtäuschen, dass jede Pluralismustheorie, die nicht wie die Kelsen'sche Demokratietheorie auf einem Werteskeptizismus fußt, auch (Toleranz-)Grenzen setzen muss für den Fall, dass antipluralistische Kräfte die den Pluralismus konstituierenden Elemente – Mäßigung der Macht, Minderheitenschutz und die prozeduralisierte Suche nach Konsens – praktisch in Frage stellen.[99] Diese Aufgabe kommt in modernen Demokratien in erster Linie der Verfassung zu, deren Funktion nicht nur in der Gewährleistung privater Autonomiespielräume besteht, sondern zugleich auch in der Organisation und Institutionalisierung der verschiedenen Foren und Verfahren einer demokratischen Selbstgesetzgebung der Bürger.[100] Gleichzeitig legt die Verfassung das inhaltliche Fundament fest, über das auch in einer pluralistischen Verfassungsordnung nicht mehr gestritten

96 Häberle, *Die Verfassung des Pluralismus*, S. 5; vgl. auch Hesse, *Grundzüge des Verfassungsrechts*, Rn. 153 ff., 156.

97 Nach van Ooyen, *Der Staat der Moderne*, S. 24, ist der Staat »nur noch ein Verband unter vielen«.

98 Vgl. Fraenkel, »Pluralismus als Strukturelement«, S. 256, 262; ders., »Pluralismus«, S. 383 f.

99 So Häberle, *Die Verfassung des Pluralismus*, S. 62.

100 So beispielsweise Gerstenberg, *Bürgerrechte und deliberative Demokratie*, S. 7.

werden soll (»unstreitiger Sektor«).[101] Bei der Vertretung ihrer Partikularinteressen befinden sich die verschiedenen Individuen und Gruppen daher gerade nicht in einem auf Vielfaltssicherung ausgerichteten Spiel der Kräfte. Der unmittelbare Schutz der pluralen Gesellschaft und ihrer demokratischen Verfassungsordnung wird durch das Gesetz festgelegt, das sich an den freiheitsrechtlichen Maßstäben der Verfassung messen lassen muss. So bleibt die pluralistische Ordnung auch an ihren Grenzen sich selbst treu.

D. Neokorporatismus, regulierte Selbstregulierung, Netzwerktheorie, Internet-Society usw.: Hat die Pluralismustheorie ausgedient?

Hier machen wir eine Zäsur. Auf den ersten Blick muten manche Grundannahmen der Pluralismustheorie aus heutiger Sicht etwas naiv oder gar überholt an. Vor dem Hintergrund der politischen Praxis und gestützt auf zahlreiche empirische Studien haben insbesondere die politische Ökonomie sowie die Politik- und Sozialwissenschaften spätestens seit den 1960er Jahren die Schwächen des Pluralismuskonzepts herausgearbeitet. Die Kernkritikpunkte sind weithin bekannt. Sie lauten:

- Gut organisierte kleine Interessengruppen mit freiwilliger Mitgliedschaft neigen dazu, ihre speziellen Sonderinteressen auf Kosten des Gemeinwohls wahrzunehmen;
- nicht alle Interessen sind organisiert und im Meinungskampf präsent (Beispiel: Kinder, Menschen mit Behinderung);
- nicht alle organisierten Interessen verfügen über genügend materielle Ressourcen und ausreichendes Verweigerungspotential, um konfliktfähig zu sein und Entscheidungen zu beeinflussen;
- die Einflussmöglichkeit von Verbänden hängt von vielfältigen

101 Vgl. Fraenkel, »Pluralismus als Strukturelement«, S. 271; ders., »Strukturanalyse der modernen Demokratie«, S. 338 f.; insbesondere zur Begrifflichkeit des streitigen und unstreitigen Sektors vgl. auch Brugger, »Theorie und Verfassung des Pluralismus«, S. 289 ff. Vgl. ferner Groh, *Demokratische Staatsrechtslehrer in der Weimarer Republik*, S. 264, die in der Betonung der Notwendigkeit des unstreitigen Sektors für eine stabile Demokratie Preuß' vorrangigen Beitrag zu einer Pluralismustheorie erblickt.

nicht kalkulierbaren Faktoren ab (Zahl relevanter Konkurrenten, Zeitgeist, Koalitions- und Vernetzungsmöglichkeiten, persönlicher Zugang der Repräsentanten zu Entscheidungs- und Machtzentren);

- die Chancen der Politiker, von der öffentlichen Meinung und insbesondere in den Wahlen akzeptiert zu werden, wird wesentlich davon mitbestimmt, in welchem Maß sie gegenwartsbezogene Sonderinteressen schonen und fördern. Nicht selten verdrängt unter diesen Bedingungen die kurzfristige Perspektive des nächstbesten Kompromisses eine momentan weniger populäre nachhaltige Vorsorge für die weitere Zukunft.[102]

In Reaktion auf diese Kritikpunkte sind daher andere Forschungs- und Theorieansätze an die Stelle der klassischen Pluralismustheorie getreten, die versuchen, das Verhältnis zwischen Staat, Verbänden und Individuen angemessener zu konfigurieren. Zu nennen sind hier etwa: die Neokorporatismus- und Verbändeforschung, die Theorie der politischen Netzwerke, das Konzept der regulierten Selbstregulierung und der Governance-Ansatz. Gleichzeitig nehmen die Stimmen zu, die angesichts der globalen Internet-Society Korporationen sowieso für zunehmend überflüssig halten – im Internet ist jedes Individuum netzunmittelbar.[103]

Hat die Pluralismustheorie damit ausgedient? Können wir von Hugo Preuß heute nichts mehr lernen? Ein Blick in das Grundgesetz und die Rechtsprechung des Bundesverfassungsgerichts belehrt uns eines Besseren. Dort ist die Idee des Pluralismus noch sehr lebendig. Erinnert sei hier nur an die starke Stellung der Parteien (Art. 21 GG), die extensiv interpretierten Kommunikationsrechte (Art. 5, 8 GG), den verfassungsrechtlichen Schutz der Vereinigungen (Art. 9 GG) und der kommunalen Selbstverwaltung (Art. 28 Abs. 2 GG) oder die vielfältigen Regelungen zum Schutz der freiheitlichen demokratischen Grundordnung, die den pluralen Meinungsbildungsprozess offenhalten sollen (Verwirkung von Grundrechten, Art. 18 GG; Parteienverbot, Art. 21 Abs. 2 GG; vgl. auch Art. 91 GG).[104]

102 Vgl. Zippelius, *Recht und Gerechtigkeit in der offenen Gesellschaft*, S. 225.

103 Vgl. nur Walter Reese-Schäfer, *Politische Theorie heute*, München u. a. 2000, S. 104 ff.

104 Vgl. nur Reinhold Zippelius, Thomas Würtenberger, *Deutsches Staatsrecht*, Mün-

Letztlich bleibt die pluralistische Verfassungskultur mit ihrem Vertrauen in die Selbstorganisation der Gesellschaft trotz aller damit verbundenen Probleme auf Dauer wohl die einzige Alternative zu einem totalitären Staat.[105] Die Pluralität von Interessen und Meinungen ist – gerade im Zuge der fortschreitenden Fragmentierung von Einzelinteressen – in der heutigen Massendemokratie weiterhin *das* politisch-kulturelle Strukturprinzip der Moderne. Die moderne Bürgergesellschaft begreift sich als eine Gesellschaft freier Assoziationen, die »mit dem guten alten Begriff der Genossenschaft« vielleicht sogar besser beschrieben ist als mit Gesellschaft oder Gemeinschaft.[106] Dies kommt auch dem Ideal von Hugo Preuß sehr nahe, das heißt dem genossenschaftlichen Gedanken der Organisation »von unten nach oben«, auf dessen Grund die Republik und das demokratische Prinzip ruhen.[107] Wir tun daher gut daran, ihn nicht zu vergessen.

chen [32]2008, § 53, Rn. 3 ff.; Brugger, »Theorie und Verfassung des Pluralismus«, S. 297 ff.

105 Vgl. Zippelius, *Recht und Gerechtigkeit in der offenen Gesellschaft*, S. 225 f.

106 So Ralf Dahrendorf, *Auf der Suche nach einer neuen Ordnung*, München 2003, S. 110 f.

107 Vgl. Preuß, »Die Bedeutung der demokratischen Republik für den sozialen Gedanken«, S. 489.

Verfassung und Parlamentarismus

A. Einleitung

Die Idee des Parlamentarismus scheint vordergründig wenig Anlass für eine ausführlichere Debatte zu geben. Heute zweifelt niemand mehr ernsthaft daran, dass die repräsentative Demokratie als Staatsform jedenfalls für unser Land alternativlos ist.[1] Zugleich fehlt es nicht an Stimmen, die den Parlamentarismus bereits seit Längerem in der Krise sehen.[2] Festgemacht wird diese Krise an einer ganzen Reihe von Beobachtungen. Der ehemalige Bundestagsabgeordnete und Bundesverfassungsrichter Hans Hugo Klein[3] hat sie anschaulich so zusammengefasst:

Die wachsende Komplexität der gesetzlich zu regelnden Sachverhalte führe zu einer bedenklichen Gewichtsverschiebung vom Parlament hin zu Regierung und Administration, die der »Exekutivföderalismus« noch verstärke. Die Angewiesenheit von Legislative und Exekutive auf externen Sachverstand, sei es dass ihn Verbände vorhalten, sei es dass er durch Expertenkommissionen verfügbar gemacht wird, beschränke den Einfluss des Bundestages. Die politische Praxis des kooperativen und konsensualen, informales Handeln bevorzugenden Staates tendiere dazu, den Gesetzgeber unter Vollzugszwang zu setzen – ihm bleibe zwar die formale Letztentschei-

1 Zu den Alternativen siehe Norbert Achterberg, *Parlamentsrecht*, Tübingen 1984, S. 79 ff.

2 Siehe etwa Michael Brenner, »Das Prinzip Parlamentarismus«, in: Josef Isensee, Paul Kirchhof (Hg.), *Handbuch des Staatsrechts der Bundesrepublik Deutschland*, Bd. III, Heidelberg [3]2005, § 44, Rn. 55 ff.; Matthias Herdegen, »Informalisierung und Entparlamentarisierung politischer Entscheidungen als Gefährdungen der Verfassung?«, in: *VVDStRL* 62 (2003), S. 7-116; Paul Kirchhof, *Die Reformfähigkeit des Staates durch Freiheit und Parlamentarismus*, Speyer 2003, S. 6 f.; Heinrich Oberreuter, »Substanzverluste des Parlamentarismus«, in: *APuZ* (2012), S. 25-31; Hans-Jürgen Papier, »Reform an Haupt und Gliedern. Eine Rede gegen die Selbstentmachtung des Parlaments«, in: *FAZ* v. 31. 1. 2003, S. 8; ders., »Steuerungs- und Reformfähigkeit des Staates: Woran krankt unser Staatswesen? Diagnose und Therapieansatz«, in: Rudolf Mellinghoff u. a. (Hg.), *Die Erneuerung des Verfassungsstaates. Symposion aus Anlass des 60. Geburtstags von Professor Dr. Paul Kirchhof*, Heidelberg 2003, S. 103-121.

3 Hans H. Klein, in: Theodor Maunz, Günter Dürig (Hg.), *Kommentar GG*, München [74]2015, Art. 38, Rn. 57.

dung meistens vorbehalten, deren materielles Substrat aber, die Entscheidung im materiellen Sinne, werde ihm entzogen. Die Budgetfunktion des Parlaments werde durch Schattenhaushalte ebenso ausgehöhlt wie durch steuerrechtliche Verschonungssubventionen. Durch weitreichende Normsetzungsermächtigungen unter Verwendung höchst unbestimmter Rechtsbegriffe, deren Konkretisierung gelegentlich gar dem privaten Sachverstand überlassen bleibt, begebe sich das Parlament, mitunter sachbedingt, seiner Entscheidungsprärogative. Die wachsende Zahl finaler statt konditionaler Programmierung durch die Gesetzgebung verringere die Steuerungskraft parlamentarischer Entscheidungen. Zu viele Entscheidungen fielen hinter den verschlossenen Türen des Vermittlungsausschusses. Die »Mediendemokratie«, das »Christiansensyndrom«, verlagere den öffentlichen Diskurs aus dem Bundestag in unverbindliche Gesprächsrunden. Die »parteienstaatliche« Überformung des Bundestages führe zur Verlagerung ihm zukommender Funktionen in Parteigremien und Koalitionsrunden, Koalitionsvereinbarungen präjudizierten parlamentarische Entscheidungen. Internationalisierung (Globalisierung) und Supranationalisierung (Vergemeinschaftung) verstärkten die Dominanz der Exekutive mit der Folge einer weitgehenden Entmächtigung des Parlaments, ohne dass die daraus folgende Entdemokratisierung des politischen Prozesses durch den Aufbau demokratischer Strukturen auf inter- und supranationaler Ebene hinreichend ausgeglichen würde.

Ob diese Bestandsaufnahme stimmt, kann und soll hier nicht abschließend beurteilt werden. Es spricht aber einiges für Kleins Auffassung, dass »nicht wenige der geschilderten Phänomene nur bei einer verzerrten Optik der geltenden Verfassungsrechtslage als Krisensymptome erscheinen können«.[4] Diese Feststellung möchte ich zum Anlass nehmen, die verfassungsrechtlichen Vorgaben für die parlamentarische Demokratie in der Bundesrepublik näher in den Blick zu nehmen.

4 Analysen, wonach die Rede von einer »Krise des Parlamentarismus« auf Missverständnissen und Übertreibungen beruht, finden sich z. B. auch bei Armin von Bogdandy, »Parlamentarismus in Europa: eine Verfalls- oder Erfolgsgeschichte?«, in: *AöR* 130 (2005), S. 445-464; Oliver Lepsius, »Die erkenntnistheoretische Notwendigkeit des Parlamentarismus«, in: Martin Bertschi u. a. (Hg.), *Demokratie und Freiheit*, Stuttgart u. a. 1999, S. 123-180; Eberhard Schuett-Wetschky, »Krise des Parlamentarismus? Zur Parlamentarismuskritik von Paul Kirchhof«, in: Alexander Gallus u. a. (Hg.), *Deutsche Kontroversen. Festschrift für Eckhard Jesse*, Baden-Baden 2013, S. 333-344; Wolfgang Zeh, »Über Sinn und Zweck des Parlamentarismus heute. Ein Essay zum Auftakt«, in: *ZParl* (2005), S. 473-488.

B. Der Parlamentarismus in seiner Ausformung durch das Grundgesetz

In einem Rechtsstaat ist die Stellung des Parlaments nur so stark, wie ihm Macht, also Kompetenzen und Rechte gegenüber Staatsorganen der zweiten und dritten Gewalt, durch die Verfassung verliehen werden. Unser Grundgesetz regelt die Stellung und Bedeutung des Deutschen Bundestags, seine Funktionen, Kompetenzen und Rechte jedoch nicht abschließend, sondern nur fragmentarisch. So lässt sich Art. 20 Abs. 1 und Abs. 2 Satz 1 GG entnehmen, dass die Bundesrepublik Deutschland ein demokratischer Bundesstaat ist, in dem alle Staatsgewalt vom Volke ausgeht. Mit dem Grundsatz der Volkssouveränität und der repräsentativen Demokratie als Staatsform ist die zentrale Stellung des Parlaments in der Verfassung verankert, der Deutsche Bundestag ist das zentrale Organ politischer Willensbildung. Daraus folgt jedoch keine allumfassende Kompetenz des Parlaments, das Grundgesetz kennt keinen allgemeinen Parlamentsvorbehalt.[5] Die Aufgaben und Kompetenzen des Bundestags sind allerdings weitreichend. Sie umfassen nach dem Grundgesetz die Legislativfunktion und das Initiativrecht, die Budgethoheit, die Mitwirkungsrechte bei der Verwirklichung der Europäischen Union, bei der Einbindung in kollektive Sicherheitssysteme, bei völkerrechtlichen Verträgen und bei der Feststellung des Verteidigungsfalles.[6] Darüber hinaus ist die Kreationsfunktion des Parlaments geregelt hinsichtlich der Wahl des Bundeskanzlers, der Mitwirkung bei der Wahl des Bundespräsidenten durch die Bundesversammlung und der Wahl von Bundesrichtern und Bundesverfassungsrichtern.[7]

Auch wenn die Aufgaben und Kompetenzen des Parlaments damit in der Verfassung zumindest grob umrissen sind, schweigt das Grundgesetz zu vielen Fragen, die im innerparlamentarischen Bereich und im Verhältnis zwischen Parlament und Regierung oder anderen Staatsorganen von großer praktischer Bedeutung sind.[8] So

5 BVerfGE 49, 89 (124); 68, 1 (109).

6 Art. 70 ff., 110, 23, 24, 59 Abs. 2, und Art. 115a GG.

7 Art. 63, 54 Abs. 3, Art. 94, 95 GG.

8 Der Befund, dass die Verfassung nicht einmal für alle grundlegenden Fragen und Probleme, die im parlamentarischen Alltag auftreten können, Regelungen vorsieht, darf nicht zu der Annahme verleiten, hierbei handele es sich um eine

sucht man etwa vergeblich nach Regelungen über die Opposition im Parlament oder über das Verfahren der Wahlen zum Deutschen Bundestag. Ist das Parlament zu beteiligen, wenn die Regierung die Bundeswehr im Ausland einsetzen will? Können der Bundestag oder einzelne Abgeordnete Fragen an die Bundesregierung richten und ist diese verpflichtet, auf solche Fragen Rede und Antwort zu stehen? Hat jede Fraktion im Deutschen Bundestag einen Anspruch darauf, in allen Ausschüssen vertreten zu sein? Gilt dies auch für den Vermittlungsausschuss? Und wie verhält es sich mit der Besetzung von Arbeitsgruppen solcher Ausschüsse?

C. Grundlinien der Rechtsprechung des Bundesverfassungsgerichts zum Parlamentarismus

Die Konkretisierung des Grundgesetzes ist zunächst Aufgabe des parlamentarischen Gesetzgebers als Repräsentant des Volkssouveräns. Der Gesetzgeber besitzt im vorliegenden Zusammenhang aber Eigeninteressen. Dies wird besonders dort offenbar, wo er materiell verfassungsrechtliche Regelungen erlässt,[9] die ihn selbst und seine parlamentarischen Verfahren betreffen, wie etwa beim Parteienrecht, bei der eigenen Geschäftsordnung, bei dem Recht parlamentarischer Untersuchungsausschüsse oder – am grundle-

Regelungslücke. Der fragmentarische Charakter der Regelungen des Grundgesetzes zum Parlamentarismus ist kein Webfehler oder Redaktionsversehen des verfassungsgebenden Gesetzgebers, sondern Ausdruck der Kernaufgaben der Verfassung. Die Ordnungsfunktion der Verfassung, ihre Leitbild-, Kontroll- und Schutzfunktion sowie die ihr zugeschriebene Aufgabe, die staatliche Einheit herzustellen und zu erhalten, machen eine offene Normstruktur erforderlich. Eine in allen Einzelheiten präzise Regelungstechnik würde häufige Grundgesetzänderungen zur Folge haben und könnte keine Stabilität gewährleisten. Zudem wäre eine solche Verfassung nicht hinreichend offen für künftige Entwicklungen und nicht in der Lage, die Dynamik gesellschaftlicher Prozesse aufzunehmen und zu verarbeiten. Vgl. hierzu Andreas Voßkuhle, »Stabilität, Zukunftsoffenheit und Vielfaltssicherung. Die Pflege des verfassungsrechtlichen ›Quellcodes‹ durch das Bundesverfassungsgericht«, in diesem Band, S. 241-264.

9 Vgl. zum Begriff des materiellen Verfassungsrechts BVerfGE 1, 208 (246); 121, 266 (296); 124, 1 (19); Markus Kotzur, »Thematik des Verfassungsgesetzes«, in: Isensee/Kirchhof (Hg.), *Handbuch des Staatsrechts*, Bd. XII, Heidelberg [3]2014, § 260, Rn. 10; Bernd Grzeszick, Heinrich Lang, *Wahlrecht als materielles Verfassungsrecht*, Baden-Baden 2012, S. 19 ff.

gendsten – beim Wahlrecht. Es liegt auf der Hand, dass die jeweiligen Mehrheiten im Parlament durch die Gestaltung dieser Regelungen Einfluss auf den Erhalt und Ausbau ihrer Macht und auf die Chancen und Mitwirkungsmöglichkeiten der jeweiligen parlamentarischen Minderheit nehmen können. Deshalb bedürfen sie der Kontrolle durch eine andere, durch die dritte Gewalt. Berufen dazu ist im vorliegenden Zusammenhang in erster Linie das Bundesverfassungsgericht,[10] das zwar kein Selbstbefassungsrecht besitzt, aber in unterschiedlichen Verfahren angerufen werden kann.

I. Rechte oppositioneller parlamentarischer Minderheiten

1. Die Bedeutung der Opposition im modernen Verfassungsstaat

Damit ist dem Bundesverfassungsgericht eine wesentliche Aufgabe im System der Gewaltenteilung und der *checks and balances* übertragen. Die nähere Bestimmung der Rechte und Pflichten oberster Staatsorgane, namentlich des Parlaments und der Regierung, im Verhältnis zueinander bedeutet nichts weniger als das Austarieren der gegenseitigen Machthemmnisse der Gewalten mit dem Ziel eines förderlichen und stabilen Gleichgewichts. Dabei geht es nicht allein um das Verhältnis zwischen der ersten und der zweiten Gewalt. Zwar wird nach der traditionellen Gewaltenteilungstheorie die Regierung durch das Parlament kontrolliert. Im modernen Parteienstaat stehen sich aber nicht so sehr Regierung und Parlament, sondern vielmehr Regierung und Parlamentsmehrheit auf der einen und die parlamentarische Opposition auf der anderen Seite gegenüber.[11] Dies hat auch Konsequenzen für die Aufgaben eines Verfassungsgerichts.

Ich darf hierzu Hans Kelsen, den großen Theoretiker der Demokratie und »Miterfinder« der selbstständigen Verfassungsgerichtsbarkeit zitieren. Kelsen betont in seinem Werk über das Wesen und den Wert der Demokratie die zentrale Bedeutung, die Verfassungsgerichte für die Demokratie haben. Ihre Funktion sei,

10 Zu seinem Auftrag allgemein angesichts der Lückenhaftigkeit der Verfassung siehe Voßkuhle, »Stabilität, Zukunftsoffenheit und Vielfaltssicherung«, S. 244 ff.

11 Hans D. Jarass, *Politik und Bürokratie als Elemente der Gewaltenteilung*, München 1975, S. 94.

ich zitiere, »um so bedeutsamer, als die Wahrung der Verfassung im Gesetzgebungsverfahren ein eminentes Interesse der Minorität darstellt, als deren Schutz [...] die Vorschriften über Quorum, qualifizierte Majorität usw. fungieren«.[12] Weiter heißt es bei Kelsen:

> Die Minorität muß daher, soll sie in ihrer für das Wesen der Demokratie so bedeutungsvollen politischen Existenz und Wirksamkeit gesichert, soll sie nicht der Willkür der Majorität ausgesetzt sein und die Verfassung nicht eine lex imperfecta bedeuten, die Möglichkeit haben, das Verfassungsgericht sei es direkt, sei es indirekt anzurufen. An einer systematischen Ausgestaltung aller Kontrollinstitutionen hängt in hohem Maße das Schicksal der modernen Demokratie. Demokratie ohne Kontrolle ist auf Dauer unmöglich.[13]

Diese Bedeutung der Kontrollfunktion der Opposition ist die verfassungsrechtliche Folie, auf der man die Rechtsprechung des Bundesverfassungsgerichts zu den Rechten parlamentarischer Minderheiten nachzeichnen muss.

2. Die Kontrolle der Regierung durch die Opposition

Die Kontrolle der Regierung durch die parlamentarische Opposition hat notwendigerweise einen anderen Charakter als die Kontrolle durch die parlamentarische Mehrheit. Anders als Letztere ist die Opposition nicht an der Macht beteiligt. Sie kann ihre Kontrollfunktion hinsichtlich der Ausübung staatlicher Gewalt durch die Regierung nur über die Öffentlichkeit, genauer: über die Herstellung von Öffentlichkeit wahrnehmen.[14] Diese Erkenntnis ist wesentlich für das Verständnis der Rechtsprechung des Bundesverfassungsgerichts zu den Rechten der Opposition und parlamentarischer Minderheiten, durch die der Begriff der Opposition[15] erst an verfassungsrechtlichen Konturen gewonnen hat. Das Grundgesetz erwähnt die parlamentarische Opposition nämlich nicht ausdrücklich, es regelt deren Rechte nur mittelbar und sehr zurückhaltend.

12 Hans Kelsen, *Vom Wesen und Wert der Demokratie*, Tübingen ²1929, S. 75.

13 Ebd., S. 75 f.

14 Jarass, *Politik und Bürokratie als Elemente der Gewaltenteilung*, S. 94.

15 Näher zum Begriff Peter M. Huber, »Regierung und Opposition«, in: Isensee/Kirchhof (Hg.), *Handbuch des Staatsrechts*, Bd. III, § 47, Rn. 40 ff., m. w. N.

Das Gericht geht von der Opposition als dem »Gegenspieler der Regierungsmehrheit«[16] aus und weist ihr in dieser Rolle – entsprechend der »klassischen Funktionentrias«[17] – insbesondere drei Funktionen zu: Sie zwingt die Mehrheit zur Rechtfertigung ihrer Entscheidungen[18] und bringt dabei ihre geistige Arbeit und Kritik in den Diskussionsprozess ein[19] – das kann man als Kritikfunktion bezeichnen;[20] sie repräsentiert die Alternative zur Regierung und stellt damit Handlungsoptionen und künftige Wahlmöglichkeiten zur Verfügung;[21] und sie nimmt die bereits angesprochene Kontrollfunktion wahr,[22] die ein zentrales Element der Gewaltenteilung darstellt.[23] Diese Kontrolle erfolgt vorwiegend durch politische Auseinandersetzungen zwischen der Opposition und der Regierung beziehungsweise der parlamentarischen Mehrheit.[24]

Kontrolle durch das Parlament setzt Information voraus,[25] denn ohne Beteiligung am Wissen der Regierung laufen die parlamentarischen Kontrollmöglichkeiten leer.[26] Die parlamentarischen Informationsrechte werden wie alle öffentlich wirksamen Kontrollmittel vor allem von der Opposition genutzt.[27] Als roter Faden der Ent-

16 BVerfGE 90, 286 (344); 123, 267 (431).

17 Stephan Haberland, *Die verfassungsrechtliche Bedeutung der Opposition nach dem Grundgesetz*, Berlin 1995, S. 40 ff.; Ralf Poscher, »Die Opposition als Rechtsbegriff«, in: *AöR* 122 (1997), S. 444-468, hier S. 454 f.; Pascale Cancik, *Parlamentarische Opposition in den Landesverfassungen*, Berlin 2000, S. 150 ff.

18 Vgl. BVerfGE 5, 85 (198).

19 BVerfGE 5, 85 (199).

20 Zum Ganzen Andreas Voßkuhle, »Opposition im Europäischen Parlament«, in diesem Band, S. 60-82, hier S. 61-68.

21 Vgl. BVerfGE 102, 224 (243).

22 Vgl. BVerfGE 49, 70 (86).

23 Vgl. BVerfGE 49, 70 (85); 67, 100 (130); 110, 199 (219); 124, 78 (121).

24 Joachim Krause, »Der Bedeutungswandel parlamentarischer Kontrolle: Deutscher Bundestag und US-Kongreß im Vergleich«, in: *ZParl* (1999), S. 534-555, hier S. 545.

25 Sigrid Emmenegger, »Die Stärkung des Parlaments in der neueren Rechtsprechung des Bundesverfassungsgerichts«, in: dies., Ariane Wiedmann (Hg.), *Linien der Rechtsprechung des Bundesverfassungsgerichts*, Bd. 2, Berlin, Boston 2011, S. 447-470, hier S. 450.

26 Vgl. BVerfGE 67, 100 (135).

27 Winfried Steffani, »Formen, Verfahren und Wirkungen der parlamentarischen Kontrolle«, in: Hans-Peter Schneider, Wolfgang Zeh (Hg.), *Parlamentsrecht und Parlamentspraxis in der Bundesrepublik Deutschland*, Berlin, New York 1989, § 49, Rn. 26.

scheidungen des Bundesverfassungsgerichts zu den Informations-, Untersuchungs- und Auskunftsrechten lässt sich festhalten, dass die Bundesregierung das Parlament in einer Weise zu informieren und einzubinden hat, die eine effektive Kontrolle durch die Opposition ermöglicht. Auf einige dieser Entscheidungen möchte ich hier kurz näher eingehen.

3. Parlamentarische Informations- und Auskunftsrechte

Trotz seiner elementaren Bedeutung für die Gewaltenteilung und die demokratische Legitimation des Handelns der Regierung ist das Kontrollrecht des Parlaments im Grundgesetz nur sehr zurückhaltend geregelt. Nach Art. 43 Abs. 1 GG können der Bundestag und seine Ausschüsse die Anwesenheit jedes Mitglieds der Bundesregierung verlangen. Zudem kann der Bundestag nach Art. 44 GG einen Untersuchungsausschuss einsetzen, der Beweise erheben und Gerichte und Behörden zur Rechts- und Amtshilfe anhalten kann. Spezielle Kontrollgremien bestehen für auswärtige Angelegenheiten und Verteidigung sowie beim Wehrbeauftragten, für Petitionen und für nachrichtendienstliche Tätigkeiten.[28] In Art. 114 GG ist zudem die Rechnungslegung des Bundesfinanzministers gegenüber dem Parlament geregelt. Mit Art. 23 Abs. 2 Satz 2 GG wurde schließlich eine Unterrichtungspflicht der Bundesregierung gegenüber Bundestag und Bundesrat in Angelegenheiten der Europäischen Union geschaffen. Darüber hinaus sieht das Grundgesetz Informations- und Auskunftsrechte des Parlaments nicht ausdrücklich vor. Insbesondere die heute zur tagtäglichen Praxis des Parlamentslebens gehörenden Kleinen Anfragen und andere schriftliche oder mündliche Fragen von Fraktionen oder Abgeordneten des Deutschen Bundestags an die Bundesregierung sind im Grundgesetz nicht geregelt.[29]

Das Bundesverfassungsgericht hat aber bereits im Jahre 1961 festgestellt, dass dem Parlament ein Interpellationsrecht zusteht, das die Mitglieder der Bundesregierung verfassungsrechtlich verpflichtet, auf Fragen Rede und Antwort zu stehen.[30] Die Antworten der

28 Art. 45a-d GG.

29 Hans H. Klein, »Status des Abgeordneten«, in: Isensee/Kirchhof (Hg.), *Handbuch des Staatsrechts*, Bd. III, § 51, Rn. 33.

30 BVerfGE 13, 123 (125).

Bundesregierung sollen dazu dienen, dem einzelnen Abgeordneten die für seine Tätigkeit nötigen Informationen zu verschaffen.[31] Dieses Interpellationsrecht und die damit korrespondierende Antwortpflicht der Bundesregierung hat das Gericht zunächst als Informationsrecht der Abgeordneten aus deren durch Art. 38 Abs. 1 GG gewährleisteten Status abgeleitet.[32] Inzwischen spricht das Gericht in ständiger Rechtsprechung davon, dass aus Art. 38 Abs. 1 Satz 2 und Art. 20 Abs. 2 Satz 2 GG ein Frage- und Informationsrecht des Deutschen Bundestags gegenüber der Bundesregierung folgt, an dem die einzelnen Abgeordneten und die Fraktionen als Zusammenschlüsse von Abgeordneten nach Maßgabe der Ausgestaltung in der Geschäftsordnung des Deutschen Bundestags teilhaben und dem grundsätzlich eine Antwortpflicht der Bundesregierung korrespondiert.[33]

Im Jahre 2009 hatte sich der Zweite Senat in einem Organstreitverfahren auf den Antrag einer Oppositionsfraktion und einzelner Abgeordneter hin mit Kleinen Anfragen zur Sammlung, Speicherung und Weitergabe von Informationen über Abgeordnete durch Geheimdienste des Bundes zu befassen, deren Beantwortung die Bundesregierung aus Gründen der Geheimhaltungsbedürftigkeit nachrichtendienstlicher Informationen verweigert hatte.[34] Der Senat erkannte an, dass die Antwortpflicht der Bundesregierung Grenzen unterliegt. Sie besteht nur in Bezug auf Gegenstände, die im Verantwortungsbereich der Regierung liegen, und nur so weit, wie nicht der Kernbereich exekutiver Eigenverantwortung betroffen ist.[35] Allerdings bedarf die nähere Grenzziehung der Würdigung im Einzelfall; der allgemeine Verweis auf die Gefährdung der Tätigkeit der Nachrichtendienste reicht zur Begründung der Antwortverweigerung nicht aus.[36] Die Bundesregierung muss die Gründe, aus denen sie die erbetenen Auskünfte verweigert, vielmehr so darlegen, dass der Bundestag anhand einer der jeweiligen Problemlage angemessenen ausführlichen Begründung beurteilen und entscheiden kann, ob er die Verweigerung der Antwort akzeptiert oder welche

31 BVerfGE 13, 123 (125).

32 BVerfGE 70, 324 (355).

33 BVerfGE 124, 161 (188); 137, 185 (230 f.) und BVerfGE 139, 194 (223).

34 BVerfGE 124, 161.

35 BVerfGE 124, 161 (188 f.).

36 BVerfGE 124, 161 (189 f.).

weiteren Schritte er unternimmt, sein Auskunftsverlangen ganz oder zumindest teilweise durchzusetzen.[37] Die Begründung der Antwortverweigerung hinsichtlich der Kleinen Anfragen zur Sammlung, Speicherung und Weitergabe von Informationen über Abgeordnete durch Geheimdienste des Bundes sah der Senat vor diesem Hintergrund als nicht tragfähig an.[38]

In jüngerer Zeit hatte das Bundesverfassungsgericht zweimal Gelegenheit, die Grenzen des parlamentarischen Frage- und Auskunftsrechts und der damit korrespondierenden Antwortpflicht der Bundesregierung klarer abzustecken:

In seinem Urteil vom 21. Oktober 2014 zu parlamentarischen Anfragen in Bezug auf Entscheidungen des Bundessicherheitsrats über Rüstungsexporte standen erneut Belange des Staatswohls, des Kernbereichs exekutiver Eigenverantwortung und der Grundrechte Dritter im Vordergrund. Der Zweite Senat stellte fest, dass die Rüstungsexportkontrolle nicht von vornherein jeglicher parlamentarischen Kontrolle entzogen ist.[39] Allerdings unterfallen die Beratung und Beschlussfassung im Bundessicherheitsrat dem Kernbereich exekutiver Eigenverantwortung. Die Bundesregierung ist daher nicht verpflichtet, über laufende Vorgänge zu berichten. Dies könnte faktisch zu einem Mitregieren des Parlaments führen. Sie muss aber auf entsprechende Anfragen hin zeitnah mitteilen, dass der Bundessicherheitsrat ein bestimmtes Kriegswaffenexportgeschäft genehmigt hat oder dass eine Genehmigung für ein wie in der Anfrage beschriebenes Geschäft nicht erteilt worden ist.[40]

Mit seinem Urteil vom 2. Juni 2015 grenzte der Zweite Senat den Verantwortungsbereich der Bundesregierung bei Fragen zu Unterstützungseinsätzen der Bundespolizei von dem Verantwortungsbereich der Länder für solche Einsätze ab. Hintergrund waren polizeiliche Einsätze von Wasserwerfern und Tränengas bei Großversammlungen in Dresden und Berlin. Der Senat stellte das parlamentarische Fragerecht und die Antwortpflicht der Regierung in den Zusammenhang der demokratischen Legitimation, die im föderal verfassten Staat des Grundgesetzes grundsätzlich nur durch das Bundes- oder Landesvolk für seinen jeweiligen Bereich ver-

37 BVerfGE 124, 161 (193); 137, 185 (244); 139, 194 (231).
38 BVerfGE 124, 161 (189 ff.).
39 BVerfGE 137, 185 (235).
40 BVerfGE 137, 185 (244 f.).

mittelt werden kann.[41] Dies erfordert eine klare Verantwortungszuordnung. Die Bürgerinnen und Bürger müssen wissen, wen sie wofür verantwortlich machen können.[42] Der Senat kam zu dem Schluss, dass sich das Frage- und Auskunftsrecht des Deutschen Bundestags, seiner Abgeordneten und Fraktionen gegenüber der Bundesregierung hinsichtlich der Unterstützungseinsätze auf alle Umstände beziehen kann, die nach der im Grundgesetz angelegten und im Gesetz über die Bundespolizei näher geregelten Verteilung der Zuständigkeiten in den Verantwortungsbereich des Bundes fallen. Hierzu zählt insbesondere die Entscheidung, inwieweit die Bundespolizei dem Unterstützungsersuchen eines Landes folgt. Zu beantworten sind auch solche Fragen, bei denen Bundespolizeibehörden in ihrer Dienstherreneigenschaft angesprochen sind, wie etwa parlamentarische Anfragen zu disziplinarrechtlich relevantem Verhalten von einzelnen Bundespolizisten, soweit sie die Tatsachen, aufgrund deren hierfür ein begründeter Verdacht besteht, hinreichend klar erkennen lassen.[43] Nur zu Umständen, die allein im Verantwortungsbereich der Länder liegen, wie etwa das Einsatzkonzept der Landespolizei und dessen Durchführung, muss sich die Bundesregierung nicht äußern.[44]

Die Sachverhalte, mit denen sich das Gericht in den letzten Jahren zu befassen hatte, zeigen, dass das Frage- und Auskunftsrecht heute nicht mehr allein und wohl auch nicht mehr in erster Linie der schlichten Informationsbeschaffung dient. Zwar ermöglicht es den Abgeordneten immer noch, das zwischen Regierung und Parlament bestehende strukturelle Informationsgefälle teilweise auszugleichen. Es ist aber vor allem auch zu einem Instrument der Regierungskontrolle geworden. Die Regierung ist bei sachgerechter Nutzung des Fragerechts durch ihre Antwortpflicht gezwungen, öffentlich über ihre Tätigkeit Rechenschaft abzulegen. Auf diese Weise kann die Opposition Missstände aufzeigen und sich und ihr politisches Konzept als Alternative präsentieren.

41 BVerfGE 139, 194 (108 f.).
42 Ebd.
43 Vgl. BVerfGE 139, 194 (228).
44 Vgl. BVerfGE 139, 194 (228 f.).

4. Regierungskontrolle durch parlamentarische Untersuchungsausschüsse

Das schärfste Schwert der Kontrolle der Regierung durch das Parlament ist der parlamentarische Untersuchungsausschuss. Das Recht der Untersuchungsausschüsse hat in Deutschland eine lange Tradition, erste Normierungen finden sich bereits in der Paulskirchenverfassung vom 28. März 1849.[45] Auch hierbei handelt es sich vornehmlich um ein Instrument der Opposition. Anders als das Fragerecht kann dieses Instrument auch zur Kontrolle der jeweiligen parlamentarischen Mehrheit eingesetzt werden. Der Untersuchungsausschuss stellt daher eine »›Waffe‹ der Opposition in Allianz mit der öffentlichen Meinung und den Medien gegen die Kanzlermehrheit« dar.[46] Dass der Opposition dieses Kontrollmittel effektiv zur Verfügung steht, ist wesentlich auf die langjährige Rechtsprechung des Bundesverfassungsgerichts zurückzuführen, das die Bedeutung der Minderheitsenquete konsequent und kontinuierlich hervorgehoben hat.[47]

Im Jahre 1984 hatte sich das Bundesverfassungsgericht mit der teilweisen Weigerung der Bundesregierung zu befassen, dem sogenannten Flick-Untersuchungsausschuss angeforderte Akten vorzulegen. Es stellte klar, dass die Bundesregierung angesichts der Bedeutung des parlamentarischen Kontrollrechts die Herausgabe von Akten an einen Untersuchungsausschuss grundsätzlich nicht unter Berufung auf das Wohl des Bundes oder eines Landes verweigern darf, da dieses dem Bundestag und der Bundesregierung gemeinsam anvertraut ist. Etwaigen Geheimhaltungsgründen kann gegebenenfalls durch die Anwendung der Geheimschutzordnung des Deutschen Bundestags Rechnung getragen werden.[48] Nur unter ganz besonderen Umständen können dem Ausschuss Akten vorenthalten werden, wenn der Kernbereich exekutiver Eigenverantwortung berührt ist, der einen grundsätzlich nicht ausforschbaren Initiativ-, Beratungs- und Handlungsbereich der Regierung

45 Max-Emanuel Geis, »Untersuchungsausschuss«, in: Isensee/Kirchhof (Hg.), *Handbuch des Staatsrechts*, Bd. III, § 55, Rn. 1.

46 Geis, »Untersuchungsausschuss«, § 55, Rn. 6.

47 Näher Julia Platter, *Das parlamentarische Untersuchungsverfahren vor dem Verfassungsgericht*, Berlin 2004.

48 BVerfGE 67, 100 (133 ff.).

einschließt.[49] Der Schutz dieses Kernbereichs unterliegt aber zeitlichen Grenzen: Er greift nur für laufende, nicht hingegen für abgeschlossene Vorgänge.[50]

In seinem Beschluss aus dem Juni 2009 zum BND-Untersuchungsausschuss hat der Zweite Senat bekräftigt, dass ein Geheimnisschutz aus Gründen des Staatswohls in aller Regel nicht gegen das Parlament erfolgen kann.[51] Auch Informationen betreffend die interne Willensbildung der Bundesregierung sind dieser Entscheidung zufolge nicht generell, sondern nur unter bestimmten abgestuften Voraussetzungen vor dem Zugriff des Parlaments geschützt. Namentlich gebietet es das Gewaltenteilungsprinzip, ein Mitregieren Dritter bei Entscheidungen zu verhindern, die in der alleinigen Kompetenz der Regierung liegen.[52] Es ist aber nicht damit getan, dass sich die Bundesregierung pauschal auf die Geheimhaltungsbedürftigkeit oder den Kernbereich exekutiver Eigenverantwortung beruft. Vielmehr muss sie ihr Antwortverweigerungsinteresse mit dem Gewicht des parlamentarischen Informationsinteresses im Einzelfall abwägen[53] und ihre Weigerung substantiiert begründen.[54] Die Herausgabe von Informationen ist also die Regel, die Informationsverweigerung die mit erheblichen Begründungs- und Darlegungspflichten der Bundesregierung verbundene Ausnahme. Im Fall des BND-Untersuchungsausschusses genügte die von der Bundesregierung für die Verweigerung der Aktenherausgabe gegebene Begründung diesen Anforderungen nicht.[55]

Die Entscheidungen zum Recht der Untersuchungsausschüsse und zum parlamentarischen Frage- und Auskunftsrecht zeigen, welch zentrale Bedeutung das Bundesverfassungsgericht der öffent-

49 BVerfGE 67, 100 (139).

50 Ebd.

51 BVerfGE 124, 78 (124).

52 BVerfGE 124, 78 (120 f.).

53 Vgl. BVerfGE 124, 78 (122 f., 125, 138 f.).

54 Vgl. BVerfGE 124, 78 (128 f., 132 ff.). Zu Begründungspflichten auch BVerfGE 124, 161 (193): »Abgesehen von Fällen evidenter Geheimhaltungsbedürftigkeit kann das Parlament nur anhand einer der jeweiligen Problemlage angemessenen ausführlichen Begründung beurteilen und entscheiden, ob es die Verweigerung der Antwort akzeptiert. [...] Der Bundestag muss [...] Abwägungen betroffener Belange, die zur Versagung von Auskünften geführt haben [...], auf ihre Plausibilität und Nachvollziehbarkeit überprüfen können.«

55 BVerfGE 124, 78 (135 ff.).

lichen Beratung gesellschaftlich relevanter Themen im Parlament beimisst. Erst die Öffentlichkeit der Beratung schafft die Voraussetzungen für eine Kontrolle der Regierung und der parlamentarischen Mehrheit durch die Bürgerinnen und Bürger. Und erst die öffentliche Auseinandersetzung und Entscheidungssuche eröffnet Möglichkeiten eines Ausgleichs widerstreitender Interessen, die sich bei einem weniger transparenten Vorgehen so nicht ergäben.

5. Die Mitwirkung der Opposition an der politischen Willensbildung

Die Opposition wirkt aber nicht nur an der parlamentarischen Kontrolle der Regierung mit, sondern auch an der politischen Willensbildung im Parlament. Man kann dies als »Thematisierungs-, Innovations- und Mobilisierungsfunktion« oder kurz als »Kritikfunktion« bezeichnen.[56] Die Opposition greift typischerweise einen von Regierung und Regierungsmehrheit unbeachtet gelassenen gesellschaftlichen Input auf und versucht, ihm zu politischem Erfolg zu verhelfen.[57] Die Berücksichtigung der von der Opposition in den Entscheidungsprozess eingespeisten Interessen macht die letztlich zu treffende Entscheidung nicht selten besser.[58] Denn der auf diese Weise erzwungene permanente demokratische Wettbewerb fördert innovative Lösungen.[59] Dementsprechend betrachtet das Bundesverfassungsgericht das Parlament als zentralen Ort der politischen Debatte.

Auf dem Gedanken, dass öffentliches Verhandeln von Argument und Gegenargument ein wesentliches Element des demokratischen Parlamentarismus darstellt,[60] fußt auch der in der Rechtsprechung des Bundesverfassungsgerichts entwickelte Grundsatz der Spiegelbildlichkeit, wonach grundsätzlich jeder Ausschuss des

56 Näher zu den Aufgaben der Opposition Andreas Voßkuhle, »Opposition im Europäischen Parlament«, in diesem Band, S. 64 f.

57 Vgl. Martin Sebaldt, *Die Thematisierungsfunktion der Opposition. Die parlamentarische Minderheit des Deutschen Bundestags als innovative Kraft im politischen System der Bundesrepublik Deutschland*, Frankfurt/M. u. a. 1992, S. 50 und passim.

58 Konrad Hesse, *Grundzüge des Verfassungsrechts der Bundesrepublik Deutschland*, Heidelberg [20]1995, Rn. 141.

59 Armin Hatje, »Demokratie als Wettbewerbsordnung«, in: *VVDStRL* 69 (2010), S. 135-172, hier S. 146.

60 Vgl. BVerfGE 70, 324 (355).

Deutschen Bundestags ein verkleinertes Abbild des Plenums sein und in seiner Zusammensetzung die Zusammensetzung des Plenums widerspiegeln muss.[61] Auf die damit verbundene möglichst getreue Abbildung der Stärke der im Plenum vertretenen Fraktionen[62] haben zwar alle Fraktionen einen Anspruch, in der Praxis schützt der Grundsatz der Spiegelbildlichkeit aber vor allem die Opposition, die am ehesten Gefahr läuft, von der Mehrheit bei der Besetzung der Ausschüsse übergangen zu werden.[63]

6. Die Wahrnehmung von Rechten des Parlaments durch die Opposition

Dass das Bundesverfassungsgericht die dem Bauplan des Grundgesetzes für einen demokratischen Verfassungsstaat entnommenen Oppositionsrechte in der tatsächlichen Architektur unserer parlamentarischen Demokratie breit entfalten konnte, beruht übrigens – dies sei hier nur am Rande erwähnt – auf einer prozessualen Besonderheit: Vor dem Bundesverfassungsgericht können oberste Bundesorgane oder Teile davon Streitigkeiten über den Umfang ihrer Rechte und Pflichten im Rahmen eines Organstreitverfahrens klären lassen.[64] Zum Organstreit zugelassen sind gerade auch die Oppositionsfraktionen.[65] Das Bundesverfassungsgericht erkennt dabei in ständiger Rechtsprechung die Befugnis der Fraktionen an, auch Rechte des gesamten Parlaments quasi »treuhänderisch« in eigenem Namen geltend zu machen – auch dann, wenn das Parlament die fragliche Maßnahme der Bundesregierung mehrheitlich

61 BVerfGE 80, 188 (222); 84, 304 (323); 96, 264 (282); 112, 118 (133); 130, 318 (354); 131, 230 (235); 135, 317 (396).

62 BVerfGE 130, 318 (354); 131, 230 (235).

63 Dass das Bundesverfassungsgericht Arbeitsgruppen und andere Untergremien des Vermittlungsausschusses von dem Grundsatz der Spiegelbildlichkeit ausgenommen hat, liegt vor allem daran, dass Zweck und Ziel des Vermittlungsverfahrens das Erzielen eines politischen Kompromisses zwischen den beiden Gesetzgebungskörperschaften ist und nicht die nochmalige freie Beratung des Gesetzgebungsvorschlags, zu dem diese unterschiedliche Positionen eingenommen haben (BVerfGE 140, 115 [155ff.]).

64 Art. 93 Abs. 1 Nr. 1 GG, §§ 63ff. BVerfGG.

65 Zu entsprechenden Erwägungen im Parlamentarischen Rat BVerfGE 90, 286 (344); 117, 359 (367f.).

billigt.[66] Diese Einschaltung des »parlamentarischen Gegenspielers der Regierung« sichert zugleich die Rechte des Parlaments gegenüber der Exekutivgewalt.[67]

II. Das Parlament als Repräsentationsorgan des Volkes

Aus dem bisher Gesagten lässt sich erkennen, welche Bedeutung das Bundesverfassungsgericht den oppositionellen parlamentarischen Minderheiten und ihren verschiedenen Funktionen beimisst. Oppositionsfraktionen haben mit den von ihnen angestoßenen Verfahren wesentlich zu einer Klärung wichtiger verfassungsrechtlicher Fragen des Parlamentarismus unter dem Grundgesetz beigetragen. Das Gericht hat sich aber in den letzten Jahrzehnten nicht nur mit den Rechten dieser Minderheiten befasst, sondern hatte in einer Reihe von Verfahren auch Gelegenheit, sich grundlegend zu der zentralen Stellung des Parlaments in der repräsentativen Demokratie zu äußern.

Das Grundgesetz verbindet in Art. 20 Abs. 2 den Grundsatz der Volkssouveränität mit der Idee der Repräsentation. Das Volk ist an der Ausübung der Staatsgewalt nur mittelbar, nämlich durch eine Versammlung seiner Vertreter beteiligt.[68]

> Der Deutsche Bundestag ist das unmittelbare Repräsentationsorgan des Volkes. Er besteht aus den als Vertretern des ganzen Volkes gewählten Abgeordneten, die insgesamt die Volksvertretung bilden. Der durch Art. 38 Abs. 1 Satz 2 GG gewährleistete repräsentative Status der Abgeordneten [...] ist Grundlage für die repräsentative Stellung des Bundestags, der als »besonderes Organ« (Art. 20 Abs. 2 GG) die vom Volk ausgehende Staatsgewalt ausübt [...].[69]

66 Ständige Rechtsprechung seit BVerfGE 1, 351 (359). Die Opposition kann damit die Einhaltung der Kompetenzordnung der staatsorganschaftlichen Willensbildung gegen die Mehrheit erzwingen, vgl. Andreas Voßkuhle, in: Hermann von Mangoldt, Friedrich Klein, Christian Starck (Hg.), *Kommentar GG*, Bd. 3, München ⁶2010, Art. 93, Rn. 110.

67 Vgl. BVerfGE 90, 286 (344); 117, 359 (367 f.).

68 Die unmittelbare Ausübung der Staatsgewalt durch das Volk im Wege von Abstimmungen ist nur für den Fall der Neugliederung des Bundesgebiets vorgesehen (Art. 29 und 118 GG).

69 BVerfGE 130, 318 (342).

Dieses Verfassungsprinzip der parlamentarischen Repräsentation verwirklicht sich in den Wahlen zur Volksvertretung, im Budgetrecht des Parlaments, im freien Mandat der Abgeordneten und in den Institutionen der Parteien- und Mediendemokratie.[70]

Hiermit ist der Bezugsrahmen umrissen, innerhalb dessen das Gericht die Bestimmung einzelner Rechte und Kompetenzen des Parlaments und seiner Abgeordneten vorgenommen hat. Die zentrale Stellung des Parlaments war dabei Leitlinie und Marschroute.

1. Das Parlament als zentraler Ort politischer Willensbildung

Eine Reihe von Verfahren betraf die Kompetenzen des Gemeinsamen Ausschusses aus Mitgliedern des Bundestags und Bundesrats gemäß Art. 77 Abs. 2 GG – der sogenannte Vermittlungsausschuss –, namentlich die Frage, ob der Vermittlungsausschuss sich mit seinen Änderungs-, Ergänzungs- und Streichungsvorschlägen innerhalb des Rahmens des Anrufungsbegehrens und des Gesetzgebungsverfahrens halten muss und ob er dies im konkreten Fall getan hat.[71]

Die Kompetenzen des Vermittlungsausschusses und ihre Grenzen sind in der Verfassung nicht ausdrücklich geregelt. Das Bundesverfassungsgericht hat sie aus der Funktion und Stellung des Gremiums im Gesetzgebungsverfahren abgeleitet. Der Vermittlungsausschuss ist bekanntermaßen kein Entscheidungsorgan, sondern gibt Empfehlungen für die Entscheidungen der Gesetzgebungsorgane Bundestag und Bundesrat.[72] Er hat kein eigenes Gesetzesinitiativrecht, sondern vermittelt zwischen den zuvor parlamentarisch beratenen Regelungsalternativen. Er verantwortet seine Beratungen und Empfehlungen nicht vor einer parlamentarischen Öffentlichkeit, sondern tagt nichtöffentlich und vertraulich.[73] Zweck und Ziel des Vermittlungsverfahrens ist das Erzielen eines

70 Peter Badura, »Die politische Willensbildung des Volkes in der parlamentarischen Demokratie«, in: Hanno Kube u. a. (Hg.), *Leitgedanken des Rechts. Festschrift für Paul Kirchhof*, Bd. I, Heidelberg u. a. 2013, § 58, Rn. 5.

71 Vgl. BVerfGE 72, 175 (187 ff.); 78, 249 (271); 101, 297 (305 ff.); 120, 56 (73 ff.); 125, 104 (121 ff.).

72 Vgl. BVerfGE 72, 175 (188); 101, 297 (306); 120, 56 (74); 125, 104 (122 ff.); 140, 115 (150 f.).

73 Vgl. BVerfGE 101, 297 (306); 120, 56 (74); 125, 104 (122 ff.); 140, 115 (155).

politischen Kompromisses zwischen den beiden Gesetzgebungskörperschaften. Das Vermittlungsverfahren dient folglich nicht der öffentlichen parlamentarischen Verhandlung und Beschlussfassung. Vielmehr eröffnet das Grundgesetz um der Effizienz der Gesetzgebung willen die Möglichkeit, die Beratung von Vorlagen einem Ausschuss zu übertragen, der nach seiner Zusammensetzung und seinem Verfahren in besonderem Maße geeignet ist, einen Kompromiss zu erarbeiten.[74]

Die Praxis hat gezeigt, dass diese Kompromisssuche oftmals durch eine Erweiterung des »Handlungsfeldes«, das heißt durch die Einbeziehung weiterer, mit dem in Rede stehenden Gesetz nicht unbedingt zusammenhängender Gesichtspunkte und Regelungsgegenstände, im Sinne sogenannter politischer Paketlösungen erleichtert wird.[75] Zwischen diesen praktischen Bedürfnissen und der Gesetzgebungsfunktion des Deutschen Bundestags besteht ein Spannungsverhältnis,[76] zumal der Bundestag einen Einigungsvorschlag des Vermittlungsausschusses nur einheitlich annehmen oder ablehnen, nicht aber ändern kann.[77] Während die Kompromisssuche am ehesten in möglichst vertraulicher Atmosphäre und bei größtmöglicher Flexibilität hinsichtlich der Beratungsgegenstände gelingen mag, verlangen die Stellung des Bundestags als zentrales Gesetzgebungsorgan und der Grundsatz der Parlamentsöffentlichkeit eine Beratung von Vorlagen im Parlament vor den Augen des Wahlvolkes. Die Kompromisssuche im Vermittlungsverfahren wird deshalb teilweise auch als ein Schritt auf dem Weg zu einer Entparlamentarisierung und Auslagerung staatlicher Entscheidungsverantwortung in informale und intransparente Runden angesehen.[78]

74 BVerfGE 140, 115 (156).

75 Siehe die empirische Beschreibung bei Jasmin Merati-Kashani, »Vermitteln im Vermittlungsausschuss – Mediation in der Bundesgesetzgebung?«, in: *NVwZ-Extra Heft 7* (2011), S. 1-7, hier S. 2 ff., die insoweit auch von einem »Kuhhandel« spricht.

76 Herdegen, »Informalisierung und Entparlamentarisierung«, S. 20, Fn. 43. Zum Ganzen BVerfGE 139, 194.

77 Er befindet sich daher in einer sog. Ratifikationslage (Art. 77 Abs. 2 Satz 5 GG).

78 Thomas Puhl (»Entparlamentarisierung und Auslagerung staatlicher Entscheidungsverantwortung«, in: Isensee/Kirchhof [Hg.], *Handbuch des Staatsrechts*, Bd. III, § 48, Rn. 22 f.) relativiert diese Bedenken aber mit dem Hinweis, dass die Bundesstaatlichkeit als ein Element der Gewaltenteilung und die bundesstaatlich legitimierte Einbindung des Bundesrats in das Gesetzgebungsverfahren

Das Bundesverfassungsgericht hat die Bedeutung des parlamentarischen Gesetzgebungsverfahrens und der im Bundestag zu führenden parlamentarischen Debatte sowie die Rechte der Abgeordneten im Gesetzgebungsverfahren letztlich höher bewertet als das Ziel der Kompromisssuche. Das Gericht hat ausdrücklich festgestellt, dass der Vermittlungsausschuss eine Änderung, Ergänzung oder Streichung der vom Bundestag beschlossenen Vorschriften nur vorschlagen darf, wenn und soweit dieser Einigungsvorschlag im Rahmen des Anrufungsbegehrens und des ihm zugrunde liegenden Gesetzgebungsverfahrens verbleibt.[79] Der Beschlussvorschlag des Vermittlungsausschusses muss die Rechte der Abgeordneten im Gesetzgebungsverfahren wahren und die Gesetzgebungsentscheidungen der parlamentarischen Öffentlichkeit vorbehalten, um einer weiteren Verlagerung der Entscheidungen in Ausschüsse und Fraktionen und der damit verbundenen Entparlamentarisierung der Gesetzgebung entgegenzuwirken.[80] Der Vermittlungsausschuss darf weder ein ihm nicht zustehendes Gesetzesinitiativrecht beanspruchen noch das parlamentarische Gesetzgebungsverfahren verkürzen und der öffentlichen Aufmerksamkeit entziehen. Der Vermittlungsvorschlag muss daher so ausgestaltet sein, dass er dem Bundestag aufgrund der dort zu führenden parlamentarischen Debatte zurechenbar ist.[81] Erst deren Öffentlichkeit ermöglicht dem Bürger die Wahrnehmung seiner Kontrollfunktion und dient damit der effektiven Verantwortlichkeit des Parlaments gegenüber dem Wähler.[82]

2. *Die europäische Dimension der Volkssouveränität*

Die Verantwortlichkeit des Parlaments führt mich zu einem weiteren großen Themengebiet, welches das Bundesverfassungsgericht seit Anfang der 1990er Jahre immer wieder beschäftigt hat: die voranschreitende europäische Integration, also der immer engere Zusammenschluss der europäischen Völker.[83] Die hiermit verbundene

verfassungsrechtlich gewollt und verfassungspolitisch jedenfalls im Grundsatz sachangemessen seien.

79 BVerfGE 101, 297 (307); 120, 56 (75 f.); 125, 104 (122).

80 BVerfGE 101, 297 (306 f.); 125, 104 (122).

81 BVerfGE 120, 56 (76); 125, 104 (122).

82 BVerfGE 125, 104 (124).

83 Vgl. den 1. Erwägungsgrund der Präambel des Vertrages über die Arbeitsweise der

weitreichende Verlagerung von Legislativbefugnissen auf die Organe der Europäischen Union bringt naturgemäß eine Beschränkung der Kompetenzen nationaler Parlamente für die Gesetzgebung in den einzelnen Mitgliedstaaten mit sich. Dieser Prozess wird vor allem wegen des nach wie vor bestehenden Übergewichts der Exekutive auf Ebene der Europäischen Union in der Bevölkerung vielfach mit einem Bedeutungsverlust des Bundestags und der Landesparlamente, mit einer Aushöhlung des Demokratieprinzips und einer Auszehrung des Parlamentarismus verbunden.[84] Einbußen an staatlicher Souveränität sind eben immer zugleich auch Einbußen an Volkssouveränität, solange nicht auf supranationaler Ebene ein Maß an demokratischer Legitimation erreicht ist, dass die schwindende Repräsentation der Staatsvölker durch die nationalen Parlamente kompensieren kann.[85] Diese Sorge hat eine im Laufe der Jahre zunehmende Anzahl von Bürgerinnen und Bürgern dazu veranlasst, gegen die von ihnen so wahrgenommene Selbstentmachtung des Deutschen Bundestags vor das Bundesverfassungsgericht zu ziehen.

a. Die Integrationsverantwortung des Deutschen Bundestags

Das Bundesverfassungsgericht hat – aus meiner Sicht erfolgreich – versucht, den aus der Präambel und Art. 23 Abs. 1 GG folgenden Verfassungsauftrag zur Verwirklichung eines vereinten Europas mit den nach Art. 79 Abs. 3 GG unverfügbaren und damit auch integra-

Europäischen Union (AEUV): »In dem festen Willen, die Grundlagen für einen immer engeren Zusammenschluss der europäischen Völker zu schaffen [...].«

84 Brenner, »Das Prinzip Parlamentarismus«, § 44, Rn. 68; Peter M. Huber, »Die parlamentarische Demokratie unter den Bedingungen der europäischen Integration«, in: ders. u. a. (Hg.), *Zur Lage der parlamentarischen Demokratie. Symposium zum 60. Geburtstag von Peter Badura*, Tübingen 1995, S. 105-134, hier S. 112 ff.; Günter Krings, »Parlament«, in: Kube u. a. (Hg.), *Leitgedanken des Rechts*, § 63, Rn. 15; Puhl, »Entparlamentarisierung und Auslagerung staatlicher Entscheidungsverantwortung«, § 48, Rn. 11. Auch Badura (»Die politische Willensbildung des Volkes in der parlamentarischen Demokratie«, § 58, Rn. 19) spricht von einer »Entparlamentarisierung der Gesetzgebung«.

85 Dies wird häufig verkannt, wenn in der Diskussion des Souveränitätsprinzips lediglich der Außenaspekt staatlicher Souveränität angesprochen und diese mit dem staatlichen Gewaltmonopol gleichgesetzt wird. Hierauf weist Ingeborg Maus zu Recht hin in: *Über Volkssouveränität. Elemente einer Demokratietheorie*, Berlin 2011, S. 375.

tionsfesten Staatsstrukturprinzipien des Art. 20 GG,[86] namentlich mit dem Demokratieprinzip in Einklang zu bringen. Es ging ihm darum, den Integrationsprozess nicht zu behindern, zugleich aber seine demokratische Rückanbindung zu gewährleisten.

Bereits in seinem Urteil zu dem am 7. Februar 1992 unterzeichneten Vertrag von Maastricht[87] hat das Gericht ausgeführt, dass die nach dem Grundgesetz ausdrücklich zugelassene Mitgliedschaft in einer zu eigenem hoheitlichen Handeln befähigten und befugten Staatengemeinschaft zwangsläufig zu einer veränderten Form demokratischer Legitimation führt.[88] Neben der Rückkoppelung des Handelns europäischer Organe an die Parlamente der Mitgliedstaaten muss demokratische Legitimation durch das von den Unionsbürgerinnen und Unionsbürgern gewählte Europäische Parlament vermittelt werden.[89] Der Zweite Senat betont in seiner *Maastricht*-Entscheidung, dass der Ausbau der demokratischen Grundlagen der Europäischen Union mit dem Fortgang der Integration Schritt halten muss, weil die mitgliedstaatlichen Parlamente bei einem Übergewicht von Aufgaben und Befugnissen auf Ebene des europäischen Staatenverbundes die Legitimation der von der Union wahrgenommenen Hoheitsgewalt nicht mehr ausreichend vermitteln können.[90] Da demokratische Legitimation gegenwärtig durch die Staatsvölker über die nationalen Parlamente vermittelt wird, müssen dem Deutschen Bundestag Aufgaben und Befugnisse von substantiellem Gewicht verbleiben.[91]

Gut 15 Jahre später, am 13. Dezember 2007, unterzeichneten die Staats- und Regierungschefs den Vertrag von Lissabon. Die Vorgeschichte ist bekannt: Die Reformen der europäischen Institutionen und Entscheidungsverfahren, die der Vertrag von Nizza zur Vorbereitung auf die Osterweiterung im Jahre 2004 vorsah, wurden schon kurz nach dessen Inkrafttreten – das sich wegen des »Neins« der irischen Bevölkerung bis 2003 verzögert hatte – allgemein als

86 Vgl. zusammenfassend Andreas Voßkuhle, »Verfassungsgerichtsbarkeit und europäische Integration«, in: *NVwZ Beilage 1* (2013) (Festheft 60 Jahre Bundesverwaltungsgericht), S. 27-32.

87 BVerfGE 89, 155.

88 BVerfGE 89, 155 (182).

89 BVerfGE 89, 155 (185).

90 BVerfGE 89, 155 (186).

91 Ebd.

nicht ausreichend angesehen, eine »Reform der Reform« wurde angemahnt. Noch im Jahre 2004 wurde der Vertrag über eine Verfassung für Europa unterzeichnet, der jedoch aufgrund gescheiterter Referenden in Frankreich und den Niederlanden nie in Kraft trat. Nach einer selbstverordneten »Reflexionsphase« wurde auf der Regierungskonferenz im Oktober 2007 in Lissabon ein neues Vertragswerk erarbeitet, das die inhaltliche Substanz des gescheiterten Verfassungsvertrags weitgehend übernahm.[92] Gegen das vom Deutschen Bundestag verabschiedete Zustimmungsgesetz zum Vertrag von Lissabon und die Begleitgesetze legten mehrere Bürger Verfassungsbeschwerde ein. Zudem machten ein Abgeordneter und eine Oppositionsfraktion im Deutschen Bundestag geltend, dass sie durch die Zustimmung in ihren Rechten beziehungsweise der Deutsche Bundestag in seinen Rechten als legislatives Organ verletzt worden seien.

Das Bundesverfassungsgericht prüfte in seiner am 30. Juni 2009 verkündeten Entscheidung die Vereinbarkeit der Vertragsänderungen mit dem Grundgesetz am Maßstab des Wahlrechts, das mit dem Anspruch auf freie und gleiche Teilhabe an der in Deutschland ausgeübten Staatsgewalt sowie auf die Einhaltung des Demokratiegebots Grundsätze beinhaltet, die Art. 79 Abs. 3 GG als änderungsfeste Identität der Verfassung festschreibt. Das Gericht stellte fest, dass die deutsche Verfassung auf Öffnung der staatlichen Herrschaftsordnung für das friedliche Zusammenwirken der Nationen und die europäische Integration gerichtet ist und in Art. 23 Abs. 1 GG die Übertragung von Hoheitsrechten auf die Europäische Union zulässt, allerdings nur auf der Grundlage eines verantwortbaren Integrationsprogramms nach dem Prinzip der begrenzten Einzelermächtigung und unter der Voraussetzung, dass die verfassungsrechtliche Identität der Mitgliedstaaten gewahrt bleibt. Die Übertragung der Kompetenz-Kompetenz ist ausgeschlossen.[93]

Vor diesem Hintergrund sah das Bundesverfassungsgericht den Vertrag von Lissabon und das Zustimmungsgesetz für verfassungs-

92 Siehe zur Vorgeschichte des Vertrags von Lissabon die ausführliche Darstellung in BVerfGE 123, 267 (271 ff.); Franz C. Mayer, »Der Vertrag von Lissabon im Überblick«, in: *JuS* (2010), S. 189-195; Jörg P. Terhechte, »Der Vertrag von Lissabon: Grundlegende Verfassungsurkunde der europäischen Rechtsgemeinschaft oder technischer Änderungsvertrag?«, in: *EuR* (2008), S. 143-189, hier S. 144 ff.

93 BVerfGE 123, 267 (347 ff.).

gemäß an. Durchgreifenden verfassungsrechtlichen Bedenken begegneten aber die Regelungen des Ausweitungsgesetzes über die Mitwirkung von Bundestag und Bundesrat bei der mit dem Vertrag von Lissabon neugeschaffenen Befugnis des Europäischen Rates, in bestimmten Verfahren durch einstimmigen Beschluss ohne Ratifikationsverfahren Kompetenzergänzungen vorzunehmen und von Einstimmigkeits- zu Mehrheitsentscheidungen überzugehen.[94] Bei einer solchen Ausgestaltung des Vertragsrechts obliegt nach dem *Lissabon*-Urteil den gesetzgebenden Körperschaften neben der Bundesregierung eine besondere Verantwortung im Rahmen der Mitwirkung, die in Deutschland innerstaatlich den Anforderungen des Art. 23 Abs. 1 GG genügen muss: die sogenannte Integrationsverantwortung.[95]

Diese kann nur hinreichend wahrgenommen werden, wenn den gesetzgebenden Körperschaften Bundestag und Bundesrat die entscheidende Mitwirkung bei allen im Vertrag von Lissabon angelegten, ohne Ratifikationsverfahren möglichen Kompetenzergänzungen und Übergängen von Einstimmigkeits- zu Mehrheitsentscheidungen eingeräumt wird. Daher bedarf es jeweils eines Gesetzes, wenn das vereinfachte Vertragsänderungsverfahren oder die Vertragsabrundungsklausel in Art. 352 AEUV angewendet werden sollen. Entsprechendes gilt für die sogenannten allgemeinen Brückenverfahren, mit denen der Übergang von Einstimmigkeits- zu Mehrheitsentscheidungen und vom besonderen zum ordentlichen Gesetzgebungsverfahren ermöglicht wird.[96]

Das Bundesverfassungsgericht knüpft mit diesen Mitwirkungs-

94 BVerfGE 123, 267 (432 ff.).

95 BVerfGE 123, 267 (433). Zur Rezeption des Konzepts der Integrationsverantwortung in der Literatur siehe etwa Andreas Engels, »Die Integrationsverantwortung des Deutschen Bundestags«, in: *JuS* (2012), S. 210-214; Sven Hölscheidt, »Die Verantwortung des Bundestags für die europäische Integration«, in: *DÖV* (2012), S. 105-113; Jörn A. Kämmerer, »Integrationsverantwortung: Ein neuer Topos aus Karlsruher Werkstatt«, in: *RabelsZ* (2012), S. 253-275; Stefanie Schmahl, »Singuläre Integrationsverantwortung des Parlaments – oder kumulative Integrationsverantwortung der Parlamente?«, in: *DÖV* (2014), S. 501-509. Mit den Auswirkungen auf der Ebene der Länder befasst sich z. B. Wito Schwanengel, »Integrationsverantwortung im Bundesstaat«, in: *DÖV* (2014), S. 93-103. Vgl. auch Andreas Voßkuhle, »Die Integrationsverantwortung des Bundesverfassungsgerichts«, in diesem Band, S. 290-304.

96 BVerfGE 123, 267 (385 ff.).

erfordernissen – die zugleich einen Gesetzgebungsauftrag darstellen – die Vereinbarkeit der mit dem Vertrag von Lissabon neu geschaffenen vereinfachten Verfahren zur Änderung des Primärrechts der Europäischen Union mit dem Grundgesetz an die Bedingung, dass die deutschen Gesetzgebungskörperschaften an diesen Änderungen dergestalt beteiligt werden, dass sie die ihnen obliegende Verantwortung bei der fortschreitenden europäischen Integration wahrnehmen können. Diese Vorgaben setzten der Deutsche Bundestag und der Bundesrat äußerst zügig um, bereits am 22. September 2009, nicht einmal drei Monate nach Verkündung des *Lissabon*-Urteils, wurde das »Gesetz über die Wahrnehmung der Integrationsverantwortung des Bundestages und des Bundesrates in Angelegenheiten der Europäischen Union« – das Integrationsverantwortungsgesetz – beschlossen.[97]

Die Rechtsprechung des Bundesverfassungsgerichts zum fortschreitenden Prozess der europäischen Integration zeigt, dass das Gericht nicht nur schlicht die Rechte des Parlaments gestärkt hat,[98] sondern dass es in einigen Fällen sogar den Deutschen Bundestag vor einer freiwilligen Selbstentmachtung bewahren musste.[99] Das Gericht kann dabei aber nur den Rahmen schaffen für eine öffentliche Deliberation europapolitischer Themen im Parlament, ob und wie diese Möglichkeiten tatsächlich genutzt werden, hängt von jedem einzelnen Abgeordneten ab.

Daher ist die demokratische Rückanbindung des Integrationsprozesses auch im Zusammenhang mit der Stärkung der Rechte der Opposition durch das Bundesverfassungsgericht zu sehen. So ging etwa die Entscheidung des Zweiten Senats über die unzureichende Information des Bundestags durch die Bundesregierung zu den Ver-

97 »Gesetz über die Wahrnehmung der Integrationsverantwortung des Bundestages und des Bundesrates in Angelegenheiten der Europäischen Union«, BGBl. I v. 24.9.2009, S. 3022. Siehe hierzu Martin Nettesheim, »Die Integrationsverantwortung. Vorgaben des BVerfG und ihre gesetzgeberische Umsetzung«, in: *NJW* (2010), S. 177-183.

98 Siehe hierzu etwa Franz Möller, Martin Limpert, »Die Parlamentarisierung der politischen Willensbildung in europäischen Angelegenheiten«, in: *ZG* (2013), S. 44-105, hier S. 56 f.

99 Vgl. zu diesem Aspekt Fabian Wittreck, »Wächter wider Willen. Probleme der Beteiligung von Parlamenten am europäischen Integrationsprozess auf Bundes- und Landesebene«, in: *ZG* (2011), S. 122-135, sowie allgemein zur Selbstentmachtung des Parlaments die N. in Fn. 2.

handlungen über den Europäischen Stabilitätsmechanismus und den Euro-Plus-Pakt[100] auf den Antrag einer Oppositionsfraktion in einem gegen die Bundesregierung gerichteten Organstreitverfahren zurück. Die Europa- und Außenpolitik ist ein Feld, das für die Opposition nur schwierig zu bestellen ist. Die Positionierung der Bundesrepublik auf supra- und internationaler Ebene erfordert ein geschlossenes Auftreten mit einer einheitlichen nationalen Position, die wenig Raum für Meinungsvielfalt und Entscheidungskorrektur lässt. Entscheidungen zwischen Staaten fallen zudem in Exekutivverhandlungen, denen per se eine gewisse Intransparenz eigen ist. Beide Aspekte erschweren begleitende Kritik und Kontrolle durch die Opposition. Indem das Bundesverfassungsgericht klargestellt hat, dass Art. 23 GG der Bundesregierung in Angelegenheiten der Europäischen Union weitreichende Unterrichtungspflichten gegenüber dem Bundestag auferlegt, stärkte es die europapolitische Verantwortung des Parlaments.

b. Die Budgethoheit des Parlaments in der europäischen Finanz- und Staatsschuldenkrise

Die Chancen und Risiken, die die fortschreitende europäische Integration für die repräsentativen Demokratien der Mitgliedstaaten bietet, lassen sich besonders gut in einem Bereich exemplifizieren, der zum Kernbestand des Parlamentarismus gezählt wird: der Budgethoheit des Parlaments. Die europäische Finanz- und Staatsschuldenkrise hat einerseits die Bereitschaft der Mitgliedstaaten der Eurozone gefördert, durch ein engeres Zusammenwirken auf europäischer Ebene künftigen Fehlentwicklungen auf den Finanzmärkten vorzubeugen oder diese zumindest früher zu erkennen. Mit der Schaffung einer Europäischen Bankenunion,[101] deren Grundpfeiler ein einheitlicher Aufsichtsmechanismus ist,[102] wurden Maßnahmen ergriffen, um die Sicherheit und Solidität des europäischen

100 BVerfGE 131, 152.

101 Hierzu Christian Calliess, Christopher Schoenfleisch, »Die Bankenunion, der ESM und die Rekapitalisierung von Banken«, in: *JZ* (2015), S. 113-121; Alexander Thiele, »Krise der Europäischen Integration? Die Bankenunion als Beleg für die Handlungsfähigkeit der EU (Teil 1)«, in: *GewArch* 61 (2015), S. 111-116, und ders., »Krise der Europäischen Integration? Die Bankenunion als Beleg für die Handlungsfähigkeit der EU (Teil 2)«, in: *GewArch* 61 (2015), S. 157-160.

102 Der »Single Supervisory Mechanism« oder »SSM«.

Bankensystems zu gewährleisten, die finanzielle Integration und Stabilität in den teilnehmenden Mitgliedstaaten zu verbessern und eine konsistente Bankenaufsicht zu ermöglichen.[103] Andererseits bedeuten die zugleich zur Überwindung der Staatsschuldenkrise ergriffenen und teils unter dem Stichwort »Fiskalunion« zusammengefassten[104] Maßnahmen erhebliche Beschränkungen der Budgethoheit der nationalen Parlamente. Man denke hier etwa an die Verschärfung des auf die Haushaltsdisziplin der Mitgliedstaaten abzielenden Stabilitätspakts, die Eingehung des Fiskalpakts und die Einrichtung eines Europäischen Stabilitätsmechanismus.[105]

(1) Zur Bedeutung des Budgetrechts

Dem Bundesverfassungsgericht ist diese Problematik bewusst. Ich zitiere aus der Entscheidung des Zweiten Senats zur Wahrnehmung der haushaltspolitischen Gesamtverantwortung des Deutschen Bundestags im Rahmen des europäischen Stabilisierungsmechanismus vom 28. Februar 2012. Dort heißt es:

> Über Einnahmen und Ausgaben der öffentlichen Hand entscheidet der Bundestag in Verantwortung gegenüber dem Volk. Das Budgetrecht des Parlaments gehört zu den Grundlagen der demokratischen Selbstgestaltungsfähigkeit im Verfassungsstaat [...]. Es stellt ein zentrales Element der demokratischen Willensbildung dar [...] und dient nicht nur als Instrument umfassender parlamentarischer Regierungskontrolle. Vielmehr

103 Henning Berger, »Der einheitliche Aufsichtsmechanismus (SSM) – Bankenaufsicht im europäischen Verbund«, in: *WM* (2015), S. 501-506.

104 Insgesamt zur Entwicklung Hermann-Josef Blanke, *Die »Fiskalunion«. Voraussetzungen einer Vertiefung der politischen Integration im Währungsraum der Europäischen Union*, Tübingen 2014; Christian Calliess, Christopher Schoenfleisch, »Auf dem Weg in die europäische ›Fiskalunion‹? – Europa- und verfassungsrechtliche Fragen einer Reform der Wirtschafts- und Währungsunion im Kontext des Fiskalvertrages«, in: *JZ* (2012), S. 477-487; Stefan Immerfall, »Über die Eurokrise zur Fiskalunion? Mögliche Lehren für europäische Integration«, in: *ZfP* (2013), S. 194-206; Peter Sester, »Die Rolle der EZB in der europäischen Staatsschuldenkrise. Bausteine einer Fiskalunion: SMP, EFSF, ESM, Fiskalpakt?«, in: *EWS* (2012), S. 80-89.

105 Vgl. Rudolf Streinz, »Was bleibt vom Budgetrecht des Bundestages in der ›Fiskalunion‹? Anmerkung zur Rechtsprechung des Bundesverfassungsgerichts«, in: Heike Jochum u. a. (Hg.), *Freiheit, Gleichheit, Eigentum – öffentliche Finanzen und Abgaben. Festschrift für Rudolf Wendt zum 70. Geburtstag*, Berlin 2015, S. 677-692, hier S. 678 f.

aktualisiert sich in dem vom Parlament beschlossenen Haushaltsplan der Grundsatz der Gleichheit der Bürger bei der Auferlegung öffentlicher Lasten als eine wesentliche Ausprägung rechtsstaatlicher Demokratie […].[106]

Es besteht daher durchaus Anlass zur Sorge, wenn dieses im 19. Jahrhundert hart erkämpfte Recht des Parlaments ausgehöhlt wird durch eine zunehmende gesetzliche Selbstbindung, durch die Flexibilisierung des Haushalts und den damit verbundenen Verzicht auf politische Feinsteuerung der Exekutive sowie durch die Bildung immer größerer Nebenhaushalte.[107]

(2) Die Rechtsprechung des Bundesverfassungsgerichts zu den Rettungsmaßnahmen in der Finanzkrise

Durch die finanziellen Verpflichtungen, die die Bundesrepublik im Rahmen der Maßnahmen zur Bewältigung der europäischen Finanz- und Staatsschuldenkrise eingegangen ist, erreicht die Selbstbindung des Parlaments ein Ausmaß, das man sich noch vor wenigen Jahren nicht hätte vorstellen können.[108] Der Euro-Rettungsschirm wurde im Jahre 2010 auf eine Gesamtgarantiesumme von 750 Milliarden Euro aufgestockt. Der deutsche Anteil an dem Garantievolumen der Europäischen Finanzstabilisierungsfazilität (EFSF) betrug 123 Milliarden Euro, zuzüglich eventueller 20 Prozent für unvorhergesehene Fälle.[109] Dass solche Summen angesichts von Gesamteinnahmen des Bundes von etwa 257 Milliarden Euro im Jahre 2011[110] ein Problem für die Budgethoheit des Parla-

106 BVerfGE 130, 318 (343).

107 Vgl. zu diesen Entparlamentarisierungseffekten etwa Puhl, »Entparlamentarisierung und Auslagerung staatlicher Entscheidungsverantwortung«, § 48, Rn. 33 ff.

108 Vgl. Michael Rodi, »Machtverschiebungen in der Europäischen Union im Rahmen der Finanzkrise und Fragen der demokratischen Legitimation«, in: *JZ* 2015, S. 737-744.

109 BVerfGE 129, 124 (136). Per 31. August 2015 betrug der deutsche Gewährleistungsrahmen nach § 1 des Stabilisierungsmechanismusgesetzes rund 211 Mrd. Euro: ⟨https://bundesfinanzministerium.de/Content/DE/Standardartikel/Themen/Europa/Stabilisierung_des_Euro/europaeische-finanzhilfen-efsf-efsm.html⟩, letzter Zugriff 26. 2. 2021.

110 ⟨https://www.bundesfinanzministerium.de/Content/DE/Standardartikel/Themen/Oeffentliche_Finanzen/Bundeshaushalt/Haushalts_und_Vermoegensrechnungen_des_Bundes/haushaltsrechnung-und-vermoegensrechnung-des-

ments darstellen, liegt auf der Hand. Wo es nichts mehr zu verteilen gibt, steht die Verteilungsbefugnis nur noch auf dem Papier.

In der auf mehrere Verfassungsbeschwerden hin ergangenen Entscheidung zur Griechenlandhilfe und zum Euro-Rettungsschirm aus dem September 2011 zeigte das Bundesverfassungsgericht auf, dass sich ein Parlament nicht seiner finanziellen Handlungsmöglichkeiten begeben darf. Die Entscheidung über Einnahmen und Ausgaben der öffentlichen Hand ist grundlegender Teil der demokratischen Selbstgestaltungsfähigkeit im Verfassungsstaat und muss in der Verantwortung des Deutschen Bundestags verbleiben.[111] Als Repräsentanten des Volkes müssen die gewählten Abgeordneten des Deutschen Bundestags auch in einem System intergouvernementalen Regierens die Kontrolle über grundlegende haushaltspolitische Entscheidungen behalten.[112] Jede ausgabenwirksame solidarische Hilfsmaßnahme des Bundes größeren Umfangs im internationalen oder unionalen Bereich muss folglich vom Bundestag im Einzelnen bewilligt werden. Anknüpfungspunkt war auch in dieser Entscheidung das Wahlrecht, dessen Gewährleistungsgehalt die Grundsätze des Demokratiegebots umfasst, die Art. 79 Abs. 3 GG als Identität der Verfassung garantiert.[113]

Hinsichtlich des dauerhaften Rettungsschirms ESM hat das Bundesverfassungsgericht zunächst im September 2012 die Eilanträge abgelehnt, die darauf zielten, dem Bundespräsidenten im Wege der einstweiligen Anordnung zu untersagen, die deutschen Zustimmungsgesetze zum ESM-Vertrag zu unterzeichnen.[114] In

bundes-Haushaltsrechnung-2011.pdf?__blob=publicationFile&v=3⟩, letzter Zugriff 26. 2. 2021.

111 Vgl. BVerfGE 129, 124 (177); vgl. die zusammenfassende Analyse der Maßstäbe des Griechenlandhilfe-Urteils etwa bei Hanno Kube, »Nationale Budgethoheit und Europäische Integration«, in: *AöR* 137 (2012), S. 205-222, und Streinz, »Was bleibt vom Budgetrecht des Bundestages in der ›Fiskalunion‹?«, S. 686 f.

112 BVerfGE 129, 124 (178).

113 Zum Ganzen: BVerfGE 129, 124 (177 ff.). Den Schutz der Budgethoheit in der Entscheidung analysieren etwa Martin Nettesheim, »›Euro-Rettung‹ und Grundgesetz. Verfassungsrechtliche Vorgaben für den Umbau der Währungsunion«, in: *EuR* (2011), S. 765-783, hier S. 771; Matthias Ruffert, »Die europäische Schuldenkrise vor dem Bundesverfassungsgericht – Anmerkung zum Urteil vom 7. September 2011«, in: *EuR* (2011), S. 842-855, hier S. 847 ff.; Streinz, »Was bleibt vom Budgetrecht des Bundestages in der ›Fiskalunion‹?«, S. 686 f.

114 BVerfGE 132, 195; näher: Christoph Herrmann, »Die Bewältigung der Euro-

summarischer Prüfung bejahte das Gericht die Verfassungsmäßigkeit des Zustimmungsgesetzes zum ESM-Vertrag. Für die Ratifikation stellte das Bundesverfassungsgericht aber unter anderem die Bedingung auf, dass völkerrechtlich sichergestellt sein muss, dass sämtliche Zahlungsverpflichtungen der Bundesrepublik Deutschland aus diesem Vertrag der Höhe nach auf rund 190 Milliarden Euro begrenzt sind; dabei darf keine Vorschrift des Vertrags so ausgelegt werden, dass ohne Zustimmung des deutschen Vertreters in den Gremien des ESM höhere Zahlungsverpflichtungen begründet werden.[115] Dies bedeutet auch, dass die Haftung der Bundesrepublik ohne eine erneute Billigung des Bundestags nicht erhöht werden darf. Kein Parlament darf durch unbegrenzte Haftungszusagen, die völkerrechtlich bindend wären und das Budgetrecht aushöhlen würden, die Gestaltungsmöglichkeiten künftiger Parlamente einschränken.[116] Am 18. März 2014 hat das Bundesverfassungsgericht das Urteil in dem Hauptsacheverfahren zum ESM verkündet.[117] Das Gericht ist darin der bereits in der Eilentscheidung angelegten Linie gefolgt und hat festgestellt, dass das deutsche Zustimmungsgesetz zum ESM mit dem Grundgesetz vereinbar ist, sofern haushaltsrechtlich sichergestellt ist, dass die Bundesrepublik Deutschland Kapitalabrufen fristgerecht und vollständig nachkommen

Staatsschulden-Krise an den Grenzen des deutschen und europäischen Währungsverfassungsrechts«, in: *EuZW* (2012), S. 805-812; Oliver Lepsius, »ESM-Vertrag, Fiskalpakt und das BVerfG«, in: *EuZW* (2012), S. 761-762; Sebastian Müller-Franken, »BVerfG: Eilanträge gegen Ratifikation von ESM-Vertrag und Fiskalpakt überwiegend erfolglos. Anmerkung«, in: *NJW* (2012), S. 3145-3162, hier S. 3161 f.; Frank Schorkopf, »›Startet die Maschinen‹ – Das ESM-Urteil des BVerfG vom 12. 9. 2012«, in: *NVwZ* (2012), S. 1273-1276; Christian Tomuschat, »Anmerkung zum Urteil des BVerfG vom 12. 9. 2012 – BvR 1390/122 – u. a. – Verhinderung der Ratifikation von ESM-Vertrag und Fiskalpakt überwiegend erfolglos«, in: *DVBl.* (2012), S. 1431-1434.

115 BVerfGE 132, 195 (257).

116 Zur Umsetzung dieses Urteils gaben die ESM-Mitglieder eine gemeinsame Erklärung ab, wonach sämtliche Zahlungsverpflichtungen der ESM-Mitglieder aus dem Vertrag in dem Sinne begrenzt sind, dass sie nicht ohne vorherige Zustimmung des jeweiligen Mitglieds und nur unter Berücksichtigung der nationalen Verfahren zu einer Zahlungsverpflichtung führen, die den Anteil am genehmigten Stammkapital übersteigt. Zudem wurde klargestellt, dass der Vertrag der umfassenden Unterrichtung der nationalen Parlamente gemäß den nationalen Vorschriften nicht entgegensteht.

117 BVerfGE 135, 317 (317 ff.).

kann. Dabei knüpft es an die Maßstäbe aus der Entscheidung zur Griechenlandhilfe und zum Euro-Rettungsschirm aus September 2011 an, wonach ein Parlament nicht seine finanziellen Handlungsmöglichkeiten aufgeben darf und die Entscheidung über Einnahmen und Ausgaben der öffentlichen Hand in der Verantwortung des Deutschen Bundestags bleiben muss, weil das Budgetrecht ein zentrales Element der demokratischen Willensbildung darstellt.

Die vorerst letzte große Entscheidung des Bundesverfassungsgerichts im Zusammenhang mit der Bewältigung der Staatsschuldenkrise steht noch aus; sie betrifft das Outright-Monetary-Transactions-Programm der Europäischen Zentralbank (EZB), also den Beschluss des EZB-Rates, gegebenenfalls Staatsanleihen ausgewählter Mitgliedstaaten in unbegrenzter Höhe anzukaufen.

Mit Beschluss vom 14. Januar 2014[118] hat das Bundesverfassungsgericht dem Gerichtshof der Europäischen Union die Frage vorgelegt, ob der OMT-Beschluss mit den Vorschriften des AEUV über das Mandat der EZB zur Währungspolitik und über das Verbot monetärer Haushaltsfinanzierung vereinbar ist. Dabei hat das Gericht deutlich gemacht, dass der wahlberechtigte Bürger zur Sicherung seiner demokratischen Einflussmöglichkeit im Prozess der europäischen Integration grundsätzlich ein Recht darauf hat, dass eine Verlagerung von Hoheitsrechten nur in den dafür vorgesehenen Formen erfolgt, die bei einer eigenmächtigen Kompetenzanmaßung jedoch unterlaufen werden.[119] Damit wird den Bürgerinnen und Bürgern eine prozessuale Möglichkeit eingeräumt, die Verletzung der Verfassungsidentität des Grundgesetzes zu verhindern, die eintreten würde, wenn Maßnahmen der EU-Organe auf eine Haftungsübernahme Deutschlands mit schwer kalkulierbaren Folgewirkungen hinausliefen, so dass der Deutsche Bundestag nicht »Herr seiner Beschlüsse« bliebe und sein Budgetrecht nicht mehr in eigener Verantwortung ausüben könnte.[120]

Der Deutsche Bundestag kann aber auch von seinen Fraktionen im Wege des Organstreits zur Wahrnehmung seiner in Art. 23 GG verankerten Integrationsverantwortung angehalten werden. Denn er darf auf die Rechte und Pflichten, die ihn im Rahmen der europäischen Integration treffen, nicht verzichten und gegenüber einer

118 BVerfGE 134, 366 ff.
119 BVerfGE 134, 366 (397).
120 BVerfGE 134, 366 (385, 397).

drohenden Erosion seiner Gestaltungsmacht durch Kompetenzusurpationen auf europäischer Ebene nicht untätig bleiben.[121]

Bekanntermaßen hat der Europäische Gerichtshof die ihm vom Bundesverfassungsgericht vorgelegten Fragen mit Urteil der Großen Kammer vom 16. Juni 2015[122] dahingehend beantwortet, dass das angekündigte OMT-Programm mit dem Primärrecht vereinbar ist. Gleichzeitig hat er aber hervorgehoben, dass entgegen der Annahme der Mitgliedstaaten und manchen Stimmen aus der Rechtswissenschaft[123] auch die Tätigkeit der EZB gerichtlich kontrollierbaren Grenzen unterliegt und insbesondere das Verbot der monetären Haushaltsfinanzierung nicht umgangen werden darf.[124] Das Bundesverfassungsgericht wird sich hiermit auseinanderzusetzen haben.[125]

Damit das Parlament bei der Entscheidung über die Verwendung von Haushaltsmitteln in Angelegenheiten der Europäischen Union mitwirken kann, muss es selbstverständlich über ausreichende Informationen verfügen. In einer Entscheidung aus dem Juni 2012 sah sich das Bundesverfassungsgericht dazu veranlasst, die Reichweite des Informationsanspruchs des Bundestags gegenüber der Bundesregierung zu klären.[126] Es stellte in seinem Urteil klar,

121 BVerfGE 134, 366 (397 f.).

122 EuGH, Urt. v. 16. 6. 2015 – C-62/14, ECLI:EU:C:2015:400 (*Gauweiler u. a. v. Deutscher Bundestag*).

123 Kritisch dazu Reiner Schmidt, »Die entfesselte EZB«, in: *JZ* (2015), S. 317-327, hier S. 326.

124 Den Aspekt der rechtlichen Umhegung der EZB positiv hervorhebend Franz C. Mayer, »Zurück zur Rechtsgemeinschaft: Das OMT-Urteil des EuGH«, in: *NJW* (2015), S. 1999-2003, hier S. 2002 f. Ähnlich Christoph Ohler, »Rechtliche Maßstäbe der Geldpolitik nach dem Gauweiler-Urteil des EuGH«, in: *NVwZ* (2015), S. 1001-1007, hier S. 1004 ff. Relativierend dagegen Jan H. Klement, »Der geldpolitische Kompetenzmechanismus. Sind die Outright-Geschäfte der EZB zugleich rechtmäßig und rechtswidrig? – Zum Urteil des EuGH vom 16. 6. 2015«, in: *JZ* (2015), S. 754-760, hier S. 754 f.

125 Mitterweile ist die Entscheidung ergangen, vgl. BVerfGE 142, 123. Im zweiten Vorlageverfahren zur Praxis der EZB hat der EuGH ebenfalls die Rechtmäßigkeit des Programmes PSPP bestätigt, vgl. EuGH, Urt. v. 11. 12. 2018 – C-493/17, EU:C:2018:1000 (Weiss u. a.). Das BVerfG hat diesem Urteil die Gefolgschaft verweigert und es für ultra vires erklärt, vgl. BVerfGE 154, 17. Vgl. dazu auch Andreas Voßkuhle, »Applaus von der falschen Seite. Zur Folgenverantwortung von Verfassungsgerichten«, in diesem Band, S. 334-343.

126 BVerfGE 131, 152; vgl. auch die Besprechung von Sebastian Graf von Kiel-

dass das Grundgesetz in Art. 23 GG dem Bundestag in Angelegenheiten der Europäischen Union weitreichende Mitwirkungs- und Informationsrechte einräumt. Der Bundestag muss frühzeitig informiert werden, um auf die Willensbildung der Bundesregierung Einfluss nehmen und seine Kontrollfunktion wahrnehmen zu können.[127] Gegen diese Vorgaben hatte die Bundesregierung verstoßen, indem sie es unterlassen hatte, den Bundestag etwa durch die Weiterleitung von Vertragsentwürfen umfassend und zum frühestmöglichen Zeitpunkt über die Einrichtung des ESM und den geplanten EuroPlus-Pakt zu unterrichten.[128]

3. Die internationale Dimension der Volkssouveränität

Noch eindringlicher als im supranationalen Kontext der Europäischen Union stellt sich das Problem der Einbußen an Volkssouveränität bei der Verlagerung staatlicher Souveränität auf die internationale Ebene im Rahmen völkerrechtlicher Vereinbarungen. Während das Europäische Parlament die durch eine Kompetenzverlagerung entstehenden Legitimationsdefizite zumindest teilweise kompensieren kann, fehlt es auf internationaler Ebene an einer unmittelbaren demokratischen Repräsentation der Staatsvölker. Zwar erscheint es theoretisch denkbar, Demokratie im globalen Maßstab zu rekonstruieren, doch wird man die Idee eines Weltstaates gegenwärtig eher im Bereich der Utopien ansiedeln müssen.[129]

mansegg, »Parlamentarische Informationsrechte in der Euro-Rettung – Anmerkung zum ersten ESM-Urteil des BVerfG vom 19.06.2012«, in: *EuR* (2012), S. 654-666.

127 Vgl. BVerfGE 131, 152 (203 ff.); 132, 195 (241 f.).

128 Vgl. BVerfGE 131, 152 (215 ff.). An diese Grundsätze hat das Gericht in seiner Eilentscheidung zur Ratifikation des ESM-Vertrags angeknüpft und die Zustimmung davon abhängig gemacht, dass völkerrechtlich sichergestellt wird, dass die Regelungen über die Unverletzlichkeit der Unterlagen des ESM und die berufliche Schweigepflicht der Organmitglieder des ESM einer umfassenden Unterrichtung des Bundestags und des Bundesrats nicht entgegenstehen, BVerfGE 132, 195 (257 ff.).

129 Vgl. Maus, *Über Volkssouveränität*, S. 391: »Das härteste Problem für Entwürfe eines Weltstaates, selbst wenn eine Rekonstruktion der Demokratie gelingen könnte, bestünde angesichts der faktischen Heterogenität der realexistierenden Staatenwelt, in der liberale Demokratien bekanntlich die Minderheit bilden, in der Frage der Durchsetzung. Auch das makelloseste Globalstaatskonzept

Dies heißt aber nicht, dass das Grundgesetz einer Einbindung Deutschlands in internationale Bündnisse oder gar einer Beteiligung an zwischenstaatlichen Einrichtungen entgegenstünde. Im Gegenteil: Das Grundgesetz ist ausdrücklich völkerrechtsfreundlich, seine Ausgestaltung des Demokratieprinzips ist offen für das Ziel, Deutschland in eine internationale und europäische Friedensordnung einzufügen. Das Bundesverfassungsgericht hat dies in seinem *Lissabon*-Urteil klar herausgestellt.[130] Gestaltenden Einfluss auf eine zunehmend mobile und grenzüberschreitend vernetzte Gesellschaft können demokratische Verfassungsstaaten danach nur gewinnen durch sinnvolles, ihr Eigeninteresse wie ihr Gemeininteresse wahrendes Zusammenwirken.[131]

a. Die Mitwirkung des Deutschen Bundestags beim Abschluss völkerrechtlicher Verträge

Nach der Konzeption des Grundgesetzes ist die Außenpolitik innerhalb der Gewaltengliederung grundsätzlich eine Funktion der Regierung.[132] Dem Deutschen Bundestag wird aber insoweit ein gewisses Mitwirkungsrecht eingeräumt, als Verträge, welche die politischen Beziehungen des Bundes regeln oder sich auf Gegenstände der Bundesgesetzgebung beziehen, seiner Zustimmung oder Mitwirkung bedürfen.[133] Geschichtlich gesehen zeigt sich in dieser Regelung die Tendenz zu einer Parlamentarisierung der Willensbildung im auswärtigen Bereich.[134] Die Regelung hat den Sinn, langfristige oder gar grundsätzlich unauflösliche Bindungen völkerrechtlicher Art nicht ohne Zustimmung des Bundestags eintreten zu lassen.[135] Schon im ersten Band seiner Rechtsprechung hat das Bundesverfassungsgericht daher festgestellt, dass die Zustimmung oder Mitwirkung der gesetzgebenden Körperschaften in der Form

wäre – was eine Realisierung unter den gegebenen Bedingungen betrifft – ein Weltkriegsprogramm.«

130 BVerfGE 123, 267 (344).

131 BVerfGE 123, 267 (345).

132 BVerfGE 1, 372 (394).

133 Genauer: der Zustimmung oder Mitwirkung der jeweils für die Bundesgesetzgebung zuständigen Körperschaft, und zwar in der Form eines Bundesgesetzes (Art. 59 Abs. 2 Satz 1 GG).

134 BVerfGE 68, 1 (85).

135 BVerfGE 68, 1 (88); 90, 286 (357).

eines Bundesgesetzes ein zwingender und nicht verzichtbarer Sondervorbehalt der Legislative ist.[136]

b. Die Bundeswehr als Parlamentsheer

Dieser nicht verzichtbare Sondervorbehalt führt mich zum letzten Themenbereich, den ich im vorliegenden Zusammenhang ansprechen möchte: der Einbindung der Bundeswehr in die NATO als System gegenseitiger kollektiver Sicherheit.

Schon in der Präambel des Grundgesetzes heißt es, das Deutsche Volk habe sich das Grundgesetz von dem Willen beseelt gegeben, »als gleichberechtigtes Glied in einem vereinten Europa dem Frieden der Welt zu dienen«. Unsere Verfassung geht also nicht von einem rigiden Verständnis staatlicher Souveränität aus. Sie legt sich vielmehr auf die Friedenswahrung als überragendes politisches Ziel fest. Dieses Ziel kann aber nicht durch die Verfolgung eigener Interessen, sondern nur im Zusammenwirken innerhalb der Staatengemeinschaft erreicht werden. Souveräne Staatlichkeit steht daher – wie es treffend im *Lissabon*-Urteil heißt – für einen befriedeten Raum und die darin gewährleistete Ordnung auf der Grundlage individueller Freiheit und kollektiver Selbstbestimmung.[137]

Dies wird unter anderem ermöglicht durch Art. 24 Abs. 2 GG, wonach der Bund sich zur Wahrung des Friedens einem System kollektiver Sicherheit einordnen und hierbei auch in die Beschränkung seiner Hoheitsrechte einwilligen kann. Offen lässt das Grundgesetz allerdings, in welcher Weise die Bundeswehr im Rahmen eines solchen Sicherheitssystems eingesetzt werden darf, ob dem Deutschen Bundestag insoweit – über das Zustimmungserfordernis beim Vertragsschluss nach Art. 59 Abs. 2 GG hinaus – Entscheidungsbefugnisse zukommen und wie diese im Einzelnen ausgestaltet sind.

In seiner Blauhelm-Entscheidung aus dem Jahre 1994, der sogenannten *AWACS-I*-Entscheidung, hat das Bundesverfassungsgericht geklärt, dass Art. 24 Abs. 2 GG über den Bündnisverteidigungsfall hinaus die verfassungsrechtliche Grundlage für den Auslandseinsatz bewaffneter Streitkräfte im Rahmen eines Systems gegenseitiger kollektiver Sicherheit darstellt.[138]

136 BVerfGE 1, 372 (395).
137 BVerfGE 123, 267 (346).
138 BVerfGE 90, 286 (344 ff.).

Zugleich hat das Gericht betont, dass die auf die Streitkräfte bezogenen Regelungen des Grundgesetzes darauf angelegt sind, die Bundeswehr nicht als Machtpotential allein der Exekutive zu überlassen, sondern als »Parlamentsheer« in die demokratisch rechtsstaatliche Verfassungsordnung einzufügen, dem Parlament also einen rechtserheblichen Einfluss auf Aufbau und Verwendung der Streitkräfte zu sichern.[139] Jeder Auslandseinsatz bewaffneter Streitkräfte bedarf daher der vorherigen konstitutiven Zustimmung des Bundestags,[140] es sei denn, Personal der Bundeswehr wird nur für Hilfsdienste und Hilfeleistungen im Ausland eingesetzt und die Soldaten werden dabei nicht in bewaffnete Unternehmungen einbezogen.[141] Zur einfachrechtlichen Umsetzung dieser Entscheidung hat der Bundestag im Jahre 2005 das sogenannte Parlamentsbeteiligungsgesetz erlassen, welches das Zustimmungsverfahren näher regelt.[142] Den 1994 beschrittenen Weg hat das Gericht bis heute beibehalten und den Parlamentsvorbehalt im Laufe der Jahre weiter konturiert und ausgebaut.[143]

In der sogenannten *AWACS-II*-Entscheidung von 2008 hat das Gericht klargestellt, dass es für den wehrverfassungsrechtlichen Parlamentsvorbehalt darauf ankommt, ob nach dem jeweiligen Einsatzzusammenhang und den einzelnen rechtlichen und tatsächlichen Umständen die Einbeziehung deutscher Soldaten in bewaffnete Auseinandersetzungen konkret zu erwarten ist.[144] Dies ist objektiv prognostisch zu betrachten und gerichtlich voll überprüfbar.[145] Im »Entscheidungsverbund« von Parlament und Regie-

139 BVerfGE 90, 286 (381 f.).

140 BVerfGE 90, 286 (383 ff.). Insofern wird teilweise auch von einer »Kompensation« gesprochen, vgl. Christof Gramm, »Die Stärkung des Parlaments in der Wehrverfassung. Zu neueren Entscheidungen des Bundesverfassungsgerichts«, in: *DVBl.* (2009), S. 1476-1480; Emmenegger, »Die Stärkung des Parlaments«, S. 465.

141 BVerfGE 90, 286 (388).

142 »Gesetz über die parlamentarische Beteiligung bei der Entscheidung über den Einsatz bewaffneter Streitkräfte im Ausland (Parlamentsbeteiligungsgesetz)«, BGBl. I v. 23. 3. 2005, S. 775.

143 Christian M. Burkiczak, »AWACS II – In dubio pro Bundestag«, in: *NVwZ* (2008), S. 752-754, hier S. 753 f.; Emmenegger, »Die Stärkung des Parlaments«, S. 465 ff.; Gramm, »Die Stärkung des Parlaments in der Wehrverfassung«, S. 1476 ff.

144 BVerfGE 121, 135 (164).

145 BVerfGE 121, 135 (168).

rung kann für Grenzfälle eines möglichen Einsatzes bewaffneter Streitkräfte der wehrverfassungsrechtliche Parlamentsvorbehalt nicht restriktiv im Sinne exekutiver Gestaltungsspielräume verstanden werden, sondern ist im Zweifel parlamentsfreundlich auszulegen.[146] Eine Einschätzungsprärogative kann der Exekutive danach lediglich für den Eilfall und nur einstweilen überlassen werden.[147]

Schließlich hatte sich der Zweite Senat auf Antrag einer Oppositionsfraktion mit der Frage zu befassen, ob der Einsatz von Soldaten der Bundeswehr zur Evakuierung deutscher und anderer Staatsangehöriger im Februar 2011 aus Libyen der Zustimmung des Deutschen Bundestags bedurfte. Die Entscheidung der Bundesregierung, Mitarbeiter deutscher Firmen umgehend von der Bundeswehr aus dem ostlibyschen Wüstenort Nafurah ausfliegen zu lassen, war ohne Zustimmung des Parlaments getroffen worden. Bei der Evakuierung – die ohne Zwischenfälle verlief – befanden sich mit MGs bewaffnete Soldaten an Bord der beiden eingesetzten Maschinen, die mit einer Zusatzausstattung zum passiven Selbstschutz gegen Radarerfassung und Flugabwehrraketen ausgerüstet waren.

In seinem Urteil vom 23. September 2015[148] stellte das Bundesverfassungsgericht fest, dass der Parlamentsvorbehalt auch im vorliegenden Fall gilt; eine zusätzliche militärische Erheblichkeitsschwelle gibt es danach nicht. Bei Gefahr im Verzug ist die Bundesregierung zwar ausnahmsweise berechtigt, den Einsatz vorläufig alleine zu beschließen. Sie muss aber zum frühestmöglichen Zeitpunkt eine Entscheidung des Bundestags über die Fortsetzung des Einsatzes herbeiführen. Bei bereits beendeten Einsätzen muss die Bundesregierung den Bundestag unverzüglich und qualifiziert über die Grundlagen ihrer Entscheidung und den Verlauf des Einsatzes unterrichten. Es besteht jedoch keine Pflicht, nachträglich eine Zustimmung des Bundestags einzuholen.

146 BVerfGE 121, 135 (161 ff.).

147 BVerfGE 121, 135 (163); vorangegangen war ein Eilverfahren, in welchem der Senat eine solche Eilentscheidungskompetenz der Bundesregierung zur Wahrung ihrer außenpolitischen Handlungsfähigkeit und im gesamtstaatlichen Interesse an der außen- und sicherheitspolitischen Verlässlichkeit Deutschlands anerkannt hatte, BVerfGE 108, 34 (44 f.).

148 BVerfGE 140, 160.

D. Schluss

Bereits die Vielzahl der angeführten Entscheidungen des Bundesverfassungsgerichts belegt, dass und wie im und um das Parlament gerungen wird. Sie zeigt auch, dass zumindest verfassungsrechtlich einer Auszehrung parlamentarischer Verantwortung deutliche Grenzen gesetzt sind. Was die einzelnen Abgeordneten – seien sie nun Mitglied der Regierungsfraktion oder in der Opposition – aus dieser Machtfülle in der Praxis machen, haben wir aber alle freilich nicht in der Hand. Der politische Prozess lebt auch hier von Voraussetzungen, die die Verfassung selbst nicht garantieren kann.

Rechtsstaat und Demokratie

A. »Was auf dem Spiel steht«

Der demokratische Rechtsstaat ist uns sehr vertraut, er ist aber nicht selbstverständlich. Rechtsstaat und Demokratie haben sich in Deutschland vielmehr ungleichzeitig entwickelt und stehen seit jeher in einem wechselhaften Spannungs- und Ergänzungsverhältnis.[1] Beide Prinzipien finden aber zusammen[2] im Dienste der Freiheitsidee.[3] Die Demokratie sichert die Selbstbestimmung des Volkes, indem sie die Bildung, Legitimation und Kontrolle derjenigen Organe organisiert, die staatliche Herrschaftsgewalt gegenüber dem Bürger ausüben. Der Rechtsstaat beantwortet hingegen die Fragen nach Inhalt, Umfang und Verfahrensweise staatlicher Tätigkeit. Er zielt auf Begrenzung und Bindung staatlicher Herrschaftsgewalt im Interesse der Sicherung individueller Freiheit – insbesondere durch die Anerkennung der Grundrechte, der Gesetzmäßigkeit der Verwaltung und des Individualrechtsschutzes durch unabhängige Gerichte.[4] Vor dem Hintergrund der Schreckensherrschaft des Nationalsozialismus, in der die Freiheit des Einzelnen und seine Würde

1 Vgl. statt vieler Heinrich A. Wolff, »Das Verhältnis von Rechtsstaatsprinzip und Demokratieprinzip«, in: Dietrich Murswiek u. a. (Hg.), *Staat – Souveränität – Verfassung. Festschrift für Helmut Quaritsch zum 70. Geburtstag*, Berlin 2000, S. 73-94; Peter Pernthaler, »Sind Demokratie und Rechtsstaat wirklich ›an der Wurzel eins‹?«, in: Bernd-Christian Funk u. a. (Hg.), *Der Rechtsstaat vor neuen Herausforderungen. Festschrift für Ludwig Adamovich zum 70. Geburtstag*, Wien 2002, S. 631-654; Andreas von Arnauld, »Rechtsstaat«, in: Otto Depenheuer, Christoph Grabenwarter (Hg.), *Verfassungstheorie*, Tübingen 2010, § 21, Rn. 45 ff., jeweils m. w. N.

2 Zu möglichen Erklärungsmodellen eines notwendigen Zusammenhangs von Demokratie und Rechtsstaat vgl. Jürgen Habermas, »Der demokratische Rechtsstaat – eine paradoxe Verbindung widersprüchlicher Prinzipien?«, in: Herlinde Pauer-Studer, Herta Nagl-Docekal (Hg.), *Freiheit, Gleichheit und Autonomie*, Wien 2003, S. 117-135.

3 So Eberhard Schmidt-Aßmann, »Der Rechtsstaat«, in: Josef Isensee, Paul Kirchhof (Hg.), *Handbuch des Staatsrechts der Bundesrepublik Deutschland*, Bd. II, Heidelberg [3]2004, § 26, Rn. 96; unter Betonung des republikanischen Prinzips Marc A. Wiegand, *Demokratie und Republik. Historizität und Normativität zweier Grundbegriffe des Verfassungsstaates*, Tübingen 2017, S. 129.

4 So Ernst-Wolfgang Böckenförde, »Demokratie als Verfassungsprinzip« in: Isensee/Kirchhof (Hg.), *Handbuch des Staatsrechts*, Bd. II, § 24, Rn. 83 f., 86.

nichts zählten, war es daher nur konsequent, dass die Mütter und Väter des Grundgesetzes Rechtsstaat und Demokratie eng miteinander verzahnt haben.[5] Diese Konzeption hat nicht nur zu einem der liberalsten und offensten Staaten der Welt geführt, sie hat auch für außergewöhnlichen Wohlstand und sozialen Ausgleich gesorgt. Das Konzept bleibt aber anspruchsvoll. Im Rahmen der Eröffnungsveranstaltung des 71. Deutschen Juristentags vor zwei Jahren in Essen warnte der Theologe und Philosoph Richard Schröder eindringlich vor einer Unwucht beider Prinzipien und einem zu schlichten Demokratieverständnis:

> Tatsächlich wäre das uneingeschränkte Mehrheitsprinzip die Tyrannei der Mehrheit […]. Das Wort Demokratie ist erst aufgrund der Einschränkung des Mehrheitsprinzips durch Gewaltenteilung und mehrheitenfeste Grundrechte, also durch Machtkontrolle […] geadelt worden.[6]

Um zu erkennen, wie schnell die »normative Schicksalsgemeinschaft«[7] und vermeintlich »unauflösliche Verbindung aus Rechtsstaat und Demokratie«[8] aus der Balance gerät, muss man denn auch nicht bis nach Weimar zurückschauen;[9] es genügt der Blick auf die im Namen der demokratischen Mehrheit durchgeführten »Justizreformen« in EU-Mitgliedstaaten wie Ungarn und Polen. Aber auch in Deutschland mehren sich die Anzeichen, dass der Rechtsstaat unter Druck gerät.[10] Einigen dieser besorgniserregenden Entwick-

5 Vgl. Philipp Blom, *Was auf dem Spiel steht*, München 2017, S. 180.

6 *Verhandlungen des 71. Deutschen Juristentages in Essen 2016*, Bd. II/1, München 2017, S. 30 f., und Bettina Limperg u. a., »Wenn aus Recht Unrecht wird. Über die Verantwortung der Juristen für die Herrschaft des Rechts«, in: *NJW* (2016), S. 3698-3704, hier S. 3704.

7 Werner Kägi, »Rechtsstaat und Demokratie (Antinomie und Synthese)«, in: *Demokratie und Rechtsstaat. Festgabe zum 60. Geburtstag von Zaccaria Giacometti*, Zürich 1953, S. 107-142.

8 Paul Nolte, *Was ist Demokratie?. Geschichte und Gegenwart*, München 2012, S. 141.

9 Vgl. zuletzt Rainer Wahl, »Die Weimarer Verfassung: Eine Demokratie ohne genügend Demokraten«, in: Gottfried Schramm u. a. (Hg.), *Zerrissene Zwischenkriegszeit: die Weimarer Republik*, Freiburg 2015, S. 9; Horst Dreier, Christian Waldhoff (Hg.), *Das Wagnis der Demokratie. Eine Anatomie der Weimarer Reichsverfassung*, München 2018; Udo Di Fabio, *Die Weimarer Verfassung. Aufbruch und Scheitern*, München 2018. Erhellend zur politischen Theorie in der Zwischenkriegszeit Jens Hacke, *Existenzkrise der Demokratie. Zur politischen Theorie des Liberalismus in der Zwischenkriegszeit*, Berlin 2018.

10 Zu Kriterien vgl. Michael Fuchs, »Die Vermessung der Rechtsstaatlichkeit – Die

lungen möchte ich in einem ersten Schritt nachspüren, bevor ich in einem zweiten Schritt denkbare Handlungsoptionen speziell für die Justiz in den Blick nehme.

B. Rechtsstaat in Gefahr?

I. Der »Wille des Volkes« versus Rechtsstaat

Schauen wir zunächst nach Polen und Ungarn. Was ist dort passiert und warum geht uns das etwas an? Zur Erinnerung: In Polen wurde der Verfassungsgerichtshof bereits Ende 2015 durch zwei Gesetzesnovellen und eine Reihe anderer Maßnahmen faktisch entmachtet. Wenig später wurden drei weitere Reformpakete auf den Weg gebracht. Danach sollen unter anderem zahlreiche der aktuellen Richter des Obersten Gerichts in den vorzeitigen Ruhestand versetzt und Sonderkammern eingerichtet werden. Dem Justizminister, der gleichzeitig als Generalstaatsanwalt fungiert, ist das Recht eingeräumt worden, die Amtszeit von Richtern, die das Pensionsalter erreicht haben, nach eigenem Ermessen zu verlängern. Hinzu kommt die Möglichkeit, nach eigenem Ermessen Gerichtspräsidenten zu entlassen und zu ernennen. Vom Europarat,[11] der Venedig-Kommission[12] und nicht zuletzt von Rechtswissen-

›Rule of Law Checklist‹ der Venedig-Kommission des Europarates«, in: *EuGRZ* (2018), S. 237-243.

11 Schreiben des Menschenrechtskommissars des Europarats v. 19. 1. 2018 ⟨https://www.coe.int/en/web/commissioner/-/commissioner-concerned-about-human-rights-backsliding-in-poland⟩ und v. 31. 3. 2017 ⟨https://www.coe.int/en/web/commissioner/-/commissioner-concerned-about-law-undermining-the-inde pendence-of-the-judiciary-in-poland⟩, letzter Zugriff jeweils 19. 2. 2021.

12 Venice Commission, »Constitutional issues addressed in amendments to the Act on the Constitutional Court of 25 June 2015 of Poland, Opinion 833/2015«, Venedig 2016; Venice Commission, »Poland – Act on the Constitutional Tribunal, Opinion 860/2016«, Venedig 2016; Venice Commission, »Poland – Opinion on the Act on the public prosecutor's Office as amended, Opinion 892/2017«, Straßburg 2017; Venice Commission, »Poland – Joint Urgent Opinion of the Venice Commission and the Directorate General of Human Rights and Rule of Law (DGI) of the Council of Europe on Amendments to the Law on the Common Court, the Law on the Supreme Court, and some other Laws, Opinion 977/2020«, Straßburg 2020.

schaftlern[13] sowie hochrangigen Justizvertretern[14] aus Polen selbst sind diese Maßnahmen vehement kritisiert worden. Die Europäische Kommission hat daraufhin unter anderem wegen struktureller Gefährdung der richterlichen Unabhängigkeit am 20. Dezember 2017 das Verfahren nach Art. 7 EUV[15] sowie zwei Vertragsverletzungsverfahren gegen Polen[16] eingeleitet. Auch das Oberste Gericht selbst hat ein Vorabentscheidungsersuchen wegen Verletzung der richterlichen Unabhängigkeit an den EuGH gerichtet.[17]

13 Marta Bucholc, Maciej Komornik, »Die PiS und das Recht. Verfassungskrise und polnische Rechtskultur«, in: *Osteuropa* (2016), S. 79-93; Ewa Łętowska, Aneta Wiewiórowska-Domagalska, »A ›Good‹ Change in the Polish Constitutional Tribunal?«, in: *OER* (2016), S. 79-93; Piotr Czarny, »Der Streit um den Verfassungsgerichtshof in Polen 2015-2016«, in: *OER* (2018), S. 5-20; anderer Ansicht hingegen Bogusław Banaszak, »The Changes to the Act on the Constitutional Tribunal and the Changes in the Make-up of the Constitutional Tribunal in Poland«, in: *OER* (2016), S. 94-102; Andrzej Dziadzio, »Quis custodiet ipsos custodes? Die Auseinandersetzung um den Verfassungsgerichtshof in Polen (2015-2016)«, in: *OER* (2018), S. 21-38, hier S. 22. Vgl. Peter M. Huber, »Europäische Verfassungs- und Rechtsstaatlichkeit in Bedrängnis«, in: *Der Staat* 56 (2017), S. 389-414, hier S. 391 ff.; Christoph Möllers, Linda Schneider, *Demokratiesicherung in der Europäischen Union*, Tübingen 2018, S. 68-81; Ulrich Ernst, »Eingriffe in die Verfassungsgerichtsbarkeit in EU-Mitgliedsstaaten – Ungarn, Rumänien und Polen im Vergleich«, in: *OER* (2017), S. 49-64, hier S. 55 ff.; Mark Leppich, »Justizkrise in Polen verschärft sich«, in: *DRiZ* (2017), S. 270-273; Hannes Hofmeister, »Polen als erster Anwendungsfall des neuen ›EU Rahmens zur Stärkung des Rechtsstaatsprinzips‹«, in: *DVBl.* (2016), S. 869-875.

14 Stellungnahmen der früheren Präsidenten des Verfassungsgerichts, veröffentlicht am 30. 11. 2016 ⟨https://verfassungsblog.de/statement-by-the-former-presidents-of-the-constitutional-tribunal-marek-safjan-jerzy-stepien-bohdan-zdziennicki-and-andrzej-zoll/⟩ und am 13. 7. 2017 ⟨http://verfassungsblog.de/statement-by-the-former-presidents-of-the-constitutional-tribunal-andrzej-rzeplinski-marek-safjan-jerzy-stepien-bohdan-zdziennicki-and-andrzej-zoll⟩, letzter Zugriff jeweils 19. 2. 2021.

15 Vgl. Pressemitteilung und Begründeter Vorschlag der Europäischen Kommission v. 20. 12. 2017, ⟨http://europa.eu/rapid/press-release_IP-17-5367_en.htm⟩, letzter Zugriff 19. 2. 2021.

16 Die Entscheidungen sind mittlerweile ergangen, vgl. EuGH, Urt. v. 24. 6. 2019 – C-619/18, ECLI:EU:C:2019:531 (*Kommission v. Polen*); EuGH, Urt. v. 5. 11. 2019 – C-192/18, ECLI:EU:C:2019:924 (*Kommission v. Polen*)

17 Vgl. Entscheidung v. 2. 8. 2018 – III UZP 4/18, in Übersetzung abrufbar unter ⟨https://www.iustitia.pl/en/118-information/2469-decision-the-polish-supreme-court-iii-uzp-4-18-2-august-2018⟩, letzter Zugriff 19. 2. 2021.

Ähnlich ist die Situation in Ungarn.[18] Unter anderem wurde dort das Renteneintrittsalter von Richtern, Staatsanwälten und Notaren von 70 auf 62 Jahre abgesenkt, was der EuGH aufgrund eines von der Kommission eingeleiteten Vertragsverletzungsverfahrens als ungerechtfertigte Altersdiskriminierung wertete.[19] Die praktischen Auswirkungen des Urteils blieben aber gering, da ein Großteil der entlassenen Richter nicht in ihre Ämter zurückkehrte. Im Zuge der weiteren Reformen wurde im Rahmen eines sogenannten Court Packing[20] die Zahl der Richter des Verfassungsgerichts von 11 auf 15 erhöht und, nachdem das Gericht mit regierungstreuen Richtern besetzt war, deren Amtszeit um drei auf zwölf Jahre verlängert.[21] Zudem erfolgten zahlreiche Änderungen des Verfassungsprozessrechts, unter anderem wurden die Kontrollkompetenzen des Gerichts massiv eingeschränkt. Ferner darf sich das Gericht nicht mehr auf Entscheidungen berufen, die vor dem Inkrafttreten des neuen Grundgesetzes am 1. Januar 2012 ergangen sind. Auch in diesem Fall fehlte es nicht an heftiger Kritik an den durchgeführten Reformen, etwa von der Venedig-Kommission.[22] Das Europäische Parlament hat nun am 12. September 2018 den

18 Vgl. den Überblick bei Huber, »Europäische Verfassungs- und Rechtsstaatlichkeit«, S. 390 f.; Möllers/Schneider, *Demokratiesicherung*, S. 53-62.

19 EuGH, Urt. v. 6.11.2012 – C-286/12, ECLI:EU:C:2012:687 (*Kommission v. Ungarn*).

20 Vorbild für diese Strategie sind die (insoweit gescheiterten) Justizreformen von Franklin D. Roosevelt während des New Deal im Jahr 1937, vgl. z. B. Barry Cushman, *Rethinking the New Deal Court. The Structure of a Constitutional Revolution*, New York 1998.

21 Näher László Sólyom, »Das ungarische Verfassungsgericht«, in: Armin von Bogdandy u. a. (Hg.), *Handbuch Ius Publicum Europaeum*, Bd. VI: *Verfassungsgerichtsbarkeit in Europa: Institutionen*, Heidelberg 2016, § 107, Rn. 41 ff.

22 Venice Commission, »Hungary – Law on the entry into force of the Law on Administrative Courts and certain transitional Rules, Opinion 943/2018«, Straßburg 2019; Venice Commission, »Hungary – Opinion on the Draft Law on the Transparency of Organisations receiving support from abroad, Opinion 889/2017«, Straßburg 2017; Venice Commission, »Hungary – Opinion on Act XXV of 4 April 2017 on the Amendments of Act CCIV of 2011 on National Education, Opinion 891/2017«, Straßburg 2017. Vgl. zur Rolle der Venedig-Kommission im Verhältnis zu Ungarn Joakim Nergelius, »The Role of the Venice Commission in Maintaining the Rule of Law in Hungary and in Romania«, in: Armin von Bogdandy, Pál Sonnevend (Hg.), *Constitutional Crisis in the European Constitutional Area. Theory, Law and Politics in Hungary and Romania*, Oxford 2015, S. 291-308.

Europäischen Rat aufgefordert, ein Art.-7-Verfahren gegen Ungarn einzuleiten.[23]

1. Wie weit reicht der Grundsatz des gegenseitigen Vertrauens in der EU noch?

Aus mindestens drei Gründen müssen diese Entwicklungen deutsche Juristinnen und Juristen beunruhigen. Der erste Grund ist nur vordergründig eher praktischer Natur. Das europäische Rechtssystem basiert in vielen Bereichen auf dem Grundsatz des gegenseitigen Vertrauens, das heißt auf der Anerkennung rechtlicher Akte anderer Mitgliedstaaten ohne vertiefte eigene rechtliche Überprüfung.[24] Wo dieses Vertrauen fehlt, entstehen erhebliche Funktionsdefizite.[25] Vor Kurzem legte der irische High Court dem EuGH die Frage vor, unter welchen Voraussetzungen der Vollzug eines europäischen Haftbefehls polnischer Gerichte aufgrund der rechtsstaatlichen Defizite in Polen ausgesetzt werden könne. Mit seinem Urteil vom 25. Juli 2018 hat der EuGH den Ball wieder in das Feld der nationalen Gerichte zurückgespielt.[26] Liegt (noch) kein Beschluss des Europäischen Rats nach Art. 7 Abs. 2 EUV vor, trifft danach das an der Gewährleistung eines fairen Verfahrens im Auslieferungszielstaat zweifelnde Gericht eine zweistufige Prüfpflicht, ob es den Haftbefehl vollzieht. Was das in der Praxis bedeutet, ist noch un-

23 Entschließung v. 12. 9. 2018 – Verfahren 2017/2131 (INL) (Pressemitteilung, ⟨www.europarl.europa.eu/news/de/press-room/20180906IPR12104/rechtsstaatlichkeit-in-ungarn-parlament-fordert-rat-zum-handeln-auf⟩, letzter Zugriff 19. 2. 2021).

24 Näher Ann-Katrin Kaufhold, »Gegenseitiges Vertrauen: Wirksamkeitsbedingung und Rechtsprinzip der justiziellen Zusammenarbeit im Raum der Freiheit, der Sicherheit und des Rechts«, in: *EuR* (2012), S. 408-431; Claus D. Classen, »Gegenseitige Anerkennung und gegenseitiges Vertrauen im europäischen Rechtsraum«, in: Ulrich Becker u. a. (Hg.), *Verfassung und Verwaltung in Europa. Festschrift für Jürgen Schwarze zum 70. Geburtstag*, Baden-Baden 2014, S. 556-576; Moritz Hartmann, *Europäisierung und Verbundvertrauen*, Tübingen 2015.

25 Kritisch deshalb Armin von Bogdandy, »Jenseits der Rechtsgemeinschaft – Begriffsarbeit in der europäischen Sinn- und Rechtsstaatlichkeitskrise«, in: *EuR* (2017), S. 487-511, hier S. 503; anderer Ansicht ist Vassilios Skouris, *Demokratie und Rechtsstaat – Europäische Union in der Krise?*, München 2018, S. 118, Fn. 49.

26 EuGH, Urt. v. 25. 7. 2018, ECLI:EU:C:2018:586 (*Minister for Justice and Equality v. LM*).

klar.[27] Klar ist aber: Auch deutschen Gerichten kann vor diesem Hintergrund die Situation in Polen und Ungarn nicht egal sein.

2. *Erosion der europäischen Rechtsgemeinschaft?*

Der zweite Grund der Beunruhigung ist grundsätzlicher Natur. Wenn die Erkenntnis richtig ist, dass es keine formelle Integration ohne eine sachliche Wertegemeinschaft geben kann und die Festlegung grundlegender gemeinsamer Werte in Art. 2 EUV mehr sein soll als ein Lippenbekenntnis, nämlich normative Grundlage der Europäischen Union, dann sind strukturelle Eingriffe in die Unabhängigkeit der Justiz[28] in einem Mitgliedstaat nicht hinnehmbar, weil sie das Fundament der Rechtsstaatlichkeit betreffen.[29] Besteht aber – wie im Fall Polens und Ungarns – kein Einvernehmen unter den Mitgliedstaaten über die Einschätzung der konkreten Lage, geraten die traditionellen Konsens- und Kompromissmechanismen der Europäischen Union schnell an ihr Ende, zumal die Möglichkeit des Stimmentzugs im Rat der Europäischen Union nach Art. 7 Abs. 2 EUV Einstimmigkeit voraussetzt.[30] Ob der EuGH zur langfristigen Lösung des Konflikts beitragen kann, erscheint zumindest nicht sicher.[31]

27 Der irische High Court hat unterdessen einen ersten Aufschlag gemacht: Entscheidung v. 1. 8. 2018 – (2018) IEHC 484 (*Minister for Justice and Equality v. Celmer* [No. 4]), ⟨https://www.bailii.org/ie/cases/IEHC/2018/H484.html⟩, letzter Zugriff 19. 2. 2021.

28 Zu divergierenden Verständnissen von Unabhängigkeit vgl. Rolf Stürner, »Rechtspflege durch unabhängige Organe oder Institutionen – ein Grundprinzip der Rechtsstaatlichkeit?«, in: *JZ* (2017), S. 905-918.

29 Näher dazu Andreas Voßkuhle, »Die Idee der europäischen Wertegemeinschaft«, in diesem Band, S. 108-136.

30 Zu möglichen Reaktionen vgl. den Überblick bei Möllers/Schneider, *Demokratiesicherung,* S. 103 ff.; Claudio Franzius, »Der Kampf um Demokratie in Polen und Ungarn – Wie kann und soll die Europäische Union reagieren?«, in: *DÖV* (2018), S. 381-389; Albrecht Weber, »Europäisches Rechtsdenken in der Krise?«, in: *DÖV* (2017), S. 741-749, hier S. 746 ff.; Jens Brauneck, »Rettet die EU den Rechtsstaat in Polen?«, in: *NVwZ* (2018), S. 1423-1429.

31 Eher skeptisch Möllers/Schneider, *Demokratiesicherung,* S. 147-149; positiver dagegen Skouris, *Demokratie und Rechtsstaat,* S. 49 ff., und Franzius, »Der Kampf um Demokratie in Polen und Ungarn«, S. 386.

Das führt mich zu meinem dritten Grund der Sorge. Was steckt hinter diesem Grunddissens über die Minimalia der Rechtsstaatsidee? Geht es den genannten Regierungen allein um die mittelfristige Herrschaftssicherung im eigenen Lande[32] oder sind wir vielleicht sogar Zeugen der Anfänge eines allgemeinen Kulturkampfs um die Rolle der Justiz in postmodernen Demokratien? Eine Erklärung des polnischen Botschafters in Deutschland aus dem Jahre 2017 lässt hier aufhorchen:

> Rechtsstaatlichkeit, Unabhängigkeit der Justiz, Demokratie, Wahrung der Menschenrechte und Pressefreiheit [...], alle diese Werte werden in Polen gepflegt. Das Problem ist die Interpretation. Brüssel ist zu sehr ideologisch geprägt. Und zwar durch linksliberale Ideologie.[33]

Dieses Begründungsmuster trägt ein erhebliches Infektionsrisiko in sich, denn es leuchtet jedem Populisten[34] sofort ein und kann ohne Weiteres auf die gesamte Justiz übertragen werden.[35] Danach sind die jüngsten »konstitutionellen Krisen« in Ungarn und Polen, aber auch in Rumänien[36] oder der Türkei[37] nicht als Angriffe auf

32 So etwa statt vieler Möllers/Schneider, *Demokratiesicherung*, S. 94f.: »Nachdem eine autoritäre Partei die Macht erlangt, macht sie sich daran, die Handlungsmöglichkeiten der Opposition zu beschränken. Das betrifft Gegenstimmen in den Medien und der Presse, den Oppositionsparteien und der Zivilgesellschaft sowie die (Verfassungs-)Gerichtsbarkeit.«

33 Andrzej Przyłębski im Gespräch mit Norbert Mayer, »Unser Lebensmodell ist anders«, ⟨https://www.noz.de/deutschland-welt/politik/artikel/883261/polens-botschafter-im-interview-unser-lebensmodell-ist-anders⟩, letzter Zugriff 19. 2. 2021. Auf dieses Zitat bin ich auch eingegangen in »Die Idee der europäischen Wertegemeinschaft«, in diesem Band, S. 110. Vgl. die Analyse derartiger Kommunikationsmuster bei Möllers/Schneider, *Demokratiesicherung*, S. 94-96.

34 Zu den antidemokratischen Elementen des Populismus vgl. Andreas Voßkuhle, »Demokratie und Populismus«, in diesem Band, S. 219-238.

35 Zum allgegenwärtigen Vorwurf der Vertreter der PiS, die polnischen Richter seien kommunistisch und kriminell, vgl. Konrad Schuller, »Wurstdiebe in Richterroben«, in: *FAZ* v. 24. 1. 2018.

36 Zur Situation in Rumänien vgl. z. B. Marco Kauffmann Bossart, »Rumäniens Justiz im Belagerungszustand«, ⟨https://www.nzz.ch/international/rumaeniens-justiz-im-belagerungszustand-ld.1357693⟩, letzter Zugriff 19. 2. 2021.

37 Zur Situation in der Türkei vgl. etwa Dieter Deiseroth, Ismail Öztürk, »Zur Amtsenthebung von zwei Richtern des türkischen Verfassungsgerichts nach dem gescheiterten Staatsstreich vom 15./16. Juli 2016«, in: *EuGRZ* (2016), S. 597-605.

Rechtsstaatlichkeit und Demokratie zu werten, sondern als demokratisch legitimierte »Gegenbewegung« aus dem Volk gegen die zuvor erlebte »Justizialisierung« der Gesellschaft und die Politisierung und Instrumentalisierung der Justiz.[38] Diese wird damit unter den Generalverdacht gestellt, Eigeninteressen zu verfolgen und in ihrer Rechtsprechung den Mehrheitswillen nicht hinreichend zu respektieren.[39]

II. Rechtsskepsis

Von der soeben skizzierten Argumentation ist es nicht mehr weit zur generellen Diskreditierung des Rechts und der zu seiner Durchsetzung berufenen staatlichen Institutionen. Sie fällt vor allem dort auf fruchtbaren Boden, wo die politische Debatte sich radikalisiert, wo das Ringen um Ausgleich und Kompromiss[40] der schlichten Diffamierung des politischen Gegners weicht und die politischen wie sozialen Ordnungsfaktoren der Gesellschaft grundsätzlich in Frage gestellt werden. Auch die Bundesrepublik Deutschland ist gegen solche in ganz Europa und darüber hinaus zu beobachtenden Tendenzen nicht gefeit. Akzeptanzverluste für das Recht drohen hier insbesondere von zwei Seiten, die in einem Wechselverhältnis zueinander stehen.

1. Nachlassende Bindekraft des Rechts?

Zum einen scheint das Vertrauen vieler Bürgerinnen und Bürgern in die handlungsleitende Bindekraft rechtlicher Regeln bei tagespolitisch orientierter Krisenbewältigung zu schwinden. Während einige dem Recht schon an sich die Fähigkeit absprechen, bestimmte Probleme in den Griff zu bekommen, sehen andere seinen Voll-

38 So etwa Martin Mendelski, »Das europäische Evaluierungsdefizit der Rechtsstaatlichkeit«, in: *Leviathan* (2016), S. 366-398.

39 Kritisch zur Verabsolutierung des »demokratischen Mehrheitswillens« in diesem Zusammenhang statt vieler Huber, »Europäische Verfassungs- und Rechtsstaatlichkeit«, S. 397 ff.; grundlegend Hans Kelsen, *Vom Wesen und Wert der Demokratie*, Tübingen ²1929, S. 53 ff. Grundsatzkritik an der deutschen Justiz aber etwa auch bei Bernd Rüthers, *Die heimliche Revolution vom Rechtsstaat zum Richterstaat. Verfassung und Methoden*, Tübingen ²2016.

40 Zu dieser Idee der Mitte als DNA des Grundgesetzes Andreas Voßkuhle, Thomas Wischmeyer, *Die Verfassung der Mitte*, München 2016.

zug in der »Krise« als nicht gesichert an. Die erste Variante dieser Rechtsskepsis lässt sich gut am Beispiel der europäischen Staatsschuldenkrise illustrieren. Der insbesondere von Ökonomen[41] formulierte Vorwurf lautet: Das Recht dringe aufgrund zu lebensferner Abstraktheit nicht zum Kern der Krise durch. Die betroffenen Sachbereiche seien zu komplex für starre, binär nach dem Schema Recht/Unrecht kodierte Problemlösungen. Dementsprechend fehle der Raum für pragmatische Kompromisse. Zudem mangele es an Fach- und Spezialwissen bei den demokratisch und diskursiv agierenden Parlamenten und Gerichten, um angemessen auf die Komplexität und Dynamik der Probleme zu reagieren. Diese Einschätzung verkennt indes, dass die angeblichen Nachteile des Rechts, nämlich Distanz und Abstraktion, tatsächlich Vorteile sind. Abstrakte Maßstäbe, Leitlinien oder – grundlegender formuliert – das allgemeine Gesetz[42] geben Halt und schaffen eine gemeinsame Verständigungs- und Entscheidungsbasis auch dort, wo ansonsten heterogene Kultur- und Interessensphären der gemeinsamen Erar-

41 Pointiert Charles Secondat u. a., »The German Constitutional Court's Decision about the European Central-Bank's OMT Mechanism: A Masterpiece of Judicial Arrogance«, ⟨www.egmontinstitute.be/the-german-constitutional-courts-decision-about-the-european-central-banks-omt-mechanism-a-masterpiece-of-judicial-arrogance⟩, letzter Zugriff 19. 2. 2021; ferner Francesco Giavazzi u. a., »The Wisdom of Karlsruhe: The OMT Court Case Should be Dismissed«, ⟨https://voxeu.org/article/wisdom-karlsruhe-omt-court-case-should-be-dismissed⟩, letzter Zugriff 19. 2. 2021; Marcel Fratzscher u. a., »A Call for Support for the European Central-Bank's OMT Programme«, siehe Conference *The ECB and its OMT Programme*, Berlin 2013, ⟨https://www.youtube.com/watch?v=__jo3e8mDBE&list=TLGTF7tvdUZ5ef7RYiOuGvDBUpMit2x9N-⟩, letzter Zugriff 19. 2. 2021; vgl. allg. Wolfgang Weiß, »Das deutsche Bundesverfassungsgericht und der ESM: Verfassungsjustiz an den Grenzen der Justiziabilität«, in: Peter Hilpold, Walter Steinmair (Hg.), *Neue europäische Finanzarchitektur*, Berlin, Heidelberg 2014, S. 113-143, hier S. 135 ff.

42 Die freiheitliche Bedeutung des »allgemeinen Gesetzes« kann nicht oft genug betont werden: »Das Recht hat in der Freiheit der einzelnen Person (jeder Person) seinen letzten materialen Grund, keineswegs aber in der Macht eines einzelnen oder mehrerer oder aller. Seine bestimmte Form gewinnt das Recht in der Vereinigung der in Freiheit gebildeten Rechtssphären über das allgemeine Gesetz.« (Rainer Zaczyk, »›Fiat iustitia, pereat mundus‹ – Zu Kants Übersetzung der Sentenz«, in: Maximilian Wallerath [Hg.], *Fiat iustitia. Recht als Aufgabe der Vernunft. Festschrift für Peter Krause zum 70. Geburtstag*, Berlin 2006, S. 649-664, hier S. 655). Vgl. ferner Gregor Kirchhof, *Die Allgemeinheit des Gesetzes*, Tübingen 2009.

beitung und Akzeptanz von Problemlösungen im Wege stehen.[43] Gerade die rechtliche Einhegung der Kriseninterventionen im Rahmen der europäischen Staatsschuldenkrise durch verschiedene europäische und intergouvernementale Rechtsakte einerseits sowie Judikate des EuGH und der nationalen Verfassungsgerichte andererseits belegen somit eher die Leistungsfähigkeit des Rechts.[44]

Was den Vollzug des Rechts in der Krise angeht, so hat zuletzt das Verhalten unterschiedlicher staatlicher Akteure im Rahmen der sogenannten Flüchtlingskrise Zweifel an der Durchsetzung der einschlägigen Regeln genährt. Stichworte sind hier zum Beispiel »Öffnung der Grenze im Herbst 2015«, Kirchenasyl, Kölner Silvesternacht oder Ellwangen, aber auch Wetzlar oder Sami A. An dieser Stelle fehlt der Raum, diese ganz unterschiedlichen Fallkonstellationen jeweils rechtlich einzuordnen und zu bewerten. Wir sollten uns aber klarmachen, dass einzelne staatliche Rechtsverstöße die Idee des Rechts selbst nicht zu diskreditieren vermögen: In einem Rechtsstaat werden Rechtsverstöße ermittelt, benannt und sanktioniert. Unrecht *herrscht* erst dann,[45] wenn Recht systematisch missachtet oder sein Geltungsanspruch generell in Abrede gestellt wird.[46] Gerichtliche Entscheidungen müssen daher auch dann befolgt werden, wenn man sie für unzweckmäßig oder falsch hält.[47] Unabhängig davon entpuppen sich die Vorwürfe eines Rechtsverstoßes bei genauerem Hinsehen nicht selten lediglich als Konflikte über die richtige Interpretation offener und konkretisierungsbedürftiger Normen oder das Zusammenwirken mehrerer Normschichten, wie etwa im Fall der Zurückweisung von Flüchtlingen an der Grenze.[48] Solche Konflikte sprechen nicht gegen das Recht,

43 Vgl. Andreas Voßkuhle, »›Integration‹ durch Recht‹. Der Beitrag des Bundesverfassungsgerichts«, in diesem Band, S. 83-107, hier S. 103 f.; ähnlich Skouris, *Demokratie und Rechtsstaat*, S. 100 f.

44 Vgl. Voßkuhle, »›Integration durch Recht‹«, in diesem Band, S. 106.

45 So aber die These von Ulrich Vosgerau, *Die Herrschaft des Unrechts. Die Asylkrise, die Krise des Verfassungsstaates und die Rolle der Massenmedien*, Rottenburg 2018.

46 Voßkuhle, »›Integration durch Recht‹«, in diesem Band, S. 106.

47 Treffend Klaus F. Gärditz, »Justizverweigerung als Inszenierung: Jeder ist abhängig vom Rechtsstaat«, ⟨https://www.lto.de/recht/hintergruende/h/verweigerung-justiz-entscheidungen-gerichte-rechtsstaat-vertrauen-unabhaengigkeit-justiz/⟩, letzter Zugriff 19. 2. 2021.

48 Instruktiv Daniel Thym, »Migrationssteuerung im Einklang mit den Menschenrechten – Anmerkungen zu den migrationspolitischen Diskursen der Gegen-

sondern sind konstituierender Teil einer lebendigen Rechtsgemeinschaft.[49]

2. Überkomplexität des Rechts?

Das Verständnis für diesen Zusammenhang und die Kompliziertheit des Rechts und seine Anwendung ist aber – so meine Wahrnehmung – in der Bevölkerung generell gesunken. Auch von dieser Seite droht eine Schieflage. Wenn das Recht mit Erwartungen konfrontiert wird, die es nicht einlösen kann, kommt es zwangsläufig zu Enttäuschungen und Gegenreaktionen. Nun ist der Vorwurf, das Recht sei zu kompliziert, fast so alt wie das Recht selbst.[50] Und selbstverständlich bedingen komplexe Probleme in modernen Gesellschaften in nicht geringem Umfang komplexes Recht. Die Forderung Albert Einsteins an die physikalische Theoriebildung gilt daher sinngemäß auch für die Gesetzgebung: Sie sollte so einfach wie möglich sein, aber eben nicht einfacher. Wenn jedoch selbst gute Juristen nicht mehr ohne Weiteres in der Lage sind, die AGB des Vertrags zu verstehen, den sie gerade unterschreiben, wenn Strafprozesse Hunderte von Verhandlungstagen benötigen, wenn die Aufstellung eines Planfeststellungsbeschlusses nur noch von einer Handvoll Fachleuten rechtssicher durchgeführt werden kann, dann erodiert das Vertrauen in die Funktionsfähigkeit des Rechtsstaats. Gesetzgeber und Gerichte, aber auch Anwälte und Berufsverbände müssen sich daher immer wieder selbstkritisch mit der Frage konfrontieren, wie das Recht klarer und verständlicher gemacht werden kann.

wart«, in: *ZAR* (2018), S. 193-200, hier S. 197; vgl. auch Klaus F. Gärditz, »Die demokratische Gestaltungsverantwortung durch Recht in einer Einwanderungsgesellschaft«, in: *EuGRZ* (2017), S. 513-530, hier S. 516.

49 Voßkuhle, »›Integration durch Recht‹«, in diesem Band, S. 106 f., unter Hinweis auf Uwe Volkmann, »Was ist Europa? Von der Union zur Gemeinschaft und zurück«, in: *Merkur* 68:787 (2014), S. 1059-1069, hier S. 1062.

50 Erhellend hierzu die historische Analyse bei Sigrid Emmenegger, *Gesetzgebungskunst. Gute Gesetzgebung als Gegenstand einer legislativen Methodenbewegung in der Rechtswissenschaft um 1900 – Zur Geschichte der Gesetzgebungslehre*, Tübingen 2006.

III. Theoretische Begleitmusik: Die Kritik am »Juridismus«

Theoretisch begleitet werden die soeben beschriebenen Entwicklungen durch neuere Strömungen in der Rechtstheorie, die sich anknüpfend an die Schriften von Hegel, Marx und Nietzsche sowie andere rechtskritische Ansätze[51] gegen die zunehmende Verrechtlichung der Welt und den sogenannten Juridismus[52] wenden. Danach führten die pathologische Verabsolutierung des Rechts in modernen westlichen Gesellschaften und seine Subjektivierung[53] zu ideologischen Täuschungen, zur psychologischen Deformation, zu einem Verlust an kommunikativer Qualität und zu politischer Paralysierung.[54] Man muss diese Analyse sicher nicht teilen, man sollte ihren subkutanen Einfluss auf unser Rechtsverständnis aber auch nicht ganz unterschätzen. Die vielen Bürgerinnen und Bürgern vertraute Figur des Michael Kohlhaas, dessen »Rechtsgefühl« ihn zum »Räuber und Mörder« machte,[55] erfährt hier in gewisser Weise einen wissenschaftlichen Unterbau. Und auch diejenigen, die gerne die demokratische Mehrheitsentscheidung gegen das Recht und die Justiz wenden, bekommen unerwartete Unterstützung.

C. Handlungsoptionen für die Justiz

Das von mir gezeichnete Bild der aktuellen Herausforderungen für den Rechtsstaat in Deutschland und Europa ist sicher nicht voll-

51 Überblick bei Susanne Baer, *Rechtssoziologie. Eine Einführung in die interdisziplinäre Rechtsforschung*, Baden-Baden ³2017, § 4, Rn. 187 ff., m. w. N., und Sonja Buckel u. a., *Neue Theorien des Rechts*, Stuttgart ²2009.

52 Vgl. zum Begriff des Juridismus Erich Hörl, »Römische Machenschaften. Heideggers Archäologie des Juridismus«, in: Cornelia Vismann, Thomas Weitin (Hg.), *Urteilen/Entscheiden*, München 2006, S. 236-253.

53 Pointierte Kritik zuletzt bei Christoph Menke, *Kritik der Rechte*, Berlin 2018.

54 So Daniel Loick, *Juridismus. Konturen einer kritischen Theorie des Rechts*, Berlin 2017, S. 13.

55 Die Originalpassage lautet: »Das Rechtsgefühl machte ihn zum Räuber und Mörder«, Heinrich von Kleist, »Michael Kohlhaas«, in: ders., *Sämtliche Werke. Berliner Ausgabe*, Bd. II/1, hg. von Roland Reuß, Peter Staengle, Berlin 1990, S. 64. Eine kritische Würdigung dieser Haltung bei Andreas Voßkuhle, Johannes Gerberding, »Michael Kohlhaas und der Kampf ums Recht«, in: *JZ* (2012), S. 917-925.

ständig und teilweise zu grobkörnig. Zu erwähnen sind hier zum Beispiel noch die Abgasskandale in der Automobilindustrie, die Regelverletzungen deutscher Banken in der Finanzkrise, die riesige Zahl von anhängigen Asylverfahren oder die hohe Einstellungsquote bei Strafverfahren nicht nur im Bereich der Alltagskriminalität.[56] Auch wenn die Beurteilungen dieser Entwicklungen im Einzelnen divergieren mögen, so dürfte aber doch deutlich geworden sein, dass wir dringend eine Revitalisierung des allgemeinen rechtsstaatlichen Diskurses und seiner demokratischen Einbettung benötigen.[57] Auf drei Funktionsbedingungen gelingender Rechtsstaatlichkeit am Beispiel der Justiz und die damit zusammenhängenden Handlungsoptionen möchte ich näher eingehen.

I. Unabhängigkeit und Leistungsfähigkeit der Justiz

1. Mehr Personal

Die erste Funktionsbedingung betrifft die Leistungsfähigkeit der Justiz. Während die Sicherung der Unabhängigkeit in Deutschland bisher kein ernstes Problem darstellt, war insbesondere die personelle Ausstattung der Staatsanwaltschaften und Gerichte in den letzten Jahren zunehmend defizitär. Hier hat zumindest in einigen Ländern erfreulicherweise ein Politikwechsel stattgefunden. Auch der 2018 im Koalitionsvertrag der Regierungsparteien vorgedachte »Pakt für den Rechtsstaat«, der die Bereitstellung von 2000 neuen Richterstellen in Bund und Ländern in Aussicht stellt, geht in die richtige Richtung.[58] Da die Justiz im Grundsatz Ländersache ist, dürfte es indes nicht einfach sein, dieses Ziel umzusetzen, zumal jetzt schon große Unterschiede in den Ländern bestehen, was Sachausstattung, Personal und nicht zuletzt das Gehaltsgefüge angeht. Was ebenfalls nicht aus dem Blick geraten sollte, ist das Personal im nichtrichterlichen Bereich. Serviceeinheiten, Geschäftsstellen oder Kanzleien haben das Potential, die Richterinnen und Rich-

56 Kritische Analyse z. B. bei Jens Gnisa, *Das Ende der Gerechtigkeit. Ein Richter schlägt Alarm*, Freiburg u. a. 2017.

57 So auch Bettina Limperg, »Erschöpfte Justiz!?«, in: *NJW-Editorial* (2018), S. 3.

58 Koalitionsvertrag zwischen CDU, CSU und SPD, 19. Legislaturperiode, Kap. X.1, S. 123 ⟨https://www.bundesregierung.de/Content/DE/StatischeSeiten/Breg/koalitionsvertrag-inhaltsverzeichnis.html⟩, letzter Zugriff 19. 2. 2021.

ter spürbar zu entlasten. Eine solche Richterassistenz setzt freilich qualifiziertes und motiviertes Personal voraus, zumal sich die Aufgaben im Zuge der auch in den Gerichten voranschreitenden Digitalisierung verändert haben und anspruchsvoller geworden sind. Umso wichtiger sind eine professionelle Umsetzung der Digitalisierungsprojekte und die konsequente Fortbildung derjenigen, die im Büroalltag mit den neuen Werkzeugen arbeiten müssen.

2. *Richterauswahl*

Gerade die Aufstockung des richterlichen und staatsanwaltschaftlichen Personals ist aber alles andere als trivial. Vor allem stellt sich die Frage, wie wir angesichts immer größerer Angebotskonkurrenz unter anderem durch internationale Kanzleien und Unternehmen sicherstellen, von den besten Juristinnen und Juristen weiterhin eine ausreichende Zahl für den Justizdienst zu gewinnen. Die Justiz hat zu Recht den Anspruch, nur Absolventen mit ausgezeichneten Examensergebnissen einzustellen, auch wenn das Anforderungsprofil für den Richterberuf über exzellente Noten selbstverständlich hinausgeht.[59] Die Attraktivität des Richterberufs hat aber gelitten: So konstatiert die Präsidentin des Bundesgerichtshofs Bettina Limperg treffend:

> Der frühere Traumberuf der Richterin steht nicht mehr automatisch an der ersten Stelle. Die Auflösung des Kammerprinzips, die hohen Einzelrichterquoten selbst bei den OLGs, die vielen schriftlichen Verfahrensmöglichkeiten zur Vermeidung der mündlichen Verhandlung, unzureichende Spezialisierung: All das sind keine Joker bei der Berufswahl.[60]

Hier sollte man folglich ansetzen und das Problem nicht etwa durch ein Absenken der Einstellungsanforderungen lösen wollen, das mittel- und langfristig erhebliche Auswirkungen auf die Qualität der Rechtsprechung hat. Dasselbe gilt für Beförderungsentscheidungen. Dem Grundsatz der Bestenauslese ist hier strikt Rechnung zu tragen.[61] Angesichts der aktuellen europäischen Debatte über eine Politisierung der Justiz sollte gerade bei der Besetzung her-

59 Näher dazu Andreas Voßkuhle, »Das Leitbild des ›europäischen Juristen‹«, in diesen Band, S. 19-47.
60 Limperg, »Erschöpfte Justiz!?«, S. 3.
61 Zu Besonderheiten bei der Bundesrichterwahl vgl. BVerfGE 143, 22 (32f.).

ausgehobener Funktionsstellen in der Justiz[62] schon der bloße Anschein sachwidriger (partei-)politischer Einflussnahme vermieden werden. Das gelingt aus meiner Sicht nicht immer.[63]

3. Attraktive Besoldungsstruktur

Schließlich kommt der amtsangemessenen Besoldung sowohl für die Nachwuchsgewinnung als auch für die Sicherung der Unabhängigkeit der Richter und die Integrität des Rechtsstaats insgesamt eine zentrale Bedeutung zu.[64] Dieser Zusammenhang muss besser vermittelt werden. In der öffentlichen Wahrnehmung werden Besoldungsfragen zu häufig als Streitereien über Privilegien des Berufsbeamtentums diskutiert und fügen sich ein in die allgemeine Beamtenschelte. Dass die unabhängige Dritte Gewalt auf hervorragende Richter und Staatsanwälte angewiesen ist, ist unbestritten. Die Alimentation ist davon aber nicht zu trennen. Das gilt auch für den nichtrichterlichen Justizdienst. Ohne eine attraktive Besoldungsstruktur, die sich nicht nur an der Untergrenze des von der Verfassung Gebotenen orientiert, sondern die Bedeutung der Rechtsschutzgewährleistung für das Gemeinwesen widerspiegelt, ist eine qualitätsvolle Justiz langfristig nicht zu haben.

II. Vertrauen durch Transparenz

Die zweite Funktionsbedingung ist das Vertrauen der Bürgerinnen und Bürger in die rechtsstaatliche Praxis.[65] Der oben beschriebenen Rechtsskepsis kann man nur durch offensive Öffentlichkeitsarbeit

62 Instruktiv dazu auch aus internationaler Perspektive Armin von Bogdandy, Ingo Venzke, *In wessen Namen? Internationale Gerichte in Zeiten globalen Regierens*, Berlin 2014, S. 218 ff.

63 Vgl. zu einem aktuellen Beispiel BVerfG (1. Kammer des Zweiten Senats), Beschl. v. 4. 7. 2018-2 BvR 1207/18.

64 Deutlich BVerfGE 139, 64 (119 f.).

65 Das Vertrauen in das Rechtssystem ist weiterhin relativ hoch. Es lag in den letzten Jahren zwischen 60 und 71 %, vgl. *ROLAND Rechtsreport* (2018), S. 12. Nur 26 % der Westdeutschen und 14 % der Ostdeutschen glauben aber, dass man sich bei deutschen Gerichten darauf verlassen kann, dass alles mit rechten Dingen zugeht, vgl. ebd., S. 20 ⟨https://www.roland-rechtsschutz.de/media/roland-rechtsschutz/pdf-rr/042-presse-pressemitteilungen/roland-rechtsreport/roland_rechtsreport_2018.pdf⟩, letzter Zugriff 19. 2. 2021.

entgegenwirken. Dass Gerichte ihre Entscheidungen überhaupt erklären müssen, ist eine Erkenntnis, die selbst im Bundesverfassungsgericht erst spät in die Realität umgesetzt wurde. Wie ich sowohl aus eigener Erfahrung als auch aus zahlreichen Gesprächen mit Richterinnen und Richtern aller Instanzen und Gerichtsbarkeiten weiß, gibt es mittlerweile aber viele Initiativen, die sich damit beschäftigen, die Arbeit der Gerichte noch besser zu kommunizieren. Einige Erkenntnisse erscheinen mir dabei besonders wichtig:

1. Presse- und Öffentlichkeitsarbeit

Gute Pressemitteilungen sind heute unverzichtbar für eine seriöse Presseberichterstattung. Spezialisierte Rechtsjournalisten findet man selbst in überregionalen Tageszeitungen eher selten. Umso wichtiger ist es, durch die Formulierung von anschaulichen Pressemitteilungen das Risiko von Missverständnissen oder gar Falschmeldungen zu reduzieren. Nicht nur die Information im Nachgang zur Entscheidung ist wichtig, auch im Vorfeld kann es sich anbieten, die Presse vor Ort über anstehende mündliche Verhandlungen oder Entscheidungen zu informieren. Dies kann gezielt bezogen auf besonders »interessante« Verfahren geschehen oder aber über Terminlisten, die standardmäßig übersandt werden. Bewährt haben sich zudem regelmäßige Jahresgespräche mit sämtlichen Pressevertretern, bei denen die Hausleitung neben Informationen zu Geschäftsbelastung, Verfahrenslaufzeiten oder prominenten Verfahren eine Einschätzung der Gesamtsituation des Gerichts geben kann. Klar ist aber auch, dass eine aktive Presse- und Öffentlichkeitsarbeit nicht ohne zeitlichen und personellen Aufwand zu haben ist. Die Fortbildung von Pressesprechern in der Justiz ist daher genauso hilfreich wie deren angemessene Entlastung von Spruchrichtertätigkeit; mit einem Arbeitskraftanteil von 0,2 lässt sich hier kein Staat machen.

2. Internetpräsenz der Gerichte

Wurde die Gestaltung einer Homepage für die Außendarstellung von Justizbehörden früher noch stiefmütterlich behandelt, ist es heute guter Standard, im Internet präsent zu sein. Der Servicegedanke sollte hier über die konkrete Information von Rechtsschutzsuchenden hinausgehen. Gestaltung und Inhalt sollten es möglichst leicht machen, sich über Verfahrensabläufe, Organisation oder Entscheidungen zu informieren. Dazu gehört, dass aktuelle medienwirksame Entscheidungen zeitnah abrufbar sind. Da der Internetauftritt der Justiz meistens Sache der Landesjustiz- oder Obergerichtsverwaltungen ist, ist eine enge Verzahnung mit den Ortsgerichten hilfreich. Der Aufwand der tagesaktuellen Pflege der Homepage sollte auch für kleine Gerichte mit wenig Personal handhabbar sein.

3. Bürgernähe der Justiz

Instanzgerichte sprechen Recht vor Ort und müssen ebenda fest verankert sein. Justiz sollte sichtbar und präsent sein – auch in der Fläche! Dazu gehört mehr als die Öffentlichkeit von Verhandlungen und Verkündungen. Bewährt hat sich etwa der schon verbreitet praktizierte »Tag der offenen Tür«. Hier könnte man weiterdenken und – analog zum »Tag des offenen Denkmals« – einen bundeseinheitlichen »Tag der offenen Gerichte« koordinieren. Die Organisation vor Ort läge weiterhin bei den einzelnen Gerichten, die Breitenwirkung über eine bundesweite mediale Streuung wäre aber ungleich größer. Die bessere Erklärung von Justiz hängt aber letztlich auch vom persönlichen Engagement einzelner Richterinnen und Staatsanwälte ab. Sie sind es, die durch Rechts-AGs in Schulen oder durch Veranstaltungen im Rahmen von Fortbildungs- oder Integrationskursen als Multiplikatoren mehr Verständnis von Rechtsstaat und Demokratie schaffen können. Ein weiterer wichtiger Baustein wäre das ebenfalls im genannten Koalitionsvertrag verankerte Projekt eines »Forums Recht« in Karlsruhe,[66] das Recht und Rechtsstaat für die Bürgerinnen und Bürger sichtbar und erlebbar machen soll. Schließlich könnte man auch daran denken, dem traditionellen Aufbau einer Gerichtsentscheidung eine kurze und vor allem leicht verständliche Zusammenfassung voranzustellen, die den Zugang zur Entscheidung erleichtert. Letztlich muss es zu einem Umdenken in der Justiz insgesamt kommen, was die Kommunikation anbelangt. Richter- und Staatsanwaltschaft können sich

66 Koalitionsvertrag zwischen CDU, CSU und SPD, 19. Legislaturperiode, Kap. IX.5, S. 119.

nicht länger auf den traditionellen Standpunkt zurückziehen, nur *durch* ihre Entscheidungen, nicht aber *über* ihre Entscheidungen zu sprechen. Insbesondere die Gerichtsdirektoren und -präsidenten müssen nach außen treten und bei geeigneten Anlässen über die einzelne Entscheidung hinaus erklären, wie Rechtsprechung funktioniert. Angesichts möglicher Kollisionen mit dem richterlichen Gebot der Zurückhaltung ist das wahrlich keine leichte Aufgabe. Dieser Umstand entbindet uns aber nicht davon, uns ihr zu stellen!

III. Das rechtsstaatliche Ethos

So wichtig eine leistungsfähige und transparente Justiz für den Rechtsstaat ist, am Ende des Tages kommt es auf die innere Einstellung derjenigen an, die ihn mit Leben erfüllen sollen. Das ist seine dritte Funktionsbedingung. Der Rechtsstaat verwirklicht sich nicht in einem einzelnen Moment, sondern in der stetigen selbstkritischen Praxis der für ihn arbeitenden Menschen. Das sind nicht nur die Angehörigen der Justiz, die in meinen Überlegungen im Mittelpunkt standen, das sind alle, die Recht gestalten, konkretisieren und umsetzen, Politiker genauso wie Anwälte, Justiziare, Polizisten oder Verwaltungsmitarbeiter. Es liegt in ihrer persönlichen Verantwortung, in Zeiten zunehmender soziokultureller Unsicherheit das Vertrauen der Bürgerinnen und Bürger in unsere rechtsstaatlichen Institutionen zu stärken. Das kann nur gelingen mit einem entsprechenden rechtsstaatlichen Ethos, das wir bewusst und offensiv pflegen müssen.[67] Ohne dieses rechtsstaatliche Ethos und das Vertrauen der Gesellschaft in *ihr* Recht verliert die Einsicht, dass Demokratie sehr viel mehr bedeutet als die schlichte Vollstreckung des Willens der Mehrheit, schnell an Überzeugungskraft.

Denn die Voraussetzungen dafür, dass die Minderheit zur Mehrheit werden kann und demokratische Herrschaft zeitlich begrenzt ist[68] – freie und gleiche Wahlen, freie Meinungsäußerung, Versammlungsfreiheit, Schutz der parlamentarischen Opposition und vieles mehr –, lassen sich nur über das Recht absichern. Wer

67 Vgl. auch Ernst-Wolfgang Böckenförde, *Vom Ethos der Juristen*, Berlin ²2011.

68 Auf diesem Grundgedanken basiert die Demokratiekonzeption des Grundgesetzes, vgl. nur BVerfGE 123, 267 (367); BVerfGE 141, 1 (21), m. w. N. Zur »Demokratie als Herrschaft auf Zeit« zuletzt Thomas Würtenberger, »Demokratie als Herrschaft auf Zeit«, in: *BayVBl.* (2017), S. 613-619.

dem Recht misstraut, geht den Rattenfängern populistischer Bewegungen deshalb schnell auf den Leim. Jede Investition in den Rechtsstaat ist daher auch eine Investition in die Demokratie.

Demokratie und Populismus

A. Populismus: Annäherung an einen Begriff

Populismus ist das politische Schlagwort der Stunde. Allein im Jahr 2017 sind über 30 Bücher zu diesem Thema erschienen.[1] Auch die Anzahl der Aufsätze und Zeitungsartikel ist längst unüberschaubar geworden. Dabei wird der Populismus nicht nur fleißig analysiert und heftig gegeißelt, er wird auch als notwendiger Weckruf begrüßt, ja gar als Jungbrunnen der partizipativen Demokratie gefeiert. Schaut man sich vor diesem ambivalenten Hintergrund das Phänomen »Populismus« genauer an, stellt man schnell fest: »Die Schwierigkeit beginnt schon mit dem Begriff.«[2]

I. Populismus als Kampfbegriff

Im *Duden*, dessen Aufgabe es ja bekanntlich ist, den allgemeinen Sprachgebrauch festzuhalten, wird Populismus als »von Opportunismus geprägte, volksnahe, oft demagogische Politik« charakterisiert, »die das Ziel hat, durch Dramatisierung der politischen Lage die Gunst der Massen (im Hinblick auf Wahlen) zu gewinnen«.[3] Damit spiegelt der *Duden* auch die Praxis des politischen Tagesgeschäfts. Hier sind viele politische Akteure mit dem Vorwurf, eine politische Forderung sei populistisch, schnell bei der Hand. Die Attraktivität des Populismus-Vorwurfs hängt offensichtlich damit zusammen, dass die Bezeichnung als Populist die Auseinandersetzung mit dem politischen Gegner erleichtert: Der oder die mit diesem Vorwurf Bedachte muss nicht auf dem Feld der Argumentation geschlagen, sondern kann *a limine* und unter Verweis auf ein Evidenzerlebnis aus dem Diskurs ausgeschlossen werden. Populist! – damit ist dann scheinbar alles gesagt. Was genau an der fraglichen Position populistisch sein soll, braucht nicht weiter erläutert werden. Indes: Nicht jeder politischen Rhetorik, die an

1 Auswertung des Katalogs der Deutschen Nationalbibliothek.

2 Ralf Dahrendorf, »Acht Anmerkungen zum Populismus«, in: *Transit* (2003), S. 156-163, hier S. 156.

3 *Duden. Die deutsche Rechtschreibung*, hg. v. Kathrin Kunkel-Razum u. a., Berlin 272017.

»Kopf und Herz« appelliert, haftet auch gleich das Odium des Antidemokratischen und Illiberalen an.[4] Vielmehr ist jede politische Auseinandersetzung ein Stück weit auf Emotionen und Vereinfachungen angewiesen. Wir wollen keine Technokraten im Bundestag, sondern Politikerinnen und Politiker aus Fleisch und Blut, die miteinander um die bessere Lösung ringen und verstehen, was die Bürgerinnen und Bürger bewegt.

II. »Guter« Populismus

Auch historisch gesehen ist der Begriff des Populismus nicht nur negativ konnotiert. So werden beispielsweise in den Vereinigten Staaten mit »populism« in erster Linie die politischen Strömungen an der Wende vom 19. ins 20. Jahrhundert in Verbindung gebracht, in denen Farmer ihre Interessen zu wahren suchten und deren Forderungen teilweise in der Anti-Trust- und New-Deal-Gesetzgebung Eingang gefunden haben.[5] Bemerkenswert ist ferner, dass in der linken politischen Theorie der Gegenwart, namentlich von Chantal Mouffe, ein – wenn auch durch Institutionen und rechtliche Rahmenbedingungen »gezähmter« – Populismus als Ausweg aus der postdemokratischen Erstarrung propagiert wird.[6] Und der Kolumnist der *Süddeutschen Zeitung* Heribert Prantl hat vor nicht allzu langer Zeit eine provokative »Gebrauchsanweisung für Populisten« geschrieben; für demokratische Populisten wohlgemerkt.[7]

4 Heribert Prantl, *Gebrauchsanweisung für Populisten*, Salzburg 2017, S. 14 ff.

5 Vgl. nur den Konferenzbeitrag von Richard Hofstadter (zit. in: Ghiţa Ionescu, »To Define Populism«, in: *Government and Opposition* 3 [1968], S. 137-179, hier S. 142 ff.); Barry Eichengreen, »Die Entwicklung des Populismus in den Vereinigten Staaten«, in: *Leviathan* (2017), S. 180-191, hier S. 180. Allerdings ging dieser »battle for genuine democracy« (Anna Rochester, *The Populist Movement in the United States*, New York 1943, S. 5) teilweise mit rassistischen und antisemitischen Tendenzen einher (Eichengreen, »Die Entwicklung des Populismus«, S. 183; Rochester, *The Populist Movement*, S. 59; Heinrich A. Winkler, »Stunde der Vereinfacher«, in: *Die Zeit* v. 19. 2. 2015, S. 1).

6 Chantal Mouffe, *Über das Politische*, Frankfurt/M. 2007, S. 29 ff.; ähnlich Thomas Goes, Violetta Bock, *Ein unanständiges Angebot? Mit linkem Populismus gegen Eliten und Rechte*, Köln 2017.

7 Prantl, *Gebrauchsanweisung*.

III. Verabschiedung des Begriffs?

Sollten wir nicht vor diesem Hintergrund den Populismus-Vorwurf als politisches Kampfinstrument[8] entsorgen und uns Ralf Dahrendorf anschließen, dem zufolge »des einen Populismus [eben] des anderen Demokratie [ist] und umgekehrt«?[9] Ich meine: nein. Der Populist ist bei genauerer Betrachtung nicht »lediglich ein ungeschminkter Demokrat«, wie Botho Strauß resümiert,[10] sondern ein Gegner der Demokratie. Wer die Demokratie verteidigen will, sollte populistische Verhaltensweisen daher offen benennen und bekämpfen. Dazu brauchen wir aber eine konkrete Vorstellung davon, was Populismus in seinem negativen Begriffskern bedeutet und welche Gefahren von ihm ausgehen.

IV. Anti-Pluralität als Charakteristikum anti-demokratischen Populismus

Aus der Fülle seiner Erscheinungsformen eine überzeugende und zugleich handhabbare Definition des Populismus zu destillieren, ist nicht einfach. Zu leicht wird man von den schillernden Auswüchsen der konkreten Erscheinungsformen geblendet. Ein erster wichtiger Erkenntnisschritt besteht darin, sich klarzumachen, dass es sich beim Populismus nicht um eine vollausgebaute Ideologie im klassischen Sinne – etwa des Kommunismus oder des Liberalismus – handelt.[11] Die Gemeinsamkeiten des Rechtspopulismus in Europa und zum Beispiel des Linkspopulismus in Venezuela treten nur dann zutage, wenn man die damit verbundenen konkreten politischen Forderungen für einen Moment ausblendet. Dann erkennt man, dass es sich beim Populismus um eine bestimmte Strategie zum Zwecke des Erwerbs und Erhalts von politischer Herrschaft handelt, die mit nahezu jeder beliebigen inhaltlichen Ausrichtung kombiniert werden kann.[12] Am gesellschaftstheoreti-

8 Cas Mudde, Cristóbal R. Kaltwasser, *Populism. A Very Short Introduction*, Oxford, New York 2017, S. 1.

9 Dahrendorf, »Acht Anmerkungen«, S. 156.

10 Botho Strauß, *Der Untenstehende auf Zehenspitzen*, München 2004, S. 77 f.

11 Cas Mudde, »The Populist Zeitgeist«, in: *Government and Opposition* 39 (2004), S. 541-563, hier S. 544.

12 Karin Priester, »Wesensmerkmale des Populismus«, in: *APuZ* (2012), S. 3-9, hier S. 4.

schen Substrat einer politischen Bewegung, das heißt an den konkreten politischen Zielen, kann man eine populistische von einer nichtpopulistischen Bewegung also nicht unterscheiden. Populisten besitzen keine gemeinsame politische Ausrichtung; die Ziele von Hugo Chavez und Donald Trump könnten unterschiedlicher kaum sein.

Erfolgversprechender ist es daher, nach formalen Charakteristika Ausschau zu halten, die das »ideologische Minimum«[13] des Populismus ausmachen. In diesem Sinne hat der in den USA lehrende deutsche Politikwissenschaftler Jan-Werner Müller den Populismus als »Politikvorstellung« definiert, in der »einem moralisch reinen, homogenen Volk stets unmoralische, korrupte und parasitäre Eliten gegenüberstehen – wobei diese Art von Eliten eigentlich gar nicht zum Volk gehören«. Darauf aufbauend zeichne sich die populistische Ideologie durch einen – moralisch fundierten – Alleinvertretungsanspruch aus: Populisten nehmen für sich in Anspruch, als Einzige den (einen) wahren Willen des Volkes erkannt zu haben und deshalb auch als Einzige wirklich berechtigt zu sein, für das Volk insgesamt sprechen zu können.[14] Dieses Begriffsverständnis, das auf Vorarbeiten anderer Politikwissenschaftler aufbaut,[15] erweist sich in der konkreten Anwendung als fruchtbar. Überzeugend ist es vor allem deshalb, weil mit dem Antagonismus zwischen zwei als homogen gedachten Gruppen – dem »reinen Volk« und der »korrupten Elite« – die antipluralistische und damit antidemokratische Stoßrichtung ins Zentrum der Aufmerksamkeit gerückt wird.

B. Antidemokratische Elemente des Populismus

Ausgehend von diesem Begriffsverständnis werde ich im Folgenden fünf Widersprüche zwischen der populistischen Ideologie und

13 Priester, »Wesensmerkmale«, S. 4.

14 Jan-Werner Müller, *Was ist Populismus?*, Berlin 2016, S. 42 f.

15 Mudde, »Zeitgeist«, S. 543; ders./Kaltwasser, *Populism*, S. 6; Priester, »Wesensmerkmale«, S. 4; Winkler, »Vereinfacher«, S. 1. Zuvor hatte bereits Isaiah Berlin in einem Konferenzbeitrag (zit. in: Ionescu, »To Define Populism«, S. 174 f.) den Anspruch, für die marginalisierte Mehrheit als das »wahre Volk« (»true people«) zu sprechen, als verbindendes Moment der verschiedenen populistischen Strömungen ausgemacht.

dem im Grundgesetz niedergelegten Verständnis von Demokratie aufzeigen. Das Grundgesetz eignet sich deshalb besonders gut als Kontrastfolie, weil in sein Demokratiekonzept viele gemeineuropäisch-westliche Vorstellungen und Erfahrungen eingegangen sind und es damit einen hohen Konsenscharakter aufweist.

I. Populisten wissen alles, Demokraten sind sich da nicht so sicher

Der erste Widerspruch ist vielleicht der fundamentalste, weil alle weiteren Widersprüche auf ihm aufbauen. Zu den zentralen Begründungselementen demokratischer Herrschaft zählt die Einsicht, dass es in Bezug auf normative Fragen – und um solche handelt es sich in der Politik – so etwas wie eine absolute, immer gültige »Wahrheit« nicht gibt. Der Populist hingegen behauptet, das Volk sei im Besitz der Wahrheit, habe also die Einsicht in das für alle Richtige. Oder, wie es ein Vorstandsmitglied der »Bürgerbewegung Pro Deutschland« formulierte: »Das gemeine Volk weiß noch zwischen der Wahrheit und der Unwahrheit zu unterscheiden, es hat gemeinhin noch ein gesundes, unverfälschtes Urteilsvermögen (vox populi, vox Dei).«[16] Die besondere Pointe dieser Aussage liegt darin, dass ein dergestalt vom allwissenden und moralisch reinen Volk abgeleitetes, ja mit dessen Anschauungen eigentlich identisches Parteiprogramm keinem diskursiven Rechtfertigungszwang mehr ausgesetzt sein kann.[17] Indes, die moderne Erkenntnistheorie und die politische Alltagserfahrung sprechen dafür, dass in Wirklichkeit niemand im Besitz einer absoluten Wahrheit in politischen Angelegenheiten ist – genau auf dieser Erkenntnis beruht die Demokratie:[18] Wenn niemand für sich in Anspruch nehmen kann, am besten zu wissen, was für alle am besten ist, sind alle gleichermaßen dazu berufen, sich zu den Fragen des Gemeinwesens zu verhalten. Deshalb muss in einer Demokratie der jeweils andere Bürger als gleich und frei anerkannt, ihm also gleiche Mitwirkungs-

16 Zit. in: Karin Priester, *Rechter und linker Populismus*, Frankfurt/M 2012, S. 41.

17 Wolfgang Palaver, »Populismus – Gefahr oder hilfreiches Korrektiv für die gegenwärtige Demokratie?«, in: *JCSW* 54 (2013), S. 131-154, hier S. 137 ff.; Priester, »Wesensmerkmale«, S. 5.

18 Hans Kelsen, *Vom Wesen und Wert der Demokratie*, Tübingen ^{2}1929, S. 99 ff.

rechte in öffentlichen Angelegenheiten zugestanden werden.[19] Das demokratische Mehrheitsprinzip gewährleistet, dass die größtmögliche Zahl der Bürgerinnen und Bürger ihren Urteilen über das Gemeinwohl entsprechend leben kann. Weil aber eine politische Einschätzung auch dann nicht zu einer unwandelbaren Wahrheit wird, wenn sie von einer noch so großen Mehrheit der Bürger geteilt wird, muss in der Demokratie immer auch davon ausgegangen werden, dass sich vielleicht in der Zukunft eine abweichende Einschätzung als überzeugender erweist. Die Demokratie beruht also einerseits auf der Bereitschaft der Minderheit, die ordnungsgemäß getroffene Mehrheitsentscheidung loyal zu befolgen. Andererseits wird die Minderheit nicht nur begrifflich vorausgesetzt, sondern auch politisch anerkannt und durch die Grund- und Freiheitsrechte geschützt, so dass sie »nicht absolut im Unrecht, nicht absolut rechtlos ist«,[20] sondern die Chance hat und haben muss, selbst zur Mehrheit zu werden.[21] Um Missverständnissen vorzubeugen: Das alles bedeutet nicht, dass eine moralische Begründung von Politik *per se* problematisch ist. Sie ist – im Gegenteil – oftmals der legitime Grund für politisches Engagement. Über die richtige Einwanderungspolitik, eine gerechte Steuerpolitik oder eine verantwortungsvolle Umwelt- und Außenpolitik lässt sich immer wieder aufs Neue trefflich streiten. Aber in der Demokratie muss darauf geachtet werden, nicht in einen moralischen Absolutismus zu verfallen, der Gegenpositionen mit Intoleranz begegnet und diese aus dem politischen Diskurs von vornherein ausschließen will.[22]

II. Homogenität statt Pluralität

Untrennbar verbunden mit der populistischen Anmaßung einer – sich im einheitlichen Volkswillen niederschlagenden – absoluten Wahrheit in politischen Fragen ist, zweitens, die Vorstellung von Einheit: Es gibt für Populisten, und zwar rechter wie linker Couleur, nur ein – moralisch reines – homogenes Volk. Widerspruch,

19 Christoph Möllers, *Demokratie. Zumutungen und Versprechen*, Berlin 2008, S. 11, 17 ff.

20 Kelsen, *Wesen und Wert*, S. 101 ff.

21 BVerfGE 144, 20 (196 f.).

22 Christoph Möllers, »Wir, die Bürger(lichen)«, in: *Merkur* 71:818 (2017), S. 5-16, hier S. 11.

gleich ob durch Demonstranten, Journalisten oder Abgeordnete artikuliert, ist für sie *per se* illegitim, weil er ihren Alleinvertretungsanspruch leugnet.[23] Genau darauf dürfte Recep Tayyip Erdoğan angespielt haben, als er ein gutes Jahr nach der gewaltsamen Niederschlagung der Protestbewegung auf dem Taksim-Platz und im Gezi-Park im Sommer 2014 anlässlich seiner Nominierung zum Präsidentschaftskandidat mit Blick auf die Opposition erklärte: »Wir sind das Volk. Wer seid ihr?«[24] Populisten lassen sich aber in ihrem Sendungsbewusstsein auch dadurch nicht irritieren, dass sie eine Wahl gerade verloren haben: So erklärte Viktor Orbán im Angesicht einer Wahlniederlage im Jahr 2002, die Heimat könne nicht in der Opposition sein.[25] Und in Venezuela setzte Präsident Nicolás Maduro im Jahr 2015 nach einer deutlichen Niederlage bei den Parlamentswahlen kurzerhand ein mit Parteigängern besetztes sogenanntes Volksparlament ein. Das neugewählte Parlament stehe schließlich im Dienste der Bourgeoisie, das Volk aber müsse geeint sein.[26] Doch Vorsicht! Antipluralistisches Denken kommt nicht immer so offensichtlich daher. Nicht wenige unter uns glauben zum Beispiel, die Bürgerinnen und Bürger seien sich oft oder im Prinzip einig, was politisch zu geschehen habe, allein, die Politiker würden andere, ihren eigenen Interessen entsprechende Ziele verfolgen, die politischen Differenzen zwischen Bürgern und Politikern seien deshalb größer als die Differenzen der Bürger untereinander. Wer so denkt, geht der populistischen Homogenitätsthese auf den Leim. Wenn etwa 30 Prozent der Befragten Bundesbürger einer Studie der Bertelsmann-Stiftung zufolge einer solchen apolitischen Vorstellung eines überparteilichen Gesamtinteresses[27] zuneigen,[28] muss

23 Müller, *Populismus*, S. 19, 53.

24 Michael Martens, »Eine neue Etappe Erdogan«, ⟨www.faz.net/aktuell/politik/tuerkei-eine-neue-etappe-erdogan-13021025.html#void⟩, letzter Zugriff 9. 2. 2021.

25 Keno Verseck, »Ungarn: Wo Rechtsextremismus in der Mitte der Gesellschaft angekommen ist«, ⟨www.bpb.de/politik/extremismus/rechtsextremismus/184858/ungarn-wo-rechtsextremismus-in-der-mitte-der-gesellschaft-angekommen-ist⟩, letzter Zugriff 9. 2. 2021.

26 Sandra Weiss, »Maduro will Parlament entmachten«, ⟨www.tagblatt.ch/international/maduro-will-parlament-entmachten-ld.695212⟩, letzter Zugriff 9. 2. 2021.

27 Kelsen, *Wesen und Wert*, S. 21.

28 Robert Vehrkamp, Christopher Wratil, *Die Stunde der Populisten? Populistische Einstellungen bei Wählern und Nichtwählern vor der Bundestagswahl 2017*, Gütersloh 2017, S. 15 f.

uns dies – bei aller gebotenen Vorsicht im Umgang mit Umfragen – Anlass zum Nachdenken geben. Wie kommt es zu einer solchen verzerrten Wahrnehmung der in Wirklichkeit ja von einer Vielzahl widersprüchlicher Präferenzen geprägten Gesellschaft? Darauf habe ich keine Antwort parat. Jedenfalls dürfte sich die Verlagerung der (politischen) Diskussion aus dem realen Alltag – am Arbeitsplatz, im Verein, am Stammtisch – in die digitalen Netzwerke negativ auswirken. Indem ihre Algorithmen zur Herausbildung von »Filterblasen« und »Echokammern« beitragen, wird uns Einheit vorgespiegelt, wo in Wirklichkeit Vielfalt das Leben prägt. Die grundgesetzlich verfasste Demokratie verlangt jedenfalls kein homogenes Volk.[29] Im Gegenteil: Sie verlangt die Anerkennung des Anderen als gleich und frei, die Achtung des Anderen in seiner politischen Überzeugung unter Verzicht auf einen Absolutheitsanspruch, die Offenheit für Argumentation und – wenn nötig – Kompromiss, die Loyalität gegenüber einer aktuellen Mehrheitsentscheidung, kurz: die Bejahung der demokratischen Spielregeln;[30] nur auf dieses demokratische Ethos seiner Bürger ist sie – wie jede Demokratie – angewiesen. Das Grundgesetz geht dementsprechend von der Pluralität der Gesellschaft[31] und folgerichtig von einer Meinungsvielfalt in politischen Fragen aus.[32] Oder, um es mit Jürgen Habermas zu sagen: Das Volk des Grundgesetzes pflegt im Plural aufzutreten.[33] Erst in und durch die demokratischen Verfahren werden die Mehrheitsverhältnisse ermittelt und im Parlament eine am Gemeinwohl orientierte Mehrheitsentscheidung ermöglicht.[34] Von Beginn an hat das Bundesverfassungsgericht betont, dass in einer freiheitlichen Demokratie, in der stets »die Wege für alle denkbaren Lösungen offenzuhalten« sind, jeder Entscheidung notwendig politische

29 Möllers, *Demokratie*, S. 48 f.

30 Ernst-Wolfgang Böckenförde, »Demokratie als Verfassungsprinzip«, in: Josef Isensee, Paul Kirchhof (Hg.), *Handbuch des Staatsrechts der Bundesrepublik Deutschland*, Bd. II, Heidelberg ³2004, § 24, Rn. 75 f.

31 BVerfGE 41, 29 (50): »Der ›ethische Standard‹ des Grundgesetzes ist […] die Offenheit gegenüber dem Pluralismus weltanschaulich-religiöser Anschauungen […].« Vgl. auch BVerfGE 57, 295 (320, 323, 331).

32 Vgl. statt vieler Gunnar F. Schuppert, *Governance of Diversity*, Frankfurt/M. 2017.

33 Jürgen Habermas, *Faktizität und Geltung. Beiträge zur Diskurstheorie des Rechts und des demokratischen Rechtsstaats*, Frankfurt/M. 1992, S. 607.

34 BVerfGE 5, 85 (198 f.).

Prozesse vorausgehen, die durch den Schutz der (kommunikativen) Grundrechte auch für diejenigen zugänglich sein müssen, die letztlich in der Minderheit bleiben. Freiheitliche Demokratie zeichnet sich daher durch ein Mehrparteiensystem, das Recht zur Bildung einer organisierten Opposition und die regelmäßige Durchführung freier Wahlen aus, in denen für eine vormalige Minderheitsposition eine Mehrheit gewonnen werden kann.[35] Herrschaft auf Zeit und Wissen um die Labilität der eigenen Position auch nach Erringen einer vorläufigen Mehrheit: für diese zentrale Erkenntnis ist in der populistischen Weltanschauung kein Raum und mit ihr kommen Populisten, wenn sie einmal an die Macht gekommen sind, auch praktisch nur schwer zurecht.[36]

III. Identität statt Repräsentation

Weil sie den wahren Volkswillen vermeintlich erkannt und verstanden haben, nehmen Populisten, drittens, für sich in Anspruch, sie – und sie allein – würden das ganze Volk repräsentieren oder jedenfalls den Teil der Bevölkerung, der in ihren Augen das Volk ausmacht. Dieser Alleinvertretungsanspruch schlägt sich mitunter auch terminologisch nieder:[37] Man nennt sich nicht gerne »Partei«, weil auf diese Weise das Partielle schon im Namen geführt wird, sondern stattdessen: »Bewegung« (Movimento cinque stelle, Jobbik) oder »Front« (Front National). Dass viele Parteineugründungen der jüngeren Zeit (wie etwa auch Emmanuel Macrons La Republique en Marche) den Begriff der Partei meiden, dürfte allerdings auch mit der Hoffnung zusammenhängen, negative Assoziationen (Hierarchisierung, Flügelkämpfe, Schwerfälligkeit usw.) vermeiden zu können.[38] Träger des überlegenen Wissens ist nicht selten eine Führungsfigur; jedenfalls besteht oftmals kein Bedarf für eine innere Pluralität populistischer Parteien. Ganz besonders deutlich wird dies bei der niederländischen »Partei für die Freiheit«, deren einziges Mitglied Geert Wilders ist. Es geht Populisten regelmäßig

35 BVerfGE 5, 85 (198 ff.); 123, 267 (367).

36 Dazu sogleich unten, Abschn. V.

37 Müller, *Populismus*, S. 57.

38 Hierzu und zum Verhältnis sozialer Bewegungen und Bewegungsparteien Dieter Rucht im Gespräch mit Johan Schloemann, »Dynamisch, jung, en marche«, in: *SZ* v. 24. 10. 2017, S. 11.

nicht um eine Ausweitung der tatsächlichen Teilhabe des Volkes, sondern um die Legitimation einer neuen Elite, die auf die akklamationshafte Zustimmung des Volkes – ja die Identität mit dem Volk – verweisen kann.[39] Der niederländische Politikwissenschaftler Cas Mudde hat darauf hingewiesen, dass auch die Anhänger populistischer Strömungen häufig gar nicht an einer Ausweitung der eigenen Partizipationsmöglichkeiten interessiert sind, sondern an »leadership«:[40] »Sie wollen Politiker, die das Volk kennen (statt ihm zuhören) und seine Wünsche wahr werden lassen.« Genau an diesem Punkt setzten in den vergangenen Jahren paradigmatisch die Wahlplakate von Heinz-Christian Strache in Österreich an. Dort konnte man lesen: »Er sagt, was Wien denkt.« Oder: »Er will, was wir wollen.«[41]

Im Namen der Volksherrschaft – und damit scheinbar mit demokratischem Impetus – wird eine präsidial-plebiszitäre Regierungsform der »direkten Repräsentation« angestrebt. Das ist nicht nur offensichtlich antiparlamentarisch,[42] sondern ermöglicht gerade einen »Top-down«-Regierungsstil.[43] Wenn zur Begründung angeführt wird, man wolle den Willen des Volkes umsetzen, so verweist diese Argumentation auf ein vormodernes Repräsentationsmodell. Wie in der Ständegesellschaft wird davon ausgegangen, dass die Zugehörigkeit zu einer bestimmten sozialen Gruppe – hier: dem »gemeinen Volk« – mit einer einheitlichen Interessenlage und schließlich mit gleichen politischen Präferenzen einhergeht.[44] Die parlamentarische Demokratie des Grundgesetzes ist demgegenüber von der Einsicht geprägt, dass eine politische Partei immer nur die Gemeinwohlvorstellungen eines – wenn auch möglicherweise großen – Teils der Bevölkerung umsetzen kann. Und vor allem: dass die Frage, welcher Partei dies in welchem Umfang gelingt, in regel-

39 Priester, »Wesensmerkmale«, S. 8.

40 Mudde, »Zeitgeist«, S. 558.

41 Bilder der Plakate sind abrufbar unter ⟨www.oe1.orf.at/artikel/419111/Strache-Buergermeister-oder-Parlament⟩ bzw. ⟨www.diepresse.com/564150/polizei-zu-strache-plakat-sind-damit-nicht-glucklich⟩, letzter Zugriff jeweils 10. 2. 2021.

42 Dahrendorf, »Acht Anmerkungen«, S. 161.

43 Vgl. Donatella della Porta, »Progressive und regressive Politik im späten Neoliberalismus«, in: Heinrich Geiselberger (Hg.), *Die große Regression*, Berlin 2017, S. 57-76, hier S. 70 ff.

44 Müller, *Populismus*, S. 47.

mäßigen Wahlen neu gestellt und beantwortet wird.[45] Eine intensivere Auseinandersetzung mit den Grundlagen der repräsentativen Demokratie würde an dieser Stelle zu weit führen. Deshalb in aller Kürze nur so viel: Der in Art. 20 Abs. 2 Satz 1 des Grundgesetzes niedergelegte Hauptsatz der Demokratie – »Alle Staatsgewalt geht vom Volke aus« – besagt noch nichts darüber, wie die Machtentfaltung des Volkes konkret organisiert wird. Im darauffolgenden Satz gestaltet das Grundgesetz den Grundsatz der Volkssouveränität denn auch weiter aus: Es legt fest, dass das Volk die Staatsgewalt außer durch Wahlen und Abstimmungen durch besondere Organe der Gesetzgebung, der vollziehenden Gewalt und der Rechtsprechung ausübt. Das setzt, wie das Bundesverfassungsgericht immer wieder betont, voraus, dass das Volk einen effektiven Einfluss auf die Ausübung von Staatsgewalt durch ebenjene Organe hat: Deren Akte müssen sich auf das Volk zurückführen lassen und ihm gegenüber verantwortet werden. Dieser Zurechnungszusammenhang zwischen Volk und staatlicher Herrschaft wird vor allem durch die Wahl des Parlaments, durch die von ihm beschlossenen Gesetze als Maßstab der vollziehenden Gewalt, durch den parlamentarischen Einfluss auf die Politik der Regierung sowie durch die grundsätzliche Weisungsgebundenheit der Verwaltung hergestellt.[46] Dass sich dieses Modell – bei allen Unterschieden im Detail – in den modernen demokratischen Territorialstaaten durchgesetzt hat,[47] ist dem Umstand geschuldet, dass nur so ein effektiver Einfluss eines jeden Bürgers auf die Ausübung von Staatsgewalt überhaupt bestehen kann.[48] Parlamentarismus und nicht das »tagtägliche Plebiszit« (Ernest Renan) ist der einer modernen, und das heißt vor allem arbeitsteiligen,[49] Gesellschaft angemessene Modus des Politischen.[50]

Vielleicht erhebt sich an dieser Stelle der Einwand: Schön und gut, aber hat die parlamentarische Demokratie nicht die erkennbare Schwäche, dass eine Rückkopplung an den Wählerwillen nur

45 BVerfGE 123, 267 (367).
46 BVerfGE 83, 60 (71 ff.).
47 BVerfGE 123, 267 (366 f.).
48 Vgl. Böckenförde, »Verfassungsprinzip«, § 24, Rn. 36 f.
49 Vgl. Kelsen, *Wesen und Wert*, S. 32 ff.
50 Vgl. auch Oliver Lepsius, »Die erkenntnistheoretische Notwendigkeit des Parlamentarismus«, in: Martin Bertschi u. a. (Hg.), *Demokratie und Freiheit*, Zürich 1999, S. 123-180, hier S. 125 f.

alle vier oder fünf Jahre erfolgt? Und wäre es nicht sinnvoll, diesen Mangel durch Volksabstimmungen zu beheben? Auch hier ist Vorsicht geboten: Es ist zwar richtig, dass die Willensbildung des Volkes und die Bildung des staatlichen Willens durch seine verfassten Organe unterschieden werden müssen. Und nur dann, wenn das Volk als Verfassungs- oder Kreationsorgan durch Wahlen und Abstimmungen selbst die Staatsgewalt ausübt, fällt die Äußerung des Volkswillens mit der Bildung des Staatswillens zusammen.[51] Gleichwohl führt es in die Irre zu behaupten, die Teilhabe der Bürger an der staatlichen Willensbildung erschöpfe sich in der Stimmabgabe. Bei der politischen Meinungsbildung handelt es sich vielmehr um einen ständigen Prozess, der nicht in hermetischen Zirkeln abläuft. Es sind vor allem die politischen Parteien, die zwischen den Wahlen im Sinne der von ihnen mitgeformten Meinung des Volkes die Entscheidungen der Verfassungsorgane, vor allem die Beschlüsse der Parlamente, beeinflussen.[52] Die Einführung von Volksentscheiden auch auf Bundesebene wäre im Wege der Verfassungsänderung zwar möglich,[53] ob sie auch klug wäre, erscheint mir jedoch fraglicher denn je.[54] Vor allem eines möchte ich zu bedenken geben: Plebiszite sind entgegen der oft verbreiteten Einschätzung nicht demokratischer als Entscheidungen repräsentativer Organe.[55] Die spezifische Rationalität des parlamentarischen Verfahrens besteht darin, dass dort an einem von allen Bürgerinnen und Bürgern beobachtbaren, stetigen Ort kontinuierlich die in einer pluralen Gesellschaft nicht immer, aber doch oft erforderlichen Kompromisse (auch und gerade innerhalb der die Regierung tragenden Fraktionen) ausgehandelt und öffentlich vermittelt werden müssen.[56] Nur Populisten, die sich einer höheren Einsicht in den

51 BVerfGE 20, 56 (98 f.).

52 BVerfGE 107, 339 (360).

53 BVerfGE 123, 267 (367).

54 Statt vieler Ernst-Wolfgang Böckenförde, »Demokratische Willensbildung und Repräsentation«, in: Isensee/Kirchhof (Hg.), *Handbuch des Staatsrechts*, Bd. III, Heidelberg ^{3}2005, § 34, Rn. 20 ff.; Horst Dreier, in: ders. (Hg.), *Grundgesetz-Kommentar*, Bd. II, Tübingen ^{3}2015, Art. 20, Rn. 102 ff.

55 Andreas Voßkuhle, »Über die Demokratie in Europa«, in diesem Band, S. 48-59; hier S. 52 f.

56 Weshalb etwa der Vorschlag des Vermittlungsausschusses nicht über das hinausgehen darf, was zuvor im Bundestag verhandelt worden ist, BVerfGE 120, 56 (74 ff.).

– moralisch richtigen und unwandelbaren – Volkswillen rühmen, können auf diese Integrations- und Transformationsleistung des Parlaments verzichten. Hinzu kommt, dass die Abgeordneten und Politiker für die jeweiligen Ergebnisse dieses Prozesses spätestens bei der nächsten Wahl (durch Abwahl) verantwortlich gemacht werden können. All dies können Volksbefragungen und Volksentscheide nicht leisten: Sie reduzieren die Bewältigung komplexer politischer Herausforderungen auf singuläre Ja/Nein-Entscheidungen, für deren politische Anschlussfähigkeit und Umsetzung dann andere (und in der Regel nicht die Initiatoren) verantwortlich sind. Deren Einfluss auf Anlass, Zeit und vor allem das Ob und Wie der Fragestellung ist dennoch erheblich.[57] Diese Defizite zeigen sich in aller Deutlichkeit beim sogenannten Brexit: Die Briten konnten lediglich darüber abstimmen, ob das Vereinigte Königreich die Europäische Union verlassen sollte oder nicht. Was »Leave« eigentlich bedeutet, wie also die zukünftigen Beziehungen zur Europäischen Union im Allgemeinen und zur Republik Irland im Besonderen gestaltet und ob es einen Bestandsschutz für EU-Bürger einerseits und die in den verbliebenen Mitgliedstaaten lebenden Briten andererseits geben wird – über diese Fragen konnten die Briten nicht abstimmen. Wer weiß, ob eine Mehrheit auch für einen »harten Brexit« gestimmt hätte oder – umgekehrt – den Verbleib in der EU einem »weichen Brexit« mit stimmrechtsloser Bindung an die Regeln des Binnenmarkts doch vorgezogen hätte. Von denen im Vorfeld des Brexit verbreiteten Fehlinformationen möchte ich in diesem Zusammenhang gar nicht reden. Insgesamt lässt sich also festhalten, dass die repräsentative Demokratie »nicht […] Minderform, sondern notwendige Grundform der Demokratie« ist,[58] was eine partielle Ergänzung durch Plebiszite freilich nicht ausschließt.

IV. Diffuser Auftrag statt freies Mandat

Der vierte Angriff des Populismus auf die Demokratie des Grundgesetzes betrifft die Rolle von Volksvertretern: Ausgehend vom populistischen Axiom eines jederzeit und zu jeder Frage bestehenden und ohne Weiteres erkennbaren einheitlichen Volkswillens,

57 Peter Krause, »Verfassungsrechtliche Möglichkeiten unmittelbarer Demokratie«, in: Isensee/Kirchhof (Hg.), *Handbuch des Staatsrechts*, Bd. III, § 35, Rn. 45 ff.

58 Böckenförde, »Demokratische Willensbildung«, § 34, Rn. 3.

behaupten Populisten, Abgeordnete könnten und müssten einfach immer diesem Willen der Bürger folgen. Diese Forderung ist – wie sich ebenfalls aus der oben bereits genannten Studie der Bertelsmann-Stiftung ergibt[59] – offenbar vielen Bürgerinnen und Bürgern sympathisch. Dass sie auf Sand gebaut ist, weil es einen einheitlichen Volkswillen in Wahrheit nicht gibt, habe ich schon dargelegt. Wenn populistische Politiker gleichwohl behaupten, sie würden sich im Gegensatz zu den Politikern der anderen Parteien streng an den Auftrag des Volkes halten, verschleiern sie überdies, dass sie selbst den vermeintlichen Auftrag vorformulieren und auch immer nur Interpreten von Ideen und Interessen sein können.[60] Der eigentliche Mehrwert der Rede vom auftragsgebundenen Politiker neuen Typs besteht darin, das Parlament als den bestimmenden Einfluss einzelner Politiker hemmende, intermediäre Institution und Ort des Ausgleichs zu desavouieren.[61] Die parlamentarische Demokratie des Grundgesetzes fußt demgegenüber auf dem in Art. 38 Abs. 1 Satz 2 niedergelegten Leitbild der Abgeordneten als Träger eines »freien Mandats«. Ganz egal, ob sie die Regierung tragen oder zu ihr in Opposition stehen, sie sind alle »Vertreter des ganzen Volkes, an Aufträge und Weisungen nicht gebunden und nur ihrem Gewissen unterworfen«. Das bedeutet dreierlei: *Erstens* können sich die Abgeordneten ihrer moralisch-politischen Verantwortung für das Gemeinwohl nicht unter Verweis auf angebliche Vorgaben Dritter – und sei es der Parteibasis – entziehen;[62] sie müssen daher auch stets selbstverantwortlich entscheiden, ob sie der Mehrheitsmeinung innerhalb ihrer Fraktion folgen.[63] Die Freiheit des Mandats wirkt, *zweitens*, strukturell auf die Art und Weise der Fraktionsarbeit ein: Erst die rechtliche Eigenständigkeit der Abgeordneten begründet die Notwendigkeit, um Zustimmung »in den eigenen Reihen« zu werben, also politische Richtungsentscheidungen innerhalb einer Fraktion mit allen Abgeordneten, also auch den sogenannten Hinterbänklern, zu erörtern und die von ihnen

59 Vehrkamp/Wratil, *Die Stunde*, S. 15 f.

60 Müller, *Populismus*, S. 45 ff.

61 Priester, »Wesensmerkmale«, S. 5.

62 Böckenförde, »Demokratische Willensbildung«, § 34, Rn. 18.

63 Hans H. Klein, »Status des Abgeordneten«, in: Isensee/Kirchhof (Hg.), *Handbuch des Staatsrechts*, Bd. III, [3]2005, § 51, Rn. 6.

eingebrachten Gemeinwohlerwägungen zu berücksichtigen.[64] Das freie Mandat der Abgeordneten sichert im Gleichklang mit der Verpflichtung der Parteien zu innerparteilicher Demokratie letztlich die Pluralität und Offenheit des parlamentarischen Willensbildungsprozesses gegen die tatsächlich bestehende Gefahr oligopolistischer Entwicklungen[65] innerhalb von Parteien und Fraktionen.[66] Und *drittens* gewährleistet erst die Freistellung der Abgeordneten von außerparlamentarischen Zustimmungsvorbehalten, wie sie für imperative Mandate charakteristisch sind, die Handlungsfähigkeit des Parlaments.[67] Diese Handlungsfähigkeit wiederum ist eine Voraussetzung für die grundsätzliche Zuständigkeit des Plenums des Bundestags auch für zeitkritische, aber wesentliche Entscheidungen wie den Einsatz der Bundeswehr[68] oder haushaltsrelevante Maßnahmen wie etwa im Rahmen der Bankenrettung.[69] Die Transparenz und Offenheit der Debatte, die Rückkopplung zwischen Parlamentariern und Wahlvolk[70] und die politische Verantwortlichkeit der Staatsgewalt werden durch das freie Mandat also eher gestärkt als geschwächt. Dass es hier in der Praxis aufgrund von Fraktionsdisziplin, internen Abhängigkeiten durch die Vergabe von Listenplätzen usw. Funktionsdefizite gibt, lässt sich kaum bestreiten. Sie sind aber aus den dargelegten Gründen im Vergleich zu populistischen Politikarrangements das deutlich geringere Übel.

V. Gleichschaltung statt wirksamer Opposition

Wer nach dem bisher Gesagten meint, das skizzierte antidemokratische Ressentiment der populistischen Bewegungen diene allein der Demagogie, der irrt – leider. Dass sie mit pluraler Demokratie nicht nur nichts anfangen können, sondern auch ganz praktisch auf die Zersetzung demokratischer Institutionen abzielen, darin besteht die fünfte antidemokratische Stoßrichtung der Populisten. Die Ächtung oppositionellen Verhaltens lässt sich überall dort

64 BVerfGE 142, 25 (62).
65 Reinhold Zippelius, *Allgemeine Staatslehre*, München [17]2017, S. 160.
66 Klein, »Status«, § 51, Rn. 6.
67 Ebd., § 51, Rn. 4.
68 BVerfGE 90, 286 (388); 140, 160 (189).
69 BVerfGE 130, 318 (350 ff.).
70 BVerfGE 132, 39 (51).

beobachten, wo Populisten an die Macht gelangt sind. Zum einen wird – über die zur Umsetzung von Politik durchaus legitime Besetzung politischer Schlüsselpositionen in der Verwaltung hinaus – eine möglichst vollständige Inbesitznahme aller staatlichen Ämter einschließlich der Justiz angestrebt. Zum anderen werden Kontrolle und Widerrede, gleich ob sie von der parlamentarischen oder außerparlamentarischen Opposition, den freien Medien oder unabhängigen Gerichten ausgeht, als gegen das Volk gerichtete, feindliche Akte denunziert und bekämpft.[71] Kurz: Der populistische Staat wird mit der Begründung autoritär, nur so könne der wahre Wille des Volkes vollstreckt werden.[72] Diese beunruhigende Entwicklung lässt sich nicht nur im fernen Venezuela, sondern auch in unserer unmittelbaren Nachbarschaft, nämlich in Ungarn, Polen und der Türkei beobachten.[73] Demokratie und Volkssouveränität setzen den Bestand einer freiheitlichen Ordnung voraus, weil in einer dauerhaften Demokratie Herrschaftsmacht nur auf Zeit verliehen wird. Deshalb sind rechtsstaatliche Beschränkungen von Regierung und Parlamentsmehrheit, die einem »Durchregieren« im Wege stehen, Ausdruck einer dem Demokratieprinzip eigenen Selbstbeschränkung.[74] Nicht von ungefähr stellt das Grundgesetz beispielsweise die Medien, gerade dann, wenn sie regierungskritisch berichten, und alle anderen Formen oppositionellen Verhaltens unter den besonderen Schutz der Grundrechte. Und nicht von ungefähr wachte das Bundesverfassungsgericht von Beginn an streng über ihre Einhaltung und hebt immer wieder hervor, dass namentlich die Meinungs-, Presse-, Rundfunk- und Informationsfreiheit sowie die Versammlungsfreiheit zu den unentbehrlichen Funktionselementen eines demokratischen Gemeinwesens zählen.[75] Im Zusammenspiel der grundrechtlichen Gewährleistungen mit dem Demokratieprinzip und dem im Rechtsstaatsprinzip

71 Müller, *Populismus,* S. 70 ff.

72 Joachim Güntner, »Verfemte Volksnähe«, ⟨www.nzz.ch/meinung/kommentare/populismus-verfemte-volksnaehe-ld.17600⟩, letzter Zugriff 10. 2. 2021.

73 Zu den jüngsten Angriffen auf Justiz und Verfassungsgerichtsbarkeit im europäischen Raum Peter M. Huber, »Europäische Verfassungs- und Rechtsstaatlichkeit in Bedrängnis«, in: *Der Staat* 56 (2017), S. 389-414, hier S. 390 ff.

74 Vgl. Huber, »Europäische Verfassungs- und Rechtsstaatlichkeit«, S. 398 f., unter Verweis auf BVerfGE 144, 20 (196 f.).

75 BVerfGE 5, 85 (134); 7, 198 (208); 35, 202 (221 f.); 69, 315 (343 ff.).

verorteten Grundsatz der Gewaltenteilung – *checks and balances* – gewährleistet das Grundgesetz das Recht auf organisierte und effektive politische Opposition.[76] Deren freie Bildung und Betätigung hat das Bundesverfassungsgericht seit jeher als konstitutiv für die freiheitliche demokratische Grundordnung angesehen.[77] Nur unter den Bedingungen eines offenen – und das heißt eben auch ergebnisoffenen – Wettbewerbs der unterschiedlichen politischen Kräfte kann das Ergebnis einer Wahl den tatsächlichen Willen des Wahlvolks abbilden. Indem populistische Regime sich anschicken, die Rahmenbedingungen des Meinungs- und zukünftigen Wahlkampfes zu ihren Gunsten zu manipulieren, untergraben sie ihre demokratische Legitimität. Wenn das nächste Mal ein unterlegener Politiker im Angesicht einer Niederlage scheinbar floskelhaft erklärt, man werde das Votum der Wähler akzeptieren und die Rolle der Opposition annehmen, sollten wir uns daher nicht gelangweilt abwenden, sondern diese Aussage als das wertschätzen, was sie ist: als ein Ausdruck demokratischer Kultur.

C. Was tun?

Fügt man am Ende meiner Überlegungen alle Mosaiksteine zusammen, ergibt sich folgendes Bild: Obwohl Populisten gern und erfolgreich mit demokratischem Vokabular (Volkssouveränität, Volkswille, Repräsentation) hantieren, ist die dahinterstehende Ideologie bei Lichte betrachtet im Kern antidemokratisch. Ihrer Vorstellung, einen demokratischen Willen ohne demokratische Formen zum Ausdruck bringen zu können,[78] liegt bestenfalls ein fataler Irrtum zugrunde; in der Regel handelt es sich um zynische Verschleierungsstrategien, die dazu dienen, das wahre Gesicht des aufkommenden Totalitarismus zu verbergen. Wie sollten Demokratien, oder besser: wie sollten Demokraten mit der Herausforderung des Populismus umgehen? Als Allererstes sollten wir etwas Ballast abwerfen: Schrille Töne, persönliche Angriffe, vermeintliche Tabubrüche – wo die Grenze zwischen lebhafter Auseinandersetzung und Verrohung der politischen Sitten verläuft, wird

76 BVerfGE 142, 25 (55 ff.).
77 BVerfGE 2, 1 (13); 5, 85 (199).
78 Möllers, *Demokratie*, S. 33.

immer umstritten sein. Allein: Fehlendes demokratisches Bewusstsein ist dadurch nicht zwingend indiziert. Die Demokratie des Grundgesetzes ist keine »Kuschel-Demokratie«. Sie lebt von der leidenschaftlichen Auseinandersetzung, zu der auch eine kraftvolle Rhetorik und prägnante Zuspitzungen gehören. Oder wie der Berliner Staatsrechtslehrer Christoph Möllers treffend bemerkt hat: »Moralismus und politische Empfindsamkeit ersetzen weder Argumente noch politische Konflikte.«[79] Deshalb sollte man mit dem Populismusvorwurf sparsam umgehen.[80] Die Neigung zu soziologischen Großdeutungen (Stichwort: »Globalisierungsverlierer«) mit ihren Übergängen in die kollektive Psychologie (Stichwort: »Wutbürger«, »diffuse Abstiegsängste«) ist in meinen Augen ebenfalls eher kontraproduktiv. Die kollektive Pathologisierung bestimmter Gesellschaftsschichten erscheint nicht nur empirisch äußerst fragwürdig,[81] die Auslagerung des Problems »nach unten«[82] lenkt vielmehr Wasser auf die Mühlen der Populisten, die den antielitären Affekt gerade durch Hinweise auf eine herablassende Haltung des (urbanen) Akademikermilieus gegenüber der »normalen« Bevölkerung gerne befeuern.[83]

Auch von dem Versuch, populistischen Strömungen dadurch das Wasser abzugraben, dass man ihre Protagonisten demonstrativ aus dem demokratischen Diskurs ausschließt, halte ich jenseits der durch das Grundgesetz gezogenen Grenzen wenig. Und dies aus zwei Gründen, einem prinzipiellen und einem pragmatischen: Zum einen besteht die Gefahr eines performativen Selbstwiderspruchs, weil der implizite Anspruch zumindest mitschwingt, in Wirklichkeit würden nur die etablierten demokratischen Parteien die Bürger vertreten. Zum anderen ist diese Strategie nachweislich erfolglos geblieben, was sich am Zuspruch für rechtspopulistische Parteien in vielen europäischen Ländern eindrucksvoll gezeigt

79 Möllers, *Demokratie*, S. 111.

80 Deutlich auch Jan-Werner Müller, »The Wrong Way to Think about Populism«, ⟨www.items.ssrc.org/democracy-papers/the-wrong-way-to-think-about-populism/⟩, letzter Zugriff 10. 2. 2021.

81 Timo Lochocki, »Immigrationsfragen: Sprungbrett rechtspopulistischer Parteien«, in: *APuZ* (2012), S. 30-36, hier S. 33. Vgl. auch Möllers, *Demokratie*, S. 110: »Fehlendes demokratisches Bewusstsein und Ablehnung der pluralen Demokratie sind keine sozialen Fragen.«

82 Priester, *Rechter und linker Populismus*, S. 17.

83 Müller, *Populismus*, S. 20, 29 ff.

hat.[84] Symbolische Stigmatisierungen kommen den Populisten im Übrigen gar nicht ungelegen: Wie im klassischen Western hat der Outlaw durchaus viele Sympathisanten. Und Misserfolge bei Wahlen lassen sich durch den Hinweis auf die »kartellartige Unterdrückung« leichter erklären als der offenkundig gewordene Widerspruch zwischen Alleinvertretungsanspruch und nur sehr partiellem Rückhalt in der Bevölkerung. Man sollte deshalb aber nicht in das Gegenteil verfallen und darauf hoffen, dass sich das Problem von selbst erledigt.[85] Populistische Bewegungen können sehr wohl dauerhafte Organisationstrukturen schaffen und sich an der Regierung halten. Dies haben nicht zuletzt die jüngeren Entwicklungen in Osteuropa gezeigt. Und wie wir vorhin gesehen haben, schrecken an die Macht gekommene Populisten nicht davor zurück, die demokratisch-rechtsstaatliche Ordnung von oben zu zerstören.

Zwei Handlungsmaximen erscheinen mir vor diesem Hintergrund als »Rezept« gegen Populismus hilfreich. *Erstens*: Soweit es zu eindeutigen rechtlichen Grenzüberschreitungen kommt – seien es Schmähungen und Volksverhetzungen durch einzelne Politiker, seien es Verstöße gegen demokratische und rechtsstaatliche Spielregeln –, müssen diese konsequent sanktioniert werden. Das ist zuvörderst Aufgabe der staatlichen Institutionen und der unabhängigen Gerichte. Wo diese durch populistische Regierungen korrumpiert oder beseitigt worden sind, müssen die Mechanismen der Europäischen Union und der Völkerrechtsgemeinschaft greifen.[86] Jede Form von Nachsicht führt hier unweigerlich in den Abgrund!

Zweitens: An den Mühen der politischen Ebene im Rahmen demokratischer Verfahren führt kein Weg vorbei. Erforderlich ist eine beständige argumentative Auseinandersetzung mit einzelnen politischen Forderungen. Gerade auch in »heiklen« Politikfeldern müssen demokratische Parteien Farbe bekennen und konkrete Handlungsoptionen aufzeigen, damit der Wähler Alternativen hat. Besonderes Augenmerk sollte darauf gelegt werden, herauszuarbeiten, dass und warum die konkrete populistische Forderung mitnichten den Interessen aller Bürger entspricht, sondern dass es sich – wie bei den meisten politischen Forderungen – um eine persönli-

84 Frank Decker, Marcel Lewandowsky, »Rechtspopulismus in Europa«, in: *ZfP* (2017), S. 21-38, hier S. 36.

85 So aber z. B. Dahrendorf, »Acht Anmerkungen«, S. 158.

86 Huber, »Verfassungs- und Rechtsstaatlichkeit«, S. 409 f.

che, jedenfalls partikulare Präferenz handelt. Gleichzeitig sollte immer wieder aufgezeigt werden, warum Populisten letztlich Hand an die Grundpfeiler der Demokratie legen. Und es darf ruhig von Zeit zu Zeit daran erinnert werden, dass die politischen Meinungen der einzelnen Bürgerinnen und Bürger nur in einem demokratischen Gemeinwesen wirklich Gewicht haben.

Verfassungsgerichte

Stabilität, Zukunftsoffenheit und Vielfaltssicherung Die Pflege des verfassungsrechtlichen »Quellcodes« durch das Bundesverfassungsgericht

A. Die Jubiläumsfrage: Hat sich das Grundgesetz bewährt?

I. Mögliche Erfolgsindikatoren

Ist unsere Verfassung in guter Verfassung? Und wie steht es mit der Institution, die letztverbindlich über ihre Einhaltung wacht, dem Bundesverfassungsgericht? 60 Jahre Grundgesetz sind ein guter Anlass, beiden Fragen nachzugehen. Wie misst man aber den Erfolg einer Verfassung und der Arbeit eines Verfassungsgerichts? Soll man auf die Akzeptanz in der Bevölkerung und unter den politischen Organen abstellen, die bekanntlich außerordentlich hoch ist?[1] Oder wäre eine Analyse der bislang 54 Gesetze zur Änderung

1 Nach einer Allensbach-Umfrage finden 82% der Befragten in Westdeutschland (1955: 30%; 1972: 52%) und 58% der Befragten im Osten Deutschlands das Grundgesetz »im Großen und Ganzen gut«. 22% der Befragten im Westen sprachen sich für ein neues, zeitgemäßeres Grundgesetz aus, hingegen jedoch eine knappe Mehrheit von 41% der Befragten im Osten Deutschlands (zit. nach Thomas Petersen, »Allensbach-Analyse. Erfolgsgeschichte Bundesrepublik«, ⟨https://www.faz.net/aktuell/politik/inland/allensbach-analyse-erfolgsgeschichte-bundesrepublik-1758340.html⟩, letzter Zugriff 23.2.2021). Nach einer Umfrage von infratest dimap vom März 2009 haben 76% der wahlberechtigten Bevölkerung sehr großes oder großes Vertrauen in das BVerfG; Bundesregierung und Bundestag liegen hier lediglich bei knapp 50%, ⟨www.infratest-dimap.de⟩, letzter Zugriff 23.2.2021. Die »Shell-Jugendstudie 2006« dokumentiert bei einer Befragung von Jugendlichen im Alter zwischen 15 bis 25 Jahren für das BVerfG ebenfalls einen Spitzenplatz als einer Organisation, der »großes Vertrauen entgegengebracht wird«, ⟨http://www.aba-fachverband.org/fileadmin/user_upload/user_upload_2009/jugend/Shell_2006_Zusammenfassung.pdf⟩, letzter Zugriff 23.2.2021. Aus der Literatur vgl. ferner Hans Vorländer, »Vertrauen in das Bundesverfassungsgericht«, in: ders. (Hg.), *Die Deutungsmacht der Verfassungsgerichtsbarkeit*, Wiesbaden 2006, S. 259-295. Eine empirische Aufarbeitung der Thematik findet sich ferner bei Oliver W. Lembcke, *Über das Ansehen des BVerfG. Ansichten und Meinungen in der Öffentlichkeit 1951-2001*, Baden-Baden 2006.

des Grundgesetzes[2] aufschlussreicher? Man könnte auch die Gerichtsstatistik des BVerfG heranziehen und zum Beispiel darauf verweisen, dass bisher[3] mehr als 169 000 Verfassungsbeschwerden erhoben wurden, über die letzten Jahrzehnte aber immer nur ca. 2,5 Prozent der Beschwerden erfolgreich waren und überhaupt nur insgesamt 611 Einzelnormen und Gesetze[4] ganz oder teilweise als verfassungswidrig beanstandet wurden. Denkbar wäre ferner, den erreichten Grad der Konstitutionalisierung der eigenen Rechtsordnung zu untersuchen[5] oder die vielfältige Rezeption des Grundgesetzes beziehungsweise der Rechtsprechung des BVerfG durch die Verfassungsgerichte anderer Staaten.[6] Wir sehen: Das Spektrum möglicher Ansätze ist weitläufig und zahlreiche Indizien sprechen dafür, dass die Kombination aus Grundgesetz und BVerfG ein Erfolgsmodell darstellt.[7] Der tiefere Grund für diesen Erfolg und mögliche Gefährdungslagen sind damit aber noch nicht benannt. Aufschluss verspricht hier ein Blick auf drei zentrale Voraussetzungen der Funktionsfähigkeit der Verfassung und ihre Pflege durch das BVerfG.

2 Stand 19.3.2009. Mittlerweile (Ende 2020) ist das GG 64-mal geändert worden.

3 BVerfG (Hg.), *Jahresstatistik 2008*, S. 1. Sie umfasst den Zeitraum vom 7.9.1951 bis 31.12.2008. ⟨https://www.bundesverfassungsgericht.de/SharedDocs/Downloads/DE/Statistik/statistik_2008.pdf?__blob=publicationFile&v=4⟩, letzter Zugriff 23.2.2021. In der Jahresstatistik 2020 werden für den Zeitraum vom 7.9.1951 bis zum 31.12.2020 insgesamt 240 251 Verfassungsbeschwerden ausgewiesen. Die Erfolgsquote in den letzten zehn Jahren lag bei 1,88 %.

4 Stand 31.12.2008; nach einer Addition aller beanstandeten Bundes- (436) und Ländergesetze (175); vgl. BVerfG (Hg.), *Jahresstatistik 2008*, S. 28. In der Jahresstatistik 2020 sind 520 Bundesgesetze und 283 Landesgesetze aufgeführt.

5 Übersichtlich Gunnar F. Schuppert, Christian Bumke, *Die Konstitutionalisierung der Rechtsordnung*, Baden-Baden 2000, S. 9 ff.

6 Allgemein zur internationalen verfassungsrechtlichen Rezeption und zum Grundgesetz als Referenzmodell Klaus Stern, »Ausstrahlungswirkung des Grundgesetzes auf ausländische Verfassungen«, in: Bundesministerium des Innern (Hg.), *Bewährung und Herausforderung. Die Verfassung vor der Zukunft*, Opladen 1999, S. 249-276, m. w. N.

7 Statt vieler vgl. Paul Kirchhof, »Das Grundgesetz – ein oft verkannter Zufall«, in: *DVBl.* (2009), S. 541-552; Thomas Oppermann, »Deutschland in guter Verfassung? 60 Jahre Grundgesetz«, in: *JZ* (2009), S. 481-491; Michael Sachs, »Das Grundgesetz in seinem sechsten Jahrzehnt«, in: *NJW* (2009), S. 1441-1449; Helge Sodan, »Kontinuität und Wandel im Verfassungsrecht. Zum 60-jährigen Jubiläum des Grundgesetzes für die Bundesrepublik Deutschland«, in: *NVwZ* (2009), S. 545-551.

II. Ein Blick hinter die Kulissen: Der verfassungsrechtliche »Quellcode«

Ungeachtet verschiedener Typologien von Verfassungsfunktionen besteht über die Aufgaben einer Verfassung heute im Kern weitgehend Einigkeit. Neben ihrer Ordnungs-, Leitbild-, Kontroll- und Schutzfunktion dient die Verfassung vor allem der Bildung und Erhaltung staatlicher Einheit.[8] Damit die Verfassung diesen Funktionen dauerhaft gerecht werden kann, muss sie jenseits ihrer materiellen Einzelaussagen mindestens drei Eigenschaften aufweisen: Sie muss *stabil* sein, sie muss *offen* sein für Entwicklungen in der Zukunft und sie muss die Dynamik gesellschaftlicher und politischer Prozesse aufnehmen und angemessen verarbeiten können. Diesen dritten Aspekt möchte ich mit *Vielfaltssicherung* umschreiben. Erst das fein abgestimmte Zusammenspiel dieser drei teilweise gegenläufigen Parameter schafft jene »relative Konstanz« einer Verfassung, die der Dienstbarmachung für die Ziele und Interessen temporärer Mehrheiten eine Absage erteilt, ohne sich dem Bedürfnis nach Anpassung an die Erfordernisse der Zeit zu verschließen,[9] und die gleichzeitig ein produktives Zusammenspiel staatlicher wie gesellschaftlicher Akteure fördert. In Anlehnung an die Rhetorik der digitalisierten Welt könnte man auch vom »Quellcode«[10] des Grundgesetzes sprechen, der unabdingbar ist, um ein ausführbares Programm zu erzeugen, dessen Kenntnis aber auch notwendig ist, um das Programm den jeweiligen Anforderungen anzupassen und gegebenenfalls fortzuschreiben.

8 Vgl. Klaus Stern, *Das Staatsrecht der Bundesrepublik Deutschland*, Bd. I, München [2]1984, S. 78 ff.; Dieter Grimm, »Verfassungsfunktion und Grundgesetzreform«, in: ders., *Die Zukunft der Verfassung*, Frankfurt/M. 1991, S. 315-335, hier S. 319 ff.; Konrad Hesse, *Grundzüge des Verfassungsrechts der Bundesrepublik Deutschland*, München [20]1995, S. 11 ff.; Andreas Voßkuhle, »Verfassungsstil und Verfassungsfunktion. Ein Beitrag zum Verfassungshandwerk«, in: *AöR* 119 (1994), S. 35-60, hier S. 46 ff.

9 So Voßkuhle, »Verfassungsstil und Verfassungsfunktion«, S. 59.

10 Darunter versteht man in der Informatik den für Menschen lesbaren, in Programmiersprache geschriebenen Text eines Computerprogramms; vgl. ⟨https://de.wiktionary.org/wiki/Quelltext⟩, letzter Zugriff 23. 2. 2021.

III. Jede Verfassung ist nur so gut wie ihre Interpreten

Eine tragende Rolle bei der Bewahrung und Fortschreibung des »Quellcodes« kommt neben dem verfassungsändernden Gesetzgeber dem BVerfG zu.[11] Das Gericht steht zwar nicht, wie seine paternalistische und zumindest terminologisch missverständliche Selbstcharakterisierung als »oberster Hüter der Verfassung«[12] leicht suggeriert,[13] über dem positiven Verfassungsgesetz, sondern unterliegt denselben verfassungsrechtlichen Bindungen wie alle anderen Organe der öffentlichen Gewalt. Als letztverbindlicher Interpret des Grundgesetzes erschöpft sich seine Aufgabe aber auch nicht in der Entscheidung der dort enumerativ aufgezählten Verfassungsstreitigkeiten,[14] sondern ihm ist gleichzeitig in besonderer Weise die Pflege der Verfassung insgesamt anvertraut.[15] Wie aber pflegt man als Gericht eine Verfassung oder genauer: den verfassungsrechtlichen Quellcode?

11 Vgl. auch Gunnar F. Schuppert, »Rigidität und Flexibilität von Verfassungsrecht. Überlegungen zur Steuerungsfunktion von Verfassungsrecht in normalen wie in ›schwierigen Zeiten‹«, in: *AöR* 120 (1995), S. 32-99, hier S. 34 ff., 88; Peter Lerche, »Stil und Methode der verfassungsrechtlichen Entscheidungspraxis«, in: Peter Badura, Horst Dreier (Hg.), *Festschrift 50 Jahre Bundesverfassungsgericht*, Bd. I, Tübingen 2001, S. 333-361.

12 Vgl. BVerfGE 1, 184 (195 ff.); 1, 396 (408 f.); 2, 124 (131); 6, 300 (304); 40, 88 (93). Aus der jüngeren Literatur vgl. nur Oliver W. Lembcke, *Hüter der Verfassung. Eine institutionentheoretische Studie zur Autorität des Bundesverfassungsgerichts*, Tübingen 2007.

13 Kritisch gegenüber einer solchen Terminologie Andreas Voßkuhle, in: Hermann von Mangoldt, Friedrich Klein, Christian Starck (Hg.), *Kommentar GG*, Bd. 3, München [5]2005, Art. 93, Rn. 18, m. w. N.

14 Vgl. insbesondere Art. 93 GG, einen zusammenfassenden Katalog enthält auch § 13 BVerfGG; dazu Ernst Benda, Eckart Klein, *Verfassungsprozessrecht*, München [2]2001, S. 143 ff.

15 Lerche (»Stil und Methode«, S. 336) spricht in diesem Zusammenhang von einem »Stück verfassungsgewollter Kompetenz-Kompetenz«.

B. Die Pflege des verfassungsrechtlichen Quellcodes

I. Stabilität

Betrachten wir zunächst den Parameter der Stabilität. Als »der ruhende Pol des Ganzen«[16] soll die Verfassung ein Stück zeitlose Kontinuität verkörpern.[17] Sie ist insofern dazu bestimmt, »altes Recht zu werden«[18] und als »Kompass« eine verlässliche Orientierung im dynamischen Prozess der gesellschaftlichen und politischen Entwicklung zu ermöglichen.

Stabilität ist vor allem dort erforderlich, wo es um die identitätsstiftenden inhaltlichen Kernaussagen der Verfassung geht. Im Mittelpunkt stehen hier die Grundrechte und die Staatsstrukturprinzipien (Demokratie, Bundesstaat, Sozialstaat, Rechtsstaat[19]), die nicht von ungefähr über die Ewigkeitsgarantie des Art. 79 Abs. 3 GG der Änderung durch den Gesetzgeber entzogen sind.[20] Zusammen ergeben Grundrechtsteil und Staatsstrukturprinzipien den unverfügbaren Identitätskern der Verfassung. Während sich organisationsrechtliche Regelungen in weiten Teilen an der Funktionstauglichkeit eines effektiven Staatsapparates orientieren und insofern schon von Natur aus – bei Funktionsdefiziten – eher än-

16 Stern, *Staatsrecht*, Bd. I, S. VIII.

17 Voßkuhle, »Verfassungsstil und Verfassungsfunktion«, S. 52.

18 Niklas Luhmann, »Verfassung als evolutionäre Errungenschaft«, in: *Rechtshistorisches Journal* (1990), S. 176-220, hier S. 183.

19 Schuppert (»Rigidität und Flexibilität«, S. 75 f.) differenziert in diesem Zusammenhang weiter aus, indem er allein das Rechtsstaatsprinzip als ein »Stabilität vermittelndes Bollwerk« bezeichnet und den anderen Strukturprinzipien ein hohes Maß an Dynamik beimisst.

20 Ob Art. 79 Abs. 3 GG auch die Grundrechte mit umfasst, ist umstritten. Jedenfalls ein Mindestniveau des Grundrechtsschutzes und damit ein Kern(bestand) an Grundrechten dürfte über Art. 1 Abs. 1 und 2 sowie die Grundrechtsbindung des Art. 1 Abs. 3 GG garantiert sein; in dieser Richtung auch Horst Dreier, in: ders. (Hg.), *Kommentar GG*, Bd. II, Tübingen ²2006, Art. 79, Rn. 32 (»Garantie eines Mindestbestandes an Grundrechten«); Dieter Murswiek, »Zu den Grenzen der Abänderbarkeit von Grundrechten«, in: Detlef Merten, Hans-Jürgen Papier (Hg.), *Handbuch der Grundrechte*, Bd. II, Heidelberg 2006, § 28, Rn. 28 ff.; ablehnend dagegen Michael Sachs, in: ders. (Hg.), *Kommentar GG*, München ⁵2009, Art. 79, Rn. 51. Aus der verfassungsgerichtlichen Rechtsprechung vgl. BVerfGE 94, 49 (103 f.); 109, 279 (310).

derbar erscheinen,[21] verhält sich dies bei den materiellen Aussagen zum Verhältnis zwischen dem Einzelnen und dem Staat anders: Ihre Aufnahme in die Verfassung basiert auf Grunderkenntnissen und Überzeugungen, die im geschichtlichen Entwicklungsprozess gewonnen wurden, auf deren festen Bestand sich der Einzelne verlassen darf und die nicht mehr in Zweifel gezogen werden.[22] Mit seinen rhetorisch schlichten, aber prägnanten und universell anerkannten Aussagen über die Würde des Menschen, über Freiheit und Gleichheit bietet das Grundgesetz übergeordnete Orientierungspunkte in einer ansonsten zunehmend auch rechtlich unsicher gewordenen Welt.

Dabei stößt man aber auf eine Paradoxie: Aufgrund des direkten Zusammenhanges zwischen der Genauigkeit einer Verfassung und ihrer Änderungsbedürftigkeit kann Stabilität im materiellen Bereich nur über offene Normstrukturen,[23] also mit elastischen, sprachlich weit gefassten Formulierungen erreicht werden, die verhindern, dass der Verfassungstext häufig im Wege der Grundgesetzänderung an die sich wandelnde Lebenswirklichkeit angepasst werden muss. Damit die Weite des Verfassungstextes aber nicht in beliebige und folglich ihrerseits destabilisierende Verfassungsinterpretationen im Einzelfall umschlägt, bedarf es der Entwicklung tragfähiger und verlässlicher dogmatischer Strukturen.[24]

Das kann nur durch eine langfristig angelegte, kontinuierliche Verfassungsrechtsprechung mit klarer Zielrichtung gelingen, die nicht ausschließlich auf das konkrete Ergebnis schaut. Nach außen kommt dieses Bemühen des BVerfG um dogmatische Kontinui-

21 Vgl. auch Dieter Grimm, *Die Verfassung und die Politik. Einsprüche in Störfällen*, München 2001, S. 295 ff., 314 f.

22 So Voßkuhle, »Verfassungsstil und Verfassungsfunktion«, S. 53; ähnlich auch Ernst-Wolfgang Böckenförde, »Geschichtliche Entwicklung und Bedeutungswandel der Verfassung«, in: ders., *Staat, Verfassung, Demokratie. Studien zur Verfassungstheorie und zum Verfassungsrecht*, Frankfurt/M. 1992, S. 29-52, hier S. 42 ff.; Schuppert/Bumke, *Konstitutionalisierung der Rechtsordnung*, S. 33 f.

23 Vgl. zum Beispiel Lerche, »Stil und Methode«, S. 342 ff., 347 f.; Brun-Otto Bryde, *Verfassungsentwicklung. Stabilität und Dynamik im Verfassungsrecht der Bundesrepublik Deutschland*, Baden-Baden 1982, S. 80 ff.

24 Zur Aufgabe der Verfassungsrechtsdogmatik als »geltungsrechtliche Gebrauchswissenschaft« vgl. nur Matthias Jestaedt, *Die Verfassung hinter der Verfassung. Eine Standortbestimmung der Verfassungstheorie*, Paderborn u. a. 2009, S. 29 ff., m. w. N.

tät[25] etwa durch häufige Selbstzitate, die ausdrückliche Bezugnahme auf frühere Entscheidungen und vergleichsweise wenige explizite Rechtsprechungsänderungen[26] zum Ausdruck. Die Fortbildung des verfassungsrechtlichen Kontrollmaßstabs geschieht eher durch dogmatische Anbauten und Feinjustierungen, mitunter auch verdeckt, selten jedoch durch demonstrativen Abbruch des Altbestandes.[27]

Auch einzelne rhetorisch aufgeladene Formulierungen dienen der Vermittlung von Kontinuität.[28] Zu denken ist hier etwa an die »Objektformel« im Zusammenhang mit dem Schutz der Menschenwürde,[29] die »schlechthin konstituierende Bedeutung der Meinungsfreiheit für eine freiheitlich-demokratische Staats-

25 Lerche (»Stil und Methode«, S. 335) spricht von einem »prinzipiellen (nicht überscharfen) Kontinuitätsanspruch«, mit dem sich die Verfassungsgerichtsbarkeit konfrontiert sieht.

26 Vgl. zum Beispiel BVerfGE 85, 264 (285 f., 314 f.); ausdrückliche Abweichungen insbesondere von BVerfGE 73, 40; vgl. ferner BVerfGE 99, 1 (8 ff.); 107, 395 (401); aus der Judikatur zum Beispiel BVerfGE 123, 1, (Tauglichkeit des Stückzahlmaßstabes für die Spielgerätebesteuerung angesichts technischer Entwicklungen; Abgrenzung zu BVerfGE 14, 76; 31 [8]). Allgemein dazu Georg Seyfarth, *Die Änderung der Rechtsprechung durch das Bundesverfassungsgericht*, Berlin 1998; Thomas C. Lundmark, »Stare Decisis vor dem Bundesverfassungsgericht«, in: *Rechtstheorie* 28 (1997), S. 315-345. Für eine Präjudizienbindung dagegen Martin Kriele, *Theorie der Rechtsgewinnung*, Berlin ²1976, S. 286 ff.; Michael Sachs, *Die Bindung des Bundesverfassungsgerichts an seine Entscheidungen*, Köln 1977; Michael Reinhardt, *Konsistente Jurisdiktion. Grundlegung einer verfassungsrechtlichen Theorie der rechtsgestaltenden Rechtsprechung*, Tübingen 1997, S. 434 f.

27 So erkannte das BVerfG zwar im Plenumsbeschluss zur Anhörungsrüge unter ausdrücklicher Aufgabe seiner bisherigen Auffassung den verfassungsrechtlichen Anspruch auf Überprüfung der behaupteten Verletzung des Anspruchs auf rechtliches Gehör durch ein (Fach-)Gericht an, begründete seine Auffassung jedoch gleichzeitig mit der kontinuierlichen Fortschreibung seiner ausdifferenzierten Dogmatik zur Garantie des effektiven Individualrechtsschutzes, vgl. BVerfGE 107, 395 (401 ff.).

28 So auch Schuppert/Bumke, *Konstitutionalisierung der Rechtsordnung*, S. 74.

29 Danach darf der Mensch nicht zum »bloßen Objekt der Staatsgewalt herabgewürdigt werden«, vgl. BVerfGE 27, 1 (6); 45, 187 (227 f.); 96, 375 (399); 109, 133 (150); 109, 279 (311 f.). Die Objektformel geht auf einen Aufsatz von Günter Dürig (Günter Dürig, »Der Grundsatz von der Menschenwürde«, in: *AöR* 81 [1956], S. 117-157) zurück, zur Kritik vgl. nur Horst Dreier, in: ders. (Hg.), *Kommentar GG*, Bd. I, Art. 1, Rn. 53, m. w. N.; Wolfram Höfling, in: Sachs (Hg.), *Kommentar GG*, Art. 1, Rn. 15 ff., m. w. N.

ordnung«,[30] die frühere Rede vom »Menschenbild des Grundgesetzes«[31] oder die Formel von der »verfassungsmäßigen Wertordnung«.[32]

Noch wichtiger – wenngleich auch deutlich schwieriger – erscheint es freilich, tagespolitische Präferenzen nicht auf dogmatische Entwicklungslinien durchschlagen zu lassen. Ein schönes Lehrstück für Kontinuität bietet hier die eher liberale Rechtsprechung des BVerfG zur Versammlungsfreiheit. Während in den 1980er Jahren über die Zulässigkeit und die Rahmenbedingungen von Demonstrationen der aufkommenden Friedens- und Umweltbewegung entschieden werden musste,[33] ist der Erste Senat seit den 1990er Jahren verstärkt mit den Verboten rechtsextremer Aufmärsche beschäftigt.[34] Zu einer dogmatischen Kurskorrektur innerhalb seiner Rechtsprechung ist es gleichwohl und trotz des heftigen Widerstandes einiger Instanzgerichte[35] nicht gekommen.

Ebenfalls durch hohe Kontinuität gekennzeichnet ist etwa die Rechtsprechung des Gerichts zur Gewährleistung eines lückenlosen und effektiven Individualrechtsschutzes (Art. 19 Abs. 4 GG),[36]

30 BVerfGE 7, 198 (208). Für die Pressefreiheit: BVerfGE 10, 118 (121). Für die Rundfunkfreiheit: BVerfGE 59, 231 (266); 77, 65 (74); zur Meinungsfreiheit erneut BVerfGE 20, 56 (97); 25, 44 (56); 33, 1 (15); 42, 133 (139); 62, 230 (247); 93, 266 (292 f.); 121, 69 ff. In BVerfGE 5, 85 (134) hieß es noch, die Meinungsfreiheit sei »ohne Frage« eines der »vornehmsten Rechtsgüter jeder freiheitlichen Demokratie«.

31 BVerfGE 4, 7 (15 f.). Zur Entwicklung und heutigen Bedeutung dieser rhetorischen Figur vgl. überzeugend Christian Bumke, »Menschenbilder des Rechts« in: *JöR n. F.* 57 (2009), S. 125-148, hier S. 137 ff.

32 BVerfGE 6, 32 (41).

33 Vgl. BVerfGE 69, 315 ff.; 73, 206 ff.

34 Vgl. BVerfGE 84, 203 ff.; 111, 147 ff.

35 Vgl. beispielsweise OVG NRW, Beschl. v. 7. 11. 2008-5 B 1668/08 (dazu BVerfG, Beschl. v. 7. 11. 2008-1 BvQ 43/08); OVG NRW, Beschl. v. 9. 11. 2004-5 A 880/03 (dazu BVerfG, Beschl. v. 19. 12. 2007-1 BvR 2793/04); OVG NRW, Beschl. v. 30. 11. 2007-5 B 1940/07 (dazu BVerfG, Beschl. v. 1. 12. 2007-1 BvR 3041/07); OVG NRW, Beschl. v. 8. 6. 2006-5 B 839/06 (dazu BVerfGK 8, 195 ff.); OVG NRW, Beschl. v. 27. 1. 2006-5 B 138/06 (dazu BVerfGK 7, 229 ff.); Niedersächs. OVG, Beschl. v. 24. 1. 2006-11 ME 20/06 (dazu BVerfGK 7, 221 ff.); BayVGH, Beschl. v. 10. 8. 2005-24 CS 05 2053 (dazu BVerfG, Beschl. v. 16. 8. 2005-1 BvQ 25/05).

36 Vgl. BVerfGE 58, 1 (40) – Art. 19 Abs. 4 GG als »Grundsatznorm für die gesamte Rechtsordnung«.

die sich vom politischen Geist der zahlreichen Beschleunigungs- und Vereinfachungsnovellen, die der Gesetzgeber in den letzten beiden Jahrzehnten auf den Weg gebracht hat, nicht hat infizieren lassen.[37] So betont das BVerfG in ständiger Rechtsprechung, dass der Zugang zu einem fachgerichtlich eröffneten Instanzenzug nicht in unzumutbarer und durch Sachgründe nicht mehr zu rechtfertigender Weise erschwert werden darf.[38] In diesem Sinne ist das Effektivitätsgebot kein zusätzliches, ungeschriebenes Tatbestandsmerkmal des Art. 19 Abs. 4 GG, sondern integraler Bestandteil des Rechtsschutzes.[39]

II. Zukunftsoffenheit

Um angesichts einer unbekannten Zukunft nicht zu einer starren realitätsfernen Größe zu verkümmern, muss die Verfassung auch in der Lage sein, auf neue Herausforderungen (zeit)angemessen zu reagieren. Mit anderen Worten: Sie muss zukunftsoffen und flexibel sein. Die Verfassung ist insofern nicht nur etwas »Gegebenes«, sondern zugleich etwas »Aufgegebenes, aufgegeben zur Fortentwicklung«.[40] Vor diesem Hintergrund erweist sich die Zukunftsfähigkeit einer Verfassung auch daran, dass sie den gesellschaftlichen Wandel aktiv begleitet und mit der Verfassungswirklichkeit Schritt hält.

Jenseits der Verfassungsänderung durch den (verfassungsändernden) Gesetzgeber kommt insbesondere dem BVerfG die Aufgabe

37 Vgl. zum Beispiel BVerfGE 94, 166 (206 f.); 96, 27 (39) In diesem Zusammenhang ist auch die Rechtsprechung zu den Anforderungen an die Begründung einer Rechtsmittelzulassung zu nennen, vgl. zum Beispiel aus der Kammerrechtsprechung BVerfG, Beschl. v. 21. 1. 2009-1 BvR 2524/06; BVerfG, Beschl. v. 11. 2. 2008-2 BvR 2575/07; BVerfG, Beschl. v. 26. 3. 2007-1 BvR 2228/02; dies gilt auch für die fachgerichtliche Auslegung und Anwendung der Zulassungsgründe selbst, vgl. BVerfG, Beschl. v. 24. 1. 2007-1 BvR 382/05. Der mögliche Zugang zu den Gerichten darf auch nicht aufgrund der wirtschaftlichen Leistungsfähigkeit faktisch versperrt sein, vgl. BVerfGE 50, 217 (231); 81, 347 (356 f.); BVerfGK 6, 53 ff.

38 Vgl. BVerfGE 77, 275 (284); 78, 88 (99); 84, 366 (369 f.); 104, 220 (232).

39 So Hartmut Maurer, »Rechtsstaatliches Prozessrecht«, in: Badura/Dreier (Hg.), *Festschrift 50 Jahre Bundesverfassungsgericht*, Bd. II, S. 467-203, hier S. 487.

40 Wolfgang Hoffmann-Riem, *Modernisierung von Recht und Justiz*, Frankfurt/M. 2001, S. 171.

zu, die Verfassung im Wege der Verfassungsinterpretation fortzuentwickeln.[41] Das bekannte Schlagwort des »stillen Verfassungswandels« verschleiert diesen Vorgang eher, als dass es ihn erhellt. Denn durch Interpretation ändert sich nicht der normative Gehalt einer Verfassung, sondern die (bisherige) Konkretisierung einer bis zu einem gewissen Grad offenen Verfassungsnorm wird durch eine andere Konkretisierung des letztverbindlich entscheidenden Verfassungsinterpreten ersetzt oder ergänzt.[42] Die schlichte Ersetzung der bisherigen Interpretation einer Verfassungsnorm durch eine andere trägt aber zunächst einmal noch nicht zur Pflege der Zukunftsoffenheit der Verfassung bei, sondern ist eher die Folge eines offenen Normprogramms. Dementsprechend sind die Strategien des BVerfG mit Blick auf den Parameter »Zukunftsoffenheit« auch deutlich subtiler. Vier Strategien möchte ich näher beleuchten:

1. Die »Erfindung« neuer »offener« Grundrechte

Die erste Strategie könnte man etwas überspitzt umschreiben mit: »Erfindung« neuer Grundrechte. Seit seinem Bestehen ist das BVerfG immer wieder mit Gefährdungslagen in Bezug auf die individuelle Freiheit des Einzelnen konfrontiert worden, die von den Müttern und Vätern des Grundgesetzes so nicht vorhergesehen werden konnten. So stellte das BVerfG angesichts der neuartigen Möglichkeiten moderner Datenerhebung und Datenverarbeitung mit jederzeitiger Verfügbarkeit, beliebiger Transferierbarkeit und grenzenloser Kombinierbarkeit persönlicher Daten in seinem Volkszählungsurteil aus dem Jahre 1983 fest:

> Wer nicht mit hinreichender Sicherheit überschauen kann, welche ihn betreffende Information in bestimmten Bereichen der sozialen Umwelt bekannt sind, und wer das Wissen möglicher Kommunikationspartner

41 Nach Lerke Osterloh (»Freiheit und Wertordnung«, in: Bundesministerium des Innern [Hg.], *Bewährung und Herausforderung*, S. 79-91, hier S. 81) ist die Frage nach verfassungsrechtlichen Freiheiten und verfassungsgerechten Pflichten als ein Problem des rechten Maßes jeweils zu einem bestimmten Zeitpunkt und jeweils für eine konkrete Situation in demokratisch und rechtsstaatlich geordneten Verfahren stets neu zu bearbeiten und zu lösen.

42 So Andreas Voßkuhle, »Gibt es und wozu nutzt eine Lehre vom Verfassungswandel?«, in: Rainer Wahl (Hg.), *Verfassungsänderung, Verfassungswandel, Verfassungsinterpretation*, Berlin 2008, S. 201-210, hier S. 209.

nicht einigermaßen abzuschätzen vermag, kann in seiner Freiheit wesentlich gehemmt werden, aus eigener Selbstbestimmung zu planen oder zu entscheiden.[43]

Dementsprechend gebe es »kein belangloses Datum« mehr.[44] Statt nun einfach das Volkszählungsgesetz unter Hinweis auf Art. 2 Abs. 1 in Verbindung mit Art. 1 Abs. 1 GG für verfassungswidrig zu erklären, kreierte das Verfassungsgericht unter Rückgriff auf wissenschaftliche Vorarbeiten von Adalbert Podlech[45] ein »neues« Grundrecht: das »Recht auf informationelle Selbstbestimmung«. Grundlage dieser »Anpassung des Normprogramms«[46] war die frühere, auf die Rechtsprechung des BGH[47] zurückgehende Erkenntnis[48] des Gerichts, dass Art. 2 Abs. 1 GG neben den »benannten« Freiheitsgarantien auch »unbenannte«[49] Grundrechtsgehalte gewährleistet, die sich zu einem eigenständigen Grundrecht des Schutzes der Persönlichkeit und der freien Entfaltung der Persönlichkeit ausformen.[50] Das Recht auf informationelle Selbstbestimmung schützt, mit den Worten des Ersten Senats, »die Befugnis, selbst zu entscheiden, wann und innerhalb welcher Grenzen persönliche Lebenssachverhalte offenbart werden«.[51] Diese Formulierung diente nicht nur als Obersatz bei der verfassungsrechtlichen Überprüfung

43 BVerfGE 65, 1 (43).

44 BVerfGE 65, 1 (45).

45 Adalbert Podlech, »Das Recht auf Privatheit«, in: Joachim Perels (Hg.), *Grundrechte als Fundament der Demokratie*, Frankfurt/M. 1979, S. 50-68, hier S. 55; ders., in: Erhard Denninger u. a. (Hg.), *Alternativkommentar GG*, Bd. I, Neuwied, Kriftel 1984, Art. 2 Abs. 1, Rn. 45: »Nur wer mit einer hinreichend sicheren Prognose überschauen kann, welche ihn betreffenden Informationen in bestimmten Sektoren seiner sozialen Umwelt bekannt sind, konkret, nur wer das Wissen möglicher Kommunikationspartner über sich selbst in etwa abschätzen kann, ist in der Lage, Handlungen in die Zukunft hinein aus eigener Selbstbestimmung zu planen und zu entscheiden.« Näher zu den Hintergründen Anna-Bettina Kaiser, *Die Kommunikation der Verwaltung*, Baden-Baden 2009, S. 184 f.

46 So Friedhelm Hufen, »Schutz der Persönlichkeit und Recht auf informationelle Selbstbestimmung«, in: Badura/Dreier (Hg.) *Festschrift 50 Jahre Bundesverfassungsgericht*, Bd. II, S. 105-125, hier S. 105 ff., 120.

47 Vgl. zum Beispiel BGHZ 13, 334 (337); BGH, Urt. v. 8. 12. 1964 – VI ZR 201/63.

48 Vgl. BVerfGE 27, 1 (6); 32, 373 (378); 33, 367 (376); 34, 238 (245); 34, 269 (281 f.); 47, 46 (73); 49, 286 (298); 54, 148 (153); 56, 37 (41 ff.); 63, 131 (142 f.).

49 Zu dieser Terminologie vgl. BVerfGE 54, 148 (153); 79, 256 (268).

50 Vgl. Hufen, »Schutz der Persönlichkeit«, S. 110.

51 BVerfGE 65, 1 (41 f.).

des Volkszählungsgesetzes, sie war und ist ihrerseits auch offen für weitere Interpretationen. So stellte das Gericht später etwa fest, dass auch der Zugang zu persönlichen Informationen – zum Beispiel bei Eintragungen in das Bundeszentralregister,[52] in Patientenakten[53] oder im Wege einer gewünschten Akteneinsicht[54] – vom informationellen Selbstbestimmungsrecht umfasst ist.[55] Begleitend zum Abwehrgehalt entwickelte es ferner aus dem Gedanken des Grundrechtsschutzes durch Verfahren als positive Kehrseite des neuen Grundrechts weitergehende Anhörungs-, Beratungs- und Informationsrechte der Betroffenen.[56]

Die Anschlussfähigkeit und Offenheit seiner eigenen (grundrechtserweiternden) Rechtsprechung zeigt sich einmal mehr in der jüngsten Neuschöpfung des BVerfG: dem »Recht auf Gewährleistung der Vertraulichkeit und Integrität informationstechnischer Systeme«. Diese neue Ausprägung des Allgemeinen Persönlichkeitsrechts geht über die bisherigen Schutzverbürgungen hinaus und bewahrt den persönlichen und privaten Lebensbereich des Grundrechtsträgers im Bereich der Informationstechnik auch insoweit vor staatlichem Zugriff, als auf das informationstechnische System insgesamt zugegriffen wird und nicht nur auf einzelne Kommunikationsvorgänge oder gespeicherte Daten.[57] Besonderen Schutz genießen demnach Informationssysteme, die allein oder in ihren technischen Vernetzungen personenbezogene Daten des Betroffenen in einem Umfang oder in einer Vielfalt enthalten können, dass ein Zugriff auf das System es ermöglicht, einen Einblick in wesentliche Teile der Lebensgestaltung einer Person zu gewinnen oder gar ein aussagekräftiges Bild der Persönlichkeit zu erhalten.[58]

52 BVerfG, Beschl. v. 17.7.1991-2 BvR 1570/89.

53 Vgl. BVerfGK 7, 168 ff.; dazu auch BVerfGK 8, 183 ff.

54 Vgl. BVerfG, Beschl. v. 18.3.2009-2 BvR 8/08; BVerfG, Beschl. v. 24.9.2002-2 BvR 742/02.

55 Weitere Beispiele aus der (jüngeren) verfassungsgerichtlichen Judikatur: BVerfGE 120, 378 ff.; BVerfG, Beschl. v. 25.8.2008-1 BvR 3255/07; BVerfGE 117, 202 ff.; 103, 21 ff.

56 Vgl. nur Hufen, »Schutz der Persönlichkeit«, S. 118; zum Grundrecht auf informationelle Selbstbestimmung vgl. nur Friedrich Schoch, »Das Recht auf informationelle Selbstbestimmung«, in: *JURA* (2008), S. 352-359.

57 BVerfGE 120, 274, (313); dazu Thomas Böckenförde, »Auf dem Weg zur elektronischen Privatsphäre«, in: *JZ* (2008), S. 925-936.

58 BVerfGE 120, 274 (314). Geschützt ist demnach zunächst das Interesse des Nut-

In dieser Interpretation ergänzen Art. 2 Abs. 1 i. V. m. Art. 1 Abs. 1 GG insbesondere den von Art. 13 Abs. 1 GG geschützten real-räumlichen um einen virtuell-informationstechnischen Bereich freier Persönlichkeitsentfaltung.[59] Wie bereits beim Recht auf informationelle Selbstbestimmung löst sich das Gericht in gewissem Umfang vom konkreten Fall und entwickelt ausgehend von typischen Gefährdungssituationen ein eigenständiges abstrakt-generelles Normprogramm, das seinerseits materielle Konkretisierungsspielräume für die Zukunft aufweist. Diese Vorgehensweise unterscheidet sich zum Beispiel grundlegend von der des US Supreme Court. Im anglo-amerikanischen Case-Law ist die normative Aussage eines Präjudizes nur in ihrer Sachverhaltsbezogenheit erkennbar. Die Ermittlung der Präjudizienbindung (*doctrine of stare decisis*) anhand eines bestimmten Sachverhalts strukturiert die gesamte Argumentation, indem sie über das »distinguishing« normative Freiräume schafft oder schließt.[60] Wie an den beiden Beispielen zu sehen ist, sind für das BVerfG neue Fälle dagegen unter bestimmten Voraussetzungen auch Anlass zur abstrakten Ergänzung des Normprogramms, wenngleich es sich in der Regel darauf beschränkt, neue Sachverhalte unter die (irgendwann) zuvor selbst konturierte Norm zu »subsumieren«.

2. *Flexible dogmatische Figuren mit hohem Entwicklungspotential*

Die zweite Strategie des Gerichts zur Pflege der Zukunftsoffenheit der Verfassung ist mit der ersten eng verwandt und besteht in der Kreation dogmatischer Figuren und Institute, die keinen Fallbezug aufweisen und sich durch ein hohes Entwicklungspotential auszeichnen.

Das sicherlich eindrucksvollste Beispiel und für manche der

zers, dass die von einem vom Schutzbereich erfassten informationstechnischen System erzeugten, verarbeiteten und gespeicherten Daten vertraulich bleiben.

59 So Dieter Murswiek, in: Sachs (Hg.), *Kommentar GG*, Art. 2, Rn. 73c. Zu den vom BVerfG selbst näher identifizierten Schutzlücken vgl. BVerfGE 120, 274 (312 ff.).

60 So Oliver Lepsius, »Wie kann die deutsche Staatsrechtslehre von der amerikanischen Rechtswissenschaft lernen?«, in: Helmuth Schulze-Fielitz (Hg.), *Staatsrechtslehre als Wissenschaft*, Berlin 2007, S, 319-366, hier S. 321 f. Lepsius stellt am Beispiel des Normbegriffes das deutsche Rechtsdenken dem amerikanischen gegenüber.

Sündenfall in der Rechtsprechung des BVerfG schlechthin findet sich im Lüth-Urteil[61] aus dem Jahr 1958.[62] Dort knüpfte das Gericht bekanntlich an verfassungstheoretische Überlegungen aus der Weimarer Zeit[63] an, wonach Grundrechte nicht allein subjektive Abwehrrechte gegenüber dem Staat sind, sondern als Teile einer objektiven Wertordnung beziehungsweise – zurückhaltender – als Elemente objektiver Ordnung[64] zugleich objektive Prinzipien (aus) bilden, die der gesamten Rechtsordnung Maß und Richtung geben.[65] Hinter dieser Ausweitung des Grundrechtsschutzes steht die Überlegung, dass der Gebrauch der meisten Grundrechte angesichts der fortschreitenden Vergesellschaftung nicht mehr aufgrund der natürlichen Handlungsfreiheit des Einzelnen möglich ist, sondern (schutz)bereichsbezogen in einem bedeutenden Maß auch von staatlichen oder gesellschaftlichen Vorleistungen abhängt.[66]

Diese auch als Ausstrahlungswirkung bezeichnete objektive Komponente des Grundrechtsschutzes hatte zur Folge, dass die Grundrechte aus der Perspektive des Staates im Sinne einer Multifunktionalität nicht nur eine Begrenzungs-, sondern auch eine Aufforderungswirkung entfalten.[67] Plakativ und vereinfachend gesprochen, findet Freiheitsschutz seit dem Lüth-Urteil nicht nur gegenüber dem Staat, sondern auch durch den Staat statt. Aufgrund der »innigen Verschränkung beider Grundrechtsdimensionen«[68]

61 BVerfGE 7, 198.

62 Anschaulich Rainer Wahl, »Lüth und die Folgen. Ein Urteil als Weichenstellung für die Rechtsentwicklung«, in: Thomas Henne, Arne Riedlinger (Hg.), *Das Lüth-Urteil aus (rechts-)historischer Sicht. Die Konflikte um Veit Harlan und die Grundrechtsjudikatur des Bundesverfassungsgerichts,* Berlin 2005, S. 371-400. Er spricht von der »spektakulärsten Neuerung des deutschen Staatsrechts nach 1945«, S. 373.

63 Hierzu Rudolf Smend, *Staatsrechtliche Abhandlungen*, Berlin ^{3}1994, S. 119 ff. Vgl. auch Stefan Ruppert, »Geschlossene Wertordnung? Zur Grundrechtstheorie Rudolf Smends«, in: Henne/Riedlinger (Hg.), *Das Lüth-Urteil*, S. 324-348, hier S. 327 ff., 341 ff.

64 Wahl, »Lüth und die Folgen«, S. 380 f.

65 Vgl. Grimm, *Die Verfassung und die Politik*, S. 307; so auch geradezu appellierend bereits Adolf Arndt, *Das nicht erfüllte Grundgesetz*, Tübingen 1960, S. 21 f.

66 Grimm, »Das Grundgesetz nach vierzig Jahren«, in: ders., *Die Zukunft der Verfassung*, S. 372-393, hier S. 383 ff.

67 Grimm, *Die Verfassung und die Politik*, S. 308.

68 So Osterloh, »Freiheit und Wertordnung«, S. 80.

begannen sich auch die Akzente des Grundrechtsschutzes zu verschieben. Neben der »klassischen« Beschränkung des Staates zum Schutz grundrechtlicher Freiheiten erstreckte sich der Grundrechtsschutz beispielsweise durch Anerkennung einer (mittelbaren) Drittwirkung auch darauf, gegenläufige, aber grundrechtsgeschützte Belange Privater in ein beiden Seiten angemessen Rechnung tragendes Verhältnis zu bringen.[69] Weitere Bedeutungsgehalte liegen in grundrechtlichen Verfahrensgarantien sowie in Einrichtungsgarantien beziehungsweise institutionellen Aspekten.

Als wahrscheinlich prominenteste Ausprägung der objektiven Grundrechtsdimension und echter »Exportschlager« gilt die grundrechtliche Begründung staatlicher Schutzpflichten. Am Beispiel der sogenannten Fristenlösung zum Schwangerschaftsabbruch arbeitete das BVerfG heraus,[70] dass den Staat unter Beachtung des Grundrechts auf Leben und körperliche Unversehrtheit (Art. 2 Abs. 2 Satz 1 GG)[71] die Pflicht treffe, sich schützend und fördernd vor das Leben zu stellen und es auch vor rechtswidrigen Eingriffen durch andere zu bewahren.[72] Dieser Gedanke ließ sich auch auf neuartige Gefährdungskonstellationen übertragen, etwa den Schutz des Lebens gegen terroristische Bedrohung,[73] gegenüber den Gefahren der atomaren[74] und elektromagnetischen[75] Technologien, gegen-

69 Statt vieler vgl. Matthias Ruffert, »Die Rechtsprechung des Bundesverfassungsgerichts zum Privatrecht«, in: *JZ* (2019), S. 389-398, m. w. N.

70 Thomas Vesting (*Prozedurales Rundfunkrecht*, Baden-Baden 1997, S. 104 f.) geht allerdings davon aus, dass das Verfassungsgericht die Schutzpflicht am Beispiel des Schwangerschaftsabbruchs in einem »eher untypischen Kontext [...] entdeckt hat«, und verortet die Figur verfassungs- und gesellschaftsgeschichtlich stärker in der Auseinandersetzung mit dem Gefährdungspotential der Atomtechnologie.

71 Nachdem die Schutzpflichten entsprechend der Rechtsprechung des BVerfG aus den objektiven Wertentscheidungen des jeweils betroffenen Grundrechts folgen, aktivierte es die dogmatische Figur der Schutzpflicht – außerhalb des Art. 2 Abs. 2 GG – etwa auch für das Gegendarstellungsrecht in BVerfGE 73, 118 (201); für die Presse in BVerfGE 80, 124 (133); für das Recht der Kenntnis von der eigenen Abstammung in BVerfGE 96, 56 (64); oder für das Arbeitsrecht beispielsweise in BVerfGE 92, 26 (46); 97, 169 (175).

72 Vgl. BVerfGE 39, 1 (42); 88, 203 (251 ff.).

73 BVerfGE 46, 160 (164); 49, 24 (53); in diesem Zusammenhang vgl. auch BVerfGE 115, 118 (152 f., 159 f.); 115, 320 (346 f.).

74 BVerfGE 49, 89 (140 ff.); 53, 30 (57 ff., 65 f.); in diesem Zusammenhang ist auch der C-Waffen-Beschluss zu nennen, vgl. BVerfGE 77, 170 (214 f.).

75 BVerfG, Beschl. v. 17. 2. 1997-1 BvR 1658/96.

über Flug- und Straßenverkehrslärm[76] sowie gegenüber der chemischen Verseuchung und Schädigung von Luft und Wald.[77]

Eine Verletzung der staatlichen Schutzpflicht wurde aber in allen zuletzt genannten Beispielen verneint. Der Gefahr, durch neue entwicklungsoffene dogmatische Figuren die »Büchse der Pandora« zu öffnen, ist sich das Gericht durchaus bewusst. Deshalb hat es etwa bei der Entwicklung des Schutzpflichtgedankens hohe Anforderungen an eine Verletzung der grundrechtlichen Schutzpflicht formuliert und den Einschätzungs-, Wertungs- und Gestaltungsspielraum des Gesetzgebers betont.[78] Auf diese Weise schafft es sich selbst flexible Reaktionsmöglichkeiten für neue Fallkonstellationen.

Die objektive Dimension der Grundrechte ist nicht das einzige Beispiel für eine entwicklungsoffene dogmatische Figur. Erinnert sei hier nur an den im Zusammenhang mit Art. 19 Abs. 4 GG und dem rechtsstaatlichen Justizgewährleistungsanspruch entwickelten Grundsatz »effektiven Rechtsschutzes«, dem zufolge eine »tatsächlich wirksame gerichtliche Kontrolle«[79] in allen zur Verfügung gestellten Instanzen gewährleistet sein muss. Aus diesem Grundsatz wurden im Laufe der Zeit vielfältige Anforderungen an das gerichtliche Verfahren entwickelt in Bezug auf Verfahrensdauer,[80] Vollständigkeit der Nachprüfung,[81] Verbindlichkeit und Durch-

76 BVerfGE 56, 54 (73 f.); 79, 174 (201 f.).

77 BVerfG, Beschl. v. 29. 11. 1995-1 BvR 2203/95.

78 Die Kontrolldichte des BVerfG beschränkt sich regelmäßig auf eine Evidenzkontrolle offensichtlicher Grundrechtsverletzungen, vgl. z. B. BVerfGE 77, 170 (215), oder auf das sog. Untermaßverbot, vgl. BVerfGE 88, 203 (254). Aus der Literatur vgl. etwa Christian Calliess, »Schutzpflichten«, in: Merten/Papier (Hg.), *Handbuch der Grundrechte*, Bd. II, § 44, Rn. 4 ff.; Matthias Mayer, *Untermaß, Übermaß und Wesensgehaltsgarantie. Die Bedeutung staatlicher Schutzpflichten für den Gestaltungsspielraum des Gesetzgebers im Grundrechtsbereich*, Baden-Baden 2005. Vgl. ferner BVerfGE 115, 118 (159 f.).

79 BVerfGE 35, 263 (274), st. Rspr. Aus jüngerer Zeit zum Beispiel BVerfGE 101, 106 (122); 104, 220 (231 f.); 107, 395 (401); 108, 341 (347).

80 Vgl. etwa BVerfGE 93, 1 (13); dazu Jörn Müller-Volbehr, »Positive und negative Religionsfreiheit«, in: *JZ* (1995), S. 996-1000.

81 Vgl. z. B. BVerfGE 101, 106 (123); 101, 397 (407); 103, 142 (156); zur Zulässigkeit von Präklusionsvorschriften vgl. BVerfGE 61, 82 (109 ff.), dazu Peter Badura, »Eigentumsschutz der drittbetroffenen Gemeinde im atomrechtlichen Genehmigungsverfahren«, in: *JZ* (1984), S. 14-17; BVerfG, Beschl. v. 27. 12. 1999-1 BvR 1746/97; zur gerichtlichen Kontrolldichte bei exekutivem Ermessen z. B. BVerfGE 103, 142 (156); 101, 106 (123 f.).

setzbarkeit der Entscheidungen[82] sowie in Bezug auf Regelungen des einstweiligen Rechtsschutzes.[83]

Schließlich darf im Zusammenhang mit der Entwicklung flexibler dogmatischer Figuren auch der Hinweis auf den Grundsatz der Verhältnismäßigkeit nicht fehlen, der so nicht im Grundgesetz steht und dessen maßgebliche Ausprägung auf das Apothekenurteil zurückgeht.[84] Beim Grundsatz der Verhältnismäßigkeit handelt es sich um das wichtigste Element der verfassungsgerichtlichen Kontrolle von Gesetzgebung, Verwaltung und Rechtsprechung,[85] womit das BVerfG eine strenge Bindung seiner Judikatur an rationale Entscheidungsstrukturen proklamiert.

3. Sondervoten

Eine dritte Strategie des BVerfG zur Pflege der Zukunftsoffenheit bietet die Möglichkeit der Abgabe von Sondervoten.[86] Anders als bei allen anderen Gerichten in Deutschland können einzelne Richter, die sich mit ihrer Auffassung in der Senatsberatung nicht durchsetzen konnten, ihre abweichende Meinung zu der Entscheidung (*dissenting opinion*) oder zu deren Begründung (*concurring opinion*) schriftlich niederlegen und der Mehrheitsentscheidung beifügen. Durch die Veröffentlichung der abweichenden Meinung findet eine Durchbrechung des Grundsatzes statt, wonach Entscheidungen eines (Kollegial-)Gerichts nach geheimer Beratung und mit einheitlicher Begründung ergehen.[87]

82 Vgl. z. B. BVerfGE 101, 106 (123 f.); 107, 395 (401).

83 Vgl. BVerfGE 49, 220 (226); 77, 275 (284); BVerfGK 1, 201 (204); aus der jüngeren Kammerrechtsprechung BVerfG, Beschl. v. 24. 3. 2009-2 BvR 2347/08. Allgemein auch Michael Sachs, in: ders. (Hg.), *Kommentar GG*, Art. 19, Rn. 143 ff., m. w. N.; Helmuth Schulze-Fielitz, in: Dreier (Hg.), *Kommentar GG*, Bd. I, Art. 19 Abs. 4, Rn. 80 f., 94 ff., 106 ff., m. w. N.; Maurer, »Rechtsstaatliches Prozessrecht«, S. 487 f.

84 Vgl. BVerfGE 7, 377 (399 ff.). Die dort entwickelte Stufentheorie wurde vom BVerfG rückblickend als »das Ergebnis strikter Anwendung des Prinzips der Verhältnismäßigkeit bei den vom Gemeinwohl her gebotenen Eingriffen« qualifiziert, vgl. BVerfGE 13, 97 (104).

85 So Bernhard Schlink, »Der Grundsatz der Verhältnismäßigkeit«, in: Badura/Dreier (Hg.), *Festschrift 50 Jahre Verfassungsgericht*, Bd. II, S. 445-465; grundlegend Peter Lerche, *Übermaß und Verfassungsrecht*, Goldbach ²1999.

86 Vgl. § 30 Abs. 2 BVerfGG; die Einzelheiten regelt § 56 GO-BVerfG.

87 Vgl. hierzu Gerd Roelleke, »Sondervoten«, in: Badura/Dreier (Hg.), *Festschrift*

Standen zunächst die Stellung des einzelnen Richters und seine Herauslösung aus der Anonymität der jeweiligen Entscheidung hinter der gesetzgeberischen Entscheidung zur Einführung des Sondervotums, so tritt heute immer stärker auch der zukunftsgerichtete Beitrag abweichender Meinungen zur Fortentwicklung des Verfassungsrechts in den Vordergrund. Zudem gewinnt die Rechtsprechung des BVerfG in Streitfragen an Transparenz und lassen Sondervoten in konkreten Einzelfragen auch die Relativität und Zeitgebundenheit von (Verfassungs-)Recht und der Vorstellung von Gerechtigkeit erkennen.[88] Zwar kündigt sich in Sondervoten nicht immer die neue Verfassungshorizonte aufreißende und die Verfassungsinterpretation voranbringende »Meinung von morgen« an,[89] man sollte die Bedeutung bestimmter Sondervoten für eine spätere Fortschreibung oder gar Änderung der Rechtsprechung aber nicht zu gering schätzen. Denn die Offenlegung verschiedener Ansichten und Begründungen macht deutlich, dass die gerichtliche Entscheidung zwar für das konkrete Verfahren das letzte Wort darstellt,[90] nicht aber zwingend für die dahinterstehende Auslegung der Verfassung.[91] Augenscheinlich wird dies beispielsweise am Son-

50 Jahre Bundesverfassungsgericht, Bd. I, S. 363-384, hier S. 365 ff., sowie allgemein Rolf Lamprecht, *Richter contra Richter. Abweichende Meinungen und ihre Bedeutung für die Rechtskultur*, Baden-Baden 1992. Von den ab 1969 in der amtlichen Sammlung veröffentlichten Senatsentscheidungen enthielten 169 ein Sondervotum, vgl. BVerfG (Hg.), *Jahresstatistik 2020*, S. 12.

88 So schon Wolfgang Heyde, »Dissenting Opinions in der deutschen Verfassungsgerichtsbarkeit«, in: *JöR n. F.* 19 (1970), S. 201-227, hier S. 217; insgesamt skeptisch und kritisch allerdings Roelleke (»Sondervoten«, S. 378 ff.), der Sondervoten als »Relikte aus einer vormodernen Organisation der Rechtsprechung« bezeichnet, die – weil ohne wirklich relevante Funktion – heute weder schadeten noch nützten (ebd., S. 380 f.).

89 Benda/Klein, *Verfassungsprozessrecht*, S. 132.

90 Vor diesem Hintergrund geht die von Josef Isensee, »Bundesverfassungsgericht – quo vadis?«, in: *JZ* (1996), S. 1085-1092, hier S. 1087, geäußerte Befürchtung der Delegitimation der Entscheidung durch das Sondervotum fehl. Ein Autoritätsverlust der Entscheidung ist durch das Sondervotum nicht zu befürchten, so auch Klaus Schlaich, Stefan Korioth, *Das Bundesverfassungsgericht*, München [7]2007, Rn. 51.

91 Vgl. Willi Geiger, »Die Abweichende Meinung beim Bundesverfassungsgericht und ihre Bedeutung für die Rechtsprechung«, in: *Die Freiheit des Anderen. Festschrift für Martin Hirsch*, Baden-Baden 1981, S. 445-464, hier S. 461; auf die über den Einzelfall hinausreichende Bedeutung von Sondervoten für die Verfassungs-

dervotum des Richters Ernst-Wolfgang Böckenförde im Anschluss an die Entscheidungen des BVerfG zur Parteienfinanzierung.[92] Nur sechs Jahre nach seiner ersten Entscheidung beurteilte das Gericht die steuerliche Begünstigung von Parteispenden durch Körperschaften mit Blick auf das Recht des Bürgers auf gleiche Teilhabe an der politischen Willensbildung unter Abweichung von seiner bisherigen Rechtsprechung und ausdrücklicher Bezugnahme auf das Sondervotum als verfassungswidrig.[93]

4. Obiter dicta

In ihrem Beitrag zur (Verfassungs-)Rechtsfortbildung ebenfalls nicht zu unterschätzen sind – bei gebotener Zurückhaltung – die in inhaltlicher Nähe zu den Sondervoten befindlichen Obiter dicta, mit denen das BVerfG rechtliche Ausführungen über den jeweiligen Verfahrensgegenstand des konkreten Falles hinaus[94] vornimmt. Ein bekanntes Beispiel hierfür ist die klare Aussage des Zweiten Senats anlässlich seiner Entscheidung zur Indikationslösung des Schwangerschaftsabbruchs, wonach das Dasein eines Kindes rechtlich keinesfalls als Schaden zu qualifizieren sei.[95]

III. Vielfaltssicherung

Damit können wir uns dem dritten Parameter des grundgesetzlichen »Quellcodes« zuwenden, dessen Pflege sich das BVerfG zur Aufgabe gemacht hat: der Vielfaltssicherung. Der Gedanke der Vielfaltssicherung ist ein Kind der Aufklärung, des Pragmatismus[96]

dogmatik weist auch Doris Henneke hin, in: Dieter C. Umbach u. a. (Hg.) *Bundesverfassungsgerichtsgesetz. Mitarbeiterkommentar und Handbuch*, Heidelberg [2]2005, § 30, Rn. 20.

92 BVerfGE 73, 40 (103).

93 BVerfGE 85, 264 (314 f.).

94 Vgl. zur Bedeutung BVerfGE 96, 375 (404); 96, 409 (410).

95 So BVerfGE 88, 203 (296). Diese Aussage wurde nachträglich als tragend qualifiziert (vgl. BVerfGE 96, 409), nachdem der Erste Senat die Gegenposition eingenommen hatte, vgl. BVerfGE 96, 375 (399 ff.). Vgl. zur Debatte zusammenfassend Dreier, in: ders. (Hg.), *Kommentar GG*, Art. 1, Rn. 160, m. w. N.

96 Zu dieser Strömung in der US-amerikanischen Philosophie vgl. nur die grundlegende Arbeit von Joachim Lege, *Pragmatismus und Jurisprudenz*, Tübingen 1999.

und nicht zuletzt der Demokratie.[97] Auch die moderne Evolutionsbiologie darf im Jahr des 200. Geburtstags von Charles Darwin als Patin nicht unerwähnt bleiben.

Statt auf Einsicht, Konsensbereitschaft, Wahrhaftigkeit und Vorstellungen materieller Gerechtigkeit setzt die regulative Idee der Vielfaltssicherung auf prozedurale Rationalität, auf die Erhaltung einer Pluralität von Handlungsoptionen, die Kompatibilisierung von Dissensen, die Ermöglichung von Durchlässigkeit verschiedener Sprachspiele füreinander und die Gewährleistung des Wandels durch Konstruktion von »Unterbrechern« gegenüber sich selbst verstärkenden Diskursen.[98]

Vielfaltssicherung meint folglich im vorliegenden Kontext nicht nur Offenheit für neue Entwicklungen, sondern zielt auch auf die dauerhafte Gewährleistung eines produktiven Zusammenspiels staatlicher und gesellschaftlicher Akteure im Sinne eines permanenten gemeinsamen Lernprozesses, wobei das BVerfG selbst aktiv an dem Spiel beteiligt ist – auch in der Rolle des Lernenden. Das macht die Lage kompliziert. Einerseits ist dem Gericht aufgegeben, die in der Verfassung selbst angelegten Vielfaltsgebote aktiv zur Entfaltung zu bringen,[99] gleichzeitig soll es aber das Gemeinwe-

97 Der Gedanke der Vielfaltssicherung weist Bezüge zur Pluralismusdiskussion auf (klassisch: Ernst Fraenkel, *Der Pluralismus als Strukturelement der freiheitlich-rechtsstaatlichen Demokratie*, Baden-Baden 1964, vgl. ferner nur Helmut Quaritsch, »Zur Entstehung der Theorie des Pluralismus«, in: *Der Staat* 19 [1980], S. 29-56, hier S. 37 ff.; Markus Thelen, *Demokratie, Grundkonsens und politischer Pluralismus*, Aachen 1997), geht aber darüber hinaus, da die Pluralismusdiskussion vor allem um die Erfassung und Verarbeitung des Verbände- und Parteienstaats kreist, so zutreffend Anna Leisner-Egensperger, *Vielfalt – ein Begriff des Öffentlichen Rechts*, Berlin 2004, S. 32-43. Vielschichtiger ist das Konzept des Pluralismus aber entfaltet bei Peter Häberle, *Die Verfassung des Pluralismus*, Königstein i. Ts. 1980.

98 So Karl-Heinz Ladeur, »Prozedurale Rationalität – Steigerung der Legitimationsfähigkeit oder der Leistungsfähigkeit des Rechtssystems?«, in: *Zeitschrift für Rechtssoziologie* (1986), S. 265-274, hier S. 273.

99 Überblick bei Leisner-Egensperger, *Vielfalt – ein Begriff des Öffentlichen Rechts*, S. 44 ff. Vgl. ferner nur Ulrich Haltern, *Verfassungsgerichtsbarkeit, Demokratie und Misstrauen*, Berlin 1998, S. 151 ff., m. w. N. Grundlegend zu pluralistischen Theorien der Verfassungsgerichtsbarkeit Peter Häberle, *Verfassungsgerichtsbarkeit zwischen Politik und Rechtswissenschaft*, Königstein i. Ts. 1980, S. 55 ff.; sowie Ingwer Ebsen, *Das Bundesverfassungsgericht als Element gesellschaftlicher Selbstregulierung*, Berlin 1985.

sen vor einer Überkonstitutionalisierung bewahren, die jede Form von Politik im Keim erstickt und das Problemlösungspotential der Gesellschaft nicht hinreichend zur Entfaltung kommen lässt. Nun wird aber gerade das BVerfG für die verfassungsrechtliche Überformung aller Lebensbereiche maßgeblich verantwortlich gemacht.[100] Einen – wenn auch nicht den einzigen – Ausweg aus diesem Dilemma bietet die Entwicklung zumeist ungeschriebener organisatorischer und verfahrensrechtlicher (Vielfalts-)Sicherungen aus einzelnen Grundgesetzgehalten. Verfahren und Organisation(en) geben in diesem Zusammenhang einen Bewegungsrahmen für vielfältige Interaktionen vor.[101]

1. Vielfaltssicherung durch Organisation

Die verfassungsgerichtliche Formalisierung organisationsrechtlicher Fragestellungen wird vom BVerfG insbesondere[102] in den weiten Bereichen mittelbarer staatlicher, staatsferner und staatsfreier (Selbst-)Verwaltung betont, indem es unter anderem mit Blick auf grundrechtliche Gewährleistungen[103] die verfassungsrechtlichen Bedingungen bestimmter Freiheitsverbürgungen organisatorisch vorstrukturiert, ohne gleichzeitig Einfluss auf die Entscheidung für ein konkretes, einziges Organisationsmodell zu nehmen. Prominente Beispiele hierfür sind an erster Stelle die Organisation des

100 Zur alten Sorge vor dem verfassungsgerichtlichen Jurisdiktionsstaat vgl. nur Ernst-Wolfgang Böckenförde, *Gesetz und gesetzgebende Gewalt*, Berlin ²1981, S. 401 f.; ders., »Grundrechte als Grundsatznormen. Zur gegenwärtigen Lage der Grundrechtsdogmatik«, in: ders., *Staat, Verfassung, Demokratie*, S. 159-199, hier S. 189 ff.; sowie der Überblick über die Diskussion bei Shu-Perng Hwang, *Verfassungsgerichtlicher Jurisdiktionsstaat?*, Berlin 2005, S. 17 ff., m. w. N.

101 So Eberhard Schmidt-Aßmann, »Grundrechte als Organisations- und Verfahrensgarantien«, in: Merten/Papier (Hg.), *Handbuch der Grundrechte*, Bd. II, § 45, Rn. 5 ff., wenngleich dieser die Organisations- und Verfahrensgehalte nicht aus den jeweiligen materiellen Grundrechten herleitet, sondern eigenständige prozedural-dogmatische Teildogmatiken entwickelt.

102 Aber nicht nur, wie zum Beispiel die Pflicht zur Organisation des Richterdienstes (Bereitschaftsdienst) zeigt, um dem verfassungsrechtlichen Richtervorbehalt im Rahmen des Art. 13 GG zu genügen; vgl. BVerfGE 103, 142 (152).

103 Mit den vorrangigen objektiv-rechtlichen Zielen der Ausgestaltung, Förderung, Effektuierung, Wahrnehmung und Realisierung der Grundrechte.

Rundfunks[104] sowie der Schulen und Hochschulen,[105] aber auch der politischen Parteien.[106]

2. *Vielfaltssicherung durch Verfahren*

Das BVerfG delegiert die grundgesetzliche Entscheidungsverantwortung zum Zweck der Vielfaltssicherung jedoch nicht nur organisatorisch, sondern auch mit Blick auf Verfahrensfragen. Dies erfolgt beispielsweise[107] durch die Begründung verfassungsunmittelbarer Richtervorbehalte zur verfahrensrechtlichen Absicherung von Freiheitsverbürgungen bei Online-Durchsuchungen[108] sowie im Strafprozess durch die besondere prozedurale Sicherung der Grundrechte des Beschuldigten bei längerfristiger Observation.[109] Häufig verknüpft das Verfassungsgericht die damit bezweckte Effektivierung des Grundrechtsschutzes eines speziellen Freiheitsrechts[110] mit der – gleichsam als Kehrseite auftretenden – Frage der prozedural zu sichernden Effektivität des Rechtsschutzes und

104 Bei der Rundfunkfreiheit kommt verstärkend hinzu, dass die Staatsfreiheit sogar grundrechtlich geboten ist; vgl. aus der Rechtsprechung BVerfGE 12, 205; 35, 202; 57, 295; 73, 118; 83, 238 (332 f.); 87, 18; 90, 60 (96 ff.); 95, 220; 97, 228; 107, 299; vgl. dazu auch Vesting, *Prozedurales Rundfunkrecht*, S. 150 ff.

105 Vgl. BVerfGE 15, 256; 35, 79 (114 ff.); 85, 360 (384 f.); 88, 129 (136 f.); 94, 268 (285 f.); 95, 193 (209 f.); 111, 333 (353 ff.). Aus der Literatur Hans-Heinrich Trute, *Die Forschung zwischen grundrechtlicher Freiheit und staatlicher Institutionalisierung*, Tübingen 1994, S. 281 ff.

106 In diesem Zusammenhang gilt auch bereits der ausdrückliche verfassungsrechtliche Gesetzgebungsauftrag des Art. 21 Abs. 3 GG. Vgl. zur Rechtsprechung des BVerfG mit Blick auf die Parteienfinanzierung BVerfGE 20, 56 (96 ff.); 85, 264 (287 ff.).

107 Allgemein zur grundrechtsschützenden und -effektivierenden Bedeutung der Ausgestaltung von Entscheidungsverfahren BVerfGE 53, 30 (57 ff.).

108 Vgl. BVerfGE 120, 274 (326 ff., 331).

109 Vgl. BVerfGE 112, 304 (318 f.); zur Durchsuchung, Sicherstellung und Beschlagnahme von Datenträgern BVerfGE 113, 29 (57 ff.).

110 In diese Richtung geht auch das Gebot »vertrauensvoller Kooperation« zwischen Polizei und Veranstalter/Demonstranten im Bereich der Versammlungsfreiheit (vgl. BVerfGE 69, 315 [355]), wenngleich es für den Veranstalter nicht den Charakter einer Rechtspflicht einnimmt, wenn er sich der Kooperation verschließt, vgl. Christian Bumke, Andreas Voßkuhle, *Casebook Verfassungsrecht*, Tübingen [5]2007, S. 175. Mit Blick auf Indizierungsverfahren in Kollision mit der Kunstfreiheit aus Art. 4 Abs. 3 GG vgl. BVerfGE 83, 130 (149 ff.).

fordert in diesem Zusammenhang zusätzliche verfahrensrechtliche Sicherungen ein.[111]

C. Die angemessene Zuordnung der drei Parameter

Alle drei hier näher beleuchteten Parameter stehen in einem gewissen Spannungsverhältnis. Das macht die Pflege des verfassungsrechtlichen »Quellcodes« für das BVerfG zur eigentlichen Herausforderung. Soll die Stabilität der Verfassung stärker betont werden oder verlangen ihre eingangs genannten Funktionen mehr nach entwicklungsoffener Dynamik beziehungsweise nach vielfaltssichernden Arrangements?

Ausgehen müssen wird man von der Erkenntnis, dass keinem der drei Parameter eine Vorrangstellung zukommt. Auch existiert kein starres Beziehungsgeflecht zwischen ihnen. Ziel der Rechtsprechung des BVerfG muss es deshalb sein, abstrahiert von dem einzelnen zu entscheidenden Verfahren eine *jeweils angemessene* Zuordnung dieser Parameter anzustreben. Stabilität darf nicht zum Hindernis werden, wenn Bewegung und Fortschreiten aufgegeben sind. Andererseits darf das Bemühen um Zukunftsoffenheit nicht die stabilisierende Wirkung einer verbindlichen Fixierung aufheben.[112] Gleichzeitig gilt es, vielfaltsverengenden Tendenzen entgegenzutreten und das Grundgesetz beziehungsweise dessen Interpretation für die Dynamik der gesellschaftlichen und politischen Prozesse offenzuhalten.

Letztlich hängt die angemessene Zuordnung der drei Parameter aber von dem Judiz der einzelnen Richterinnen und Richter des Gerichts ab, von ihrem Gespür für Entwicklungen, ihrer Erfahrung, ihrem Wissen um die eigene Aufgabe und vor allem von ihrer

111 Vgl. zu ergänzenden Dokumentationspflichten BVerfGE 112, 304 (320); zur Frage möglicher Beweisverwertungsverbote BVerfGE 113, 29 (61). Vgl. in diesem Zusammenhang auch für die Insolvenzverwalterbestellung BVerfG, Beschl. v. 3. 8. 2004-1 BvR 135/00, 1 BvR 1086/00. Vor diesem Hintergrund werden beispielsweise im Rahmen des Art. 12 GG für berufsqualifizierende Prüfungsverfahren besondere Sorgfaltsstandards gefordert, vgl. BVerfGE 52, 380 (388); 84, 34 (45 f.); 84, 59 (72 ff.); zu den Zulassungsbeschränkungen einer Hochschule BVerfGE 85, 36 (54).

112 Angelehnt an Hesse, *Grundzüge des Verfassungsrechts*, Rn. 37.

Bereitschaft, mit den anderen Mitgliedern des Senats immer wieder in ein intensives Gespräch einzutreten. Diese Erkenntnis mag dogmatisch unbefriedigend sein, sie ist aber dem Umstand geschuldet, dass Verfassungsrechtsprechung Menschenwerk ist und sich nicht vollständig determinieren lässt. Blickt man auf die vergangenen Jahrzehnte der Rechtsprechungstätigkeit des Gerichts zurück, dann sollte uns dieser Umstand nicht zu sehr beunruhigen.

Der europäische Verfassungsgerichtsverbund

A. Einleitung

Das Tableau der europäischen Verfassungsgerichtsbarkeit ist in den vergangenen Jahrzehnten bunter und vielfältiger geworden. Als das Bundesverfassungsgericht im Jahr 1951 seine Tätigkeit aufnahm, konnte es noch nicht ahnen, dass es auf der verfassungsrechtlichen Bühne nur vergleichsweise kurze Zeit eine Alleinstellung innehaben sollte. Schon wenige Jahre später traten mit dem Europäischen Gerichtshof für Menschenrechte in Straßburg und dem Europäischen Gerichtshof in Luxemburg zwei weitere Institutionen an seine Seite, die in zunehmendem Maße verfassungsgerichtliche Funktionen übernahmen. Der große deutsche Verfassungslehrer und ehemalige Richter des BVerfG Konrad Hesse hat daher bereits Mitte der 1990er Jahre von einem »Wandel der Aufgaben, der Stellung und der Wirkungsmöglichkeiten des BVerfG« gesprochen, den er nicht zuletzt auf den Bedeutungszuwachs der europäischen Gerichtshöfe zurückführte.[1]

Legt man einen weiten Begriff von Verfassungsgerichtsbarkeit im Sinne eines entwicklungsoffenen Funktionsbegriffs zugrunde, der zwischen unterschiedlichen Typen und Traditionen von Verfassungsgerichten vermittelt,[2] dann kann man in Bezug auf den Straßburger und den Luxemburger Gerichtshof durchaus von europäischen »Verfassungsgerichten« sprechen.[3] Wie nachfolgend gezeigt wird, sind die beiden Institutionen kraft der ihnen übertragenen Funktionen Schritt für Schritt in eine verfassungsgerichtliche

1 Konrad Hesse, »Verfassungsrechtsprechung im geschichtlichen Wandel«, in: *JZ* (1995), S. 265-273, hier S. 269.

2 Vgl. in diesem Sinne Rainer Wahl, »Das Bundesverfassungsgericht im europäischen und internationalen Umfeld«, in: *APuZ* (2001), S. 45-54, hier S. 48.

3 Vgl. etwa Peter Häberle, »Funktion und Bedeutung der Verfassungsgerichte in vergleichender Perspektive«, in: *EuGRZ* (2005), S. 685-688; ders., *Europäische Verfassungslehre*, Baden-Baden [6]2009, S. 478 ff.; Franz C. Mayer, »Verfassungsgerichtsbarkeit«, in: Armin von Bogdandy, Jürgen Bast (Hg.), *Europäisches Verfassungsrecht. Theoretische und dogmatische Grundzüge*, Heidelberg [2]2009, S. 559-607; Stefan Oeter, »Rechtsprechungskonkurrenz zwischen nationalen Verfassungsgerichten, Europäischem Gerichtshof und Europäischem Gerichtshof für Menschenrechte«, in: *VVDStRL* 66 (2007), S. 361-391, hier S. 362 f.

Rolle hineingewachsen, die der des BVerfG in mancher Hinsicht vergleichbar ist. Doch wie sind diese drei Verfassungsgerichte einander im europäischen Verfassungsraum zugeordnet? Diese bereits in den vergangenen Jahren zunehmend diskutierte Grundfrage[4] hat nicht zuletzt durch die kontrovers geführte Debatte um die Lissabon-Entscheidung des BVerfG[5] neue Nahrung erhalten.[6] Sie

4 Vgl. aus den in jüngerer Zeit erschienenen Monographien Franz C. Mayer, *Kompetenzüberschreitung und Letztentscheidung*, München 2000; Carsten Lutz, *Kompetenzkonflikte und Aufgabenverteilung zwischen nationalen und internationalen Gerichten*, Berlin 2003; Carsten Dippel, *Die Kompetenzabgrenzung in der Rechtsprechung von EGMR und EuGH*, Berlin 2004; Katharina Gebauer, *Parallele Grund- und Menschenrechtsschutzsysteme in Europa?*, Berlin 2007; Christine Heer-Reißmann, *Die Letztentscheidungskompetenz des EGMR in Europa*, Frankfurt/M. 2008; Heiko Sauer, *Jurisdiktionskonflikte in Mehrebenensystemen*, Heidelberg 2008; Jan H. Wiethoff, *Das konzeptionelle Verhältnis von EuGH und EGMR*, Baden-Baden 2008; Kristin Rohleder, *Grundrechtsschutz im europäischen Mehrebenen-System*, Baden-Baden 2009.

5 BVerfGE 123, 267. Überblick über die Urteilsstruktur bei Isabel Schübel-Pfister, Karen Kaiser, »Das Lissabon-Urteil des BVerfG – Ein Leitfaden für Ausbildung und Praxis«, in: *JuS* (2009), S. 767-772.

6 Vgl. aus der »ersten Rezeptionswelle« des Urteils etwa Christian Calliess, »Editorial«, in: *NJW* (2009), S. XIV; Joschka Fischer, »Ein nationaler Riegel«, in: *Die Zeit* v. 9. 7. 2009, S. 4; Alfred Grosser, »Deutschland auf dem Sonderweg«, in: *SZ* v. 11. 7. 2009, S. 2; Paul Kirchhof, »Vereinigte Staaten von Europa wird es nicht geben«, ⟨www.faz.net/aktuell/wirtschaft/wirtschaftspolitik/im-gespraech-paul-kirchhof-vereinigte-staaten-von-europa-wird-es-nicht-geben-1811736.html⟩, letzter Zugriff 16. 1. 2021; Christoph Möllers, »Was ein Parlament ist, entscheiden die Richter«, ⟨www.faz.net/aktuell/feuilleton/lissabon-urteil-was-ein-parlament-ist-entscheiden-die-richter-1827902.html⟩, letzter Zugriff 16. 1. 2021; Carl O. Lenz, »Ausbrechender Rechtsakt«, in: *FAZ* v. 8. 8. 2009, S. 7; Franz C. Mayer, »Rashomon in Karlsruhe«, in: *International Journal of Constitutional Law* 9 (2011), S. 757-785; Frank Schorkopf, »Der Mensch im Mittelpunkt«, in: *FAZ* v. 16. 7. 2009, S. 6. Aus der »zweiten Rezeptionswelle« eher zust. Ferdinand Gärditz, Christian Hillgruber, »Volkssouveränität und Demokratie ernstgenommen – Zum Lissabon-Urteil des BVerfG«, in: *JZ* (2009), S. 872-881; Dieter Grimm, »Das Grundgesetz als Riegel vor einer Verstaatlichung der Europäischen Union«, in: *Der Staat* 48 (2009), S. 475-495; ders., *Souveränität*, Berlin 2009, S. 122 f.; Frank Schorkopf, »The European Union as an Association of Sovereign States: Karlsruhe's Ruling on the Treaty of Lisbon«, in: *German Law Journal* 10 (2009), S. 1219-1240; ders., »Die Europäische Union im Lot – Karlsruhes Rechtsspruch zum Vertrag von Lissabon«, in: *EuZW* (2009), S. 718-724; Rainer Wahl, »Die Schwebelage im Verhältnis von Europäischer Union und Mitgliedstaaten«, in: *Der Staat* 64 (2009), S. 587-614; eher ablehnend etwa Armin von Bogdandy, »Prinzipien der Rechtsfortbildung im europäischen Rechtsraum«, in: *NJW* (2010), S. 1-4; Walter Frenz, »Unanwend-

gibt Anlass, das Rechtsprechungsdreieck zwischen Karlsruhe, Luxemburg und Straßburg als Teil eines »europäischen Verfassungsgerichtsverbundes« näher zu analysieren.

B. Die Akteure des europäischen Verfassungsgerichtsverbundes

I. Das BVerfG als Mittler zwischen Grundgesetz und europäischer Rechtsordnung

Die Geburtsstunde der deutschen Verfassungsgerichtsbarkeit schlug mit der demokratischen Idee vom Vorrang der Verfassung, deren Grundrechte als unmittelbar geltendes und einklagbares Recht alle staatlichen Gewalten binden. Zur Sicherung der Herrschaft der Grundrechte hat sich das Grundgesetz für die Institutionalisierung einer starken Verfassungsgerichtsbarkeit entschieden, deren Zuständigkeitsfülle und Kompetenzmacht in historischer wie in verfassungsvergleichender Sicht einzigartig ist.[7] Gleichwohl musste das BVerfG seine Rolle im Konstitutionalisierungsprozess, etwa im Verhältnis zu den obersten Bundesgerichten, erst finden.[8]

bares Europarecht nach Maßgabe des BVerfG?«, in: *EWS* (2009), S. 297-303; Thomas Oppermann, »Den Musterknaben ins Bremserhäuschen! – Bundesverfassungsgericht und Lissabon-Vertrag«, in: *EuZW* (2009), S. 473-474; Christoph Schönberger, »Lisbon in Karlsruhe: Maastricht's Epigones At Sea«, in: *German Law Journal* 10 (2009), S. 1201-1218; vgl. des Weiteren Claus D. Classen, »Legitime Stärkung des Bundestages oder verfassungsrechtliches Prokrustesbett?«, in: *JZ* (2009), S. 881-889; Andreas Fisahn, »Bundesverfassungsgericht friert die europäische Demokratie national ein!«, in: *KJ* (2009), S. 220-225; Martin Nettesheim, »Kommentar: Ein Individualrecht auf Staatlichkeit? Die Lissabon-Entscheidung des BVerfG«, in: *NJW* (2009), S. 2867-2869; Eckhard Pache, »Das Ende der europäischen Integration?«, in: *EuGRZ* (2009), S. 285-298; Matthias Ruffert, »An den Grenzen des Integrationsverfassungsrechts«, in: *DVBl.* (2009), S. 1197-1208; Jörg P. Terhechte, »Souveränität, Dynamik und Integration: Making Up the Rules As We Go Along?«, in: *EuZW* (2009), S. 724-731.

7 So zutr. statt vieler Alfred Rinken, in: Erhard Denninger u. a. (Hg.), *Alternativkommentar GG*, Bd. III, Neuwied, Kriftel [3]2001, Vorb. Art. 93, Rn. 1 ff.; vgl. auch Klaus Schlaich, Stefan Korioth, *Das Bundesverfassungsgericht*, München [7]2007, Rn. 1 ff.

8 Hierzu anschaulich Gunnar F. Schuppert, Christian Bumke, *Die Konstitutionalisierung der Rechtsordnung*, Baden-Baden 2000, S. 45 ff.

Parallel dazu folgte das BVerfG seiner europäischen Berufung, war die deutsche Verfassungsentwicklung doch von Anfang an in ein internationales und europäisches Bezugsfeld eingebettet. Den Grundstein hierfür haben wir dem – aus heutiger Sicht geradezu prophetischen – Weitblick der Mitglieder des Verfassungskonvents von Herrenchiemsee zu verdanken, der bereits die Übertragung von Hoheitsrechten auf zwischenstaatliche Einrichtungen vorsah. Schon die Schöpfer des Grundgesetzes strebten nicht nur die Einfügung in eine überstaatliche Friedensordnung an, sondern verfolgten die darüber hinaus reichende Strategie der internationalen Zusammenarbeit. Die Sicherung des Friedens und die Stärkung der politischen Gestaltungsmöglichkeiten durch gemeinsames Handeln sind auch die zentralen Errungenschaften des beispiellosen europäischen Integrationsprozesses. Dementsprechend betont die Präambel unseres Grundgesetzes den gemeinsamen Willen, als gleichberechtigtes Glied in einem vereinten Europa dem Frieden der Welt zu dienen. Auch das BVerfG war und ist, entgegen manchen Behauptungen, in diesem Prozess kein retardierendes Element. Ganz im Gegenteil hat es sich stets für eine den Menschen- und Bürgerrechten verpflichtete Integration eingesetzt. Nicht von ungefähr hat sich der verfassungsändernde Gesetzgeber bei der Neufassung des Art. 23 GG zur Verwirklichung eines vereinten Europas an die Rechtsprechung des BVerfG zum Grundrechtsschutz angelehnt. Der »Europa-Artikel« postuliert den Verfassungsauftrag, bei der Entwicklung der Europäischen Union mitzuwirken, die sich demokratischen, rechtsstaatlichen, sozialen und föderativen Grundsätzen sowie einem adäquaten Grundrechtsschutz verpflichtet weiß. Das verfassungsrechtliche Prinzip der Völkerrechtsfreundlichkeit des Grundgesetzes wird so durch den Grundsatz der Europarechtsfreundlichkeit ergänzt, der die Mitwirkung Deutschlands an der europäischen Integration nicht nur erlaubt, sondern, wie das BVerfG in seiner Lissabon-Entscheidung betont hat, sogar als Verfassungspflicht gebietet.[9]

9 BVerfGE 123, 267.

II. Der EGMR als Hüter der EMRK

Im Jahr 1958 beginnt die Ära des EGMR, der über die Einhaltung der verbindlichen Garantien der EMRK wacht. Diese wurde von den Mitgliedstaaten des Europarats bereits ein Jahr nach Inkrafttreten des Grundgesetzes unterzeichnet und eröffnet als erstes Instrument des völkerrechtlichen Menschenrechtsschutzes effektive Durchsetzungsmechanismen im Rahmen eines justizförmigen Verfahrens. In der Bundesrepublik Deutschland kommt der EMRK, die in anderen Vertragsstaaten Verfassungsrang genießt, kraft des deutschen Zustimmungsgesetzes[10] formell »nur« einfacher Gesetzesrang zu.[11] Während von der Anrufung des Straßburger Gerichtshofs anfangs nur zögerlich Gebrauch gemacht wurde, hat insbesondere die grundlegende Reform des Rechtsschutzsystems der Konvention durch das 11. Zusatzprotokoll[12] die Akzeptanz des Gerichtshofs gesteigert. Seit dem Jahr 1998 stellt der neue ständige EGMR allein, ohne die frühere Filterfunktion der EKMR, die Einhaltung der Konventionsverpflichtungen sicher.

Wesentlicher Grund für den europaweiten Siegeszug der EMRK ist das Individualbeschwerdeverfahren, das der deutschen Verfassungsbeschwerde funktional angenähert ist. Aufgrund dieses – im Vergleich zur früheren Rechtslage ebenso revolutionären wie effektiven – Individualbeschwerderechts können alle Bürger, unabhängig von der Abgabe einer besonderen Unterwerfungserklärung ihres Heimatstaates, Rechtsschutz gegen Konventionsverletzungen in Straßburg suchen. Zulässigkeitsvoraussetzung für jede Konventionsbeschwerde ist die Erschöpfung aller innerstaatlichen Rechtsbehelfe, wozu auch die Verfassungsbeschwerde an das BVerfG gehört.[13] Karlsruher Entscheidungen können daher Prüfungsgegenstand im Straßburger Beschwerdeverfahren sein.

Die feststellenden Entscheidungen des EGMR haben weitrei-

10 Gesetz über die Konvention zum Schutze der Menschenrechte und Grundfreiheiten v. 7.8.1952, BGBl. II v. 22.8.1952, S. 685.

11 Überblick über den Rang der EMRK in den innerstaatlichen Rechtsordnungen bei Christoph Grabenwarter, *EMRK*, München, Basel u. a. [4]2009, § 3, Rn. 2 ff.; ders., »Europäisches und nationales Verfassungsrecht«, in: *VVDStRL* 60 (2001), S. 290-349, hier S. 299 ff.

12 BGBl. II v. 11.5.1995, S. 579.

13 Vgl. nur EGMR, Urt. v. 12.6.2003 – Az. 44672/98 (*Herz v. Deutschland*).

chende Bedeutung, wobei sich die innerstaatlichen Wirkungen der Urteile nach dem jeweiligen Recht der Vertragsstaaten richten. Die Ausdehnung seines territorialen Jurisdiktionsbereichs auf die mittlerweile fast 50 Vertragsstaaten der EMRK hat den Gerichtshof – sowohl im Hinblick auf den Arbeitsanfall als auch bezüglich der Zusammenführung relativ heterogener Rechtssysteme – vor besondere Herausforderungen gestellt,[14] zugleich aber die Entwicklung eines gesamteuropäischen Rechtsschutzsystems vorangetrieben. Der Straßburger Gerichtshof darf daher mit Fug und Recht als ein – auf die Menschenrechte bezogenes – Verfassungsgericht bezeichnet werden.[15]

III. Der EuGH als Gestalter der europäischen Rechtseinheit

Anders als der Straßburger Menschenrechtsgerichtshof stellt der bereits im Jahre 1952 in Luxemburg installierte EuGH kein spezialisiertes Gericht dar. Sein inhaltlicher Jurisdiktionsbereich ist im Gegenteil denkbar weit zugeschnitten. Vertragliche Grundlage hierfür ist die Aufgabenzuweisung in Art. 19 Abs. 1 Satz 2 EUV, wonach der EuGH die Wahrung des Rechts bei der Auslegung und Anwendung der Verträge sichert. Entsprechend dieser Vorgaben haben die Luxemburger Urteile die europäische Integration in wichtigen Bereichen vorangetrieben und ganz maßgeblich zur Konstituierung der Europäischen Union als Rechtsgemeinschaft beigetragen. Innerhalb der supranationalen Rechtsordnung nimmt der Gerichtshof, gleichsam horizontal, umfassende gerichtliche Zuständigkeiten wahr, wenngleich unter Beachtung des funktionellrechtlichen Gebots der richterlichen Zurückhaltung gegenüber dem Gestaltungsspielraum des Unionsgesetzgebers.[16] Gleichzeitig

14 Vgl. Martina Keller, »50 Jahre danach: Rechtsschutzeffektivität trotz Beschwerdeflut? Wie sich der EGMR neuen Herausforderungen stellt«, in: *EuGRZ* (2008), S. 359-369; Stefanie Schmahl, »Piloturteile des EGMR als Mittel der Verfahrensbeschleunigung«, in: *EuGRZ* (2008), S. 369-380.

15 Vgl. dazu Ernst Gottfried Mahrenholz, »Europäische Verfassungsgerichte«, in: *JöR n. F.* 49 (2001), S. 15-29, hier S. 21: »Verfassungsgericht in funktionaler Hinsicht«; Lutz Wildhaber, »Eine verfassungsgerichtliche Zukunft für den Europäischen Gerichtshof für Menschenrechte?«, in: *EuGRZ* (2002), S. 569-574; Gebauer, *Parallele Grund- und Menschenrechtsschutzsysteme*, S. 217 f.

16 Vgl. EuGH, Urt. v. 26. 4. 1972 – C-92/71, ECLI:EU:C:1972:30 (*Interfood v. HZA Hamburg-Ericus*); EuGH, Urt. v. 15. 6. 1978 – C-149/77, ECLI:EU:C:1978:130

ist der Gerichtshof vertikal mit den Mitgliedstaaten verschränkt, deren Rechtsordnungen er in ganz außerordentlicher Weise beeinflusst hat und beeinflusst. Seine Entscheidungen nahmen ihren Ausgangspunkt oft in wirtschaftsrechtlichen Fragestellungen, insbesondere den Grundfreiheiten des Binnenmarktes, entfalteten ihre Wirkungen aber auch auf die an sich in der Kompetenz der Mitgliedstaaten verbliebenen Materien wie zum Beispiel die Bildungspolitik,[17] den Sport[18] oder die Organisation der Streitkräfte.[19]

Angesichts des fragmentarischen Charakters des europäischen Primärrechts wurde der EuGH häufig rechtsergänzend und rechtsfortbildend tätig. Diese Befugnis zur Rechtsfortbildung hat das BVerfG ausdrücklich anerkannt.[20] In methodischer Hinsicht bemerkenswert sind beispielsweise die Urteile des Gerichtshofs zur unmittelbaren Wirkung von Richtlinien aus Gründen des *effet utile*,[21] zur Staatshaftung der Mitgliedstaaten bei der Nichtumsetzung von Richtlinien und sonstigen Verstößen gegen Gemeinschaftsrecht[22] sowie zu impliziten Gemeinschaftskompetenzen für völkerrechtliche Vertragsschlüsse.[23] Aufgrund seiner europafreundlichen

(*Defrenne v. Sabena*); vgl. zum Umfang der Kontrolldichte gegenüber dem Unionsgesetzgeber etwa das Urteil in der Rechtssache Arcelor, wo der EuGH an Stelle der vom GA vorgeschlagenen bloßen Willkürkontrolle eine Prüfung am Maßstab verhältnismäßiger Gleichheit vornimmt (EuGH, Urt. v. 16.12.2008 – C-127/07, ECLI:EU:C:2008:728 [*Société Arcelor v. Premier ministre u. a.*]).

17 Vgl. z. B. EuGH, Urt. v. 11.9.2007 – C-76/05, ECLI:EU:C:2007 (*Schwarz v. Finanzamt Bergisch-Gladbach*): Abzug der Kosten für Privatschule im EU-Ausland als Sonderausgabe.

18 EuGH, Urt. v. 15.12.1995 – C-415/93, ECLI:EU:C:1995:463 (*Union Royale Belge des Sociétés de Football v. Bosman*): Transferklauseln im Profifußball.

19 EuGH, Urt. v. 11.1.2000 – C-285/98, ECLI:EU:C:2000:2 (*Kreil v. Deutschland*): Dienst an der Waffe für Frauen.

20 BVerfGE 75, 223 (242f.).

21 Seit EuGH, Urt. v. 6.10.1970 – C-9/70, ECLI:EU:C:1970:78 (*Grad v. Finanzamt Traunstein*): »Leberpfennig«.

22 EuGH, Urt. v. 19.11.1991 – C-9/90, ECLI:EU:C:1991:428 (*Francovich und Bonifaci v. Italien*); EuGH, Urt. v. 5.3.1996 – C-46/93, ECLI:EU:C:1996:79 (*Brasserie du Pêcheur v. Deutschland*); EuGH, Urt. v. 30.9.2003, C-224/01, ECLI:EU:C:2003 (*Köbler v. Österreich*); EuGH, Urt. v. 13.6.2006 – C-173/03, ECLI:EU:C:2006:391 (*Traghetti del Mediterraneo v. Italien*).

23 EuGH, Urt. v. 13.3.1971 – C-22/70, ECLI:EU:C:1971:32 (*Kommission v. Rat*): »AETR«.

und seiner in diesen und weiteren Urteilen entwickelten eigenständigen, »dynamischen« Interpretationsmethode ist der Gerichtshof nicht zu Unrecht als »Motor der Integration« bezeichnet worden.[24] Allerdings darf man nicht verkennen, dass sich in seiner Judikatur immer wieder Phasen des Aufbruchs und der Zurückhaltung abgewechselt haben.[25] Mit dem Vertrag von Lissabon ist dem EuGH ausdrücklich die richterliche Kontrolle der Einhaltung des Subsidiaritätsprinzips zugewiesen worden.[26] Darin wird ein weiterer Baustein in der Entwicklung des Gerichtshofs zu einem Verfassungsgericht der Europäischen Union gesehen.[27]

IV. Begriff des europäischen Verfassungsgerichtsverbundes

Wie sind nun diese drei europäischen Verfassungsgerichte einander zugeordnet? Zur Umschreibung dieses komplexen, durch einzigartige Verflechtungen geprägten Verhältnisses erscheint es sachgerecht, auf den Begriff des »Verbundes« zurückzugreifen.[28] Der Ver-

24 Vgl. zu den Auslegungsmethoden des EuGH Hans Kutscher, »Thesen zu den Methoden der Auslegung des Gemeinschaftsrechts, aus der Sicht eines Richters«, in: *EuGH, Begegnung von Justiz und Hochschule am 27. und 28. 9. 1976*, Bd. I, Luxemburg 1976, S. I-1 ff.; Jochen Anweiler, *Die Auslegungsmethoden des Gerichtshofs der Europäischen Gemeinschaften*, Frankfurt/M. u. a. 1997; Isabel Schübel-Pfister, *Sprache und Gemeinschaftsrecht*, Berlin 2004.

25 So die Einschätzung von Ulrich Everling, »Richterliche Rechtsfortbildung in der Europäischen Gemeinschaft«, in: *JZ* (2000), S. 217-227, hier S. 224.

26 Art. 8 des Protokolls über die Anwendung der Grundsätze der Subsidiarität und der Verhältnismäßigkeit.

27 So Gil C. R. Iglesias, »Perspektiven europäischer und nationaler Verfassungsgerichtsbarkeit im Lichte des Vertrags über eine Verfassung für Europa«, in: Walter-Hallstein-Institut für Europa (Hg.), *Europäische Verfassung in der Krise*, Baden-Baden 2007, S. 107-118, hier S. 110 f.; vgl. bereits ders., »Der Gerichtshof der Europäischen Gemeinschaften als Verfassungsgericht«, in: *EuR* (1992), S. 225-245. Vgl. ferner etwa Mayer, »Verfassungsgerichtsbarkeit«, S. 559 ff.; Häberle, *Europäische Verfassungslehre*, S. 478 ff.; sowie Oeter, »Rechtsprechungskonkurrenz«, S. 362 f.

28 Vgl. auch Hauke Brunkhorst, »Zwischen transnationaler Klassenherrschaft und egalitärer Konstitutionalisierung. Europas zweite Chance«, in: Christian Joerges u. a. (Hg.), *»Schmerzliche Erfahrungen der Vergangenheit« und der Prozess der Konstitutionalisierung Europas*, Berlin 2008, S. 95-114, hier S. 109; sowie ders., »Die Legitimationskrise der Weltgesellschaft«, in: Mathias Albert, Rudolf Stichweh (Hg.), *Weltstaat und Weltstaatlichkeit*, Wiesbaden 2007, S. 63-107, hier S. 77. Brunkhorst schreibt hier den Begriff des europäischen Verfassungsgerichtsver-

bund als »Ordnungsidee« (Eberhard Schmidt-Aßmann[29]) wird in den unterschiedlichsten Zusammenhängen verwendet; man denke nur an die im *Maastricht*-Urteil geprägte und im *Lissabon*-Urteil wiederholte Wortschöpfung von der Europäischen Union als einem »Staatenverbund«[30] oder an den bisweilen verwendeten Begriff des (europäischen) Verfassungsverbundes.[31] Der Verbundbegriff hilft, Funktionsweisen eines komplexen Mehrebenensystems zu beschreiben, ohne dass damit schon die genauen Techniken des Zusammenspiels festgelegt wären. Dabei ermöglicht er den Verzicht auf stark vereinfachende Bilder wie »Gleichordnung versus Über- und Unterordnung«. Stattdessen eröffnet er die differenzierte Umschreibung anhand unterschiedlicher Ordnungsgesichtspunkte wie Einheit, Differenz und Vielfalt, Homogenität und Pluralität, Abgrenzung, Zusammenspiel und Verschränkung. Im Gedanken des Verbundes sind Eigenständigkeit, Rücksichtnahme und Fähigkeit zu gemeinsamem Handeln gleichermaßen angelegt. Im Folgenden soll deshalb von einem »europäischen Verfassungsgerichtsverbund« die Rede sein, dessen Funktionsweisen und Strukturen anhand der drei vorgestellten Institutionen näher betrachtet werden.

Dabei gilt es, den Fokus auf die verschiedenen in diesem Verbund zur Anwendung kommenden legislativen und judikativen Abstimmungsinstrumente zu richten, die man auch als Verbundtechniken bezeichnen kann. Zunächst wird der Menschenrechtsdialog zwischen BVerfG und EGMR beleuchtet, bevor das

bundes Udo Di Fabio zu. Dieser spricht aber lediglich von der »Kooperation der Verfassungsgerichte im überstaatlichen Verbund«, vgl. Udo Di Fabio, *Der Verfassungsstaat in der Weltgesellschaft*, Tübingen 2001, S. 78.

29 Vgl. Eberhard Schmidt-Aßmann, »Einleitung: Der Europäische Verwaltungsverbund und die Rolle des Europäischen Verwaltungsrechts«, in: ders., Bettina Schöndorf-Haubold (Hg.), *Der Europäische Verwaltungsverbund*, Tübingen 2005, S. 1-24, hier S. 7; siehe auch ders., *Das allgemeine Verwaltungsrecht als Ordnungsidee*, Berlin u. a. ²2004, S. 1 f.

30 BVerfGE 89, 155 (188 ff.), in Anlehnung an Paul Kirchhof, »Der deutsche Staat in der europäischen Integration«, in: Josef Isensee, Paul Kirchhof (Hg.), *Handbuch des Staatsrechts der Bundesrepublik Deutschland*, Bd. VII, Heidelberg 1992, § 183, Rn. 38; BVerfGE 123, 267.

31 Vgl. Ingolf Pernice, »Der Europäische Verfassungsverbund auf dem Wege der Konsolidierung«, in: *JöR n. F.* 48 (2000), S. 205-232; ders., *Das Verhältnis europäischer zu nationalen Gerichten im europäischen Verfassungsverbund*, Berlin 2006; vgl. auch Peter M. Huber, »Europäisches und nationales Verfassungsrecht«, in: *VVDStRL* 60 (2001), S. 194-245, hier S. 199.

Zusammenspiel zwischen BVerfG und EuGH im Rahmen der europäischen Integration betrachtet wird. Dies soll abschließend zur Idee eines umfassenden, dynamischen Verbundes der nationalen, supranationalen und internationalen Verfassungsgerichte im europäischen Verfassungsraum führen.

C. BVerfG und EGMR im internationalen Verfassungsgerichtsverbund

I. Die Völkerrechtsfreundlichkeit des Grundgesetzes

Das Verhältnis zwischen BVerfG und EGMR steht aus verfassungsrechtlicher Perspektive unter dem Leitprinzip der Völkerrechtsfreundlichkeit des Grundgesetzes, das die Ausübung der staatlichen Souveränität mit dem Gedanken der internationalen Zusammenarbeit verbindet. Das daraus folgende Gebot der völkerrechtsfreundlichen Auslegung des nationalen Rechts prägt den fruchtbaren Menschenrechtsdialog mit dem Straßburger Gerichtshof.

Dieser internationale Verfassungsgerichtsverbund wird sowohl durch formelle als auch durch materielle Verbundtechniken bestimmt. Als formelle Verbundtechniken lassen sich die im Verhältnis der beiden Gerichte bestehenden Zuständigkeits- und Subsidiaritätsregelungen einstufen. Gegen Akte der deutschen öffentlichen Gewalt ist grundsätzlich sowohl die Verfassungsbeschwerde nach dem Grundgesetz als auch die Individualbeschwerde nach der EMRK möglich, so dass a priori eine parallele Zuständigkeit der beiden Gerichte besteht. Gleichwohl kann es zwischen ihnen im Hinblick auf das Erfordernis der Rechtswegerschöpfung vor Anrufung des Straßburger Gerichtshofs einerseits sowie wegen der unterschiedlichen Prüfungs- und Entscheidungsmaßstäbe andererseits von vornherein nicht zu echten Kompetenzkonflikten kommen. Das BVerfG prüft Verfassungsbeschwerden gegen Akte der deutschen öffentlichen Gewalt letztverbindlich am Maßstab des Grundgesetzes. Demgegenüber stellt der EGMR das Vorliegen beziehungsweise Nichtvorliegen einer Konventionsverletzung allein am Maßstab der EMRK fest. Ungeachtet dieses unterschiedlichen normativen Bezugsrahmens – staatliche Verfassung einerseits, völkerrechtlicher Vertrag andererseits – sind BVerfG und EGMR funktionell vergleichbare Rechtsprechungsinstitutionen, die über eng verwandte – teils parallele, teils komplementäre – Grundrechtskataloge judizieren.[32]

II. Die materiell-rechtliche Sicherung der Rechtsprechungskohärenz

Inhaltliche Divergenzen zwischen den Entscheidungen beider Gerichte sind dabei selbstverständlich nicht ausgeschlossen. Sie sind – bei Lichte betrachtet – aber ausgesprochen selten, da der interne Grundrechtsschutz in Deutschland regelmäßig kaum Anlässe für Menschenrechtsverstöße bietet, die nicht schon zuvor auf nationaler Ebene bewältigt wurden. Die wenigen Fälle, in denen der Straßburger Gerichtshof einen vom BVerfG zuvor als grundgesetzkonform angesehenen Hoheitsakt als konventionswidrig beanstandet hat, haben gerade wegen ihres singulären Charakters Aufmerksamkeit erregt. Dabei handelt es sich im Wesentlichen um die baden-württembergische Feuerwehrabgabe,[33] die Entlassung einer Lehrerin wegen ihrer Tätigkeit für die DKP[34] und die Beschwerde der Caroline von Hannover wegen nicht hinreichenden Schutzes ihres Privatlebens.[35,36] Des Weiteren wurde Deutschland gelegentlich wegen überlanger Verfahrensdauer gerügt.[37]

Mit welchen materiellen Verbundstrategien gelingt es den beiden Verfassungsgerichten nun, ihre judikativen Funktionsbereiche voneinander abzuschichten? Hier ist in erster Linie das Bemühen beider Gerichte um die Sicherstellung einer inhaltlichen Rechtsprechungskohärenz[38] durch wechselseitige Abstimmung und Homo-

32 Vgl. im Einzelnen Rainer Grote u. a. (Hg.), *EMRK/GG. Konkordanzkommentar*, Tübingen 2006.

33 EGMR, Urt. v. 18.7.1994 – Az. 13580/88 (*Schmidt*).

34 EGMR, Urt. v. 26.9.1995 – Az. 17851/91 (*Vogt*).

35 EGMR, Urt. v. 24.6.2004 – Az. 59320/00 (*Caroline von Hannover*).

36 Vgl. des Weiteren den Fall Magnus Gäfgen, in dem der EGMR die Drohung mit Folter als unmenschliche und damit gegen Art. 3 EMRK verstoßende Behandlung einstuft, der Beschwerde jedoch im Ergebnis nicht stattgibt: EGMR, Urt. v. 10.4.2007 – Az. 22978/05 (*Gäfgen*).

37 Vgl. etwa EGMR, Urt. v. 9.10.2008 – Az. 10732/05 (*Bahnk*); EGMR, Urt. v. 5.10.2006 – Az. 66491/01 (*Grässer*); EGMR, Urt. v. 8.1.2004 – Az. 47169/99 (*Voggenreiter*).

38 Zum Kohärenzgedanken eingehend Wolfgang Hoffmann-Riem, »Kohärenz der

genisierung zu nennen. So konnten die bereits eingetretenen punktuellen Konflikte entweder durch eine Gesetzesänderung oder eben dadurch beigelegt werden, dass sich das BVerfG – ganz im Sinne des Primats der Völkerrechtsfreundlichkeit – der Rechtsprechung des EGMR angeschlossen hat.[39] In den allermeisten Fällen gelang es der Straßburger und der Karlsruher Gerichtsbarkeit, potentielle Kollisionen bereits im Vorfeld zu entschärfen beziehungsweise gar nicht erst aufkommen zu lassen. Das BVerfG trägt zu einer weitgehenden Harmonisierung dadurch bei, dass es den Konventionstext und die Rechtsprechung des EGMR auf der Ebene des Verfassungsrechts als »Auslegungshilfen« für die Bestimmung von Inhalt und Reichweite der Grundrechte und rechtsstaatlichen Garantien des Grundgesetzes heranzieht.[40] Die Grundsatzentscheidungen des EGMR entfalten auf diese Weise eine spezifische Präzedenzwirkung sowie eine normative Leit- und Orientierungsfunktion.[41]

Umgekehrt hat der Straßburger Gerichtshof mit seiner behutsamen Rechtsprechung einen gemeineuropäischen Grundrechtsstandard geformt, der sich nicht zuletzt aus der Rechtsprechung der einzelstaatlichen Verfassungsgerichte speist. Seine gewachsene und mittlerweile hochentwickelte Judikatur zeugt von einer die Rechtsordnungen übergreifenden inhaltlichen Kohärenz, welche

Anwendung europäischer und nationaler Grundrechte«, in: *EuGRZ* (2002), S. 473-483.

39 Vgl. etwa BVerfGE 92, 91: Aufgabe der bisherigen Rspr. zur Feuerwehrabgabe im Nachgang zur Straßburger Entscheidung; dazu Stefan Mückl, »Kooperation oder Konfrontation? Das Verhältnis zwischen Bundesverfassungsgericht und Europäischem Gerichtshof für Menschenrechte«, in: *Der Staat* 44 (2005), S. 403-431, hier S. 406 ff. und S. 425; vgl. weiter BVerfGE 120, 180: verfassungsrechtliche Billigung des geänderten »Schutzkonzepts« des BGH; dazu Wolfgang Hoffmann-Riem, »Die Caroline II-Entscheidung des BVerfG«, in: *NJW* (2009), S. 20-26; zum Ganzen auch Udo Steiner, »Zum Kooperationsverhältnis von Bundesverfassungsgericht und Europäischem Gerichtshof für Menschenrechte«, in: Steffen Detterbeck u. a. (Hg.), *Recht als Medium der Staatlichkeit. Festschrift für Herbert Bethge zum 70. Geburtstag*, Berlin 2009, S. 669-684.

40 So bereits – unter Bezugnahme auf BVerfGE 35, 311 (320) – BVerfGE 74, 358 (370); BVerfGE 82, 106 (120), jeweils zur Unschuldsvermutung nach Art. 6 Abs. 2 EMRK.

41 So treffend Hans-Jürgen Papier, »Umsetzung und Wirkung der Entscheidungen des Europäischen Gerichtshofs für Menschenrechte aus der Perspektive der nationalen deutschen Gerichte«, in: *EuGRZ* (2006), S. 1-3, hier S. 1; vgl. bereits BVerwGE 110, 203 (210): »normative Leitfunktion«.

gleichermaßen einheitliche wie angemessene Lösungen ermöglicht. So konnte etwa die Große Kammer des Gerichtshofs in ihrer Entscheidung zur Enteignung vererbten Bodenreformlands eine Verletzung der Eigentumsfreiheit im Einklang mit der Rechtsprechung des BVerfG und entgegen einer früheren Straßburger Kammerentscheidung verneinen.[42]

III. Die prozessuale Kohärenzsteuerung

Neben dieser materiell-rechtlichen Kohärenzsicherung setzen beide Seiten auch prozessuale Mittel für eine kohärenzorientierte Rechtsprechung ein. Der EGMR belässt den Vertragsstaaten die nötigen Beurteilungsspielräume, indem er es den nationalen Gerichten überantwortet, seine Entscheidungen in die differenzierte Kasuistik des jeweils betroffenen Teilbereichs der staatlichen Rechtsordnung einzupassen.[43] Aus verfassungsrechtlicher Sicht erfolgt dies unter der Ägide der Völkerrechtsoffenheit der deutschen Rechtsordnung, wie es das BVerfG in seiner grundlegenden Entscheidung zum Sorgerechtsfall Görgülü[44] postuliert hat. Darin erhebt das BVerfG die EMRK trotz ihres Ranges als einfaches Bundesgesetz mittelbar[45] zum verfassungsrechtlichen Prüfungsmaßstab, indem nicht nur die Vertragsstaaten als Völkerrechtssubjekte, sondern alle staatlichen Behörden und Gerichte an die Konvention gebunden werden. Die der Völkerrechtsfreundlichkeit des Grundgesetzes entspringende Obliegenheit staatlicher Organe, die deutschen Grundrechte unter Berücksichtigung der Ausstrahlungswirkung der EMRK und im Einklang mit der Straßburger Rechtsprechung auszulegen, wird zur

42 EGMR, Urt. v. 22.1.2004 – Az. 46720/99 (*Jahn u. a. v. Deutschland*); EGMR, Urt. v. 22.3.2005 – Az. 71916/01 (*von Maltzan u. a. v. Deutschland*).

43 Vgl. z. B. EGMR, Urt. v. 29.11.1991 – Az. 12849/87 (*Vermeire v. Belgien*); EGMR, Urt. v. 20.9.1994 – Az. 13470/87 (*Otto-Preminger-Institut v. Österreich*).

44 BVerfGE 111, 307; vgl. dazu statt vieler Ekkehart Klein, »Anmerkung zu: BVerfG, Beschl. v. 14.10.2004 – 2 BvR 1481/04 – Zur Bindungswirkung von Entscheidungen des EGMR«, in: *JZ* (2004), S. 1176-1178; Jens Meyer-Ladewig, Herbert Petzold, »Die Bindung deutscher Gerichte an Urteile des EGMR«, in: *NJW* (2005), S. 15-20.

45 Zugleich wird die ständige Rechtsprechung bestätigt, wonach die EMRK keinen unmittelbaren Prüfungsmaßstab im Verfassungsbeschwerdeverfahren darstellt, vgl. BVerfGE 111, 307 (317); aus der früheren Rechtsprechung BVerfGE 10, 271 (274); 34, 284 (395); 40, 126 (149); 74, 102 (128); 82, 106 (120); 83, 119 (128).

verfassungsrechtlichen Pflicht. Deren Missachtung kann im Wege der Verfassungsbeschwerde gegen deutsche Hoheitsakte unter Berufung auf das Rechtsstaatsprinzip in Verbindung mit dem jeweiligen Grundrecht gerügt werden. Mit dieser äußerst wirksamen Hebeltechnik zum Schutz der Einhaltung der Konventionsgarantien steht das BVerfG gleichsam »mittelbar im Dienst der Durchsetzung des Völkerrechts«.[46]

D. BVerfG und EuGH im supranationalen Verfassungsgerichtsverbund

I. Die Europarechtsfreundlichkeit des Grundgesetzes

Parallel zur Völkerrechtsfreundlichkeit des Dialogs zwischen BVerfG und EGMR kann man den supranationalen Verfassungsgerichtsverbund zwischen BVerfG und EuGH unter die Leitidee der Europarechtsfreundlichkeit des Grundgesetzes stellen. Diese junge Argumentationsfigur wurde vom BVerfG im Rahmen der *Lissabon*-Entscheidung aus der Taufe gehoben.[47] Mag sie auch strukturell anders als die Völkerrechtsfreundlichkeit konzipiert sein, sind die beiden Prinzipien doch inhaltlich und funktional durchaus vergleichbar: Das Grundgesetz ist ausweislich seiner Präambel sowie seines Art. 23 eine europarechtsfreundliche Verfassung, welche die Mitwirkung an der europäischen Integration und der internationalen Friedensordnung gebietet, in deren Dienst alle Verfassungsorgane einschließlich des BVerfG stehen.

Wie viel Direktionskraft dem Postulat der Europarechtsfreundlichkeit im Einzelfall innewohnt, lässt sich heute noch nicht ganz absehen. Denkt man an das vom BVerfG entwickelte Prinzip der Bundestreue[48] oder auf europäischer Ebene an den vom EuGH kreierten Grundsatz des *effet utile*,[49] dann dürfte sein Potential nicht zu unterschätzen sein. Jedenfalls entzieht er denjenigen

46 BVerfGE 111, 307 (328 f.).

47 BVerfGE 123, 267.

48 Näher Hartmut Bauer, *Die Bundestreue*, Tübingen 1992.

49 Vgl. dazu Sibylle Seyr, *Der* effet utile *in der Rechtsprechung des Europäischen Gerichtshofs*, Berlin 2008; Michael Potacs, »Effet utile als Auslegungsgrundsatz«, in: *EuR* (2009), S. 465-487.

Stimmen den Boden, die das Verhältnis zwischen BVerfG und EuGH mit oft martialischem Vokabular und Duktus als ein angeblich höchst spannungsgeladenes und intrikates beschreiben. Ein Macht- oder Konkurrenzkampf zwischen BVerfG und EuGH stand nicht und steht nicht zur Debatte. Wer gleichwohl von »drohenden Justizkonflikten«,[50] »Krieg der Richter«[51] oder »Karlsruher Totalaufsicht«[52] spricht, verkennt bereits im Ansatz, dass es im Verhältnis zwischen EuGH und BVerfG nicht um Über- oder Unterordnung geht, sondern um eine angemessene Verantwortungsteilung und Zuordnung in einem komplexen Mehrebenenverbund.[53]

Dies zu gewährleisten, ist schon wegen des unterschiedlichen Rechtsprechungsauftrags der beiden Gerichte keine leichte Aufgabe. Während das BVerfG den europäischen Integrationsprozess aus verfassungsrechtlicher Sicht begleitet, nimmt der EuGH seine Prüfung allein am Maßstab des Gemeinschaftsrechts vor, ohne Fragen der Auslegung nationalen Rechts zu beantworten. Angesichts dieser unterschiedlichen Zuständigkeiten und Prüfungsmaßstäbe sind auch die theoretischen Grundannahmen der beiden Gerichte zur Verzahnung der nationalen mit der europäischen Rechtsordnung bis heute nicht deckungsgleich.[54] Im Folgenden wird exemplarisch aufgezeigt, mit welchen Verbundstrategien die beiden europäischen Verfassungsgerichte gleichwohl zu überzeugenden Lösungen gelangen.

50 »Drohender Justizkonflikt«, in: *Der Spiegel* v. 10. 8. 2009, S. 15.

51 Maximilian Steinbeis, »Droht ein ›Krieg der Richter‹?«, ⟨www.deutschlandfunk.de/droht-ein-krieg-der-richter.724.de.html?dram:article_id=99555⟩, letzter Zugriff 29. 1. 2021; vgl. auch Oppermann, »Den Musterknaben ins Bremserhäuschen!«, S. 473-474, hier S. 473: »Fehdehandschuh«.

52 Christian Calliess, »Unter Karlsruher Totalaufsicht«, ⟨www.faz.net/aktuell/politik/staat-und-recht/gastbeitrag-unter-karlsruher-totalaufsicht-1845469.html⟩, letzter Zugriff 29. 1. 2021.

53 Ferdinand Kirchhof, »Die Kooperation zwischen Bundesverfassungsgericht und Europäischem Gerichtshof – Addierung oder Optimierung des Grundrechtsschutzes?«, in: Matthias Herdegen u. a. (Hg.), *Staatsrecht und Politik. Festschrift für Roman Herzog zum 75. Geburtstag*, München 2009, S. 155-172.

54 Überblick bei Rudolf Streinz, *Europarecht*, Heidelberg, München [8]2008, Rn. 190 ff.

II. Der Vorrang des Gemeinschaftsrechts

Den Ausgangspunkt bilden die Besonderheiten des hohen Integrationsgrades der Europäischen Union, die mit dem Begriff der Supranationalität weiterhin treffend umschrieben werden.[55] Als deren Kriterien und Kennzeichen seien nur die Eigenständigkeit des Gemeinschaftsrechts und dessen unmittelbare Geltung in den Mitgliedstaaten ohne Dazwischentreten eines nationalen Bestätigungsaktes hervorgehoben.[56] Angesichts der unmittelbaren Wirksamkeit des Gemeinschaftsrechts sind Kollisionen zwischen diesem und dem innerstaatlichen Recht naturgemäß nicht ausgeschlossen. Über die grundsätzliche Behandlung des Verhältnisses zwischen den beiden Ebenen besteht in der europäischen und nationalen Rechtsprechung sowie in der Wissenschaft ungeachtet unterschiedlicher dogmatischer Begründungen Einigkeit: Dem Gemeinschaftsrecht kommt Vorrang vor dem nationalen Recht zu, wie dies in der Erklärung Nr. 17 zum Vertrag von Lissabon deklaratorisch bekräftigt wurde.[57]

Der EuGH vertritt seit seiner Grundsatzentscheidung im Fall *Costa v. E.N.E.L.* einen Vorrang des Gemeinschaftsrechts vor jeder innerstaatlichen Rechtsnorm kraft Eigenständigkeit.[58] Als Argument für einen absoluten Vorrang des Gemeinschaftsrechts wird neben dem autonomen Charakter der Gemeinschaftsrechtsordnung insbesondere die Notwendigkeit der einheitlichen Anwendung des Gemeinschaftsrechts in den Mitgliedstaaten zur Sicherung der Funktionsfähigkeit der Gemeinschaftsrechtsordnung genannt. Die Gewährleistung der Rechtseinheit ist Aufgabe des EuGH, dem hierfür die grundsätzliche Letztentscheidungskompe-

55 Vgl. ebd., Rn. 126 ff., m. w. N.; auch das BVerfG spricht bereits in einer frühen Entscheidung von der »supranationalen« öffentlichen Gewalt der damaligen Europäischen Wirtschaftsgemeinschaft, vgl. BVerfGE 22, 293 (295 ff.).

56 Hierzu grundlegend EuGH, Urt. v. 5. 2. 1963 – C-26/62, ECLI:EU:C:1963:1 (*van Gend en Loos v. Administratie der Belastingen*).

57 Vgl. BVerfGE 123, 267 (299).

58 Grundlegend EuGH, Urt. v. 5. 7. 1964 – C-6/64, ECLI:EU:C:1964:66 (*Costa v. E.N.E.L.*); vgl. weiter EuGH, Urt. v. 17. 12. 1970 – C-11/70, ECLI:EU:C:1970:114 (*Internationale Handelsgesellschaft v. Einfuhr- und Vorratsstelle für Getreide und Futtermittel*); EuGH, Urt. v. 9. 3. 1978 – C-106/77, ECLI:EU:C:1978:49 (*Amministrazione delle Finanze dello Stato v. Simmenthal*).

tenz zukommt.[59] Dies wird durch das ausgesprochen erfolgreiche, in Art. 267 AEUV kodifizierte Verbundinstrument des Rechtsprechungsdialogs mittels der Vorlagerechte und Vorlagepflichten der nationalen Gerichte sichergestellt.[60]

Das BVerfG hat den Vorrang des Gemeinschaftsrechts aus verfassungsrechtlicher Perspektive im Grundsatz anerkannt.[61] Aus deutscher Sicht – ebenso wie aus der anderer Mitgliedstaaten[62] – ist dieser Vorrang allerdings weder ein absoluter noch ein genuin gemeinschaftsrechtlicher, sondern ein verfassungsrechtlich verankerter und damit auch verfassungsrechtlich begrenzter. Nach der – zuletzt im *Lissabon*-Urteil bestätigten[63] – Rechtsprechung des BVerfG gilt der Anwendungsvorrang des Gemeinschaftsrechts kraft verfassungsrechtlicher Ermächtigung, also kraft der Brückenfunktion des deutschen Zustimmungsgesetzes.[64] Der im Zustimmungsgesetz enthaltene innerstaatliche Rechtsanwendungsbefehl ist Grund, das darin akzeptierte Integrationsprogramm aber auch Grenze für die Geltung des Gemeinschaftsrechts in Deutschland. Welcher Kooperations- und Koordinationsstrategien bedient sich nun das BVerfG zur Sicherung eines adäquaten Grundrechtsschutzes in der Europäischen Union und zum Schutz der integrationsfesten mitgliedstaatlichen Verfassungsidentität? Neben der für den Grundrechtsschutz entwickelten »Solange-Technik« des Ausübungsverzichts gilt es,

59 Vgl. Vassilios Skouris, »Stellung und Bedeutung des Vorabentscheidungsverfahrens im europäischen Rechtsschutzsystem«, in: *EuGRZ* (2008), S. 343-349.

60 Zusammenstellung über die Vorlagen der nationalen Verfassungsgerichte bei Generalanwältin Juliane Kokott, Schlussanträge v. 2. 7. 2009 in der Rs. 169/08, ECLI:EU:C:2009:420 (*Presidente del Consiglio dei Ministri v. Regione autonoma della Sardegna*) mit der Würdigung der Vorlage des italienischen Corte Costituzionale als Bestandteil eines »aktiven Kooperationsverhältnisses«.

61 Grundlegend hierzu Rudolf Streinz, *Bundesverfassungsgerichtlicher Grundrechtsschutz und Europäisches Gemeinschaftsrecht*, Baden-Baden 1989.

62 Vgl. dazu Rudolf Streinz, »Verfassungsvorbehalte gegenüber Gemeinschaftsrecht – eine deutsche Besonderheit?«, in: Hans-Joachim Cremer u. a. (Hg.), *Tradition und Weltoffenheit des Rechts. Festschrift für Helmut Steinberger*, Berlin 2002, S. 1437-1468, hier S. 1456 ff.; vgl. auch Peter M. Huber, »Vergleich«, in: Armin von Bogdandy u. a. (Hg.), *Handbuch Ius Publicum Europaeum*, Bd. II: *Offene Staatlichkeit – Wissenschaft vom Verfassungsrecht*, Heidelberg 2008, § 26, Rn. 34 ff.; Paul Kirchhof, »Das Grundgesetz – ein oft verkannter Glücksfall«, in: *DVBl.* (2009), S. 541-552, hier S. 543 f.

63 BVerfGE 123, 267 (396 ff.).

64 Vgl. hierzu insb. BVerfGE 73, 339 (374 f.).

die bei der Übertragung von Hoheitsrechten zu beachtende Ultra-vires- und Identitätskontrolle näher zu betrachten.

III. Der adäquate Grundrechtsschutz in der Europäischen Union

Von Beginn an hat das BVerfG eine Lanze für die Gewährleistung eines adäquaten Grundrechtsschutzes auch in der Europäischen Gemeinschaft gebrochen. In seiner *Solange-I*-Entscheidung aus dem Jahr 1974[65] hatte sich das BVerfG noch vorbehalten, Gemeinschaftsrecht an den Vorgaben des Grundgesetzes zu messen, solange die Europäische Gemeinschaft nicht über einen dem Grundgesetz adäquaten Grundrechtskatalog verfügt. Der EuGH hat diese Herausforderung angenommen und den Grundrechtsschutz seit Anfang der 1970er Jahre konsequent ausgebaut.[66] Bei der Konturierung der Grundrechte als allgemeine Rechtsgrundsätze des Gemeinschaftsrechts hat er sich insbesondere, wie in Art. 6 Abs. 3 EUV ausdrücklich vorgesehen, an der EMRK sowie den gemeinsamen Verfassungsüberlieferungen der Mitgliedstaaten als Rechtserkenntnisquellen orientiert.

Unter dem Eindruck dieser Grundrechtsjudikatur sah das BVerfG im *Solange-II*-Beschluss aus dem Jahr 1986 seine frühere Forderung aus der *Solange-I*-Entscheidung als in der Sache erfüllt an. Zwar hat es nicht den prinzipiellen Anspruch aufgegeben, Gemeinschaftsrechtsakte auf ihre Grundrechtskonformität hin zu überprüfen. Es übt jedoch seine Gerichtsbarkeit nicht mehr aus, weil und solange im Hoheitsbereich der Europäischen Gemeinschaften ein dem Standard des Grundgesetzes im Wesentlichen vergleichbarer Grundrechtsschutz gewährleistet ist.[67] Diese Recht-

65 BVerfGE 37, 271.

66 Grundlegend EuGH, Urt. v. 12. 11. 1969 – C-29/69, ECLI:EU:C:1969 (*Stauder v. Ulm*); weiter EuGH, Urt. v. 17. 12. 1970 – C-11/70, ECLI:EU:C:1970:114 (*Internationale Handelsgesellschaft v. Einfuhr- und Vorratsstelle für Getreide und Futtermittel*); und EuGH, Urt. v. 14. 5. 1974 – C-4/73, ECLI:EU:C:1974:51 (*Nold v. Kommision*); vgl. Jürgen Schwarze, »Der Schutz der Grundrechte durch den EuGH«, in: *NJW* (2005), S. 3459-3466.

67 BVerfGE 73, 339 (376, 387); aus der unüberschaubaren Literatur über »Solange« und die Folgen vgl. exemplarisch Christian Tomuschat, »Aller guten Dinge sind III?«, in: *EuR* (1990), S. 340-361.

sprechung hat das BVerfG im *Maastricht*-Urteil aus dem Jahr 1993[68] sowie dem *Bananenmarkt*-Beschluss aus dem Jahr 2000[69] bruchlos fortgeführt und zuletzt in seinem »Jawort« zum Lissabon-Vertrag[70] erneut bestätigt.

Was dies für die gerichtliche Praxis bedeutet, wird insbesondere in der prozessualen Lösung des *Bananenmarkt*-Beschlusses deutlich. Verfassungsbeschwerden und Richtervorlagen sind danach von vornherein unzulässig, wenn ihre Begründung nicht darlegt, dass die europäische Rechtsentwicklung generell unter den unabdingbar gebotenen Grundrechtsstandard abgesunken ist. Die Bindung der Europäischen Union an die Grundrechte gemäß Art. 6 Abs. 3 EUV sowie die fortdauernden Bestrebungen um einen Ausbau des europäischen Grundrechtsschutzes lassen es unwahrscheinlich erscheinen, dass diese Zulässigkeitshürde je genommen werden könnte. Vor diesem Hintergrund ist die dem BVerfG theoretisch[71] noch zukommende Reservekompetenz dann auch nicht als Drohung gegenüber dem EuGH zu verstehen. Vielmehr unterstreicht sie die den modernen demokratischen Verfassungen gemeinsame Erkenntnis der Grundrechtsgebundenheit jeder öffentlichen Gewalt,[72] wie sie nicht zuletzt in der – nach dem *Lissabon*-Vertrag im Primärrecht verankerten – Charta der Grundrechte der Europäischen Union zum Ausdruck kommt.

IV. Die integrationsfeste mitgliedstaatliche Verfassungsidentität

Ist der europäische Grundrechtsschutz so auf den richtigen Weg gebracht, bleibt noch die Frage zu klären, wo im Übrigen die Grenzen der Integrationsermächtigung verlaufen. Eine schlüssige

68 BVerfGE 89, 155 (174 f.).

69 BVerfGE 102, 147 (167); dazu etwa Claus D. Classen, »Anmerkung zu BVerfG, Beschl. v. 7. 6. 2000 – 2 BvL 1/97«, in: *JZ* (2000), S. 1157-1159; Franz C. Mayer, »Grundrechtsschutz gegen europäische Rechtsakte durch das BVerfG«, in: *EuZW* (2000), S. 685-689.

70 BVerfGE, 123, 267 (335).

71 Hierzu zuletzt Peter M. Huber, »Das europäisierte Grundgesetz«, in: *DVBl.* (2009), S. 574-582, hier S. 578, m. w. N.

72 So treffend Jutta Limbach, »Die Kooperation der Gerichte in der zukünftigen europäischen Grundrechtsarchitektur«, in: *EuGRZ* (2000), S. 417-420, hier S. 420.

Antwort auf diese Frage muss zwei Prinzipien zum Ausgangspunkt nehmen, die als verfassungs- und europarechtliche Grundsätze zwei Seiten derselben Medaille bilden: einerseits die Funktionsfähigkeit der Europäischen Union und ihrer Rechtsordnung, die sich das Grundgesetz in Art. 23 selbst auf die Fahnen geschrieben hat, sowie andererseits die durch die Gemeinschaftstreue geforderte Rücksichtnahme auf identitätsbestimmende Verfassungsgrundsätze der Mitgliedstaaten und den so abgesteckten Rahmen der Hoheitsübertragung.[73] Als Korrelat zur Europarechtsfreundlichkeit des Grundgesetzes sieht auch Art. 4 Abs. 2 EUV die Wahrung der nationalen Identität einschließlich der Verfassungsstrukturen der Mitgliedstaaten vor. Zur Konturierung der damit vorgezeichneten Integrationsschranken hat das BVerfG zunächst die Figur des ausbrechenden Rechtsakts kreiert, die im *Lissabon*-Urteil um das Kriterium der integrationsfesten Verfassungsidentität angereichert wurde.[74]

In Anknüpfung an den *Kloppenburg*-Beschluss[75] behielt sich das Gericht im *Maastricht*-Urteil die Prüfung vor, ob Rechtsakte der europäischen Einrichtungen und Organe sich in den Grenzen der ihnen eingeräumten Hoheitsrechte halten oder aus ihnen ausbrechen.[76] Diese mitunter als Warnung an die Adresse des Gerichtshofs interpretierte Aussage hat bei näherer Betrachtung viel von ihrem Schrecken verloren. Zunächst gilt bei der verfassungsgerichtlichen Überprüfung von gemeinschaftsrechtlich relevanten Akten deutscher Staatsgewalt der durch die systemimmanenten Relativierungen des Art. 23 Abs. 1 GG flexibilisierte Kontrollmaßstab. Des Weiteren wird – als Element der Europarechtsfreundlichkeit des Grundgesetzes – die Gerichtsbarkeit über die Anwendbarkeit von abgeleitetem Gemeinschaftsrecht in Deutschland in einem

73 Andreas Voßkuhle, in: Hermann von Mangoldt, Friedrich Klein, Christian Starck (Hg.), *Kommentar GG*, Bd. 3, München [5]2005, Art. 93, Rn. 85.

74 Vgl. dazu Heiko Sauer, »Kompetenz- und Identitätskontrolle von Europarecht nach dem Lissabon-Urteil«, in: *ZRP* (2009), S. 195-198; kritisch: Vassilios Skouris, »Das Verhältnis des EuGH zu den nationalen Verfassungsgerichten«, Festvortrag anlässlich des österreichischen Verfassungstags, Wien 2009, Ms. S. 13 ff.

75 BVerfGE 75, 223 (240 ff.).

76 BVerfGE 89, 155 (188, 209 f.); vgl. auch BVerfG, Beschl. v. 17. 2. 2000 – 2 BvR 1210/98; aus den vielen kritischen Stimmen in der Lit. exemplarisch Manfred Zuleeg, »Die Rolle der rechtsprechenden Gewalt in der europäischen Integration«, in: *JZ* (1994), S. 1-8, hier S. 3 ff.

»Kooperationsverhältnis« zum EuGH ausgeübt.[77] Und schließlich kommt die dem BVerfG vorbehaltene Reservezuständigkeit nur ausnahmsweise in Betracht, wenn Rechtsschutz auf Unionsebene nicht zu erlangen ist.[78]

Breit diskutiert wurde und wird in der Literatur die Frage, wann Unionsakte Anlass zu einer Ultra-vires-Kontrolle geben könnten. In Betracht kommen theoretisch Rechtsakte aller Gemeinschaftsorgane, also neben Rechtsetzungsakten – hier ist etwa die EU-Richtlinie zur Vorratsdatenspeicherung zu nennen[79] – auch Entscheidungen des EuGH. Im Zentrum der Aufmerksamkeit stand dabei immer wieder dessen in methodischer Hinsicht kritisierte Judikatur zur Begründung neuer beziehungsweise Erweiterung bestehender Gemeinschaftskompetenzen,[80] wobei das *Mangold*-Urteil aus dem Jahr 2005 zur Altersdiskriminierung besonders heftiger Kritik ausgesetzt ist.[81] Sowohl die EU-Richtlinie zur Vorratsdatenspeicherung als auch das Nachfolgeverfahren zum Fall Mangold, die Rechtssache »Honeywell«, sind beim BVerfG anhängig.[82] Unabhängig von der aktuellen Diskussion bleibt festzuhalten, dass sich die beiden Senate in den 16 Jahren seit Erlass des *Maastricht*-Urteils noch nie veranlasst sahen, die Feststellung eines aus-

77 BVerfGE 89, 155 (175).

78 BVerfGE 123, 267 (334 f.).

79 Vgl. EuGH, Urt. v. 10. 2. 2009 – C-301/06, ECLI:EU:C:2009:68 (*Irland v. Parlament und Rat*); dazu Spiros Simitis, »Der EuGH und die Vorratsdatenspeicherung oder die verfehlte Kehrtwende bei der Kompetenzregelung«, in: *NJW* (2009), S. 1782-1786.

80 Pointiert etwa Roman Herzog, Lüder Gerken, »Stoppt den Europäischen Gerichtshof«, in: *FAZ* v. 8. 9. 2008, S. 8; Joachim Wieland, »Der EuGH, im Spannungsverhältnis zwischen Rechtsanwendung und Rechtsgestaltung«, in: *NJW* (2009), S. 1841-1845.

81 EuGH, Urt. v. 22. 11. 2005 – C-144/04, ECLI:EU:C:2005:709 (*Mangold v. Helm*). Die Große Kammer des Gerichtshofs stellte fest, dass die Frist zur Umsetzung der einschlägigen EU-Richtlinie in Deutschland noch nicht abgelaufen war, hielt dies aber für unbeachtlich, weil das Verbot der Diskriminierung wegen des Alters als ein im Gleichbehandlungsgrundsatz wurzelnder allgemeiner Rechtsgrundsatz des Gemeinschaftsrechts anzusehen sei. Aus der Vielzahl der Stellungnahmen zum Fall Mangold vgl. exemplarisch Tonio Gas, »Gastkommentar: Mangold und die Folgen«, in: *EuZW* (2007), S. 713; Rudolf Streinz, Christoph Herrmann, »Der Fall Mangold. Eine ›kopernikanische Wende im Europarecht‹?«, in: *RdA* (2007), S. 165-169.

82 Stand 2009. Vgl. nunmehr BVerfGE 126, 286.

brechenden Rechtsakts zu treffen.[83] Zu dieser Harmonie haben alle betroffenen Akteure ihren Beitrag geleistet: Die deutschen Gesetzgebungsorgane haben die Luxemburger Entscheidungen – etwa im Zusammenhang mit dem Zugang von Frauen zum Dienst mit der Waffe in der Bundeswehr[84] – prompt und pflichtgemäß umgesetzt, wobei das BVerfG eine grundrechtsschonende Ausschöpfung der deutschen Umsetzungsspielräume angemahnt hat.[85] Der EuGH hat seinerseits zum konstruktiven Miteinander durch erste Anzeichen eines gewandelten Selbstverständnisses beigetragen, das sich in einer mitunter restriktiveren Interpretation der Gemeinschaftsbefugnisse[86] sowie in einer im Vergleich zur früheren Rechtsprechung zurückhaltenden Grundtendenz bei der Verwirklichung der Grundfreiheiten in den an sich der Kompetenz der Mitgliedstaaten vorbehaltenen Sachbereichen wie etwa der Gesundheitspolitik[87] zeigt.[88] Bei mehreren Gelegenheiten hat der Gerichtshof auf die Identität der Mitgliedstaaten, ihre besonderen Traditionen sowie wichtige Strukturprinzipien ihrer Rechtsordnung Rücksicht genommen, wobei beispielhaft die Anerkennung von mitgliedstaatlichen Beschränkungen der Grundfreiheiten durch den vorrangigen Schutz der Menschenwürde,[89] die Belange der Versammlungs- und

83 Zur erstmaligen Feststellung ausbrechender Rechtsakte durch das BVerfG Andreas Voßkuhle, »Applaus von der ›falschen‹ Seite«, in diesem Band, S. 334-343.

84 Neufassung des Art. 12a Abs. 4 Satz 2 GG durch das Gesetz zur Änderung des GG (Art. 12a) v. 19. 12. 2000, BGBl. I v. 19. 12. 2000, S. 1755.

85 Vgl. BVerfGE 113, 273.

86 So EuGH, Urt. v. 5. 10. 2000 – C-376/98, ECLI:EU:C:2000:544 (*Deutschland v. Parlament und Rat*); anders allerdings EuGH, Urt. v. 12. 12. 2006 – C-380/03, ECLI:EU:C:2006:772 (*Deutschland v. Parlament und Rat*); krit. dazu etwa Josef F. Lindner, »Anmerkung zu EuGH, Urt. v. 12. 12. 2006«, in: *BayVBl* (2007), S. 304-306; Torsten Stein, »Anmerkung zu EuGH, Urt. v. 12. 12. 2006«, in: *EuZW* (2007), S. 54-56.

87 EuGH, Urt. v. 19. 5. 2009 – C-171/07, ECLI:EU:C:2009:316 (*Doc Morris v. Deutschland*); EuGH, Urt. v. 11. 9. 2008 – C-141/07, ECLI:EU:C:2008:492 (*Kommission v. Deutschland*).

88 Vgl. hierzu und zum Folgenden auch Thomas von Danwitz, »Zur Kooperation der Gerichtsbarkeiten in Europa«, Vortrag am Forum Constitutionis Europae v. 22. 10., Berlin 2009, Ms. S. 17 f.

89 EuGH, Urt. v. 14. 10. 2004 – C-36/02, ECLI:EU:C:2004:614 (*Omega v. Bonn*); vgl. dazu Vassilios Skouris, »Vorrang des Europarechts: Verfassungsrechtliche und verfassungsgerichtliche Aspekte«, in: Winfried Kluth (Hg.), *Europäische Integration und nationales Verfassungsrecht*, Baden-Baden 2007, S. 31-46, hier S. 37 ff.

Meinungsfreiheit,[90] der Schutz der nationalen Kultur[91] oder die Bekämpfung der Kriminalität im Glücksspielsektor[92] genannt werden können.

»Notbremse-Verfahren« behalten gerade dann ihre Berechtigung, wenn sie nicht in Anspruch genommen werden müssen. Nicht obwohl, sondern eben weil es noch nie »zum Schwur kam«, konnte das BVerfG im *Lissabon*-Urteil die Ultra-vires-Kontrolle um den Gesichtspunkt der Identitätskontrolle ergänzen, ohne befürchten zu müssen, häufiger in prekäre Konfliktsituationen zu geraten. Die Identitätskontrolle gründet in der Erkenntnis, dass die grundgesetzliche Ermächtigung zur Übertragung von Hoheitsrechten auf die Europäische Union ihre Grenze in dem von Art. 79 Abs. 3 GG geschützten materiellen Identitätskern der Verfassung findet – was für den verfassungsändernden Gesetzgeber unverfügbar ist, muss auch weiterhin integrationsfest sein.

Analog zum Telos der konkreten Normenkontrolle in Art. 100 GG, der den parlamentarischen Gesetzgeber schützt, ist allein das BVerfG zur Prüfung berufen, ob der unantastbare Kerngehalt der Verfassungsidentität des Grundgesetzes nach Art. 23 Abs. 1 in Verbindung mit Art. 79 Abs. 3 GG gewahrt ist.[93] Diese verfassungsrechtlich radizierte Prüfungskompetenz ist zugleich auch europarechtlich untermauert, geht sie doch »Hand in Hand«[94] mit dem Schutz der nationalen Verfassungsidentität und dem Grundsatz der loyalen Zusammenarbeit nach dem EU-Vertrag. Die »Brücke« zwischen dem Unionsrecht und dem innerstaatlichen Recht ist also weiterhin durch das Geländer der fortbestehenden verfassungsrechtlichen Ermächtigung abgesichert. Allerdings wird das BVerfG in der konkreten Ausübung seiner Prüfungskompetenz den Grundsatz der Europarechtsfreundlichkeit des Grundgesetzes beachten und damit der ihm – ebenso wie allen anderen Verfassungsorganen – zukommenden Integrationsverantwortung dauerhaft gerecht werden.

90 EuGH, Urt. v. 12.6.2003 – C-112/00, ECLI:EU:C:2003:333 (*Schmidberger v. Österreich*).

91 EuGH, Urt. v. 18.6.1991 – C-260/89, ECLI:EU:C:1991:254 (*ERT v. DEP*).

92 EuGH, Urt. v. 8.9.2009 – C-42/07, ECLI:EU:C:2009:519 (*Liga Portuguesa de Futebol Profissional und Bwin International Ltd v. Departamento de Jogos da Santa Casa da Misericórdia de Lisboa*).

93 BVerfGE 123, 267 (353); vgl. bereits BVerfGE 113, 273 (296).

94 BVerfGE 123, 267 (354).

E. Die Zukunft des europäischen Verfassungsgerichtsverbundes

Eine Bilanz des Verbundes der drei europäischen Verfassungsgerichte zu ziehen, fällt schon deswegen nicht leicht, weil das Selbstverständnis der Institutionen manchmal prägender als die äußere Schale ihrer Organisation zu sein scheint. Solange sich die kognitive Dissonanz in Grenzen hält, kommt gelegentlichen Abweichungen zwischen Eigen- und Fremdwahrnehmung aber durchaus anregendes Potential zu. Ähnlich wie Sprachen wirken auch Gerichte wie verschieden geschliffene Prismen, die unterschiedliche Rechts- und Weltansichten reflektieren, zugleich aber auch ermöglichen. Bei der gebotenen Vorsicht haben die vorstehenden Ausführungen gleichwohl die Erkenntnis gebracht, dass das BVerfG, der EuGH und der EGMR nicht in voneinander abgeschirmter, sondern in wechselseitig abgestimmter Weise[95] judizieren. Inhaltlich divergierende Entscheidungen hat man dabei nur selten getroffen, wobei gelegentliche Dissonanzen stets produktive Kraft für neue Entwicklungen entfaltet haben.

Manche Beobachter mögen bedauern, dass das BVerfG keine verfassungsrechtliche Solitärstellung mehr einnimmt, weil ihm infolge der fortschreitenden Internationalisierung und Europäisierung nicht mehr die Exklusivität der Prüfung des in Deutschland geltenden Rechts zukommt. Gerade für das BVerfG bietet sich aber die bedeutsame Kompensationsmöglichkeit, im europäischen Mehrebenensystem an der Errichtung einer verbindlichen gemeineuropäischen Verfassungsordnung mit europaweiten Grundrechtsstandards mitzuwirken und dabei auch den Kooperations- und Kohärenzprozess im Rechtsprechungsverbund des EuGH und des EGMR[96] sachkundig zu begleiten. So verstanden führt die ge-

95 Vgl. Hoffmann-Riem, »Kohärenz«, S. 474.

96 Vgl. hierzu Marten Breuer, »Offene Fragen im Verhältnis von EGMR und EuGH«, in: *EuGRZ* (2005), S. 229-234; Andreas Haratsch, »Die Solange-Rechtsprechung des Europäischen Gerichtshofs für Menschenrechte«, in: *ZaöRV* 66 (2006), S. 927-947; Nikolaos Lavranos, »Das Solange-Prinzip von EGMR und EuGH«, in: *EuR* (2006), S. 79-92; Stefanie Schmahl, »Grundrechtsschutz im Dreieck von EU, EMRK und nationalem Verfassungsrecht«, in: Armin Hatje, Martin Nettesheim (Hg.), *Grundrechtsschutz im Dreieck von nationalem, europäischem und internationalem Recht. EuR Beiheft* 1 (2008), S. 7-39.

richtliche Verantwortungsteilung nicht zu einem Abbau, sondern zu einer Verdreifachung des Grundrechtsschutzes im Verbund der Karlsruher, Straßburger und Luxemburger Verfassungsgerichtsbarkeit.

Doch der gelebte europäische Verfassungsgerichtsverbund greift über die drei genannten Akteure weit hinaus. Insbesondere dürfen die Verfassungsgerichte der anderen europäischen Staaten und der mit ihnen gepflegte Gedanken- und Erfahrungsaustausch nicht unerwähnt bleiben. Die mitgliedstaatlichen Verfassungsgerichte kooperieren nicht nur im Verfassungsgerichtsverbund mit dem EuGH und dem EGMR, sondern auch untereinander etwa durch die persönliche Interaktion ihrer Richter[97] sowie insbesondere durch die wechselseitige Rezeption ihrer Judikatur.[98] Die Rechtsprechung der verbundenen Verfassungsgerichte erweist sich damit als ein diskursives Ringen um die »beste Lösung«, so dass der Verfassungsgerichtsverbund schließlich zum »Lernverbund« wird.[99] Diese hier nur angedeutete, sich wechselseitig befruchtende Fortentwicklung der europäischen Verfassungskultur[100] gibt in Bezug auf die europäische Integration durch Verfassungsrecht und Verfassungsrechtsprechung Anlass zu den besten Hoffnungen.

97 Vgl. in dieser Richtung Jutta Limbach, »Globalization of Constitutional Law through Interaction of Judges«, in: *VRÜ* (2008), S. 51-55, hier S. 52 ff.

98 Vgl. aus der jüngeren Rechtsprechung des BVerfG beispielsweise die Bezugnahme auf den Conseil d'État in BVerfGE 118, 79 (96).

99 Vgl. Franz Merli, »Rechtsprechungskonkurrenz zwischen nationalen Verfassungsgerichten, Europäischem Gerichtshof und Europäischem Gerichtshof für Menschenrechte«, in: *VVDStRL* 66 (2007), S. 392-422, hier S. 418; Hoffmann-Riem, »Caroline II-Entscheidung«, S. 26.

100 Zu ihr grundlegend Häberle, *Europäische Verfassungslehre*, S. 6 ff., 460 ff.

Die Integrationsverantwortung des Bundesverfassungsgerichts

A. Das Konzept der Integrationsverantwortung

Ein Schlüsselbegriff[1] für das Gelingen des europäischen Projekts ist die Integrationsverantwortung. Ich freue mich deshalb sehr, dass die Veranstalter des heutigen Symposiums uns dieses Thema zur Aufgabe gestellt haben, zumal das Konzept der Integrationsverantwortung wesentlich vom Zweiten Senat des Bundesverfassungsgerichts in seiner Entscheidung zum *Lissabon*-Vertrag geprägt worden ist[2] und sein Direktionspotential noch weiterer Entfaltung bedarf.

I. Integration

Der Begriff der Integration begegnet uns unter anderem in soziologischen, mathematischen, sprachwissenschaftlichen und psychologischen Kontexten.[3] Für unsere Zwecke genügt es, sich auf die primäre Bedeutung zu konzentrieren, die man mit »(Wieder-)Herstellung einer Einheit (aus Differenziertem)« umschreiben kann. Die europäische Integration darf insofern als »Musterbeispiel« über- und zwischenstaatlicher Integrationsformen gelten. Im engeren Sinne lässt sich darunter der Integrationsprozess verstehen, der nach dem Zweiten Weltkrieg einsetzte und die Friedenssicherung in Europa zum Ziel hatte.[4] Zwar schienen dabei zunächst

1 Zur Funktion von Schlüsselbegriffen vgl. Andreas Voßkuhle, »Neue Verwaltungsrechtswissenschaft«, in: Wolfgang Hoffmann-Riem u. a. (Hg.), *Grundlagen des Verwaltungsrechts*, Bd. I, München [1]2006, § 1, Rn. 40 ff., m. w. N.

2 BVerfGE 123, 267 (2. Leitsatz). Die bereits zum jetzigen Zeitpunkt als uferlos zu bezeichnende Flut an Stellungnahmen in der Literatur dokumentiert, aus welch unterschiedlichen Blickwinkeln das *Lissabon*-Urteil gelesen und interpretiert werden kann, vgl. dazu anschaulich Franz C. Mayer, »Rashomon in Karlsruhe«, in: *NJW* (2010), S. 714-718.

3 Vgl. nur zum Stichwort »Integration« ⟨https://www.duden.de/rechtschreibung/Integration⟩, letzter Zugriff 2. 3. 2021; *Brockhaus-Enzyklopädie*, Bd. 13, Leipzig, Mannheim [21]2006.

4 Vgl. neben Wilfried Loth, *Der Weg nach Europa. Geschichte der europäischen Integration 1939-1957*, Göttingen [3]1996, und Andreas Wirsching, »Europa als Wille

gemeinsame wirtschaftliche Interessen – also eine »wirtschaftliche Integration« – im Vordergrund zu stehen, jedoch diente die Verschränkung ökonomischer Sachverhalte von Anfang an als Scharnier für die Verwirklichung einer politischen Integration.[5] Ungeachtet aller Vielgestaltigkeit der Zielvorstellungen im Hinblick auf ein integriertes Europa lassen sich die diversen Integrationsmodelle dabei auf einen gemeinsamen Nenner bringen: die Burckhardt'sche Idee von Europa als »Einheit in der Vielfalt«, die auch heute noch Grundlage des Europagedankens ist.

II. Verantwortung

Der Terminus der Verantwortung weist zumindest auf den ersten Blick keine vergleichbare europäische Konnotation wie der Begriff der Integration auf. Bekanntlich avancierte das Konzept der Verantwortung erst relativ spät im 20. Jahrhundert zu einer normativen Zuordnungskategorie[6] und erlebte innerhalb der Rechtswissenschaften, besonders im öffentlichen Recht, in vergleichsweise kurzer Zeit eine starke Konjunktur.[7]

1. Elemente der Verantwortung

Den Begriffen der Integration und der Verantwortung ist gemeinsam, dass man auf sie in ganz unterschiedlichen Wissenschaftsgebieten rekurriert und divergierende Vorstellungen mit ihnen verbindet. Ein einheitlicher (verfassungs-)rechtlicher Verantwor-

und Vorstellung«, in: *ZSE* (2006), S. 488-506, auch den Tatbestand des *Lissabon*-Urteils, BVerfGE 123, 267 (272 ff.).

5 Vgl. Hanns J. Küsters, *Die Gründung der Europäischen Wirtschaftsgemeinschaft*, Baden-Baden 1982, S. 55 ff., 79 ff.

6 Zur Verantwortung als einem Schlüsselbegriff der Ethik vgl. Hans Jonas, *Das Prinzip Verantwortung. Versuch einer Ethik für die technologische Zivilisation*, Frankfurt/M. 1979, sowie bereits Max Weber, *Politik als Beruf*, München, Leipzig 1919 (Nachdruck Stuttgart 1992); zum Ganzen instruktiv Kurt Bayertz, »Eine kurze Geschichte der Herkunft der Verantwortung«, in: ders. (Hg.), *Verantwortung. Prinzip oder Problem?*, Darmstadt 1995, S. 3-71.

7 Vgl. hierzu und zum Folgenden Andreas Voßkuhle, »Gesetzgeberische Regelungsstrategien der Verantwortungsteilung zwischen öffentlichem und privatem Sektor«, in: Gunnar F. Schuppert (Hg.), *Jenseits von Privatisierung und »schlankem« Staat*, Baden-Baden 1999, S. 47-90, hier S. 52 ff., m. w. N.

tungsbegriff existiert nicht.[8] Bei näherem Hinsehen lassen sich gleichwohl sechs Elemente herauspräparieren, die als Anknüpfungspunkte einer juristischen Dogmatik die formale Struktur der Verantwortung kennzeichnen. Damit sinnvoll von Verantwortung gesprochen werden kann, bedarf es eines handlungsfähigen Subjekts in Gestalt einer natürlichen oder juristischen Person (1), das aufgrund eines bestimmten Zurechnungstatbestandes (2) für etwas (3) vor einer anderen Instanz einstehen muss (4). Dies ist immer nur dann zumutbar, wenn für den Verantwortlichen weisungsunabhängige Entscheidungsspielräume bestehen (5) und wenn ein Maßstab existiert, an dem er sich bei seinen Handlungen orientieren kann (6). Als Gegenstand beziehungsweise Bezugsobjekt der Verantwortung kommen dabei beispielsweise ein Tun oder Unterlassen, aber auch eine bestimmte Aufgabe in Betracht. Speziell der letztgenannte Aspekt ist gemeint, wenn von »staatlicher Verantwortung«,[9] »Verwaltungsverantwortung«[10] oder eben von der »verfassungsrechtlichen Integrationsverantwortung«[11] die Rede ist.

2. *Verantwortungsteilung*

Verantwortung entfaltet ihre eigentliche Kraft erst durch Teilung. Nicht von ungefähr stand im Mittelpunkt der allgemeinen Verwaltungsreformdiskussion in den 1990er Jahren das Konzept der Verantwortungsteilung.[12] Ging es damals in erster Linie darum, die

8 Jörn A. Kämmerer, *Privatisierung. Typologie – Determinanten – Rechtspraxis – Folgen*, Tübingen 2001, S. 435; vgl. auch Dieter Wilke, »Über Verwaltungsverantwortung«, in: *DÖV* (1975), S. 509-515, hier S. 510 f.; Michael Sachs, »Bürgerverantwortung im demokratischen Verfassungsstaat«, in: *DVBl.* (1995), S. 873-894, hier S. 874 ff.; Horst Dreier, »Verantwortung im demokratischen Verfassungsstaat«, in: Ulfrid Neumann, Lorenz Schulz (Hg.), *Verantwortung in Recht und Moral. ARSP*, Beiheft 74 (2000), S. 9-38, hier S. 12 ff.

9 Peter Saladin, *Verantwortung als Staatsprinzip*, Bern, Stuttgart 1984, S. 99 ff., 112 ff.

10 Rupert Scholz, Eberhard Schmidt-Aßmann, »Verwaltungsverantwortung und Verwaltungsgerichtsbarkeit«, in: *VVDStRL* 34 (1976), S. 146-220, hier S. 149 ff., bzw. S. 221-274, hier S. 229 ff.

11 BVerfGE 123, 267 (352).

12 Vgl. Eberhard Schmidt-Aßmann, »Zur Reform des Verwaltungsrechts«, in: Wolfgang Hoffmann-Riem, ders. (Hg.), *Reform des Allgemeinen Verwaltungsrechts*, Baden-Baden 1993, S. 11-63, hier S. 43 f.; Gunnar F. Schuppert, »Die Erfüllung

Verantwortung für die Erfüllung öffentlicher Aufgaben zwischen dem öffentlichen und dem privaten Sektor aufzuteilen, rückt im vorliegenden Zusammenhang die Verantwortungsteilung zwischen den verschiedenen Akteuren der europäischen Integration in den Blickpunkt. Beiden Konstellationen liegt jedoch die gemeinsame Erkenntnis zugrunde, dass das komplexe Zusammenspiel unterschiedlicher Institutionen, Organe und Personen angesichts sich ständig wandelnder politischer und gesellschaftlicher Rahmenbedingungen eines zumindest heuristischen (dogmatischen) Bezugspunkts bedarf, der dem Handeln eine gemeinsame Orientierung gibt, ohne die Eigenständigkeit und Spezifika der jeweiligen Handlungsbeiträge zu negieren. Vor diesem Hintergrund stellt sich die Europäische Union nicht nur als Wertegemeinschaft dar, sondern auch als Verantwortungsgemeinschaft.

III. Integrationsverantwortung

1. Integrationsverantwortung in der bisherigen Rechtsprechung

Soweit ersichtlich, hat das Bundesverfassungsgericht den Schlüsselbegriff der Integrationsverantwortung zum ersten Mal im *Lissabon*-Urteil verwendet.[13] Als verfassungsrechtliches Konzept ist der Gedanke der kontinuierlichen Verantwortung für einen Integrationsprozess allerdings nicht neu, sondern in eine – zwar jüngere, aber bereits gefestigte[14] – völkerrechtsbezogene Judikatur des Bun-

öffentlicher Aufgaben durch Staat, kommunale Gebietskörperschaften und Private«, in: Jörn Ipsen (Hg.), *Privatisierung öffentlicher Aufgaben*, Köln u. a. 1994, S. 17-36, hier S. 26 ff.; Hans-Heinrich Trute, »Verantwortungsteilung als Schlüsselbegriff eines sich verändernden Verhältnisses von öffentlichem und privatem Sektor«, in: Schuppert (Hg.), *Jenseits von Privatisierung und »schlankem« Staat*, S. 13-45; Wolfgang Hoffmann-Riem, »Verantwortungsteilung als Schlüsselbegriff moderner Staatlichkeit«, in: Paul Kirchhof u. a. (Hg.), *Staaten und Steuern. Festschrift für Klaus Vogel zum 70. Geburtstag*, Heidelberg 2000, S. 47-64; ders., »Gewaltengliederung und Verantwortungsteilung als Ordnungsprinzip«, in: Friedhelm Hufen (Hg.), *Verfassungen. Zwischen Recht und Politik. Festschrift zum 70. Geburtstag für Hans-Peter Schneider*, Baden-Baden 2008, S. 183-196.

13 BVerfGE 123, 267 (2. Leitsatz).

14 Zu der vom Bundesverfassungsgericht verantworteten Pflege des verfassungsrechtlichen »Quellcodes« anhand des Parameters der Stabilität bzw. Kontinuität vgl. Andreas Voßkuhle, »Stabilität, Zukunftsoffenheit und Vielfaltsicherung.

desverfassungsgerichts eingebettet.[15] Das Konzept der Integrationsverantwortung trägt dem Befund Rechnung, dass völkerrechtliche Verträge ein dynamisches Regelungssystem in Gang setzen können, indem sie Vertragsorgane zur sekundären Rechtsetzung ermächtigen beziehungsweise verpflichten oder eine evolutive Auslegung des Vertragstextes legitimieren. Durch die fortdauernde Einbindung des Parlaments in diesen Entwicklungsprozess soll die mangelnde Vorhersehbarkeit derartiger Vertragsentwicklungen zum Zeitpunkt der Ratifikation aufgewogen und eine demokratische Absicherung gewährleistet werden – nur so bleibt die Integration den einzelnen Bürgerinnen und Bürgern auch zurechenbar.

Dementsprechend hat das Bundesverfassungsgericht in seinem Urteil zum Tornado-Einsatz in Afghanistan betont, dass die Zustimmung des Deutschen Bundestags zu einem völkerrechtlichen Vertrag sich nicht in einem einmaligen Mitwirkungsakt anlässlich des Vertragsschlusses erschöpft, sondern vielmehr die dauerhafte Übernahme von Verantwortung für das im Vertrag und im Zustimmungsgesetz festgelegte politische Programm bedeutet.[16] Diese Rechtsprechung hat das Gericht im *AWACS-II*-Urteil bestätigt. Das vom deutschen Zustimmungsgesetz zum NATO-Vertrag festgelegte Integrationsprogramm und die damit einhergehende politische Bindung der Bundesrepublik würden maßgeblich von den Gesetzgebungsorganen mitverantwortet, deren rechtliche und politische Verantwortung sich trotz der Prärogative der Exekutive in Auswärtigen Angelegenheiten auf den weiteren Vertragsvollzug erstrecke.[17]

2. *Integrationsverantwortung im Lissabon-Urteil*

Im *Lissabon*-Urteil hat das Bundesverfassungsgericht diese am völkerrechtlichen Friedensgebot entwickelte Rechtsprechung zu Syste-

Die Pflege des verfassungsrechtlichen ›Quellcodes‹ durch das Bundesverfassungsgericht«, in diesem Band, S. 241-264.

15 BVerfGE 104, 151 (208); 108, 34 (43); 118, 244 (258); 121, 135 (153 f.); vgl. zu dieser Herleitung auch Frank Schorkopf, »Die Europäische Union im Lot«, in: *EuZW* (2009), S. 718-724, hier S. 723. Im *Maastricht*-Urteil ist von einer »politischen Verantwortung für die Einräumung von Hoheitsrechten« die Rede, vgl. BVerfGE 89, 155 (183).

16 BVerfGE 118, 124 (258).

17 BVerfGE 121, 135 (157 f.).

men gegenseitiger kollektiver Sicherheit im Sinne des Art. 24 GG in das europabezogene Außenstaatsrecht eingeführt und auf den europäischen Integrationsprozess nach Art. 23 GG übertragen.[18] Integrationsverantwortung bedeutet danach die dauerhafte und nachhaltige Übernahme von Verantwortung im Rahmen der europäischen Integration, also zunächst bei der Übertragung von Hoheitsrechten und der Ausgestaltung der europäischen Entscheidungsverfahren,[19] des Weiteren aber auch bei der dynamischen Vertragsentwicklung bzw. dem weiteren Verwaltungsvollzug.[20]

Hinsichtlich der Vorgehensweise des Gerichts besteht eine Parallele zu dem gleichfalls im *Lissabon*-Urteil aus der Taufe gehobenen, im Zusammenhang mit der Integrationsverantwortung stehenden Grundsatz der Europarechtsfreundlichkeit des Grundgesetzes, der seine Genese ebenfalls der Übertragung eines in Art. 24 GG verorteten völkerrechtsbezogenen Konzepts auf Art. 23 GG verdankt. Dem verfassungsrechtlichen Prinzip der Völkerrechtsfreundlichkeit steht nunmehr ein eigenständiger, aus der Präambel sowie dem »Europa-Artikel« abgeleiteter Grundsatz der Europarechtsfreundlichkeit zur Seite, der die Mitwirkung Deutschlands an der Verwirklichung eines vereinten Europas nicht nur erlaubt,[21] sondern sogar als Verfassungspflicht gebietet.[22]

Das »Lissabonner« Konzept der Integrationsverantwortung soll das Spannungsverhältnis zwischen den verfassungsrechtlichen Anliegen der Mitwirkung am europäischen Integrationsprozess einerseits und des Schutzes der nationalen Verfassungsidentität andererseits bewältigen. Dementsprechend ist die konzeptionelle

18 Tendenziell zustimmend Christian Calliess, »Das Ringen des Zweiten Senats mit der Europäischen Union«, in: *ZEuS* (2009), S. 559-582, hier S. 560; Matthias Ruffert, »An den Grenzen des Integrationsverfassungsrechts«, in: *DVBl.* (2009), S. 1197-1208, hier S. 1200 f.; kritisch dagegen etwa Armin von Bogdandy, »Prinzipien der Rechtsfortbildung im europäischen Rechtsraum«, in: *NJW* (2010), S. 1-5, hier S. 3; Martin Nettesheim, »Die Integrationsverantwortung – Vorgaben des BVerfG und gesetzgeberische Umsetzung«, in: *NJW* (2010), S. 177-183; ambivalent Matthias Kottmann, Christian Wohlfahrt, »Der gespaltene Wächter?«, in: *ZaöRV* 69 (2009), S. 443-470, hier S. 454 ff.

19 BVerfGE 123, 267 (353).

20 BVerfGE 123, 267 (434).

21 Vgl. in diesem Sinne noch die Formulierung im *Maastricht*-Urteil BVerfGE 89, 155 (182): »zugelassen«.

22 BVerfGE 123, 267 (346 f.).

Integrationsverantwortung als »Verfassungsauftrag« zunächst an die Bundesrepublik Deutschland in ihrer Gesamtheit, als Völkerrechtssubjekt, gerichtet.[23] Die produktive Kraft des Integrationsverantwortungskonzepts liegt darin, die im Einzelfall gegenläufigen Strukturprinzipien der Europarechtsfreundlichkeit nach Art. 23 GG und der integrationsfesten Verfassungsidentität nach Art. 79 Abs. 3 GG im Wege der »praktischen Konkordanz« einem möglichst schonenden Ausgleich zuzuführen. Die Europarechtsfreundlichkeit erscheint zugleich als Konkretisierung der Integrationsverantwortung für den Bereich der Auslegung, also als Argumentationsfigur beziehungsweise dynamisches Optimierungsgebot, um die Integrationsverantwortung mit Leben zu erfüllen. Dabei sollte die Integrationsverantwortung keinesfalls als Einbahnstraße – hin zu mehr oder zu weniger Integration – begriffen werden,[24] sondern als zweispuriges Konzept, bei dem die wohlwollende Begleitung des europäischen Integrationsprozesses und seine rückkoppelnde, identitätswahrende Komponente ineinandergreifen. Die in den Stellungnahmen zum *Lissabon*-Urteil mitunter zu hörenden Antagonismen vom »Motor« und »Bremser« der Integration[25] erscheinen damit endgültig überholt.

3. Subjekte der Integrationsverantwortung

Während die Integrationsverantwortung in der völkerrechtsbezogenen Judikatur des Bundesverfassungsgerichts klar auf die Rolle des Parlaments zugeschnitten war, verfolgte das Gericht im *Lissabon*-Urteil einen wesentlich breiteren Ansatz, der jedem Verfassungsorgan eine nachhaltige, organspezifische Verantwortung im Integrationsprozess zuwies.[26] Auch wenn sich das Gericht – seinem Rechtsprechungsauftrag folgend – auf die mitgliedstaatlichen Ak-

23 BVerfGE 123, 267 (352, 365).

24 In der Literatur wird in diesem Zusammenhang ein »integrationsorientierter Impetus« der Integrationsverantwortung angemahnt, vgl. Ruffert, »An den Grenzen des Integrationsverfassungsrechts«, S. 1200; vgl. außerdem Kottmann/Wohlfahrt, »Der gespaltene Wächter?«, S. 455.

25 Vgl. etwa Thomas Oppermann, »Den Musterknaben ins Bremserhäuschen! – Bundesverfassungsgericht und Lissabon-Vertrag«, in: *EuZW* (2009), S. 473.

26 Vgl. BVerfGE 123, 267 (356): »Den deutschen Verfassungsorganen obliegt eine dauerhafte Integrationsverantwortung.«

teure der Integrationsverantwortung konzentriert hat, sind spiegelbildlich auch die Organe auf europäischer Ebene in den Blick zu nehmen. Dabei möchte ich insbesondere das Europäische Parlament, den Rat, die Kommission und den Gerichtshof der Europäischen Union nennen, die weiterhin – auch nach der Neujustierung des institutionellen Rahmens durch den Vertrag von Lissabon – den institutionellen Kern der Union bilden.[27] Nach Art. 13 Abs. 2 EUV handelt jedes Unionsorgan nach Maßgabe der ihm in den Verträgen zugewiesenen Befugnisse nach den in den Verträgen festgelegten Verfahren, Bedingungen und Zielen. Hierin lässt sich – ebenso wie in der anschließend formulierten Verpflichtung der Organe zur loyalen Zusammenarbeit – die Kodifikation des Gedankens der geteilten Integrationsverantwortung erblicken.

Die europäischen Subjekte der Integrationsverantwortung sind ihrerseits mit den mitgliedstaatlichen Verantwortungsträgern verschränkt. So stehen beispielsweise die Mitwirkung des Europäischen Parlaments am Integrationsprozess und die demokratische Rückkoppelung über die nationalen Parlamente in einem fruchtbaren Ergänzungsverhältnis, das geradezu programmatischen Charakter für die geteilte Integrationsverantwortung in der »Europäischen Verantwortungsunion« aufweist. Dabei kommt nicht etwa allen Akteuren dieselbe Verantwortung zu; vielmehr nimmt jeder Beteiligte in seiner eigenen Weise, mit unterschiedlichen Instrumenten und Funktionsbedingungen und auf verschiedenen Ebenen eine spezifische Verantwortung wahr. In dieser Verantwortungsabschichtung entfaltet das Konzept der Verantwortung seinen eigentlichen Sinn, denn bekanntlich ist jedermanns Verantwortung letztlich niemandes Verantwortung.[28]

B. Die spezifische Integrationsverantwortung des Bundesverfassungsgerichts

Auch das Bundesverfassungsgericht trägt eine zentrale und kontinuierliche Verantwortung für die Erfüllung des Verfassungs-

27 Vgl. Rudolf Streinz u. a., *Der Vertrag von Lissabon zur Reform der EU*, München ³2010, S. 59.

28 Friedrich A. von Hayek, *Die Verfassung der Freiheit*, Tübingen 1971, S. 102.

auftrags zur europäischen Integration.[29] Es übt seine spezifische Integrationsverantwortung sowohl in innerstaatlichen als auch in supranationalen Bezügen im Zusammenwirken mit den übrigen Verantwortungsträgern aus.

I. Die innerstaatliche Verteilung der Integrationsverantwortung

Auf innerstaatlicher Ebene wird das Bundesverfassungsgericht seiner verfassungsrechtlich gebotenen Integrationsverantwortung dadurch gerecht, dass es die anderen Akteure zur Anwendung und Durchsetzung des Europarechts – und damit zur Wahrnehmung ihrer eigenen spezifischen Integrationsverantwortung – ermutigt. An zwei Beispielen, der Verantwortungsteilung mit dem Gesetzgeber einerseits und der Verantwortungsteilung mit den Fachgerichten andererseits, möchte ich diesen Aspekt veranschaulichen.

1. Verantwortungsteilung mit dem Gesetzgeber

Eine wichtige Rolle nimmt die Verantwortungsteilung mit den gesetzgebenden Körperschaften ein, deren Integrationsverantwortung das Bundesverfassungsgericht im *Lissabon*-Urteil besonders angemahnt hat.[30] Neben der Bundesregierung obliegt es demnach dem Bundestag und, soweit die Gesetzgebungsbefugnisse der Länder betroffen sind, dem Bundesrat, ihre besondere Verantwortung bei der Mitwirkung am Integrationsprogramm der Europäischen Union gemäß den Anforderungen des Art. 23 Abs. 1 GG wahrzunehmen. Das Konzept der parlamentarischen Integrationsverant-

29 Vgl. BVerfGE 123, 267 (399). In der Literatur wird die Integrationsverantwortung allerdings bislang nur vereinzelt auf das Bundesverfassungsgericht bezogen, vgl. etwa Pascal Hector, »Zur Integrationsverantwortung des Bundesverfassungsgerichts«, in: *ZEuS* (2009), S. 599-612, hier S. 610 ff.

30 BVerfGE 123, 267 (353); zustimmend etwa Calliess, »Das Ringen des Zweiten Senats mit der Europäischen Union«, S. 560; vgl. auch ders., »Nach dem Lissabon-Urteil des Bundesverfassungsgerichts: Parlamentarische Integrationsverantwortung auf europäischer und nationaler Ebene«, in: *ZG* (2010), S. 1-34; kritisch beispielsweise Kathrin Dingemann, »Zwischen Integrationsverantwortung und Identitätskontrolle«, in: *ZEuS* (2009), S. 491-528, hier S. 519 ff.: »Verhinderungsverantwortung«; Eckhard Pache, »Das Ende der europäischen Integration?«, in: *EuGRZ* (2009), S. 285-298, hier S. 295 f.

wortung sichert die Mitwirkung von Bundestag und Bundesrat nicht nur bei der Fortschreibung der vertraglichen Grundlagen der Europäischen Union. Es fordert diese Organe auch zur politischen Begleitung der Entscheidungen auf, welche die Union in Wahrnehmung der bestehenden Kompetenzen trifft. Die innerstaatliche Verteilung der Integrationsverantwortung stellt damit nicht nur eine Frage des parlamentarischen Selbstverständnisses, sondern auch der demokratischen Legitimation dar.[31] In seinem »Integrationsverantwortungsgesetz« hat der Gesetzgeber die vom Bundesverfassungsgericht entwickelte Begriffsbildung übernommen und die geforderten Änderungen im staatlichen Organgefüge zur Sicherstellung der innerstaatlichen Begleitung des Integrationsprozesses umgesetzt.[32]

2. Verantwortungsteilung mit den Fachgerichten

Des Weiteren wird das Bundesverfassungsgericht seiner Integrationsverantwortung innerstaatlich dadurch gerecht, dass es die Fachgerichte zur Beachtung des Vorrangs des Unionsrechts anhält und europarechtlichen Vorgaben so zum Durchbruch verhilft. Bekanntlich sind die europäische und die nationalen Rechtsordnungen durch die unmittelbare Wirksamkeit des Unionsrechts in den Mitgliedstaaten aufs Engste verzahnt. Zur Gewährleistung der einheitlichen Auslegung und Anwendung des Unionsrechts ist der Gerichtshof der Europäischen Union berufen, der seinem Rechtsprechungsauftrag im Zusammenwirken mit den Gerichten der Mitgliedstaaten nachkommt. Deren Verpflichtung, dem Unionsrecht gemäß dem Grundsatz der loyalen Zusammenarbeit nach Art. 4 Abs. 3 EUV Vorrang vor entgegenstehendem nationalen Recht einzuräumen, wird prozedural durch das ausgespro-

31 Vgl. Heiko Sauer, »Kompetenz- und Identitätskontrolle von Europarecht nach dem Lissabon-Urteil«, in: *ZRP* (2009), S. 195-198, hier S. 198.

32 »Gesetz über die Wahrnehmung der Integrationsverantwortung des Bundestages und des Bundesrates in Angelegenheiten der Europäischen Union«, BGBl. I v. 24. 9. 2009, S. 3022; dazu Nettesheim, »Die Integrationsverantwortung«, S. 177 ff.; Jörg-Uwe Hahn, »Die Mitwirkungsrechte von Bundestag und Bundesrat in EU-Angelegenheiten nach dem neuen Integrationsverantwortungsgesetz«, in: *EuZW* (2009), S. 758-763; Sven Hölscheidt u. a., »Das Integrationsverantwortungsgesetz – ein Kurzkommentar«, in: *ZParl* (2009), S. 758-773.

chen erfolgreiche Vorlageverfahren gemäß Art. 267 AEUV abgesichert.[33]

Auch das Bundesverfassungsgericht steht in diesem fruchtbaren und intensiven Jurisdiktionszusammenspiel nicht abseits. Vielmehr sorgt es dafür, dass die Einhaltung der Vorlagepflicht, deren Verstoß unionsrechtlich regelmäßig nicht sanktioniert wird,[34] einer verfassungsrechtlichen Kontrolle unterliegt. Verletzt ein deutsches Gericht seine Vorlagepflicht in offensichtlich unhaltbarer Weise, verstößt es nicht nur gegen Unionsrecht, sondern zugleich auch gegen deutsches Verfassungsrecht, weil den Verfahrensbeteiligten der von Art. 101 Abs. 1 Satz 2 GG verbürgte gesetzliche Richter vorenthalten wird.[35] Dieser Grundrechtsverstoß kann mittels der Verfassungsbeschwerde vor dem Bundesverfassungsgericht gerügt werden.[36]

II. Die überstaatliche Verteilung der Integrationsverantwortung

1. Integrationsverantwortung im europäischen Verfassungsgerichtsverbund

Wie ich an anderer Stelle bereits ausgeführt habe, nimmt das Bundesverfassungsgericht auf supranationaler Ebene seine Integrationsverantwortung in einem »europäischen Verfassungsgerichtsver-

33 Vgl. nur Vassilios Skouris, »Stellung und Bedeutung des Vorabentscheidungsverfahrens im europäischen Rechtsschutzsystem«, in: *EuGRZ* (2008), S. 343-349.

34 Hinsichtlich des Vorlageverfahrens nach Art. 267 AEUV haben die Parteien keine Initiativrechte, sondern nur Gelegenheit zur Äußerung, vgl. EuGH, Urt. v. 19. 1. 1994 – C-364/92, ECLI:EU:C:1994:7 (*SAT v. Eurocontrol*), Rn. 9. Zwar kann die Kommission beim Verstoß eines letztinstanzlichen Gerichts gegen die Vorlagepflicht ein Vertragsverletzungsverfahren nach Art. 258 AEUV gegen den betreffenden Mitgliedstaat einleiten, jedoch wird diese Möglichkeit sehr zurückhaltend gehandhabt; vgl. hierzu Marten Breuer, »Urteile mitgliedstaatlicher Gerichte als möglicher Gegenstand eines Vertragsverletzungsverfahrens gem. Art. 226 EG?«, in: *EuZW* (2004), S. 199-201; Edgar Lenski, Franz C. Mayer, »Vertragsverletzung wegen Nichtvorlage durch oberste Gerichte?«, in: *EuZW* (2005), S. 225.

35 Ständige Rechtsprechung, vgl. nur BVerfGE 82, 159 (192 ff.).

36 Vgl. beispielsweise den stattgebenden Kammerbeschluss wegen Verletzung des Anspruchs auf den gesetzlichen Richter durch Nichtvorlage an den Europäischen Gerichtshof bei sich widersprechenden EG-Richtlinien im Fall ärztlicher Aus- und Weiterbildung: BVerfG, Beschl. v. 9. 1. 2001 – 1 BvR 1036/99.

bund« mit dem Gerichtshof der Europäischen Union wahr.[37] Der Begriff des Verbundes als »Ordnungsidee« (Eberhard Schmidt-Aßmann[38]) hilft, Funktionsweisen eines komplexen Mehrebenensystems zu beschreiben, ohne dass damit schon die genauen Techniken des Zusammenspiels festgelegt wären. Dabei ermöglicht er den Verzicht auf stark vereinfachende Bilder wie Gleichordnung versus Über- und Unterordnung. Stattdessen eröffnet er die differenzierte Umschreibung anhand unterschiedlicher Ordnungsgesichtspunkte wie Einheit, Differenz und Vielfalt, Homogenität und Pluralität, Abgrenzung, Zusammenspiel und Verschränkung. Im Gedanken des Verbundes sind Eigenständigkeit, Rücksichtnahme und Fähigkeit zu gemeinsamem Handeln gleichermaßen angelegt. Das komplexe, durch einzigartige Verflechtungen geprägte Verhältnis zwischen der Luxemburger und der Karlsruher Gerichtsbarkeit lässt sich aus meiner Sicht auf diese Weise am besten erfassen.

2. Balance zwischen überstaatlicher Integration und staatlicher Integrität

Konkret bedeutet die verbundgerechte Wahrnehmung der Integrationsverantwortung für das Bundesverfassungsgericht, eine Balance zwischen überstaatlicher Integration einerseits und staatlicher Integrität beziehungsweise Identität andererseits zu finden. Dafür hat das Gericht von Anfang an durch eine mitunter kritische, stets aber konstruktive Begleitung des europäischen Integrationsprozesses Sorge getragen. Das zuletzt im *Lissabon*-Urteil aktivierte und aktualisierte Konzept aus Integration und Identitätswahrung ist

37 Andreas Voßkuhle, »Der europäische Verfassungsgerichtsverbund«, in diesem Band, S. 265-289, hier S. 272 f., wo sich die folgende Passage ebenfalls findet; vgl. zur »Kooperation der Verfassungsgerichte im überstaatlichen Verbund« bereits Udo Di Fabio, *Der Verfassungsstaat in der Weltgesellschaft*, Tübingen 2001, S. 78; vgl. weiter das Konzept einer europäischen Verfassungsgerichtsbarkeit bei Franz C. Mayer, »Verfassungsgerichtsbarkeit«, in: Armin von Bogdandy, Jürgen Bast (Hg.), *Europäisches Verfassungsrecht. Theoretische und dogmatische Grundzüge*, Berlin, Heidelberg ²2009, S. 559-607.

38 Eberhard Schmidt-Aßmann, »Einleitung: Der Europäische Verwaltungsverbund und die Rolle des Europäischen Verwaltungsrecht«, in: ders., Bettina Schöndorf-Haubold (Hg.), *Der Europäische Verwaltungsverbund*, Tübingen 2005, S. 1-24, hier S. 7; siehe auch ders., *Das allgemeine Verwaltungsrecht als Ordnungsidee*, Berlin, Heidelberg ²2004, S. 1 f.

dabei entgegen mancher kritischen Stimme in der Literatur[39] kein abwehrendes und retardierendes Element im Integrationsprozess. Vielmehr stellt es eine positive Erfolgsbedingung, ja eine tragende Säule im großen europäischen Haus dar. Denn: Solange ein europäischer Bundesstaat politisch nicht gewollt ist, sichert erst die produktive Rückkoppelung über die unterschiedlichen nationalen Rechtssysteme die dauerhafte Akzeptanz des europäischen Integrationsprozesses in den Mitgliedstaaten, die bis auf Weiteres das Fundament der Europäischen Union bilden. Integration und Identität erscheinen so als zwei Seiten derselben Medaille, als zwei verfassungs- und unionsrechtlich zu schützende Werte, deren Bewahrung und Förderung ineinandergreifen.

3. Integrationsverantwortung als Kontrollverantwortung

Integrationsverantwortung bedeutet dabei auch die Übernahme von Verantwortung für die Einhaltung des – hinreichend bestimmten und vorhersehbaren – Integrationsprogramms mit dem unantastbaren Kerngehalt der Verfassungsidentität des Grundgesetzes als »Schranken-Schranke«.[40] In seltenen Ausnahmefällen kann sich daher die Integrationsverantwortung des Gerichts zu einer Kontrollverantwortung verdichten, als deren funktionsadäquate Ausprägungen neben der Grundrechtskontrolle insbesondere die Ultra-vires- und die Identitätskontrolle zu nennen sind. In den früheren Jahren seiner Judikatur hatte das Bundesverfassungsgericht vor allem eine Lanze für die Gewährleistung eines adäquaten Grundrechtsschutzes auf europäischer Ebene gebrochen. Die von ihm in der *Solange*-Rechtsprechung entwickelte, verfassungsrechtlich gebotene Reserveverantwortung zur Gewährleistung des unabdingbaren Grundrechtsstandards[41] hat das Gericht im *Maastricht*-Urteil[42]

39 Vgl. hierzu – speziell unter dem Gesichtspunkt der Integrationsverantwortung – Roland Lhotta, Jörn Ketelhut, »Integrationsverantwortung und parlamentarische Demokratie«, in: *ZParl* (2009), S. 864-888, hier S. 869, 877; Norbert Reich, »›Europarechtsfreundlichkeit‹ und ›Integrationsverantwortung‹ – eine lettische Variante«, in: *EuZW* (2009), S. 713.

40 Vgl. BVerfGE 123, 267 (353).

41 BVerfGE 37, 271; 73, 376 (387).

42 BVerfGE 89, 155 (174 f.).

sowie im *Bananenmarkt*-Beschluss[43] bruchlos fortgeführt und im *Lissabon*-Urteil[44] erneut bestätigt.

Eine ähnliche Auffangverantwortung hat das Bundesverfassungsgericht hinsichtlich der weiteren Grenzen der Integrationsermächtigung entwickelt. Diese werden aus europarechtlicher Sicht durch den Grundsatz der loyalen Zusammenarbeit nach Art. 4 Abs. 3 EUV bestimmt, der die Rücksichtnahme auf identitätsbestimmende Verfassungsgrundsätze der Mitgliedstaaten und den so abgesteckten Rahmen der Hoheitsübertragung gebietet.[45] Art. 4 Abs. 2 EUV gewährleistet als unionsrechtliches Korrelat zur Europarechtsfreundlichkeit des Grundgesetzes sogar explizit die Wahrung der nationalen Identität einschließlich der Verfassungsstrukturen der Mitgliedstaaten. Zur Konturierung der damit vorgezeichneten Integrationsschranken hat das Bundesverfassungsgericht im *Maastricht*-Urteil zunächst die Ultra-vires-Kontrolle entwickelt,[46] die es im *Lissabon*-Urteil um die Identitätskontrolle als prozessuales Gegenstück zum Schutz der integrationsfesten Verfassungsidentität nach Art. 79 Abs. 3 GG angereichert hat.[47] Die Identitätskontrolle gründet in der Erkenntnis, dass die grundgesetzliche Ermächtigung zur Übertragung von Hoheitsrechten auf die Europäische Union ihre Grenze in dem von Art. 79 Abs. 3 GG geschützten materiellen Identitätskern der Verfassung findet – was für den verfassungsändernden Gesetzgeber unverfügbar ist, muss auch weiterhin integrationsfest sein.

Diese »Notbremse-Verfahren« mussten bislang nicht in Anspruch genommen werden.[48] Sollte dies eines Tages doch einmal

43 BVerfGE 102, 147 (167).

44 BVerfGE 123, 267 (399).

45 Vgl. Andreas Voßkuhle, in: Hermann von Mangoldt, Friedrich Klein, Christian Starck (Hg.), *Kommentar GG*, Bd. 3, München [5]2005, Art. 93, Rn. 85.

46 BVerfGE 89, 155 (188, 209 f.) in Anknüpfung an BVerfGE 75, 223 (240 ff.); vgl. auch BVerfG, Beschl. v. 17. 2. 2000 – 2 BvR 1210/98.

47 BVerfGE 123, 267 (351 ff.); vgl. dazu statt vieler Sauer, »Kompetenz- und Identitätskontrolle«, S. 195 ff.; Jan Bergmann, Ulrich Karpenstein, »Identitäts- und Ultra-vires-Kontrolle durch das Bundesverfassungsgericht«, in: *ZEuS* (2009), S. 529-542; krit. Vassilios Skouris, »Das Verhältnis des EuGH zu den nationalen Verfassungsgerichten«, Festvortrag anlässlich des österreichischen Verfassungstags, Wien 2009, Ms. S. 13 ff.

48 Vgl. aber nun BVerfGE 154, 17 – PSPP und dazu Andreas Voßkuhle, »Applaus von der ›falschen‹ Seite«, in diesem Band, S. 334-343.

der Fall sein, so wird das Bundesverfassungsgericht seine Prüfungskompetenz jedenfalls mit einer europarechtsfreundlichen Stoßrichtung auszuüben haben,[49] um seiner Integrationsverantwortung im europäischen Rechtsraum dauerhaft und nachhaltig gerecht zu werden.

C. Perspektiven der Integrationsverantwortung

Im *Lissabon*-Urteil hat das Bundesverfassungsgericht seine spezifische Verantwortung für das Gelingen des so sensiblen und zugleich so unverzichtbaren Prozesses der europäischen Integration erneut bestätigt. Gewiss bleibt die volle Entfaltung der verfassungsrechtlichen Tragweite des Integrationsverantwortungskonzepts der zukünftigen Entwicklung vorbehalten. Bereits heute lässt sich allerdings feststellen, dass diese Verantwortung untrennbar mit einem bestimmten Stil ihrer Wahrnehmung verbunden ist. Stets gilt es zu bedenken, dass das Bundesverfassungsgericht keine Europapolitik betreibt, sondern am Maßstab des Grundgesetzes die verfassungsrechtlichen Rahmenbedingungen auslotet, in denen die übrigen Akteure gestaltend tätig werden. Der nüchterne, trockene Ton des Rechts mag dabei nicht immer dem emphatischen Stil der Politik entsprechen und wird deshalb mitunter - wie ich meine, sehr zu Unrecht – als fehlendes Engagement in der Sache ausgelegt. Schließlich hat die Rechtsprechung des Bundesverfassungsgerichts von Anfang an den Geist der Europarechtsfreundlichkeit geatmet und stets den Weg für eine den Menschen- und Bürgerrechten verpflichtete Integration bereitet. An dieser europäischen Berufung des Bundesverfassungsgerichts wird sich auch in Zukunft nichts ändern.

49 Vgl. BVerfGE 123, 267 (354). In der Literatur wird in diesem Zusammenhang unter anderem die Stellschraube der »ersichtlichen« Überschreitung der Zuständigkeits- bzw. Identitätsgrenzen betont, vgl. Sauer, »Kompetenz- und Identitätskontrolle«, S. 196; Schorkopf, »Die Europäische Union im Lot«, S. 722.

Pyramide oder Mobile? Menschenrechtsschutz durch die europäischen Verfassungsgerichte

A. Einleitung

»Pyramide oder Mobile« (Renate Jaeger)[1] – welches dieser beiden Bilder ist besser geeignet, die Charakteristika des Menschenrechtsschutzes durch die europäischen Verfassungsgerichte zu veranschaulichen? Dazu werde ich im Folgenden ein Blick auf die Interaktion dieser Gerichte und ihrer jeweiligen Rechtekataloge werfen. Mit dem System des Menschenrechtsschutzes in Europa habe ich mich bereits in anderen Vorträgen und Publikationen beschäftigt.[2] Der europäische Verfassungsgerichtsverbund ist jedoch ein lebendiger und sich verändernder Organismus, welcher in seiner fortlaufenden Entwicklung permanente Beobachtung, Begleitung und Ausbalancierung verdient.

B. Straßburg und Karlsruhe: Dialog statt Einbahnstraße

Wenn man ein Mobile eine Zeitlang beobachtet, fällt auf, dass die einzelnen Teile nicht jeweils um die eigene Achse kreisen. Vielmehr scheinen sie sich ununterbrochen an einem imaginären Dialog zu beteiligen, in welchem sie auf die Bewegungen der jeweils anderen Teile reagieren. Der Europäische Gerichtshof für Menschenrechte und – stellvertretend für die nationale Perspektive[3] – das Bundes-

1 Siehe den Artikel »Judgment days«, ⟨www.economist.com/europe/2009/03/26/judgment-days⟩, in: *The Economist* v. 28.3.2009, letzter Zugriff 2.3.2021; vgl. auch Christian Kirchberg, »Renate Jaeger und die deutsche Abteilung des EGMR 2004-2010«, in: Christine Hohmann-Dennhardt u.a. (Hg.), *Grundrechte und Solidarität. Durchsetzung und Verfahren. Festschrift für Renate Jaeger*, Kehl am Rhein 2010, S. 37-65, hier S. 63.

2 Z.B. in »Der europäische Verfassungsgerichtsverbund«, in diesem Band, S. 265-289.

3 Zum Dialog mit Straßburg aus Sicht der Schweiz jüngst Andreas Zünd, »Das Schweizerische Bundesgericht im Dialog mit dem Europäischen Gerichtshof für Menschenrechte«, in: *EuGRZ* (2014), S. 21-26; Jörg P. Müller, »›Dialog über die

verfassungsgericht sind zur Koordinierung des Menschenrechtsschutzes in einem Mehrebenensystem ebenfalls angewiesen auf einen kontinuierlichen Dialog. Wie funktioniert das Zusammenspiel der Europäischen Menschenrechtskonvention und des deutschen Grundgesetzes? Welche Zugeständnisse müssen der Europäische Gerichtshof für Menschenrechte und das Bundesverfassungsgericht machen, um ihre Arbeit zu koordinieren? Wo könnte Korrekturbedarf bestehen? Um es nicht allzu spannend zu machen: ein strikt hierarchischer – mit anderen Worten: pyramidaler – Ansatz würde den Wesensmerkmalen des europäischen Verfassungsgerichtsverbundes nicht gerecht werden.

I. Die Rolle des Bundesverfassungsgerichts

Lassen Sie uns zunächst das »Mobile der Institutionen« aus der Perspektive des Bundesverfassungsgerichts untersuchen. Das deutsche Grundgesetz ist nicht nur europarechtsfreundlich und völkerrechtsfreundlich, es ist auch spezifisch menschenrechtsfreundlich. Das Grundgesetz stellt das Bundesverfassungsgericht – wie auch die übrigen Verfassungsorgane – in den Dienst internationaler Menschenrechte. Die Entscheidungen des Gerichts zeigen, dass es sich bei diesen Worten nicht nur um »Verfassungspoesie« handelt. Im Mai 2011 hat das Bundesverfassungsgericht in der Folge der Entscheidung des Europäischen Gerichtshofs für Menschenrechte in Sachen *M. v. Deutschland*[4] vom Dezember 2009 ein Urteil zur deutschen Sicherungsverwahrung gesprochen.[5] Zwei Aspekte dieses Urteils belegen die Konventionsfreundlichkeit der Rechtsprechung des Bundesverfassungsgerichts. Erstens hat das Bundesverfassungsgericht das nationale Prozessrecht flexibel angewandt, um einen weiteren Konventionsverstoß zu vermeiden. Obwohl eine frühere Entscheidung die Vorschriften zur Sicherungsverwahrung für verfassungsgemäß erklärt hatte – was nach deutschem Recht grundsätzlich für künftige Verfassungsbeschwerden ein Verfahrenshindernis darstellt –, hat das Bundesverfassungsgericht die neuen Verfassungsbeschwerden mit Blick auf die Entscheidung *M.*

Grenzen‹. Schlusswort zum Symposium aus Anlass seines 75. Geburtstags«, in: *EuGRZ* (2014), S. 37-40.

4 EGMR, Urt. v. 17. 12. 2009 – Az. 19359/04 (*M. v. Deutschland*).

5 BVerfGE 128, 326 (386).

v. Deutschland für zulässig gehalten.[6] Zweitens betonte das Bundesverfassungsgericht, dass die Konvention frühzeitig im Rahmen der Auslegung des »aufnehmenden« Verfassungssystems Beachtung finden muss. Obwohl die Europäische Menschenrechtskonvention in Deutschland keinen Verfassungsrang hat, ist sie dennoch von besonderer Bedeutung für das Verfassungsrecht. Für das Bundesverfassungsgericht stellt sie einen wichtigen Leitfaden bei der Bestimmung von Inhalt und Reichweite der Grundrechte und Verfassungsprinzipien des Grundgesetzes dar.

Wie man hieran sehen kann, nimmt das Bundesverfassungsgericht Impulse aus Straßburg auf und ist in der Lage, Konventionsverstöße schon auf nationaler Ebene abzufangen – damit trägt es zu einer Entlastung des Europäischen Gerichtshofs für Menschenrechte bei. Es ist erfreulich, dass der Europäische Gerichtshof für Menschenrechte den Ansatz, das Grundgesetz im Lichte der Konvention auszulegen, in der *Kronfeldner*-Entscheidung begrüßt hat.[7] Hierin manifestiert sich der intensive Dialog zwischen den beiden Gerichten.

Freilich setzt das Grundgesetz seiner Interpretation im Lichte des Völkerrechts selbst gewisse Grenzen. Die Interpretation muss sich in den Grenzen juristischer Methodik halten und darf nicht mit der Verfassungsidentität des Grundgesetzes (Art. 79 Abs. 3 GG) in Konflikt geraten.[8] Zudem darf eine solche Interpretation – entsprechend Art. 53 der Konvention – den vom Grundgesetz garantierten Schutzstandard der Menschenrechte nicht unterlaufen.[9] In einigen Fällen sieht das Grundgesetz ein höheres Schutzniveau vor. Dies mögen zwei Fälle aus jüngerer Zeit illustrieren, welche – einer vom Europäischen Gerichtshof für Menschenrechte, einer vom Bundesverfassungsgericht – am selben Tag entschieden wurden. Das Urteil des Europäischen Gerichtshofs für Menschenrechte in Sachen *X. u. a. v. Österreich* vom 19. Februar 2013 betraf die Möglichkeit unverheirateter gleichgeschlechtlicher Paare zur Stiefkindadoption,[10] während das Urteil des Bundesverfassungsgerichts das Verbot der

6 BVerfGE 128, 326 (364 ff.).

7 EGMR, Urt. v. 19. 1. 2012 – Az. 21906/09 (*Kronfeldner v. Deutschland*). Vgl. auch EGMR, Urt. v. 19. 4. 2012 – Az. 61272/09 (*B. v. Deutschland*).

8 BVerfGE 128, 326 (371).

9 BVerfGE 128, 326 (371).

10 EGMR, Urt. v. 19. 2. 2013 – Az. 19010/07 (*X. u. a. v. Österreich*).

Sukzessivadoption durch eingetragene (gleichgeschlechtliche) Lebenspartner behandelte.[11] Während der Europäische Gerichtshof für Menschenrechte bei einem Vergleich der Situation der Antragsteller mit der eines verheirateten Paares keinen Verstoß gegen Art. 14 in Verbindung mit Art. 8 der Konvention feststellte,[12] befand das Bundesverfassungsgericht, dass der Ausschluss eingetragener Lebenspartner von der Sukzessivadoption den allgemeinen Gleichheitssatz des Art. 3 Abs. 1 des Grundgesetzes verletze.[13]

II. Die Rolle des Europäischen Gerichtshofs für Menschenrechte

Und wie sieht die Basis für eine Kooperation von Seiten des Europäischen Gerichtshofs für Menschenrechte aus? Meine Ansicht ist folgende: Auch der Europäische Gerichtshof für Menschenrechte ist kein einsamer Kämpfer, sondern ein starker Spieler in einem Team. Er macht nationale Verfassungsgerichte nicht überflüssig, sondern setzt vielmehr deren Existenz voraus. Um in meinem Bild des »Mobiles der Institutionen« zu bleiben: Alle Elemente sind nötig, um die Balance zu halten. Andernfalls würde ein einsames Pendel ausschließlich um sich selbst kreisen.

In Umsetzung dieser Balance steht der Europäische Gerichtshof für Menschenrechte als ein internationales Gericht vor der Aufgabe, einen Mindeststandard des Grundrechtsschutzes zu definieren. Dieser Mindeststandard kann von den Behörden und Gerichten aller Konventionsstaaten übernommen und angewandt werden, ohne die Pluralität der nationalen Menschenrechtsbestimmungen aufzugeben. Gleichzeitig stärkt der EGMR seine Akzeptanz im Hinblick auf die effektive Durchsetzung und die dynamische Fortentwicklung der Konvention, wenn er beim Umgang mit dem nationalen verfassungsrechtlichen Erbe – den über lange Zeit gewachsenen Grundrechtstraditionen – Zurückhaltung walten lässt. Ein schönes Beispiel für richterliche Selbstbeschränkung ist das Urteil der Großen Kammer in Sachen *Lautsi u. a. v. Italien* vom 18. März 2011. In dem Urteil stellte der Gerichtshof fest, dass die Entscheidung über das Aufhängen von Kruzifixen in Klassenräumen dem

11 BVerfGE 133, 59 (59 ff.).

12 EGMR, Urt. v. 19. 2. 2013 – Az. 19010/07 (*X. u. a. v. Österreich*).

13 BVerfGE 133, 59 (86).

Beurteilungsspielraum (*margin of appreciation*) des jeweiligen Konventionsstaats unterfällt. Damit berücksichtigte er das Vorbringen der italienischen Regierung, welche ausgeführt hatte, dass das Vorhandensein von Kruzifixen in Klassenräumen nicht nur von kultureller Bedeutung sei, sondern auch einen identitätsstiftenden Effekt habe.[14] Darüber hinaus erkennt der EGMR glücklicherweise dort einen Beurteilungsspielraum an, wo Fälle heikle moralische oder ethische Fragen aufwerfen, zu denen sich kein Konsens zwischen den Konventionsparteien herausgebildet hat. Ein Beispiel hierfür ist der Fall »Stübing«, in welchem der EGMR die durch deutsche Gerichte erfolgte Verurteilung des Beschwerdeführers wegen einer inzestuösen Beziehung nicht als Verletzung von Art. 8 der Konvention ansah.[15] Nicht zu vergessen ist auch der »Countryside-Alliance«-Fall: Hier entschied der EGMR, dass die verschiedenen Verbote der Fuchsjagd und der Jagd auf andere Wildtiere mit Hilfe von Hunden im Vereinigten Königreich keinen Verstoß gegen die Konvention darstellten.[16] Sogar Lord Binghams recht britisch anmutendes Argument zur Rechtfertigung des Verbots, nämlich die Andeutung, dass »den Briten das Wohl ihrer Tiere mehr am Herzen liegt als das ihrer Kinder«,[17] wurde offensichtlich noch als innerhalb des Beurteilungsspielraums gewertet.[18]

Der Europarat hat zwischenzeitlich das Protokoll Nr. 15 zur Konvention zur Unterzeichnung aufgelegt, welches einen Verweis auf das Subsidiaritätsprinzip und die Doktrin vom Beurteilungsspielraum in die Präambel inkorporiert.[19] Hierbei handelt es sich

14 Vgl. EGMR (Große Kammer), Urt. v. 18. 3. 2011 – Az. 30814/06 (*Lautsi u. a. v. Italien*).

15 EGMR, Urt. v. 12. 4. 2012 – Az. 43547/08 (*Stübing v. Deutschland*).

16 EGMR, Entscheidung v. 24. 11. 2009 – Az. 16 072/06 (*Friend v. Vereinigtes Königreich*), und EGMR, Urt. v. 24. 11. 2009 – Az. 27809/08 (*Countryside Alliance u. a. v. Vereinigtes Königreich*).

17 UK Supreme Court, Urt. v. 28. 11. 2007 – Az. R 1 AC 719 (R [*Countryside Alliance] v. Attorney General* [2008]): »[...] the British mind more about their animals than their children«.

18 Näher Brenda Hale, »Argentoratum Locutum. Is Strasbourg or the Supreme Court Supreme?«, in: *Human Rights Law Review* 12 (2012), S. 65-78, hier S. 72.

19 Art. 1 des Protokolls Nr. 15 zur Änderung der Konvention zum Schutz der Menschenrechte und Grundfreiheiten, am 24. 6. 2013 zur Unterzeichnung aufgelegt. »Protocol No. 15 (Subsidiarity/Judges' age/4-month time limit). Text and Explanatory Report«, in: *Human Rights Law Journal* 33 (2013), S. 470-473.

um einen wichtigen Beitrag zur weiteren Austarierung unseres Mobiles der Institutionen. Je mehr die Umsetzung der Konvention bereits durch die nationalen Behörden und Gerichte erfolgt, desto besser kann sich der Europäische Gerichtshof für Menschenrechte – gerade im Lichte seiner begrenzten Ressourcen – auf seine Rolle als Hüter eines gemeinsamen Kernstandards der Menschenrechte konzentrieren. Zugleich sind allerdings, wie der belgische Verfassungsrichter Marc Bossuyt aufgezeigt hat, einige – etwa die Leistungsdimension von Grundrechten betreffende – Fragen am besten bei den Gerichten aufgehoben, die mit den wirtschaftlichen, sozialen und kulturellen Gegebenheiten in einem bestimmten Mitgliedstaat besonders vertraut sind.[20] Würde der Europäische Gerichtshof für Menschenrechte seine Rechtsprechung auf wirtschaftliche und soziale Rechte ausdehnen und diesen mehr als einen Kernstandard entnehmen, so könnte dies – da solche Anforderungen in einer Reihe von Ländern kaum verwirklicht werden könnten – die Universalität der Menschenrechte in Frage stellen.[21]

C. Straßburg und Luxemburg: Die Dinge sind in Bewegung

Das Straßburger Gericht ist nicht nur in hohem Maß mit den nationalen Gerichten verflochten. Es ist auch eng mit dem anderen europäischen Gericht, dem Gerichtshof der Europäischen Union in Luxemburg, verbunden – auf eine Art, welche man als ein »Verhältnis in Bewegung« bezeichnen könnte. In diesem Verhältnis ist der Vertreter eines nationalen Verfassungsgerichts natürlich kein unmittelbarer Akteur. Dennoch haben in der Logik des Mobile-Bildes die Bewegungen anderer Elemente des Mobiles notwendigerweise Auswirkungen auf das System als Ganzes. Somit sind die nationalen Gerichte mehr als nur unbeteiligte Zuschauer. Aus der Sicht eines interessierten Beobachters will ich im Folgenden kurz drei Verbindungen zwischen den zwei Gerichten aufzeigen, welche schon existieren oder gerade im Entstehen begriffen sind.

20 Marc Bossuyt, »Judicial activism in Strasbourg«, in: Karel Wellens (Hg.), *International Law in Silver Perspective. Challenges Ahead*, Leiden 2015, S. 31-56.

21 Vgl. Marc Bossuyt, »Should the Strasbourg Court Exercise More Self-Restraint?«, in: *Human Rights Law Journal* 28 (2007), S. 321-332, hier S. 329, 331 f.

I. Die Dosis macht das Gift: Gegenseitige Bezugnahmen in den Entscheidungen des EuGH und des EGMR

Zunächst erscheint mir die Art und Weise bemerkenswert, in welcher das Luxemburger und das Straßburger Gericht den Grundrechtskatalog des jeweils anderen Parts verwenden. Sich auf andere Menschenrechtsquellen und Menschenrechtsrechtsprechung zu stützen, ist natürlich ein hervorragendes Mittel, um die notwendige Kohärenz zwischen sich überlappenden Menschenrechtskatalogen zu erzielen. Jedoch gilt wie meist: Die Dosis entscheidet darüber, ob etwas Gift oder Heilmittel ist. Bei den gegenseitigen Bezugnahmen auf die jeweiligen Texte gilt es, bestimmte Fallen zu vermeiden. Ein aktives Bemühen des Straßburger Gerichts darum, bei der Auslegung einer Charta-Bestimmung die ersten Pflöcke einzuschlagen, wäre sicher nicht angebracht. Gleiches gälte für ein Luxemburger Gericht, welches die Konvention als Vehikel nutzte, um den begrenzten Anwendungsbereich der Grundrechtecharta zu unterlaufen. Glücklicherweise sind diese Gefahren eher theoretischer Natur.

Jüngst wurde von Seiten der Wissenschaft kritisch darauf hingewiesen, dass die Bezugnahmen des EuGH auf die Konvention signifikant abnähmen. Zugleich wurde vor einer isolierten Interpretation der Grundrechtecharta gewarnt.[22] Meine persönliche Einschätzung ist, dass die Konvergenz zwischen den Menschenrechtsinstrumenten mit dem Beitritt der Europäischen Union zur Konvention wieder ansteigen wird.

II. *Åkerberg Fransson*: Die europäischen Gerichte sind Nachbarn, nicht Zwillinge

Aus meiner Sicht ist zweitens noch bemerkenswerter, dass man eine gewisse Annäherung zwischen den Rollen der beiden Gerichte feststellen kann.

Um es mit den Worten einer Rechtsprofessorin zusammenzu-

22 Gráinne De Búrca, »After the EU Charter of Fundamental Rights. The Court of Justice as a Human Rights Adjudicator?«, in: *Maastricht Journal of European and Comparative Law* 20 (2013), S. 168-184, hier S. 173-176; Jörg Polakiewicz, »EU law and the ECHR. Will the European Union's Accession Square the Circle?«, in: *European Human Rights Law Review* 13 (2013), S. 592-606, hier S. 594.

fassen: Der Gerichtshof der Europäischen Union hat sich »von einem in erster Linie mit wirtschaftlichen Angelegenheiten befassten Gericht« zu einer Instanz »mit einem viel weiter reichenden Einflussbereich entwickelt, welche nun ausdrücklich mit der Durchsetzung von Menschenrechten betraut ist«.[23] Diese Veränderung in seiner Natur wirft natürlich neue Fragen auf, was die jeweiligen Funktionen des Straßburger und des Luxemburger Gerichts betrifft. Meinem Verständnis nach sollten die Aufgaben der Gerichte hier nicht verschwimmen, sondern grundsätzlich getrennt gehalten werden. Während Straßburg nach Art. 52 der Konvention den Mindeststandard des Grundrechtsschutzes in ganz Europa setzt, soll der EuGH sicherstellen, dass das Recht bei der Auslegung und Anwendung der Europäischen Verträge gewahrt wird (Art. 19 Abs. 1 Satz 2 EUV). Die *Åkerberg-Fransson*-Entscheidung[24] fegte wie ein Windstoß – oder sogar ein Sturm – durch das von mir skizzierte Mobile. Im Nachgang zu *Åkerberg Fransson* könnte es wichtig sein, das Folgende zu betonen: Sosehr ein einheitlich hoher Menschenrechtsstandard in Europa wünschenswert ist, es obliegt auf überstaatlicher Ebene nicht dem Luxemburger Gericht, einen solchen zu wahren, sondern Straßburg und der Europäischen Menschenrechtskonvention.

III. Ist der letzte Tanz für Straßburg reserviert?

Drittens und letztens: Die augenfälligste der gegenwärtigen Veränderungen ist die im Entstehen begriffene Formalisierung des Verhältnisses zwischen den beiden Gerichten. Der Beitritt der EU zur Konvention wird die institutionelle Architektur im europäischen Mehrebenensystem des Menschenrechtsschutzes umgestalten. Gesetze und Urteile der Europäischen Union werden der Kontrolle des Straßburger Gerichts unterstellt – ein Vorgang, den der ehemalige Präsident des Europäischen Gerichtshofs für Menschenrechte Dean Spielmann zu Recht als »Krönung des Engagements des modernen Europas für die Menschenrechte« wertet.[25] Damit sich der

23 De Búrca, »After the EU Charter of Fundamental Rights«, S. 171.

24 EuGH (Große Kammer), Urt. v. 26. 2. 2013 – C-617/10, ECLI:EU:C:2013:280 (*Åklargen v. Åkerberg Fransson*).

25 Dean Spielmann, »Menschenrechte in Europa«, Rede auf Einladung der Justizpressekonferenz Karlsruhe (JPK) im Bundesverfassungsgericht am 9. 4. 2013,

Beitritt reibungslos vollzieht, könnte es einmal mehr hilfreich sein, das Pyramidenmodell zur Seite zu legen und sich stattdessen auf das Mobile zu konzentrieren. Der Beitritt zur Konvention sollte weniger als Frage von Hierarchie und mehr unter dem Gesichtspunkt von Spezialisierung betrachtet werden. Straßburg erhält nicht die Rechtsmacht, bindend über die Gültigkeit und die richtige Interpretation von EU-Recht zu urteilen.[26] Stattdessen bedeutet der Beitritt nicht mehr – und nicht weniger – als die externe Einbeziehung eines spezialisierten internationalen Menschenrechtsgerichtshofs: eine Einbeziehung, welche die Legitimität und Glaubwürdigkeit des Systems des Menschenrechtsschutzes insgesamt erhöhen wird.[27]

D. Fazit

Es hat sich gezeigt, dass das System des europäischen Menschenrechtsschutzes leichter zu fassen ist, wenn man es sich nicht als Pyramide, sondern als Mobile vorstellt. Die einzelnen Teile des Systems – die europäischen Verfassungsgerichte – müssen bei ihrer Arbeit sensibel dafür bleiben, die Balance zu erhalten. Denn das Mobile mitsamt seinen Fäden darf nicht zum Spinnennetz werden, in welchem sich die um Grundrechtsschutz Ersuchenden verfangen.

Von Alexander Calder, dem Vater des Mobiles als Kunstobjekt, stammt angeblich folgendes Zitat: »Wenn alles klappt, ist ein Mobile ein Stück Poesie, das vor Lebensfreude tanzt und überrascht.« Tänze mögen zwar zum Charakter richterlicher Tätigkeiten nicht ganz passen, aber ich denke, sogar die visionären Verfasserinnen und Verfasser unserer jeweiligen Grundrechtskataloge wären überrascht, welche Dynamik der Grundrechtsschutz im europäischen Mehrebenensystem entfaltet hat.

⟨www.echr.coe.int/Documents/Speech_20130409_Spielmann_Karlsruhe_DEU.pdf⟩, letzter Zugriff 26. 1. 2021, S. 1-9, hier S. 9.

26 Näher Aida Torres Pérez, »Too many voices? The Prior Involvement of the Court of Justice of the European Union«, in: *European Journal of Human Rights* 4 (2013), S. 565-583, hier S. 583.

27 Anfang 2021 ist der Beitritt immer noch nicht vollzogen. Dazu hat maßgeblich das ablehnende Gutachten des EuGH vom 18. 12. 2014 beigetragen: EuGH, Gutachten 2/13, ECLI:EU:C:2014:2454.

Karlsruhe Unlimited? Zu den (unsichtbaren) Grenzen der Verfassungsgerichtsbarkeit

A.

»Wer Gesetze gestalten will, sollte sich bemühen, Mitglied des Deutschen Bundestages zu werden!«[1] Dieser viel zitierte Satz von Wolfgang Schäuble ist paradigmatisch für die vor allem von Seiten der Politik, aber auch von Seiten der Wissenschaft und der Medien an das Bundesverfassungsgericht gerichtete Mahnung: Das Gericht dürfe seine Kompetenzen nicht überschreiten, dürfe sich nicht die Rolle eines »Ersatzgesetzgebers« anmaßen. Andernfalls laufe der Rechtsstaat Gefahr, zum »Richterstaat«[2] – oder in den Worten des ehemaligen Verfassungsrichters Ernst-Wolfgang Böckenförde: zum »verfassungsgerichtlichen Jurisdiktionsstaat«[3] – zu mutieren.

Die damit aufgeworfene Frage nach den Grenzen der Verfassungsgerichtsbarkeit ist so alt wie die Verfassungsgerichtsbarkeit selbst und hat in regelmäßigen Abständen Konjunktur. Das zeigt sich beispielhaft daran, dass sie – mit durchaus kritischen Thesen – zweimal Hauptgegenstand der Verhandlungen der Vereinigung der Deutschen Staatsrechtslehrer gewesen ist, bevor das Bundesverfassungsgericht überhaupt seine Tätigkeit aufgenommen hat: 1928[4] sowie 1950.[5] Und auch das Bundesverfassungsgericht war nach sei-

1 So Wolfgang Schäuble in: »Wie viele Sicherheitsgesetze überlebt der Rechtsstaat?«, Gespräch mit Winfried Hassemer und Wolfgang Schäuble, moderiert von Patrick Bahners und Reinhard Müller, in: *FAZ* v. 11. 3. 2009, S. 33.

2 Zuletzt wieder Bernd Rüthers, *Die heimliche Revolution vom Rechtsstaat zum Richterstaat*, Tübingen [2]2016; Joachim Jahn, »Vom Rechts- zum Richterstaat«, in: *FAZ* v. 7. 5. 2016, S. 19; Dietmar Willoweit, »Rechtsprechung und Staatsverfassung«, in: *JZ* (2016), S. 429-434, hier S. 431 f.

3 Ernst-Wolfgang Böckenförde, »Grundrechte als Grundsatznorm. Zur gegenwärtigen Lage der Grundrechtsdogmatik«, in: ders. (Hg.), *Staat, Verfassung, Demokratie. Studien zur Verfassungstheorie*, Frankfurt/M. 1992, S. 159-199, hier S. 190.

4 Heinrich Triepel, »Wesen und Entwicklung der Staatsgerichtsbarkeit«, in: *VVDStRL* 5 (1929), S. 2-29, und Hans Kelsen, »Wesen und Entwicklung der Staatsgerichtsbarkeit«, in: ebd., S. 30-88.

5 Erich Kaufmann, »Die Grenzen der Verfassungsgerichtsbarkeit«, in: *VVDStRL* 9

ner Errichtung im Jahr 1951[6] mehr oder weniger konstant Adressat entsprechender Mahnungen.[7]

Dass die Grenzen der Verfassungsgerichtsbarkeit gerade gegenüber dem unmittelbar legitimierten parlamentarischen Gesetzgeber nicht einfach zu bestimmen sind, dürfte allen Verfassungsrichterinnen und -richtern zu jeder Zeit mehr oder weniger deutlich vor Augen gestanden haben.[8] Als Chiffre für dieses Bewusstsein hat sich in der internationalen Diskussion der nicht unproblematische, aber plakative Begriff des *judicial self-restraint* eingebürgert.[9]

Das Bundesverfassungsgericht versucht der Herausforderung durch ein stetig fortentwickeltes, vielschichtiges System unterschiedlicher Entscheidungsregeln, Argumentationsmuster, Rechtsfiguren und Prozeduren zu begegnen.[10] Es hat stets betont, dass

(1952), S. 1-16; Martin Drath, »Die Grenzen der Verfassungsgerichtsbarkeit«, in: ebd., S. 17-116.

6 Zur Gründungsphase aufschlussreich Rainer Wahl, »Das Bundesverfassungsgericht der Gründungsphase«, in: Florian Meinel (Hg.), *Verfassungsgerichtsbarkeit in der Bonner Republik*, Tübingen 2019, S. 27-62, m. w. N.

7 Vgl. hier nur die historischen Analysen bei Richard Häusler, *Der Konflikt zwischen Bundesverfassungsgericht und politischer Führung*, Berlin 1994; Rolf Lamprecht, *Ich gehe bis nach Karlsruhe. Eine Geschichte des Bundesverfassungsgerichts*, München 2011; Justin Collings, *Democracy's Guardians. A History of the German Federal Constitutional Court*, Oxford 2015; Hauke-Hendrik Kutscher, *Politisierung oder Verrechtlichung? Der Streit um die Verfassungsgerichtsbarkeit in Deutschland (1921-1958)*, Frankfurt, New York 2016; Sascha Kneip, »Konfliktlagen des Bundesverfassungsgerichts mit den Regierungen Schröder und Merkel 1998-2013«, in: Robert van Ooyen, Martin Möllers (Hg.), *Handbuch Bundesverfassungsgericht im politischen System*, Wiesbaden ²2015, S. 281-295.

8 Vgl. nur Konrad Zweigert, »Einige rechtsvergleichende und kritische Bemerkungen zur Verfassungsgerichtsbarkeit«, in: Christian Starck (Hg.), *Bundesverfassungsgericht und Grundgesetz*, Bd. I, Tübingen 1976, S. 63-75, hier S. 74 f.; Wiltraut Rupp-von Brünneck, »Verfassungsgerichtsbarkeit und gesetzgebende Gewalt – Wechselseitiges Verhältnis zwischen Verfassungsgericht und Parlament«, in: *AöR* 102 (1977), S. 1-26, hier S. 24 f.; Konrad Hesse, »Funktionelle Grenzen der Verfassungsgerichtsbarkeit«, in: Jörg P. Müller u. a. (Hg.), *Recht als Prozeß und Gefüge. Festschrift für Hans Huber zum 80. Geburtstag*, Bern 1981, S. 261-272.

9 Vgl. Christian Rau, *Selbst entwickelte Grenzen in der Rechtsprechung des United States Supreme Court und des Bundesverfassungsgerichts*, Berlin 1996, S. 125 ff., sowie zuletzt Malte Spielmann, Erich Röper, »Von Holmes zu Brown v. Board of Education: Die Konturen des Judicial Self-Restraint«, in: *DöV* (2018), S. 928-935.

10 Vgl. Andreas Voßkuhle, in: Hermann von Mangoldt, Friedrich Klein, Christian Starck (Hg.), *Kommentar GG*, Bd. 3, München ⁷2018, Art. 93, Rn. 37 ff., m. w. N.

dem parlamentarischen Gesetzgeber ein Einschätzungs- und Prognosespielraum zukommt, und gerade in den letzten Jahren die Stellung des Parlaments nachhaltig gestärkt.[11] Es fehlt also weder am Problembewusstsein noch an Problembewältigungsstrategien.

Gerade in neuerer Zeit haben Kritiker der Verfassungsgerichtsbarkeit den Ton gleichwohl nochmals verschärft. Dazu muss man nicht erst nach Polen oder Ungarn schauen, wo die Verfassungsgerichte faktisch von der jeweiligen Mehrheitspartei entmachtet wurden.[12] Selbst in den Vereinigten Staaten, dem Land, in dem die moderne Verfassungsgerichtsbarkeit mit der Entscheidung *Marbury vs. Madison* aus dem Jahr 1803 ihren Ausgang genommen hat,[13] wird ihre Legitimität zunehmend in Frage gestellt[14] – teilweise bis hin zur Forderung, die Verfassung »aus den Fängen der Gerichte zu befreien«.[15]

Und auch in der Bundesrepublik Deutschland, deren Bürgerinnen und Bürger für ihren Verfassungspatriotismus bekannt sind,[16] wurde mit Blick auf das Bundesverfassungsgericht von einem »entgrenzten Gericht« gesprochen,[17] dessen Endzeit angebrochen sei.

11 Vgl. Andreas Voßkuhle, »Verfassung und Parlamentarismus«, in diesem Band, S. 162-198.

12 Zur Entmachtung der dortigen Verfassungsgerichte vgl. Peter M. Huber, »Europäische Verfassungs- und Rechtsstaatlichkeit in Bedrängnis«, in: *Der Staat* 56 (2017), S. 389-414; Christoph Möllllers, Linda Schneider, *Demokratiesicherung in der Europäischen Union*, Tübingen 2018; Andreas Voßkuhle, »Rechtsstaat und Demokratie«, in diesem Band, S. 199-218, hier s. 201-205, jeweils m. w. N.

13 Näher dazu Werner Heun, »Die Geburtsstunde der Verfassungsgerichtsbarkeit – 200 Jahre Marbury v. Madison«, in: *Der Staat* 42 (2003), S. 267-283, und Winfried Brugger, »Kampf um die Verfassungsgerichtsbarkeit. 200 Jahre Marbury v. Madison«, in: *JuS* (2003), S. 320-325.

14 Vgl. z. B. Jeremy Waldron, »The Core of the Case Against Judicial Review«, in: *Yale Law Journal* 115 (2006), S. 1346-1407; Ran Hirschl, »The Judicialization of Politics«, in: Keith Whittington u. a. (Hg.), *The Oxford Handbook of Law and Politics*, Oxford 2008, S. 119-141; Larry Kramer, *The People Themselves. Popular Constitutionalism and Judicial Review*, New York 2004.

15 Mark Tushnet, *Taking the Constitution Away from the Courts*, Princeton 1999.

16 Vgl. nur Justin Collings, »Verfassungspatriotismus und Verfassungsgedächtnis: Das Grundgesetz als deutscher Erinnerungsort«, in: *JZ* (2019), S. 1109-1115, und Werner Patzelt, »Warum mögen die Deutschen ihr Verfassungsgericht so sehr?«, in: van Ooyen/Möllers (Hg.), *Handbuch Bundesverfassungsgericht*, S. 313-331, jeweils m. w. N.

17 Matthias Jestaedt u. a. (Hg.), *Das entgrenzte Gericht. Eine kritische Bilanz nach sechzig Jahren Bundesverfassungsgericht*, Berlin 2011.

Bei der Verfassungsgerichtsbarkeit handele sich um eine Institution für junge Demokratien, die den Umbruch gegen die Beharrungskräfte der vordemokratisch sozialisierten Eliten in Politik, Verwaltung und Justiz auf den Weg bringen könne. In einer gefestigten parlamentarischen Demokratie seien sie dagegen überflüssig und wie »Eltern, die das Erwachsenwerden ihres Kindes einfach nicht zur Kenntnis nehmen wollen oder durch Überfürsorge sogar behindern«.[18]

B.

Angesichts des 100-jährigen Geburtstags des ersten auf Verfassungsfragen spezialisierten Gerichts,[19] des österreichischen Verfassungsgerichtshofs, der im Jahr 1920 in Wien das Licht der Welt erblickte,[20] und des unlängst begangenen 70-jährigen Geburtstags des Grundgesetzes geben diese radikalen Schlussfolgerungen Anlass, einige unsichtbare Grenzen ins Bewusstsein zu heben, die die Arbeit des Bundesverfassungsgerichts seit Langem prägen, die aber in der Öffentlichkeit wenig bekannt sind und auch von der Rechtswissenschaft mitunter (zu) wenig beachtet werden.[21]

18 Christoph Schönberger, »Anmerkungen zu Karlsruhe«, in: Jestaedt u. a. (Hg.), *Das entgrenzte Gericht*, S. 9-76, hier S. 45.

19 Zu den beiden Grundtypen der Verfassungsgerichtsbarkeit zuletzt Matthias Jestaedt, »Integrierte und isolierte Verfassungsgerichtsbarkeit«, in: ders., Hidemi Suzuki (Hg.), *Verfassungsentwicklung II*, Tübingen 2019, S. 3-28.

20 Zu seiner Geschichte vgl. Kurt Heller, *Der Verfassungsgerichtshof. Die Entwicklung der Verfassungsgerichtsbarkeit in Österreich von den Anfängen bis zur Gegenwart*, Wien 2010; Ewald Wiederin, »Der österreichische Verfassungsgerichtshof als Schöpfung Hans Kelsens und sein Modellcharakter als eigenständiges Verfassungsgericht«, in: Thomas Simon, Johannes Kalwoda (Hg.), *Schutz der Verfassung. Normen, Institutionen, Höchst- und Verfassungsgerichte* (= *Der Staat*, Beiheft 22 [2014]), S. 283-306.

21 Ein interessanter Blick von außen bei Justin Collings, »An American Perspective in the German Constitutional Court«, in: Anna-Bettina Kaiser u. a. (Hg.), *The U.S. Supreme Court and Contemporary Constitutional Law. The Obama Era and its Legacy*, Baden-Baden 2018, S. 273-302.

I. Antragsprinzip und Arbeitslast

Beginnen wir mit einer eher prosaischen Beobachtung: Eine eng mit dem Vorwurf der Selbstentgrenzung verbundene Erzählung über das Bundesverfassungsgericht geht dahin, dass die Richterinnen und Richter sich in Wahrheit um das Verfassungsprozessrecht nicht scheren und insbesondere Verfassungsbeschwerden letztlich – wie der US Supreme Court – nach Gutdünken zur Entscheidung annehmen oder ablehnen.[22] Das führt mich zu den ersten beiden Grenzen verfassungsrichterlicher Gestaltungsmacht: dem Antragsprinzip und der Arbeitsbelastung.

Das Bundesverfassungsgericht kann nur dann zu einer Frage Stellung nehmen, wenn sie durch einen Antrag – genauer: durch einen *zulässigen* Antrag – an das Gericht herangetragen wird.[23] Man mag es bei rund 6000 Verfahren, die jedes Jahr eingehen, kaum glauben, aber viele spannende Fragen kommen in Karlsruhe einfach nicht an. Umgekehrt müssen alle eingegangenen Verfahren nach den einschlägigen Regeln bearbeitet werden. Die Vorgaben des Bundesverfassungsgerichtsgesetzes mögen Auslegungs- und Interpretationsspielräume aufweisen, von einem freien Zugriff kann dennoch keine Rede sein.[24] Wie sorgsam die Prüfung jeder Verfassungsbeschwerde erfolgt, lässt sich von außen nur schlecht beurteilen, weil knapp über 80 Prozent der Kammerentscheidungen ohne Begründung ergehen.[25] Zu jedem Verfahren wird aber

22 Vgl. Christofer Lenz, Ronald Hansel, *Bundesverfassungsgerichtsgesetz. Handkommentar*, Baden-Baden ³2020, § 92, Rn. 12; Rüdiger Zuck, »Der Zugang zum BVerfG: Was läßt das 5. Änderungsgesetz zum Gesetz über das BVerfG von der Verfassungsbeschwerde noch übrig?«, in: *NJW* (1993), S. 2641-2646.

23 So kommt die Annahme einer Verfassungsbeschwerde zur Entscheidung einer noch ungeklärten Frage mit – für sich genommen – grundsätzlicher verfassungsrechtlicher Bedeutung (vgl. § 93a Abs. 2 Buchst. a BVerfGG) nicht in Betracht, wenn die Verfassungsbeschwerde unzulässig ist (vgl. nur BVerfGE 90, 22 [25]).

24 Zu den »Funktionen des Verfassungsprozessrechts« Christoph Möllers, »Funktionen des Verfassungsprozessrechts«, in: Joachim Münch, Alexander Thiele (Hg.), *Verfassungsrecht im Widerstreit. Gedächtnisschrift für Werner Heun (1953-2017)*, Tübingen 2019, S. 149-174.

25 Das wird immer wieder kritisiert, vgl. eingehend Johannes Hilpert, *Begründungspflicht des Bundesverfassungsgerichts?*, Tübingen 2019, sowie Deutscher Bundestag, Entwurf eines Sechsten Gesetzes zur Änderung des Bundesverfassungsgerichtsgesetzes, Drucksache 19/5492. Überzeugende Gegenkritik bei Martin Eifert, »An-

ein schriftliches Votum erstellt, das auch bei Nichtannahmen nicht selten mehr als 20 Seiten aufweist. Dass das Bundesverfassungsgericht sich jedenfalls nicht nur die Fälle »herauspickt«, die irgendwie »bedeutend« sind, wird durch die stattgebenden Kammerentscheidungen hinreichend belegt: Die überwiegende Mehrzahl betrifft Streitigkeiten mit sehr überschaubarer wirtschaftlicher[26] oder politischer Relevanz.[27] Gerade weil das Bundesverfassungsgericht seinen Auftrag ernst nimmt, den Bürgerinnen und Bürgern auch in vermeintlich kleinen Sachen zu ihrem verfassungsrechtlichen Recht zu verhelfen, wird ihm die Endlichkeit der eigenen Ressourcen deutlich vor Augen geführt.[28] Die Zahl der wirklich komplexen, kniffligen Verfahren, die ein Senat bewältigen kann, dürfte auf fünf bis zehn im Jahr beschränkt sein. Das liegt freilich auch an der Akribie der Vorbereitung, die häufiger zu Voten von einigen hundert Seiten führt, und mehr noch an der zeitaufwendigen, aber ungemein gewinnbringenden Tiefe des Deliberationsprozesses im Senatskollegium.

II. Soziale Kontrolle im Kollegium und Orientierung an der eigenen Rechtsprechung

Das führt mich zu zwei weiteren Aspekten, die nur in dem vom Beratungsgeheimnis geschützten Arkanbereich der Senatsberatungen zum Tragen kommen: der sozialen Kontrolle des einzelnen

griff auf den Rechtsstaat«, ⟨www.sueddeutsche.de/politik/bundesverfassungsgericht-afd-1.4265640⟩, letzter Zugriff 19. 2. 2021.

26 Aus dem Jahr 2018: Betriebskostenumlage im Strafvollzug von 3 Euro/Monat (BVerfG, Beschl. v. 16. 5. 2018 – 2 BvR 635/17); Mieterhöhung von 116 Euro/Monat (BVerfG, Beschl. v. 5. 3. 2018 – 1 BvR 1011/17). Weitere fünf Fälle – und damit rund 10 Prozent aller stattgebenden Kammerentscheidungen (ohne Parallelentscheidungen) – betrafen amtsgerichtliche Urteile nach § 495a ZPO mit einem Streitwert unter 600 Euro.

27 Im Jahr 2018 machten Entscheidungen zu Einzelheiten der Untersuchungs- und Strafhaft, zum Maßregelvollzug, zu strafprozessualen Durchsuchungen, zur Auslieferung/Abschiebung und zur Prozess- bzw. Verfahrenskostenhilfe mehr als die Hälfte der stattgebenden Kammerentscheidungen (ohne Parallelentscheidungen) aus.

28 Zur Bedeutung der Entscheidung für ein »Urteilsverfassungsbeschwerdegericht« statt vieler Matthias Jestaedt, »Phänomen Bundesverfassungsgericht. Was das Gericht zu dem macht, was es ist«, in: ders. u. a. (Hg.), *Das entgrenzte Gericht*, S. 77-158, hier S. 114-119.

Richters durch das Kollegium und der Orientierung an der eigenen Rechtsprechung nebst der im Wechselspiel durch sie geprägten und sie prägenden Dogmatik. Im Verbund ziehen beide Faktoren den Spielraum der Verfassungsrichter weitaus enger, als von außen auf den ersten Blick erkennbar wird. Die sicherlich bestehende »Interpretationsmacht« des Bundesverfassungsgerichts darf auch deshalb nicht mit politischem Dezisionismus verwechselt werden.[29]

Damit soll die politische Dimension der Tätigkeit des Bundesverfassungsgerichts nicht in Abrede gestellt werden:[30] Selbstverständlich haben die Entscheidungen des Bundesverfassungsgerichts, die häufig kontrovers diskutierte Grundfragen des Zusammenlebens in der Gesellschaft betreffen, politische Auswirkungen, und selbstverständlich wohnt jedem Akt richterlicher Rechtsanwendung ein voluntatives und gestaltendes Element inne. Aus beiden Umständen folgt aber keine Einebnung der Gewaltenunterschiede.[31] Das im vorliegenden Zusammenhang häufig pejorativ verwendete Prädikat »politisch« verdeckt hier letztlich mehr, als es erklärt. Denn die Entscheidungsfindung innerhalb von Verfassungsgerichten folgt einer vollkommen anderen Logik als die Entscheidungsfindung im Parlament oder der Regierung. Das liegt zum einen daran, dass Verfassungsrichter gänzlich unabhängig, ohne Eigeninteresse, zumeist mit großem zeitlichen Abstand und ohne Zeitdruck über abgeschlossene Sachverhalte entscheiden. Vor allem aber finden, anders als im Forum der politischen Auseinandersetzung, in den Beratungen der beiden Senate des Bundesverfassungsgerichts

29 Ein eindeutiger Einfluss der Parteinähe einzelner Bundesverfassungsrichter auf die Gerichtsentscheidungen lässt sich empirisch nicht nachweisen, vgl. Benjamin Engst u. a., »Zum Einfluss der Parteinähe auf das Abstimmungsverhalten der Bundesverfassungsrichter – eine quantitative Untersuchung«, in: *JZ* (2017), S. 816-826.

30 Jedenfalls wenn ein aufgeklärtes Verständnis des Politischen zugrunde gelegt wird, vgl. nur Dieter Grimm, »Was ist politisch an der Verfassungsgerichtsbarkeit?«, in: *ZfP* (2019), S. 86-97, und Christoph Möllers, »Legalität, Legitimität und Legitimation des Bundesverfassungsgerichts«, in: Jestaedt u. a. (Hg.), *Das entgrenzte Gericht*, S. 282-422, hier S. 313 ff., 323 ff. Zu unterschiedlichen Begriffen des Politischen Andreas Voßkuhle, »Die politischen Dimensionen der Staatsrechtslehre«, in: Helmuth Schulze-Fielitz (Hg.), *Staatsrechtslehre als Wissenschaft* (= *Die Verwaltung*, Beiheft 7 [2007]), S. 135-157, hier S. 136-138, m. w. N.

31 Eine Neudefinition der Verfassungsgerichtsbarkeit aus politikwissenschaftlicher Sicht bei Armin Glatzmeier, *Gerichte als politische Akteure*, Baden-Baden 2019.

letztlich ausschließlich juristische Argumente Gehör.[32] Wer als Verfassungsrichter diese Regel nicht beachtet, muss sich darauf einstellen, dass sein Einfluss auf das Ergebnis der Beratungen rapide schwindet.[33] Kein Kollege und keine Kollegin marginalisiert sich aber selbst gern.

Außerdem ist der Korridor zulässiger juristischer Argumente deutlich enger, als mancher Beobachter meint. Die auf den ersten Blick angesichts der Unbestimmtheit vieler Verfassungsnormen große Spannbreite der juristischen Argumentation wird erheblich eingeengt durch die konsentierten Regeln juristischer Methodik und den Gedanken der Maßstabskontinuität:[34] Da eine Abweichung von früheren Entscheidungen des Bundesverfassungsgerichts einen erheblichen Argumentationsaufwand erfordert, orientiert sich das Bundesverfassungsgericht meistens an seiner bisherigen, in mittlerweile 153 Entscheidungsbänden niedergelegten Judikatur.[35] Juristische Argumente, die bereits früher eingeschlagene Pfade verlassen, sind in der Senatsberatung nur selten anschlussfähig. Wer in dieser Pfadabhängigkeit eine gewisse Nähe zur angelsächsischen Präjudizienbindung erkennt,[36] liegt so falsch nicht.

III. Bedeutung der Sondervoten

Eine auf den ersten Blick als solche kaum zu erkennende Beschränkung der vermeintlich schrankenlosen richterlichen Gestaltungsmacht stellt die allen Senatsmitgliedern eingeräumte Möglichkeit

32 Vgl. im Einzelnen Uwe Kranenpohl, *Hinter dem Schleier des Beratungsgeheimnisses*, Wiesbaden 2010, S. 162 ff.

33 Vgl. dazu aus rechtsvergleichender Perspektive Matthias Jestaedt, »Verfassungsgericht ist nicht gleich Verfassungsgericht«, in: *JZ* (2019), S. 473-482, hier S. 479-481.

34 Krit. Oliver Lepsius, »Die maßstabsetzende Gewalt«, in: Jestaedt u. a. (Hg.), *Das entgrenzte Gericht*, S. 159-280.

35 Stand 2021: 154 Bände. Zum Begründungsstil des Bundesverfassungsgerichts erhellend zuletzt Ruth Katharina Weber, *Der Begründungsstil von Conseil constitutionnel und Bundesverfassungsgericht*, Tübingen 2019. Vgl. auch Peter Lerche, »Stil und Methode verfassungsgerichtlicher Entscheidungspraxis«, in: Peter Badura, Horst Dreier (Hg.), *Festschrift 50 Jahre Bundesverfassungsgericht*, Bd. I, Tübingen 2001, S. 333-362.

36 So etwa Michael Reinhard, *Konsistente Jurisdiktion*, Tübingen 1997, S. 409 ff. Vgl. auch Mehrdad Payandeh, *Judikative Rechtserzeugung*, Tübingen 2017.

dar, ihre abweichende Meinung öffentlich darzulegen. Diese sogenannten Sondervoten können echte oder vermeintliche Grenzüberschreitungen pointiert – mitunter auch giftig[37] – thematisieren und haben dies in der Vergangenheit auch regelmäßig getan. Die ungekrönte Königin der Sondervoten der letzten zwei Jahrzehnte war sicherlich Gertrude Lübbe-Wolff. Aus ihrer Feder stammen zwölf Sondervoten und Formulierungen wie »Der Senat antwortet auf Fragen, die der Fall nicht aufwirft, mit Verfassungsgrundsätzen, die das Grundgesetz nicht enthält«[38] oder »Nur sollte man sich auf große Wüstenwanderungen, die zu keiner Quelle führen, gar nicht erst schicken lassen«.[39] Bereits die Option des Sondervotums, mehr noch aber seine konkrete Ankündigung wirkt disziplinierend. Bevor sich die Senatsmehrheit durch ein Sondervotum womöglich vorführen lässt, werden die Kolleginnen und Kollegen alles versuchen, um zu einer einvernehmlichen Lösung zu kommen und denkbare Angriffspunkte auszuräumen.[40]

IV. Diskurszusammenhang mit den wissenschaftlichen Mitarbeitern

Im Vorfeld einer Senatsberatung, aber auch bei Kammerentscheidungen kommt als weitere »unsichtbare« Grenze der verfassungsrichterlichen Tätigkeit der Diskurszusammenhang mit den eigenen wissenschaftlichen Mitarbeiterinnen und Mitarbeitern zum Tragen. Sie erarbeiten nicht nur Vermerke und Entwürfe, sondern dienen auch als durchaus kritische »Sparringspartner« für die eigenen Ideen und Lösungsvorschläge.[41] Zumeist handelt es sich um Richter und

37 Vgl. z. B. die Zusammenstellung bei Josef Isensee, »Bundesverfassungsgericht – quo vadis?«, in: *JZ* (1996), S. 1085-1093, hier S. 1087.

38 BVerfGE 112, 1 (44).

39 BVerfGE 134, 366 (426).

40 Wolfgang Heyde, »Dissenting Opinions in der deutschen Verfassungsgerichtsbarkeit«, in: *JöR n. F.* 19 (1970), S. 201-227, hier S. 217. Ausführlich zur Praxis und zu den Wirkungen von Sondervoten Rolf Lamprecht, *Richter contra Richter*, Baden-Baden 1992, S. 32 ff.

41 Vgl. die Schilderungen bei Kranenpohl, *Hinter dem Schleier des Beratungsgeheimnisses*, S. 86 ff., 246 ff., sowie Rüdiger Zuck, »Die wissenschaftlichen Mitarbeiter des Bundesverfassungsgerichts«, in: van Ooyen/Möllers (Hg.), *Handbuch Bundesverfassungsgericht*, S. 443-457, hier S. 450 ff. Vgl. ferner etwa Mayeul

Staatsanwälte, vereinzelt auch um Verwaltungsbeamte oder Nachwuchswissenschaftler, die üblicherweise für einen Zeitraum von zwei bis drei Jahren an das Bundesverfassungsgericht abgeordnet werden. Jedem Dezernat stehen vier Mitarbeiter zu, die jeder Richter selbst auswählt. Sie bringen nicht nur ihre eigenen Vorverständnisse mit ein, sondern – im Fall von Praktikern – auch den wichtigen Blick auf die praktische Umsetzung verfassungsgerichtlicher Judikate im Alltagsgeschäft der Fachgerichte und Behörden. Damit tragen sie zur Pluralisierung der Sichtweisen bei, sorgen aber vor allem auch für eine gewisse Erdung der verfassungsrichterlichen Tätigkeit.

V. Europäischer Gerichtsverbund

In Europa bedeutet »Grundrechtsschutz« immer auch »Mehrebenensystem«. Beides lässt sich schon lange nicht mehr voneinander trennen. Verfolgt man die Entwicklungslinie der Verflechtung nationaler mit europäischer Rechtsprechung, sind es die Etappen anfänglicher – gegenseitiger – Skepsis, sodann eines Kooperationsverhältnisses[42] und schließlich eines europäischen Verfassungsgerichtsverbunds,[43] die den Prozess der fortschreitenden Internationalisierung und Europäisierung markieren. Ergebnis ist ein komplexes Geflecht zwischen nationalen und übernationalen Gerichten wie dem Europäischen Gerichtshof (EuGH) in Luxemburg und dem Europäischen Gerichtshof für Menschenrechte (EGMR) in Straßburg, das sich (in Anlehnung an Renate Jaeger)

Hiéramente, »Der ›Dritte Senat‹ des Bundesverfassungsgerichts. Zur Rolle der Wissenschaftlichen Mitarbeiter«, in: *ZRP* (2020), S. 56-58.

42 Vgl. nur BVerfGE 89, 155 (175).

43 Vgl. BVerfGE 140, 317 (338). Begriffsprägend Andreas Voßkuhle, »Der europäische Verfassungsgerichtsverbund«, in diesem Band, S. 265-289. Vgl. ferner Koen Lenaerts, Moritz Hartmann, »Der Europäische Rechtsprechungsverbund in der Wirtschafts- und Währungsunion«, in: *JZ* (2017), S. 321-332; Matthias Ruffert, »Das Bundesverfassungsgericht als Akteur im Prozess der europäischen Integration«, in: *EuGRZ* (2017), S. 241-249; Heinz-Peter Mansel, »Der europäische Gerichtsverbund – Die deutsche Perspektive: Judikative Gewaltenteilung der checks and balances im Gerichtsverbund«, in: Burkhard Hess (Hg.), *Der europäische Gerichtsverbund – Gegenwartsfragen der internationalen Schiedsgerichtsbarkeit – Die internationale Dimension des europäischen Zivilverfahrensrechts*, Bielefeld 2017, S. 1-34; Markus Ludwigs, »Kooperativer Grundrechtsschutz zwischen EuGH, BVerfG und EGMR«, in: *EuGRZ* (2014), S. 273-285.

treffend mit dem Begriff des Mobiles beschreiben lässt. Anders als bei einem statischen Über- beziehungsweise Unterordnungsverhältnis müssen die einzelnen Akteure selbst dafür sorgen, dass sie die Balance halten.[44]

Mit einigem Recht könnte man fragen: Was soll an dieser Grenze *unsichtbar* sein? Haben nicht gerade erst die Entscheidungen des Ersten Senats zum »Recht auf Vergessen«[45] mit großem Medienecho die enge Verschränkung des europäischen und deutschen Grundrechtsschutzes institutionalisiert?[46] Und tatsächlich: Dass Luxemburger und Straßburger Entscheidungen Einfluss auf das Rechtsleben auch in Deutschland haben, ist offensichtlich. Indes scheint das wahre Ausmaß der Einbindung des Bundesverfassungsgerichts noch immer unterschätzt zu werden. Wie dieser Verbund aus Sicht des Bundesverfassungsgerichts in der Praxis funktioniert, lässt sich anschaulich anhand von zwei Beispielen illustrieren.

Die Zusammenarbeit mit dem EuGH ist in den letzten Jahren anlässlich der Verfahren zur Währungspolitik der EZB auf eine neue Stufe gehoben worden. Da das Bundesverfassungsgericht Zweifel an der Vereinbarkeit des sogenannten OMT-Beschlusses der EZB mit den Vorgaben des Unionsrechts hatte, setzte es im Januar 2014 zunächst das Verfahren aus und legte – erstmals in seiner Geschichte – dem EuGH mehrere Fragen zur Vorabentscheidung vor.[47] Der EuGH folgte dem Zweiten Senat nicht im Ergebnis, nahm aber zentrale Aussagen des Vorlagebeschlusses auf und trug jedenfalls den Karlsruher Bedenken dahingehend Rechnung, dass das Handeln der EZB der gerichtlichen Kontrolle unterliegt.[48] Da-

44 Vgl. dazu Andreas Voßkuhle, »Pyramide oder Mobile? Menschenrechtsschutz durch die europäischen Verfassungsgerichte«, in diesem Band, S. 305-313.

45 BVerfG, Beschl. v. 6. 11. 2019-1 BvR 276/17.

46 Näher dazu Jörn A. Kämmerer, Markus Kotzur, »Vollendung des Grundrechtsschutzes oder Heimholung des Grundrechtsschutzes?«, in: *NVwZ* (2020), S. 177-184; Jürgen Kühling, »Das ›Recht auf Vergessenwerden‹ vor dem BVerfG – November-(R)evolution für die Grundrechtsarchitektur im Mehrebenensystem«, in: *NJW* (2020), S. 275-280; Karl-Heinz Ladeur, »Grundrechtsschutz im europäischen Mehrebenensystem durch das BVerfG«, in: *WRP* (2020), 139-143; Mattias Wendel, »Das Bundesverfassungsgericht als Garant der Unionsgrundrechte«, in: *JZ* (2020), S. 157-168.

47 BVerfGE 134, 366.

48 EuGH, Urt. v. 16. 6. 2015 – C-62/14, ECLI:EU:C:2015:400 (*Gauweiler u. a. v. Deutscher Bundestag*).

mit konnte das Bundesverfassungsgericht trotz vielfältiger Einwände und Kritik an der konkreten Argumentation des EuGH leben und führte – versehen mit verschiedenen Sicherungsmaßgaben – die verfassungs- und unionsrechtlichen Rechtskreise in seinem OMT-Urteil zusammen.[49] Dieses Urteil war Grundlage für die zweite Vorlage im sogenannten PSPP-Verfahren,[50] die der EuGH mit seiner Entscheidung vom 11. Dezember 2018[51] dahingehend beantwortete, dass der intensive Ankauf von Staatsanleihen durch Zentralbanken an den Sekundärmärkten im Rahmen des PSPP-Programms nicht gegen Unionsrecht verstoße. In der mündlichen Verhandlung vom 30./31. Juli 2019 wurden diese Entscheidung und die dort enthaltenen Modifikationen des ursprünglichen Maßstabs im Karlsruher Sitzungssaal eingehend erörtert. Am 5. Mai 2020 verkündete der Zweite Senat dort seine abschließende Entscheidung.[52] Erstmals erklärte er eine Entscheidung des EuGH teilweise für ultra vires und in Deutschland nicht für anwendbar. Von nicht wenigen wurde diese Entscheidung als »Affront«[53] und Abbruch des Dialogs gewertet.[54] Bei genauerem Hinsehen erkennt man jedoch, dass das Bundesverfassungsgericht lediglich die einseitige Schließung des Diskurses vermeiden wollte. Nachdem es sich seit vielen Jahren in Kollisionsvermeidungsstrategien gegenüber dem EuGH übte, ohne dass dieser sich seinerseits zu irgendwelchen Konzessionen entschließen konnte,[55] war die Ultra-vires-Feststellung die ein-

49 BVerfGE 142, 123.

50 BVerfGE 146, 216.

51 EuGH, Urt. v. 11. 12. 2018 – C-493/17, ECLI:EU:C:2018:1000 (*Weiss u. a. v. Deutsche Bundesregierung* u. a.).

52 BVerfG, Urt. v. 5. 5. 2020-2 BvR 859/15, 2 BvR 1651/15, 2 BvR 2006/15, 2 BvR 980/16.

53 So Christian Rath, »Verfassungsrichter zu Anleihekäufen. Karlsruhe nimmt EZB an die Leine«, ⟨https://taz.de/Verfassungsrichter-zu-Anleihekaeufen/!5682971/⟩, letzter Zugriff 19. 2. 2021.

54 Krit. bis abl. z. B. Jochen Frowein, »Schwierige Lage für die Bundesbank«, in: *FAZ* v. 16. 5. 2020, S. 31; Franz C. Mayer, »Auf dem Weg zum Richterfaustrecht?«, ⟨verfassungsblog.de/auf-dem-weg-zum-richterfaustrecht/⟩, letzter Zugriff 19. 2. 2021; Alexander Thiele, »VB vom Blatt: Das BVerfG und die Büchse der ultra-vires-Pandora«, ⟨verfassungsblog.de/vb-vom-blatt-das-BVerfG-und-die-buechse-der-ultra-vires-pandora/⟩, letzter Zugriff 22. 1. 2021; Bernhard Wegener, »Verschroben verhoben! Traurige Einblicke in Karlsruher Parallelwelten«, ⟨https://verfassungsblog.de/verschroben-verhoben/⟩, letzter Zugriff 19. 2. 2021.

55 Sehr klar Matthias Jestaedt, »Europäischer Richterdialog in Zeiten der Krise«,

zige Möglichkeit, die »Schwebelage«[56] zwischen der mitgliedstaatlichen und der unionalen Lesart des Vorrangs des Unionsrechts[57] aufrechtzuhalten.[58]

Dass der »Dialog der Gerichte«[59] auch im Verhältnis des Bundesverfassungsgerichts zum Europäischen Gerichtshof für Menschenrechte nach einer zunehmend intensiveren Beziehungsarbeit verlangt, zeigt mein zweites Beispiel, nämlich die Entscheidung des Zweiten Senats zum Streikverbot für Beamte.[60] Nach der stetigen Rechtsprechung des Bundesverfassungsgerichts[61] kommt der Auslegung der EMRK durch den EGMR eine über den entschiedenen Fall hinausreichende Leit- und Orientierungswirkung für die Auslegung der Grundrechte des Grundgesetzes zu. Es besteht aber keine grenzenlose und unbedingte Befolgungspflicht. Die Notwendigkeit, eine solche Rechtsprechungskohärenz im Verfassungsgerichtsverbund im Blick zu behalten, verkompliziert die Entscheidungsfindung in der Praxis des Bundesverfassungsgerichts und

in: *ZfV* (2020), S. 115-120. Vgl. ferner die differenzierte Analyse bei Wolfgang Kahl, »Optimierungspotential im ›Kooperationsverhältnis‹ zwischen EuGH und BVerfG«, in: *NVwZ* (2020), S. 824-828.

56 Martin Nettesheim, »Das PSPP-Urteil des BVerfG – ein Angriff auf die EU?«, in: *NJW* (2020), S. 1631-1634, hier S. 1631.

57 Während die meisten nationalen Verfassungsgerichte davon ausgehen, dass die Rechtsmacht der Union eine von den Mitgliedstaaten abgeleitete ist und daher limitiert wird durch die eigene Verfassung und den Übertragungsakt, geht der EuGH von der Autonomie des Unionsrechts aus, das damit absoluten Vorrang vor dem nationalen Recht besitzt und ausschließlich vom EuGH interpretiert wird. Da die Verträge nur sehr schwer geändert werden können, besitzt der EuGH damit faktisch die Kompetenz-Kompetenz, vgl. zu dieser alten Frage statt vieler Ulrich Haltern, *Europarecht*, Bd. II, Tübingen ^{3}2017, S. 405 ff.; Gernot Sydow, Fabian Wittreck, *Deutsches und Europäisches Verfassungsrecht I*, München 2019, S. 63 ff.

58 So auch Dieter Grimm, »Jetzt war es soweit«, in: *FAZ* v. 18. 5. 2020, S. 9. Vgl. ferner Ulrich Haltern, »Ultra-vires-Kontrolle im Dienst europäischer Demokratie«, in: *NVwZ* (2020), S. 817-823, der den Vorrang zutreffend als »Gespräch« beschreibt, das sich orientiert an den Parametern »Einheit« und »Vielfalt«.

59 BVerfGE 128, 326 (369). Zur Reaktion des EGMR auf die Entscheidung des BVerfG zur Sicherungsverwahrung vgl. EGMR, Urt. v. 7. 1. 2016 – Az. 23279/14 (*Bergmann v. Deutschland*). Auch der EuGH hat in seinem Urt. v. 16. 7. 2015 – C-681/13, ECLI:EU:C:2015:471 (*Diageo Brands BV v. Simiramida-04 EOOD*), Rn. 59, die Formulierung »Dialog der Gerichte« aufgegriffen.

60 BVerfGE 148, 296.

61 BVerfGE 111, 307; 128, 326.

engt die vermeintlichen Spielräume weiter ein. Zwar hat der Zweite Senat das in Art. 33 Abs. 5 GG verankerte umfassende Streikverbot für vereinbar mit der Koalitionsfreiheit aus Art. 9 Abs. 3 GG erachtet. Zur Begründung dieses Ergebnisses hat er sich aber intensiv mit der Rechtsprechung des EGMR zum konventionswidrigen Streikverbot in der Türkei auseinandersetzen müssen. Wie groß der argumentative Aufwand für den Senat war und wie ernst der Senat die Straßburger Kollegen genommen hat, erkennt man auch daran, dass die Ausführungen zur Vereinbarkeit des Streikverbots mit der EMRK gut die Hälfte der Entscheidungsgründe im engeren Sinn ausmachen.

Unabhängig von diesen konkreten Ergebnissen sollte deutlich geworden sein, dass die fortschreitende Europäisierung und Internationalisierung für nationale Verfassungsgerichte nicht nur Einflussverluste nach sich zieht. Sie bietet vielmehr zugleich die Chance, im europäischen Mehrebenensystem an der Errichtung einer verbindlichen gemeineuropäischen Verfassungs- und Rechtsordnung mitzuwirken. Der auf diese Weise gewonnene Einflussgewinn könnte etwaige Verluste mittel- und langfristig übersteigen.

VI. Rechtsvergleichung

In der Praxis des Bundesverfassungsgerichts spielt auch der rechtsvergleichende Blick auf die Spruchpraxis anderer Verfassungsgerichte eine nicht zu unterschätzende Rolle.[62] Er kann zu einer extensiveren Interpretation anregen, kann aber auch – und deshalb darf er in diesem Zusammenhang nicht fehlen – zu verschärftem Nachdenken anhalten, ob wirklich ein Sonderweg eingeschlagen werden sollte.

Dass vom Bundesverfassungsgericht rechtsvergleichende Argumente erwogen worden sind, geht vergleichsweise selten aus seinen Entscheidungen selbst hervor. Ein besonders prominentes Beispiel aus der Frühphase des Gerichts ist die *Lüth*-Entscheidung aus dem Jahr 1958, in der nicht nur auf die Erklärung der Menschen- und

62 Vgl. zum Folgenden die umfassende Analyse bei Stefan Martini, *Vergleichende Verfassungsrechtsprechung*, Berlin 2018, sowie Andreas Voßkuhle, »Rechtspluralismus als Herausforderung. Zur Bedeutung des Völkerrechts und der Rechtsvergleichung in der Rechtsprechung des Bundesverfassungsgerichts«, in: *ZaöRV* 79 (2019), S. 481-501, m. w. N.

Bürgerrechte von 1789 verwiesen,[63] sondern eine Formulierung des liberalen US Supreme Court-Richters Benjamin N. Cardozo aufgegriffen wird.[64] Im *Spiegel*-Urteil finden sich Bezugnahmen auf andere Rechtssysteme, und zwar sowohl bei den die Entscheidung tragenden vier Stimmen wie auch in der (»abweichenden«) Argumentation – das Sondervotum wurde erst im Dezember 1970 eingeführt – der übrigen Senatsmitglieder.[65] In der Folge hat das Bundesverfassungsgericht zum Beispiel bei der Auslegung des Rechts auf Kriegsdienstverweigerung (Art. 4 GG)[66] und des Wohnungsbegriffs (Art. 13 GG)[67] sowie zur Bewertung von überkommenen Ehehindernissen mit Blick auf die Eheschließungsfreiheit (Art. 6 GG)[68] auf andere Rechtskreise Bezug genommen.[69] Zuletzt hat der Erste Senat in seiner *Fraport*-Entscheidung aus dem Jahr 2011 zur Beantwortung der Frage, unter welchen Voraussetzungen die Versammlungsfreiheit des Art. 8 GG auch Orte umfasst, die außerhalb öffentlicher Straßen, Wege und Plätze liegen, unter anderem auf von den höchsten Gerichten der Vereinigten Staaten und Kanadas entwickelte Kriterien verwiesen.[70] Auch in der Entscheidung zur Suizidhilfe aus dem Jahre 2020 finden sich eingehende rechtsvergleichende Ausführungen.[71]

Die überschaubare Zahl rechtsvergleichender Passagen in den Entscheidungen des Bundesverfassungsgerichts spricht vielleicht dagegen, der Rechtsvergleichung den Platz einer »fünften Auslegungsmethode« im Sinn Peter Häberles[72] zuzuweisen. Es griffe um-

63 BVerfGE 7, 198 (208).

64 Ebd.; vgl. auch Richter Benjamin N. Cardozo in dem Verfahren *Palko v. Connecticut*, 302 U.S. 319/327 (1937).

65 BVerfGE 20, 162 (208, 220f.).

66 BVerfGE 28, 243 (258f.).

67 BVerfGE 32, 54 (70).

68 BVerfGE 36, 146 (165).

69 Umgekehrt wird auch das Bundesverfassungsgericht von ausländischen Gerichten häufig in Bezug genommen, Belege und Beispiele etwa bei Hans-Peter Schneider, »Verfassung und Verfassungsrecht im Zeichen der Globalisierung – zwischen nationaler Entgrenzung und transnationaler Entfaltung«, in: *JöR n. F.* 65 (2017), S. 295-312, hier S. 301.

70 BVerfGE 128, 226 (253).

71 BVerfGE 153, 182 (200-206).

72 Dazu Peter Häberle, »Grundrechtsgeltung und Grundrechtsinterpretation im Verfassungsstaat«, in: *JZ* (1989), S. 913-919, hier S. 916; ders., *Europäische Rechtskultur*, Baden-Baden 1994, S. 78.

gekehrt aber auch zu kurz, die Bedeutung der Rechtsvergleichung allein anhand der sichtbaren Bezugnahmen in den Entscheidungsgründen bemessen zu wollen. Die hinter den Kulissen verfassungsgerichtlicher Rechtsprechung praktizierte Rechtsvergleichung findet aus unterschiedlichen Gründen nicht immer Eingang in die veröffentlichten Entscheidungen des Gerichts. Vielfach enthalten aber die Voten weitreichende rechtsvergleichende Ausführungen.[73]

In den von der Öffentlichkeit wenig wahrgenommenen Wirkbereich fällt auch die persönliche Interaktion der Richter europäischer Verfassungs- beziehungsweise Höchstgerichte.[74] Die im Rahmen von Begegnungen zum Wissens- und Erfahrungsaustausch gewonnenen Erkenntnisse finden über diesen Weg nicht selten Eingang in die Verfassungsrechtsprechung.[75] Wo sich bei vergleichbaren Problemlagen vergleichsweise einhellige Lösungen finden, wird das Bundesverfassungsgericht nicht ohne zwingende Gründe einen völlig anderen Lösungsweg wählen. Auf diese Weise erweist sich die Verfassungsrechtsvergleichung ebenfalls als eine – wenn auch eher weiche – Begrenzung des verfassungsrichterlichen Entscheidungsspielraums.

VII. Beobachtung durch die Rechtswissenschaft

Als letzte unsichtbare Grenze möchte ich auf den Einfluss hinweisen, den die intensive Beobachtung – affirmativ wie kritisch – durch die Rechtswissenschaft auf die Entscheidungspraxis des Bundesver-

73 Für eine Veröffentlichung der internen (rechtsvergleichenden) Dokumente und Arbeitsgrundlagen der Gerichte plädiert Armin von Bogdandy, »European Law Beyond ›Ever Closer Union‹ Repositioning the Concept, its Thrust and the EJC's Comparative Methodology«, in: *European Law Journal* 22 (2016), S. 519-538, hier S. 537 f., mit Verweis auf die bereits bestehende Praxis des italienischen Corte Costituzionale.

74 Vgl. auch Monica Claes, Maartje de Visser, »Are You Networked Yet? On Dialogues in European Judicial Networks«, in: *Utrecht Law Review* 8:2 (2012), S. 100-114.

75 Deutlich Jutta Limbach, »Globalization of Constitutional Law through Interaction of Judges«, in: *VRÜ* (2008), S. 51-55, hier S. 53 f.; vgl. auch Karl-Georg Zierlein, »Entwicklung und Möglichkeiten einer Union: Die Konferenz der Europäischen Verfassungsgerichte«, in: Walther Fürst u. a. (Hg.), *Festschrift für Wolfgang Zeidler*, Bd. I, Berlin 1987, S. 315-350, hier S. 334 f.

fassungsgerichts hat.[76] Allerdings ist das Verhältnis des Bundesverfassungsgerichts zur Rechtswissenschaft, und hier namentlich zur Staatsrechtslehre, durchaus »vielschichtig und ambivalent«.[77] Dass jedenfalls früher nicht alles besser war, zeigt sich daran, dass dieses Verhältnis gerade in der Anfangszeit des Bundesverfassungsgerichts sogar in weiten Teilen als gestört bezeichnet werden muss: Dass ihm Carl Schmitt[78] und seine Schüler, allen voran Ernst Forsthoff,[79] nicht über den Weg trauten, war nicht weiter verwunderlich. Doch auch andere Staatsrechtslehrer fremdelten mit der neuen Institution, wie etwa Richard Thoma, der für Bundesjustizminister Thomas Dehler ein Gegengutachten in der Statusfrage verfasst hatte, und Walter Jellinek, der ihm dazu gratulierte, weil er »es den hochmütigen Bundesverfassungsrichtern kräftig gegeben« habe.[80] Dabei dürfte es wohl auch eine gewisse Rolle gespielt haben, dass die Staatsrechtlehrer – anders als in späterer Zeit – nur in geringer Zahl[81] am Gericht wirken konnten und sich durch einen mit Amtsautorität ausgestatten Interpreten der Verfassung um ihre vormals konkurrenzlose Stellung gebracht – um nicht zu sagen »entthront«[82] – sahen.[83]

76 Aufschlussreich dazu die Beiträge in: Dieter Grimm (Hg.), *Vorbereiter – Nachbereiter? Studien zum Verhältnis von Verfassungsrechtsprechung und Verfassungsrechtswissenschaft*, Tübingen 2019.

77 Vgl. Helmuth Schulze-Fielitz, »Staatsrechtslehre und Bundesverfassungsgericht – prozessual gesehen«, in: Ivo Appel u. a. (Hg.), *Öffentliches Recht im offenen Staat. Festschrift für Rainer Wahl zum 70. Geburtstag*, Berlin 2011, S. 405-432, m. w. N.

78 Carl Schmitt, »Die Tyrannei der Werte«, in: *Säkularisation und Utopie. Ernst Forsthoff zum 65. Geburtstag*, Stuttgart u. a. 1967, S. 37-62, hier S. 62.

79 Ernst Forsthoff, »Diskussionsbeitrag«, in: *VVDStRL* 13 (1955), S. 161-162, hier S. 161: Die Entscheidung BVerfGE 3, 58 sei »ein den gegenwärtigen Justizstaat charakterisierender, apokrypher Souveränitätsakt«.

80 Justin Collings, »Gerhard Leibholz und der Status des Bundesverfassungsgerichts. Karriere eines Berichts und seines Berichterstatters«, in: Anna-Bettina Kaiser (Hg.), *Der Parteienstaat. Zum Staatsverständnis von Gerhard Leibholz*, Baden-Baden 2013, S. 225-258, hier S. 237.

81 Lediglich drei der zunächst 24 Richter waren von Haus aus Staatsrechtslehrer: Konrad Zweigert (Erster Senat), Gerhard Leibholz und Ernst Friesenhahn (Zweiter Senat).

82 Bernhard Schlink, »Die Entthronung der Staatsrechtswissenschaft durch die Verfassungsgerichtsbarkeit«, in: *Der Staat* 28 (1989), S. 161-172, hier S. 168 ff.

83 Vgl. Frieder Günther, »Wer beeinflusst hier wen? Die westdeutsche Staatsrechtslehre und das Bundesverfassungsgericht während der 1950er und 1960er Jahre«,

Die Tätigkeit des Bundesverfassungsgerichts hat rückblickend indes weder zu einer vollständigen »Depossedierung der Rechtswissenschaft« (Forsthoff) geführt[84] noch ist diese »im Bann des Bundesverfassungsgerichts« zum »Bundesverfassungsgerichtspositivismus« (Schlink) degeneriert.[85] Und das ist auch aus Sicht des Gerichts äußerst erfreulich. Es profitiert darüber hinaus vom »personellen Import« in Gestalt der »Professoren-Richter« und deren Vorprägung durch und ihre fortdauernde Affinität zum rechtswissenschaftlichen Diskursraum.[86] Wer hier eine Gefahr der Verwissenschaftlichung des Gerichts wittert,[87] denkt zu sehr in Stereotypen und verkennt, dass es in erster Linie persönlichkeitsabhängig ist,[88] ob man schnell zur Sache kommt oder gerne dogmatische »Glasperlenspiele« betreibt.[89] Unabhängig davon zerschellen wissenschaftliche Konstruktionsträume im Alltag sehr schnell an der Kompliziertheit und Sperrigkeit der zu entscheidenden Fälle und dem Bemühen aller Richterinnen und Richter, Entscheidungsspielräume für die Zukunft zu bewahren. Selbst in Fällen, in denen ein neuer konzeptioneller Gedanke Eingang in die Rechtsprechung findet, wird er regelmäßig durch Ausnahmevorbehalte und andere

in: van Ooyen/Möllers (Hg.), *Handbuch Bundesverfassungsgericht*, S. 205-217, hier S. 206 ff.

84 Ernst Forsthoff, »Die Umbildung des Verfassungsgesetzes«, in: Hans Barion u. a. (Hg.), *Festschrift für Carl Schmitt zum 70. Geburtstag*, Berlin 1959, S. 35-62, hier S. 61.

85 So aber Schlink (»Die Entthronung der Staatsrechtswissenschaft«, S. 162 f.) mit Blick auf die Staatsrechtslehre. Dagegen zutreffend zuletzt Dieter Grimm, »Vorbereiter – Nachbereiter: Bilanz«, in: ders. (Hg.), *Vorbereiter – Nachbereiter*, S. 397-422, hier S. 416 ff.

86 Vgl. nur Thomas Oppermann, »Das Bundesverfassungsgericht und die Staatsrechtslehre«, in: Badura/Dreier (Hg.), *Festschrift 50 Jahre Bundesverfassungsgericht*, Bd. I, S. 421-460, hier S. 428 ff., speziell mit Blick auf Staatsrechtslehrer. Zur Wissenschaftsorientierung der Verfassungsjudikatur vgl. auch Jestaedt, »Phänomen Bundesverfassungsgericht«, S. 124 ff.

87 Vgl. Schulze-Fielitz, »Staatsrechtslehre und Bundesverfassungsgericht«, S. 420 ff.

88 Zur Personalisierung der Verfassungsgerichtsbarkeit rechtsvergleichend Oliver Lepsius, »La Cour, c'est moi. Zur Personalisierung der (Verfassungs-)Gerichtsbarkeit im Vergleich Deutschland – England – USA«, in: *JöR n. F.* 64 (2016), S. 123-182.

89 Aufschlussreich dazu die Selbstbeschreibung des großen Staatsrechtslehrers und Richters Konrad Hesse, vgl. Andreas Voßkuhle, Jakob Schemmel, »Konrad Hesse als Verfassungsrichter«, in: *AöR* 144 (2019), S. 425-442, hier S. 427-429.

»Weichspüler« relativiert. Die sicherlich im internationalen Vergleich eher ausgreifenden Formulierungen der Obersätze in den Entscheidungen des Bundesverfassungsgerichts gehen denn auch nicht so sehr auf einzelne richterliche Vorlieben zurück, sondern sind vor allem bedingt durch die deutsche Rechtskultur.[90] Dass der Einfluss der Wissenschaft als anregender, aber auch als korrigierender und disziplinierender Faktor bei der Entscheidungsfindung nicht stärker im Bewusstsein der Öffentlichkeit steht,[91] dürfte mit dem bereits angesprochenen Unterschied zwischen vorbereitenden Voten und den nach Abschluss des Verfahrens veröffentlichten Entscheidungsgründen zusammenhängen. In den Voten werden so gut wie alle zu den einschlägigen Fragen veröffentlichten Beiträge zusammengetragen und aufbereitet. In den Entscheidungsgründen wurde traditionell jedoch kaum je darauf Bezug genommen;[92] diesbezüglich ist in jüngerer Zeit aber eine Entwicklung hin zu einer großzügigeren und transparenteren Praxis erkennbar.[93]

C.

Wir können daher festhalten: Die Schwierigkeit, das Spannungsverhältnis zwischen demokratischer Mehrheitsentscheidung und verfassungsrechtlicher Bindung immer wieder angemessen aufzulösen, wird die Verfassungsgerichtsbarkeit, wird das Bundesverfassungsgericht stets begleiten. Der vermeintlich »blaue Himmel der Rechtskraft« ist allerdings durchzogen von vergleichsweise engen Flugkorridoren. Von einem »entgrenzten« Gericht kann daher keine Rede sein.

Das Bundesverfassungsgericht hat sich auch nicht vom Stützrad der Bonner zum fünften Rad am Wagen der Berliner Republik ent-

90 Vgl. Weber, *Der Begründungsstil*, S. 17 ff.

91 Zur Kontextualisierung als Aufgabe der Rechtswissenschaft Oliver Lepsius, »Kontextualisierung als Aufgabe der Rechtswissenschaft«, in: *JZ* (2019), S. 793-802.

92 Krit. statt vieler Matthias Jestaedt, »Autorität und Zitat. Anmerkungen zur Zitierpraxis des Bundesverfassungsgerichts«, in: Steffen Detterbeck u. a. (Hg.), *Recht als Medium der Staatlichkeit. Festschrift für Herbert Bethge*, Berlin 2009, S. 513-533.

93 Vgl. Schulze-Fielitz, »Staatsrechtslehre und Bundesverfassungsgericht«, S. 423 ff.

wickelt. Warum wir es auch in einer funktionierenden Demokratie dringend brauchen, hat meine Amtsvorgängerin Jutta Limbach treffend wie folgt zusammengefasst:

> Die Mehrheitsregel prägt nicht allein das Wesen der westlichen Demokratie. [...] Zur Demokratie gehören auch bestimmte grundlegende Werte wie die Menschenrechte, auf die alle Staatsorgane verpflichtet sind. [...] Richterinnen und Richter müssen sich daher bewusst sein, dass sie in einem Spannungsverhältnis arbeiten, auf dessen einer Seite die Mehrheitsregel und auf der anderen Seite die grundlegenden Wertentscheidungen unserer Verfassung Beachtung fordern. [...] Sie haben [daher] der Mehrheit zu trotzen, sobald verfassungsrechtliche Garantien wie etwa Minderheitenrechte auf dem Spiel stehen.[94]

Gerade wegen dieser minderheitsschützenden Funktion ist die Verfassungsgerichtsbarkeit in Polen und Ungarn im Namen der sogenannten illiberalen Demokratie entmachtet worden. Dass hierfür just das Argument der Justizialisierung der Gesellschaft, der Übergriffigkeit der Verfassungsgerichte zum Nachteil des in der parlamentarischen Mehrheit zum Ausdruck kommenden Volkswillens bemüht worden ist,[95] sollte uns aufhorchen lassen.

94 Jutta Limbach, »Im Namen des Volkes«, in: dies. (Hg.), *Das Bundesverfassungsgericht. Geschichte – Aufgabe – Rechtsprechung*, Heidelberg 2000, S. 6-10, hier S. 8.

95 Vgl. Voßkuhle, »Rechtsstaat und Demokratie«, in diesem Band, S. 199-218, hier S. 206 f., m. w. N.

Applaus von der »falschen« Seite
Zur Folgenverantwortung von Verfassungsgerichten

A.

Die Entscheidung des Bundesverfassungsgerichts zum PSPP-Programm der Europäischen Zentralbank vom 5. Mai 2020[1] hat Zustimmung,[2] aber auch viel Ablehnung[3] erfahren.[4] Ein wesentlicher Kritikpunkt war und ist die vermeintlich prekäre Vorbildwirkung für andere Gerichte.[5] Indem das BVerfG die vorgängige Ent-

1 BVerfGE 154, 17.

2 Vgl. z. B. Klaus F. Gärditz, »Glaubwürdigkeitsprobleme im Unionsverfassungsrecht«, in: *EuZW* (2020), S. 505-508; Ulrich Haltern, »Ultra-vires-Kontrolle im Dienst europäischer Demokratie«, in: *NVwZ* (2020), S. 817-823; Wolfgang Kahl, »Optimierungspotential im ›Kooperationsverhältnis‹ zwischen EuGH und BVerfG«, in: ebd., S. 824-828; Paul Kirchhof, »Die Rechtsarchitektur der Europäischen Union«, in: *NJW* (2020), S. 2057-2063; Markus Ludwigs, »Scherbenhaufen oder Chance?«, in: *EuZW* (2020), S. 530-533; Michael Pießkalla, »Das BVerfG-Urteil zum Staatsanleihenprogramm der EZB: Eine wichtige rote Linie«, in: ebd., S. 538-543; Matthias Ruffert, »Ultra-vires-Kontrolle über EZB-Anleihekäufe und EuGH-Urteil«, in: *JuS* (2020), S. 574-577; Sven Simon, Hannes Rathke, »›Schlechterdings nicht mehr nachvollziehbar‹ – Warum?«, in: *EuZW* (2020), S. 500-503; Frank Schorkopf, »Wer wandelt die Verfassung?«, in: *JZ* (2020), S. 734-740; Stephan Wernicke, »Ist Europa sterblich? – Eine rechtstheologische Rekonstruktion der Debatte um das EZB-Urteil des Bundesverfassungsgerichts«, in: *EuZW* (2020), S. 543-544; vgl. auch Martin Nettesheim, »Das PSPP-Urteil des BVerfG – ein Angriff auf die EU?«, in: *NJW* (2020), S. 1631-1634; und Helmut Siekmann, »Gerichtliche Kontrolle der Käufe von Staatsanleihen durch das Eurosystem«, in: *EuZW* (2020), S. 491-500.

3 Vgl. z. B. Christian Calliess, »Konfrontation statt Kooperation zwischen BVerfG und EuGH?«, in: *NVwZ* (2020), S. 897-904; Jan Dietze u. a., »Europa – Quo vadis?«, in: *EuZW* (2020), S. 525-530; Franc C. Mayer, »Der Ultra vires-Akt«, in: *JZ* (2020), S. 725-734; Ingolf Pernice, »Machtspruch aus Karlsruhe: ›Nicht verhältnismäßig? – Nicht verbindlich? – Nicht zu fassen …‹«, in: *EuZW* (2020), S. 508-519; Winfried Tilmann, »Verfassungsgericht verletzt das Unionsrecht«, in: *IWRZ* (2020), S. 166-170; Bernhard W. Wegener, »Karlsruher Unheil – Das Urteil des Bundesverfassungsgerichts vom 5. Mai 2020 (2 BvR 859/15) in Sachen Staatsanleihekäufe der Europäischen Zentralbank«, in *EuR* (2020), S. 347-364.

4 Überblick über die ersten Reaktionen auf die Entscheidung in den Printmedien und den Blogs bei Kahl, »Optimierungspotential im ›Kooperationsverhältnis‹«, S. 824, Fn. 1, und Wegener, »Karlsruher Unheil«, S. 347, Fn. 2.

5 Deutlich statt vieler etwa Mayer, »Ultra vires-Akt«, S. 732; Pernice, »Machtspruch

scheidung des Europäischen Gerichtshofs im Vorlageverfahren als Ultra-vires-Akt qualifiziert habe, ermuntere es andere Gerichte, es ihm gleichzutun. Dies gefährde den Vorrang des Europarechts und damit das Fundament der Europäischen Union. Insbesondere die rechtspopulistischen Regierungen in Polen und Ungarn erhielten hier argumentative Schützenhilfe, um Entscheidungen des EuGH, der einzelne Regelungen der polnischen und ungarischen Justizreform für europarechtswidrig erklärt hat,[6] nicht zu befolgen. Bestätigt fühlen sich die Kritiker unter anderem durch die Verlautbarungen des polnischen Ministerpräsidenten Mateusz Morawiecki, der unmittelbar nach der Verkündung von »einem der wichtigsten Urteile in der Geschichte der Europäischen Union« sprach.[7]

Die Diskussion über die richtigen Reaktionen auf die Entmachtung des polnischen Verfassungsgerichts und die »Umpolitisierung« der polnischen Justiz[8] prägen seit einigen Jahren meine Gespräche mit Mirosław Wyrzykowski, dem ich schon während seiner Zeit

aus Karlsruhe«, S. 518. Warnend bereits Ulrich Karpenstein, »Zu Nebenwirkungen und Risiken: Das EZB-Anleihenkaufprogramm vor dem BVerfG«, in: *EuZW* (2019), S. 705-706, hier S. 706.

6 Zu Polen vgl. zuletzt EuGH, Urt. v. 24. 6. 2019/C 619/18, ECLI:EU:C:2019:615 (*Kommission v. Polen*); EuGH, Urt. v. 5. 11. 2019/C 192/18, ECLI:EU:C:2019:924 (*Kommissionv.Polen*); EuGH, Urt. v. 19. 11. 2019/verb. Rsn C-585/18, ECLI:EU:C:2019:982 u. a. (*A. K. v. Krajowa Rada Sądownictwa* – Vorlagen zu drei Richterklagen wegen vorzeitiger Versetzung in den Ruhestand); EuGH – Beschl. v. 8. 4. 2020/C-791/19, ECLI:EU:C:2020:277 (*Kommission v. Polen*) (Verfahren des vorläufigen Rechtsschutzes). Zu Ungarn vgl. EuGH – Urt. v. 8. 4. 2014/C-286/12, ECLI:EU:C:2010:419 (*Kommission v. Ungarn*) (Altersdiskriminierung durch das Herabsenken des Renteneintrittsalters von Richtern, Staatsanwälten und Notaren); EuGH – Urt. v. 18. 6. 2020/C-78/18, ECLI:EU:C:2020:476 (*Kommission v. Ungarn*) (Feststellung der Verletzung der Kapitalverkehrsfreiheit und der Grundrechtecharta durch ungarisches NGO-Gesetz).

7 Marlene Grunert u. a., »Richter gegen Richter – Wenn Europa sein Schwert zieht«, ⟨https://www.faz.net/aktuell/politik/ezb-urteil-des-bundesverfassungsgerichts-richter-gegen-richter-16773073.html⟩, letzter Zugriff 23. 2. 2021.

8 Die Formulierung stammt von Adolf Julius Merkl, der damit die unter dem Stichwort »Entpolitisierung« Ende der 1930er Jahre vorgenommene Justizreformen in Österreich charakterisierte, die zum Ziel hatten, insbesondere sozialdemokratische Richter aus dem österreichischen Verfassungsgerichtshof zu entfernen, vgl. näher dazu Christoph Grabenwarter, »Der Österreichische Verfassungsgerichtshof«, in: Armin von Bogdandy u. a. (Hg.), *Handbuch Ius Publicum Europaeum*, Bd. VI: *Verfassungsgerichtbarkeit in Europa: Institutionen*, Heidelberg 2016, § 102, Rn. 31.

als Verfassungsrichter freundschaftlich verbunden war, mit dem ich mich aber auch danach aufgrund unserer gemeinsamen Arbeit im 255er Gremium des Europäischen Rates[9] regelmäßig austauschen konnte und kann. Vor diesem Hintergrund ist sein 70. Geburtstag ein guter Anlass, dem soeben skizzierten Vorwurf, »falsche« Freunde auf den Plan gerufen zu haben, näher nachzugehen. Die vielen anderen diskussionswürdigen Aspekte der PSPP-Entscheidung sollen dabei weitgehend außen vor bleiben.

B.

Aus meiner Sicht gibt es mindestens fünf Gründe, warum der Vorwurf, das BVerfG sei mit dieser Entscheidung seiner Folgenverantwortung[10] im Hinblick auf die europäische Rechtsstaatskrise[11] nicht gerecht geworden, vielleicht gut gemeint ist, in der Sache aber nicht trägt und eher kontraproduktive Wirkung entfaltet.

1. Zunächst muss man sich vor Augen halten, dass die dogmatischen Grundlagen für die Annahme eines Ultra-vires-Aktes nicht erst aus Anlass der PSPP-Entscheidung entwickelt wurden, sondern es sich um eine fast 30 Jahre alte Rechtsprechungslinie handelt, die ihren Ausgangspunkt im *Maastricht*-Urteil aus dem Jahr 1993 findet.[12] Allerspätestens nach der *Honeywell*-Entscheidung vom 6. Juli 2010[13] konnte kein Zweifel mehr bestehen, dass nach dieser Rechtsprechung nicht nur Gesetzgebungs- und Exekutivakte, sondern

9 Gemäß Art. 255 AEUV ist ein Ausschuss einzurichten, der Stellungnahmen »zur Eignung der Bewerber für die Ausübung des Amts eines Richters oder Generalanwalts beim Gerichtshof oder beim Gericht« abgibt.

10 Vgl. dazu etwa Dieter Grimm, »Entscheidungsfolgen als Rechtsgründe: Zur Argumentationspraxis des deutschen Bundesverfassungsgerichts«, in: Gunther Teubner (Hg.), *Entscheidungsfolgen als Rechtsgründe*, Baden-Baden 1995, S. 139-159. Allgemein zur Folgenorientierung in der Rechtsanwendung vgl. Martina Renate Deckert, *Folgenorientierung in der Rechtsanwendung*, München 1995. Vgl. ferner bereits Thomas Sambuc, *Folgenerwägungen im Richterrecht*, Berlin 1977; Thomas Wälde, *Juristische Folgenorientierung*, Frankfurt/M. 1979; und Gertrude Lübbe-Wolff, *Rechtsfolgen und Realfolgen*, Freiburg 1981.

11 Näher dazu statt vieler Andreas Voßkuhle, »Rechtsstaat und Demokratie«, in diesem Band, S. 199-218.

12 BVerfGE 89, 155 (188, 209 f.).

13 BVerfGE 126, 286 (286 ff.).

auch Urteile des EuGH unter bestimmten Voraussetzungen vom Bundesverfassungsgericht für ultra vires erachtet werden können. Dort heißt es:

> Die Pflicht des Bundesverfassungsgerichts, substantiierten Rügen eines Ultra-vires-Handelns der europäischen Organe und Einrichtungen nachzugehen, ist mit der vertraglich dem Gerichtshof übertragenen Aufgabe zu koordinieren, die Verträge auszulegen und anzuwenden und dabei Einheit und Kohärenz des Unionsrechts zu wahren (vgl. Art. 19 Abs. 1 UAbs. 1 Satz 2 EUV, Art. 267 AEUV). Wenn jeder Mitgliedstaat ohne weiteres für sich in Anspruch nähme, durch eigene Gerichte über die Gültigkeit von Rechtsakten der Union zu entscheiden, könnte der Anwendungsvorrang praktisch unterlaufen werden, und die einheitliche Anwendung des Unionsrechts wäre gefährdet. Würden aber andererseits die Mitgliedstaaten vollständig auf die Ultra-vires-Kontrolle verzichten, so wäre die Disposition über die vertragliche Grundlage allein auf die Unionsorgane verlagert, und zwar auch dann, wenn deren Rechtsverständnis im praktischen Ergebnis auf eine Vertragsänderung oder Kompetenzausweitung hinausliefe. Dass in den – wie nach den institutionellen und prozeduralen Vorkehrungen des Unionsrechts zu erwarten – seltenen Grenzfällen möglicher Kompetenzüberschreitung seitens der Unionsorgane die verfassungsrechtliche und die unionsrechtliche Perspektive nicht vollständig harmonieren, ist dem Umstand geschuldet, dass die Mitgliedstaaten der Europäischen Union auch nach Inkrafttreten des Vertrags von Lissabon Herren der Verträge bleiben und die Schwelle zum Bundesstaat nicht überschritten wurde (vgl. BVerfGE 123, 267 [370 f.]). Die nach dieser Konstruktion im Grundsatz unvermeidlichen Spannungslagen sind im Einklang mit der europäischen Integrationsidee kooperativ auszugleichen und durch wechselseitige Rücksichtnahme zu entschärfen.[14]

Allein seit dem Jahre 2011 wurde in fünf öffentlichkeitswirksamen Entscheidungen[15] zum europäischen Finanzsystem eine Ultra-vires-Kontrolle durch das Bundesverfassungsgericht vorgenommen und mit mehr oder minder großem Begründungsaufwand ein ausbrechender Rechtsakt seitens der Unionsorgane gerade noch verneint.[16] Es bedurfte daher nicht erst der PSPP-Entscheidung, um

14 BVerfGE 126, 286 (302 f.); siehe auch BVerfGE 154, 17 (90 f., Rn. 111).

15 Vgl. BVerfGE 129, 124; BVerfGE 131, 152; BVerfGE 132, 195 (287 ff.); BVerfGE 146, 216; BVerfGE 151, 202.

16 So zutreffend Matthias Jestaedt, »Europäischer Richterdialog in Zeiten der Krise«, in: *ZfV* (2020), S. 115-120.

den Regierungen in Warschau oder Budapest Wege für die Nichtbeachtung einer Entscheidung des EuGH aufzuzeigen.

2. Die Ultra-vires-Konstruktion, die zurückgeht auf die Vorstellung, dass die Rechtsmacht der Union eine von den Mitgliedstaaten nach Maßgabe ihrer jeweiligen Verfassungen übertragene und begrenzte ist,[17] wird im Kern von vielen Verfassungsgerichten innerhalb der Europäischen Union mitgetragen;[18] und das Bundesverfassungsgericht ist nicht das erste Gericht, das sich an eine Entscheidung des EuGH *nicht* gebunden fühlt. Vorher hatten bereits der Conseil d'État,[19] das tschechische Verfassungsgericht[20] und der dänische Oberste Gerichtshof[21] EuGH-Urteile für ultra vires erklärt – alles Gerichte, die nicht im Verdacht stehen, europafeindlich oder rechtsstaatsfern zu agieren.[22] Die in diesen Entscheidungen entwickelten Voraussetzungen für die Feststellung eines Ultra-vires-Aktes liegen deutlich unter denen des Bundesverfassungsgerichts. Wer dem EuGH das »letzte Wort« in einem konkreten Fall absprechen will, bezieht sich also besser auf diese Rechtsprechung und nicht auf die des Bundesverfassungsgerichts. Denn

3. die materiellen Anforderungen des Bundesverfassungsgerichts an einen Ultra-vires-Akt sind nicht nur enorm hoch, sie sind zu-

17 Dagegen geht der EuGH von einer autonomen europäischen Rechtsordnung aus, die absoluten Vorrang vor dem nationalen Recht besitzt und über die er allein im Sinne der Kompetenz-Kompetenz entscheidet. Zu den zwei konkurrierenden Konstruktionsmodellen des Europarechts vgl. hier nur Ulrich Haltern, *Europarecht II*, Tübingen [3]2017, S. 405-541.; Gernot Sydow, Fabian Wittreck, *Deutsches und Europäisches Verfassungsrecht I*, München 2019, S. 63-94.

18 Vgl. die Nachweise in BVerfGE 142, 123 (197 f.).

19 Conseil d'État – Assemblée 22. 12. 1978/Rec. 524 (*Ministère de l'Intérieur v. Cohn-Bendit*). Dazu und zur weiteren Entwicklung der Rechtsprechung Franz C. Mayer u. a., »Der Vorrang des Europarechts in Frankreich«, in: *EuR* (2008), S. 63-87.

20 TschechVerfG – Urt. v. 31. 1. 2012/PI ÚS 5/12 (*Slovak Pensions*), in Reaktion auf EuGH – Urt. v. 22. 6. 2011/C-399/09, ECLI:EU:C:2011:415 (*Landtová v. Česká správa socialního zabezpečení*).

21 Højesteret – Urt. v. 6. 12. 2016/15/2014 (*Dansk Industrie [Ajos]*) in Reaktion auf EuGH – Urt. v. 19. 3. 2016/C-441/14, ECLI:EU:C:2016:278 (*Dansk Industri [DI] v. Rasmussen*).

22 Relativierend aber etwa Wegener, »Karlsruher Unheil«, S. 361, mit dem wenig nachvollziehbaren Hinweis, es handele sich dort um »randständige Rechtsfragen«. Wieso sollte gerade bei »randständigen Rechtsfragen« die Befugnis bestehen, eine Bindung an EuGH-Entscheidungen zu verneinen?

dem prozedural zweifach abgesichert: Vor der Annahme eines Ultra-vires-Aktes ist dem EuGH im Rahmen eines Vorabentscheidungsverfahren nach Art. 267 AEUV grundsätzlich die Gelegenheit zur Vertragsauslegung sowie zur Entscheidung über die Gültigkeit und die Auslegung der fraglichen Handlung zu geben.[23] Befugt zur Prüfung, ob ein Ultra-vires-Akt vorliegt, ist ausschließlich das Bundesverfassungsgericht.[24] Das materielle Prüfungsprogramm hat der Zweite Senat in seiner PSPP-Entscheidung noch einmal wie folgt zusammengefasst:[25]

Ersichtlich ist ein Verstoß gegen das Prinzip der begrenzten Einzelermächtigung nur dann, wenn die Organe, Einrichtungen und sonstigen Stellen der Europäischen Union die Grenzen ihrer Kompetenzen in einer das Prinzip der begrenzten Einzelermächtigung spezifisch verletzenden Art überschritten haben (Art. 23 Abs. 1 GG), der Kompetenzverstoß mit anderen Worten hinreichend qualifiziert ist. Das setzt voraus, dass das kompetenzwidrige Handeln der Unionsgewalt offensichtlich ist und innerhalb des Kompetenzgefüges zu einer strukturell bedeutsamen Verschiebung zulasten mitgliedstaatlicher Kompetenzen führt. Eine strukturell bedeutsame Verschiebung zulasten mitgliedstaatlicher Kompetenzen liegt vor, wenn die Kompetenzüberschreitung im Hinblick auf das Prinzip der begrenzten Einzelermächtigung und die rechtsstaatliche Gesetzesbindung erheblich ins Gewicht fällt (vgl. BVerfGE 126, 286 [304]). [...] Die Ultra-vires-Kontrolle ist zurückhaltend und europafreundlich durchzuführen. Die Auslegung und Anwendung des Unionsrechts einschließlich der Bestimmung der dabei anzuwendenden Methode ist zuvörderst Aufgabe des Gerichtshofs, dem es gemäß Art. 19 Abs. 1 Satz 2 EUV obliegt, bei der Auslegung und Anwendung der Verträge das Recht zu wahren. Die vom Gerichtshof entwickelten Methoden richterlicher Rechtskonkretisierung beruhen dabei auf den gemeinsamen (Verfassungs-)Rechtstraditionen der Mitgliedstaaten (vgl. auch Art. 6 Abs. 3 EUV, Art. 340 Abs. 2 AEUV), wie sie sich nicht zuletzt in der Rechtsprechung ihrer Verfassungs- und Höchstgerichte sowie des Europäischen Gerichtshofs für Menschenrechte niedergeschlagen haben. Die Handhabung dieser Methoden und Grundsätze kann – und muss – derjenigen durch innerstaatliche Gerichte nicht vollständig entsprechen, sie kann sich über diese aber auch nicht ohne Weiteres hinwegsetzen. Die Eigentümlichkeiten des Unionsrechts bedingen allerdings

23 BVerfGE 126, 286 (304). Kritisch Paul Kirchhof, »Stabilität von Recht und Geldwert in der Europäischen Union«, in: *NJW* (2013), S. 1-6, hier S. 5.

24 BVerfGE 123, 267 (354).

25 BVerfGE 154, 17 (90 f., Rn. 110, 112 f.).

nicht unbeträchtliche Abweichungen hinsichtlich der Bedeutung und Gewichtung der unterschiedlichen Interpretationsmittel. Eine offenkundige Außerachtlassung der im europäischen Rechtsraum überkommenen Auslegungsmethoden oder allgemeiner, den Rechtsordnungen der Mitgliedstaaten gemeinsamer Rechtsgrundsätze ist vom Mandat des Art. 19 Abs. 1 Satz 2 EUV nicht umfasst. Es ist vor diesem Hintergrund nicht Aufgabe des Bundesverfassungsgerichts, bei Auslegungsfragen im Unionsrecht, die auch bei methodengerechter Bewältigung im üblichen rechtswissenschaftlichen Diskussionsrahmen zu unterschiedlichen Ergebnissen führen können, seine Auslegung an die Stelle derjenigen des Gerichtshofs zu setzen (vgl. BVerfGE 126, 286 [307]). Es muss eine Entscheidung durch den Gerichtshof vielmehr auch dann respektieren, wenn dieser zu einer Auffassung gelangt, der sich mit gewichtigen Argumenten entgegentreten ließe, solange sie sich auf anerkannte methodische Grundsätze zurückführen lässt und nicht objektiv willkürlich erscheint. Mit der in Art. 19 Abs. 1 Satz 2 EUV enthaltenen Aufgabenzuweisung, die Wahrung des Rechts bei der Auslegung und Anwendung der Verträge zu sichern, ist auch ein Anspruch auf Fehlertoleranz verbunden (vgl. BVerfGE 126, 286 [307]; 142, 123 [200 f., Rn. 149]). Die Annahme einer offensichtlichen Kompetenzüberschreitung setzt allerdings nicht voraus, dass keine unterschiedlichen Rechtsauffassungen zu der in Rede stehenden Frage vertreten werden. Dass Stimmen im Schrifttum, in der Politik oder den Medien einer Maßnahme Unbedenklichkeit attestieren, hindert die Feststellung einer offensichtlichen Kompetenzüberschreitung grundsätzlich nicht. »Offensichtlich« kann die Kompetenzüberschreitung auch dann sein, wenn ihre Annahme das Ergebnis einer sorgfältigen und detailliert begründeten Auslegung ist (vgl. BVerfGE 82, 316 [319 f.]; 89, 243 [250]; 89, 291 [300]; 95, 1 [14 f.]; 103, 332 [358 ff.]; 142, 123 [201, Rn. 150]). Insoweit gelten im Rahmen der Ultra-vires-Kontrolle die allgemeinen Grundsätze (vgl. BVerfG, Urteil des Zweiten Senats vom 30. Juli 2019 – 2 BvR 1685/14, 2 BvR 2631/14 –, Rn. 152).

Die hohen Hürden für die Annahme eines Ultra-vires-Aktes dienen dem Ziel, die Integrität der Entscheidungen des EuGH und den Vorrang des Europarechts zu schützen. Diese Konzeption hat aber auch ihre Nachteile: Zum einen ist der EuGH bei jedem geltend gemachten Kompetenzverstoß eines europäischen Organs aufgrund der durch das BVerfG selbst auferlegten Vorlageverpflichtung immer »mit im Boot«. Das die Ultra-vires-Handlung eines europäischen Organs bestätigende Urteil muss immer mit aufgehoben werden. Das verleiht dem (doppelten) Ultra-vires-Ausspruch eine besondere Schwere. Hätte das BVerfG zum Beispiel lediglich festgestellt, dass die EZB mit dem PSPP ultra vires handelt und den EuGH gar nicht in das Verfahren einbezogen, wäre die Kritik vermutlich verhaltener ausgefallen. Zum anderen wirken die – durch den Maßstab des Bundesverfassungsgerichts determinierten – Formulierungen wie »objektiv willkürlich« oder »schlechterdings nicht mehr nachvollziehbar«[26] gerade auf Nichtjuristen wenig verbindlich und gegenüber einem europäischen Höchstgericht »oberlehrerhaft«.[27] Tatsächlich sind sie aber zum Schutz des EuGH und seiner Urteile gedacht, weil sie hohe Hürden aufbauen. Juristen wissen, dass mit ihnen kein persönlicher Vorwurf verbunden ist.[28] Mit beiden Ambivalenzen muss das Gericht leben, wenn es seine Maßstäbe nicht aufweichen will. Statt diesen Umstand zu skandalisieren,[29] wäre es Aufgabe der Wissenschaft, ihn zu erklären.

4. Als Vorbild für die Abwehr missliebiger EuGH-Urteile taugt die PSPP-Entscheidung ferner bereits deshalb nicht, weil ihre Stoßrichtung eine völlig andere ist. Während es den rechtspopulistischen Regierungen in Ungarn und Polen möglicherweise darum gehen könnte, die europarechtliche Kontrolle einzelner Schritte ihrer jeweiligen Justizreformen durch den EuGH zu verhindern, fordert das Bundesverfassungsgericht im konkreten Fall[30] gerade ein Mehr an Kontrolle durch den EuGH, der seine Aufgabe als Hüter der Kompetenzordnung ernster nehmen soll. Ganz abgesehen davon hat das Bundesverfassungsgericht in den letzten sechs Jahrzehnten viel getan, um die Idee der »Integration durch Recht« zu stärken[31] und größere Konflikte mit dem EuGH zu vermeiden.[32] Kein In-

26 BVerfGE 154, 17 (91f. Rn. 112f., S. 96, Rn. 118).

27 So z. B. Kahl, »Optimierungspotential im ›Kooperationsverhältnis‹«, S. 825, der allerdings auch dem EuGH einen schneidigen »Von-oben-herab-Ton« und hierarchische Selbstreferentialität vorhält. Kritisch zu den Formulierungen des BVerfG statt vieler ferner Thomas Möllers, »Das PSPP-Urteil des BVerfG und die Europäische Rechtsunion«, in: *EuZW* (2020), S. 503-505.

28 Differenziert Ludwigs, »Scherbenhaufen«, S. 531: »Die Sprachwahl des 2. Senats erschreckt und beruhigt zugleich.«

29 So Mayer, »Ultra vires-Akt«, S. 731, der die Selbstverpflichtung zur Vorlage als »Brandbeschleuniger« bezeichnet.

30 Denkbar sind selbstverständlich auch andere Konstellationen, wie der *Honeywell*-Fall zeigt, vgl. BVerfGE 126, 286.

31 Ein Rückblich bei Andreas Voßkuhle, »›Integration durch Recht‹. Der Beitrag des Bundesverfassungsgerichts«, in diesem Band, S. 83-107.

32 Zu den Kooperationsbemühungen und Kollisionsvermeidungsstrategien des

tegrationsakt ist an seiner Rechtsprechung gescheitert. Und auch die Forderungen der PSPP-Entscheidung nach mehr Begründung durch die EZB sind keineswegs unerfüllbar.[33] Das Bundesverfassungsgericht bricht den Dialog der Höchstgerichte insofern auch nicht ab, sondern setzt ihn – sicherlich in robuster Form – fort.[34] Das verkennen manche seiner Kritiker, die Kooperation mit kritiklos-willfähriger Unterordnung verwechseln. Nach alledem sind die Unterschiede zwischen der polnischen und ungarischen EU-Kritik und der integrationsbezogenen Rechtsprechung des BVerfG »in Art und Anlass, Ton und Intention, Inhalt und Duktus so gravierend und so evident, dass die These der Karlsruher Handlangerdienste nicht ernsthaft als Sachbeitrag zur Debatte betrachtet werden kann«.[35] Es dürfte dem polnischen, ungarischen oder einem anderen Verfassungsgericht daher äußerst schwer fallen, die PSPP-Entscheidung überzeugend für europarechtswidrige Zwecke zu instrumentalisieren.

5. Hätte das Bundesverfassungsgericht gleichwohl von der Ultra-vires-Kontrolle des EuGH (irgendwie) absehen sollen, um jede Möglichkeit der Bezugnahme von vornherein auszuschließen?[36] Heiligt der gute Zweck vor dem Hintergrund der europäischen Rechtsstaatskrise doch das Mittel des Bruchs mit der eigenen Rechtsprechungslinie? Aus meiner Sicht muss die Antwort zwingend »Nein« lauten. Spekulationen über mögliche (missbräuchliche) Reaktionen anderer Akteure auf ein Urteil können das Recht als Entscheidungsgrundlage weder ersetzen noch seine Anwendung

BVerfG in den letzten Jahren übersichtlich Kahl, »Optimierungspotential im ›Kooperationsverhältnis‹«, S. 825 f., und Jestaedt, »Richterdialog«.

33 Die Vorläufigkeit der rechtlichen Beurteilung des PSPP betont zu Recht Siekmann, »Gerichtliche Kontrolle«, S. 493.

34 So zutreffend Gärditz, »Glaubwürdigkeitsprobleme«, S. 507, und Schorkopf, »Wer wandelt die Verfassung?«, S. 738. Vgl. ferner noch grundsätzlicher ansetzend Haltern, »Ultra-vires-Kontrolle«, S. 823.

35 Jestaedt, »Richterdialog«, S. 115. Vgl. auch Stanislaw Biernat, »How Far is it from Warsaw to Luxembourg and Karlsruhe: The Impact of the PSPP Judgement on Poland«, *GLJ* 21 (2020), S. 1104-1115. Siehe ferner Haltern, »Ultra-vires-Kontrolle«, S. 823: »Das Urteil des BVerfG in eine Reihe zu stellen mit politischen Entscheidungen aus Polen und Ungarn, die ihre demokratischen Strukturen um- und abbauen, ist ein groteskes Missverständnis. Es geht nicht um souveräne Deutschtümelei, sondern die Wahrnehmung genuin europäischer Verantwortung.«

36 So Mayer, »Ultra vires-Akt«, S. 734.

ernsthaft steuern. Das Gericht würde seinen eigenen Kompass verlieren und stattdessen zum Spielball divergierender politischer und gesellschaftlicher Kräfte werden, die im Übrigen schwer einschätzbar sind. Gleichzeitig verlöre es seine zentrale Legitimationsgrundlage. Verfassungsgerichte leben zwar auch von der Akzeptanz der Bürgerinnen und Bürger sowie aller anderen öffentlichen Institutionen.[37] Ihre Akzeptanz basiert aber gerade auf dem Vertrauen in ihre Unabhängigkeit und ihre Fähigkeit, sich bei der Konkretisierung der Verfassung von äußeren Einflüssen weitgehend freizumachen. Das schließt eine gewisse Folgenverantwortung für die eigene Entscheidung nicht aus, wie sie etwa in der sogenannten Chaos-Theorie zum Ausdruck kommt, der zufolge das Bundesverfassungsgericht von der Nichtigerklärung einer für verfassungswidrig erachteten Norm absehen kann, wenn ein »rechtliches Vakuum« entstünde[38] oder Regelungslücken zu einem »Chaos« führen würden.[39] Von der Folgenverantwortung nicht umfasst sind jedoch Konstellationen, in denen Richterinnen und Richter eine rechtlich für zwingend erachtete inhaltliche Entscheidung nicht treffen, weil die (begründete) Gefahr besteht, dass andere Gerichte diese Entscheidung (bewusst) falsch interpretieren und als Rechtfertigung für (fragwürdige) eigene Urteile benutzen könnten. Das käme einer politisch motivierten Rechtsverweigerung gleich, der die Kritiker der PSPP-Entscheidung doch eigentlich gerade nicht die Türen öffnen wollten.[40]

37 Vgl. nur Andreas Voßkuhle, in: Hermann von Mangoldt, Friedrich Klein, Christian Starck (Hg.), *Kommentar GG*, Bd. 3, München [7]2018, Art. 93, Rn. 34.

38 Vgl. BVerfGE 37, 217 (260 f.).

39 Vgl. BVerfGE 33, 1 (13); BVerfGE 51, 268 (287); BVerfGE 73, 40 (42, 101 f.); Udo Steiner (»Der Richter als Ersatzgesetzgeber«, in: *NJW* [2001], S. 2919-2924, hier S. 2922 f.) spricht in diesem Zusammenhang zutreffend von »Folgenmanagement«.

40 Deutlich Simon/Rathke, »Schlechterdings«, S. 500: »Der zu befürchtende ›Moral Hazard‹ für andere Rechtsordnungen ist offenkundig, aber in einem Rechtsstaat kein Argument, auf eine Kontrolle zu verzichten oder das Recht entsprechend der vielleicht kritikwürdigen, aber doch ständigen Rechtsprechung in einer bestimmten Weise (nicht) anzuwenden.« Vgl. ferner nur statt vieler Dieter Grimm, »Jetzt war es soweit«, in: *FAZ* v. 18. 5. 2020, und Ludwigs, »Scherbenhaufen«, S. 532.

Die Zukunft der Verfassungsgerichtsbarkeit in Deutschland und Europa

Vor 100 Jahren erblickte in Wien das Modell der eigenständigen Verfassungsgerichtsbarkeit[1] das Licht der Welt.[2] An seinem Vorbild orientierten sich in der Folge viele neue Verfassungsgerichte, nicht zuletzt das Bundesverfassungsgericht. Aus Anlass des 70. Geburtstags des Grundgesetzes im Jahr 2019 wurde seine erfolgreiche Tätigkeit der letzten Jahrzehnte vielfach gewürdigt.[3] Gleichzeitig erleben wir momentan die lange Zeit kaum vorstellbare faktische Entmachtung einzelner Verfassungsgerichte in EU-Mitgliedstaaten wie Polen und Ungarn, aber auch in der Türkei oder in Russland.[4] Andere Verfassungsgerichte geraten zunehmend unter massiven politischen Druck, wie etwa das Oberste Gericht in Israel[5] oder

1 Zu den beiden Grundtypen der Verfassungsgerichtsbarkeit zuletzt Matthias Jestaedt, »Integrierte und isolierte Verfassungsgerichtsbarkeit«, in: ders., Hidemi Suzuki (Hg.), *Verfassungsentwicklung II. Verfassungsentwicklung durch Verfassungsgerichte. Deutsch-Japanisches Verfassungsgespräch 2017*, Tübingen 2019, S. 3-28. Vgl. ferner Peter Häberle, »Das Bundesverfassungsgericht als Muster einer selbständigen Verfassungsgerichtsbarkeit«, in: ders. (Hg.), *Verfassungsgerichtsbarkeit – Verfassungsprozessrecht. Ausgewählte Beiträge aus vier Jahrzehnten*, Berlin 2014, S. 118-139.

2 Näher dazu Kurt Heller, *Der Verfassungsgerichtshof. Die Entwicklung der Verfassungsgerichtsbarkeit in Österreich von den Anfängen bis zur Gegenwart*, Wien 2010; Ewald Wiederin, »Der österreichische Verfassungsgerichtshof als Schöpfung Hans Kelsens und sein Modellcharakter als eigenständiges Verfassungsgericht«, in: Thoma Simon, Johannes Kalwoda (Hg.), *Schutz der Verfassung. Normen, Institutionen, Höchst- und Verfassungsgerichte* (= *Der Staat*, Beiheft 22 [2014]), S. 283-315; Gerhart Holzinger, »Der österreichische Verfassungsgerichtshof als Bewahrer der Grundrechte«, in: *EuGRZ* (2018), S. 1-4.

3 Überblick bei Justin Collings, »Verfassungspatriotismus und Verfassungsgedächtnis: Das Grundgesetz als deutscher Erinnerungsort«, in: *JZ* (2019), S. 1109-1117, m. w. N.

4 Vgl. nur Peter M. Huber, »Europäische Verfassungs- und Rechtsstaatlichkeit in Bedrängnis«, in: *Der Staat* 56 (2017), S. 389-414; Christoph Möllers, Linda Schneider, *Demokratiesicherung in der Europäischen Union. Studie zu einem Dilemma*, Tübingen 2018; Andreas Voßkuhle, »Rechtsstaat und Demokratie«, in diesem Band, S. 199-218, hier S. 201-207, jeweils m. w. N.

5 Pars pro toto zuletzt der Angriff des israelischen Tourismusministers Yariv Levin (Likud) gegen das Oberste Gericht von Israel, vgl. Jochen Stahnke, »Ein Putsch

der Verfassungsgerichtshof von Rumänien.[6] Diese gegenläufigen Entwicklungen lassen es sinnvoll erscheinen, über die Zukunft der Verfassungsgerichtsbarkeit in Deutschland und Europa erneut nachzudenken. Ich beginne mit einer kurzen verfassungsgerichtlichen Standortbestimmung, bevor ich in einem zweiten Schritt fünf Herausforderungen umreiße, mit denen die Verfassungsgerichte konfrontiert sind.

A. Eine verfassungsgerichtliche Standortbestimmung: Zwei alte Fragen

I. Sind Verfassungsgerichte selbstverständlich?

Am Anfang meiner Überlegungen steht eine alte Frage, die angesichts der Situation in Polen und Ungarn, aber auch angesichts neuerer kritischer Stimmen insbesondere aus der US-amerikanischen Rechtswissenschaft[7] wieder drängender geworden ist: Wozu brauchen wir eigentlich Verfassungsgerichte?

Bis vor kurzem las sich die Geschichte der weltumfassenden Etablierung des materialen Verfassungsstaates zugleich als ein globaler Siegeszug der Verfassungsgerichtsbarkeit. Nach dem Zweiten Weltkrieg wurden neben dem Bundesverfassungsgericht nicht nur in zahlreichen Mitgliedstaaten der Europäischen Union Verfassungsgerichte errichtet, so unter anderem in Italien (1956), Frankreich (1958), Spanien (1980), Portugal (1982) und Belgien (1984), sondern

von Richtern«, ⟨https://www.faz.net/aktuell/politik/ausland/israel-vor-verfassungs krise-ein-putsch-von-richtern-16693605.html⟩, letzter Zugriff 4. 1. 2021.

6 Vgl. Maximilian Steinbeis, »Rumäniens Verfassungsrichter fürchten um ihr Leben«, ⟨https://verfassungsblog.de/rumniens-verfassungsrichter-frchten-um-ihr-leben/⟩, letzter Zugriff 19. 2. 2021. Der Gerichtshof sieht sich aktuell aber auch wieder dem Vorwurf ausgesetzt, parteiisch zu agieren, vgl. Florian Hassel, »Vom Verfassungsgericht ausgebremst«, ⟨https://www.sueddeutsche.de/politik/rumaeni en-vom-verfassungsgericht-ausgebremst-1.4816105⟩, letzter Zugriff 19. 2. 2021.

7 Vgl. z. B. Jeremy Waldron, »The Core of the Case Against Judicial Review«, in: *Yale Law Journal* 115 (2006), S. 1346-1406; Mark Tushnet, *Taking the Constitution Away from the Courts*, Princeton 1999, S. 154 ff.; Larry D. Kramer, *The People Themselves. Popular Constitutionalism and Judicial Review*, Oxford 2004; Ran Hirschl, *Towards Juristocracy. The Origins and Consequences of the New Constitutionalism*, Cambrige 2004, S. 169 ff., 211 ff.

zum Beispiel auch in Japan (1947), Taiwan (1948), Südafrika (1994, endgültig 1996) und einigen lateinamerikanischen Staaten, etwa in Chile, Ecuador, Peru und Guatemala.[8] Ein weiterer Entwicklungsschub folgte aus der Demokratisierung der osteuropäischen Länder, in denen sich, angefangen mit Polen (1985), die Institution der Verfassungsgerichtsbarkeit mehr und mehr durchgesetzt hat. Selbst in traditionell parlamentszentrierten Staaten wie Großbritannien konnte man sich dem »Zug der Zeit«[9] nicht ganz entziehen und etablierte 2009 den UK Supreme Court,[10] der zuletzt eine weitreichende Entscheidung zur Beurlaubung des britischen Parlaments getroffen hat – ein weiterer Schritt auf dem Weg zu einem echten Verfassungsgericht.[11] Ähnliche Entwicklungen können wir in der exekutiv geprägten Präsidialdemokratie Frankreichs beobachten. Der dortige Conseil constitutionnel hatte 1971 nicht nur in einem Akt der Selbstermächtigung eine Grundrechtskontrolle eingeführt, durch die Verfassungsreform im Jahre 2008 wurde zum Schutz der Grundrechte der Bürger auch die Möglichkeit einer konkreten Normenkontrolle in der französischen Verfassung verankert (Art. 61-1 CF).[12] Besteht also über die Idee des Schutzes der Verfassung durch ein Gericht heute im wesentlichen Konsens, so existieren jedoch erhebliche Unterschiede hinsichtlich Organisation und Kompetenzen der jeweiligen Verfassungsgerichte. *Das* paradigmatische Verfassungsgericht gibt es nicht.[13]

8 Siehe Andreas Voßkuhle, in: Hermann von Mangoldt, Friedrich Klein, Christian Starck (Hg.), *Kommentar GG*, Bd. 3, München [7]2018, Art. 93, Rn. 13, m. w. N.

9 Ernst Friesenhahn, »Die Funktion der Verfassungsgerichtsbarkeit im Gesamtgefüge der Verfassung«, in: Peter Häberle (Hg.), *Verfassungsgerichtsbarkeit*, Darmstadt 1976, S. 355-366, hier S. 360.

10 Näher dazu Jo E. K. Murkens, »Verfassungsgerichtsbarkeit im Vereinigten Königreich«, in: Armin von Bogdandy u. a. (Hg.), *Handbuch Ius Publicum Europaeum*, Bd. VI: *Verfassungsgerichtsbarkeit in Europa: Institutionen*, Heidelberg 2016, § 108, S. 795-852.

11 Vgl. Urt. v. 24. 9. 2019 UKSC 41, R v. The Prime Minister, voller Wortlaut in: *Human Rights Law Journal* (2019), S. 409-417.

12 Vgl. Nikolaus Marsch, »Verfassungsgerichtsbarkeit«, in: ders. u. a. (Hg.), *Französisches und Deutsches Verfassungsrecht*, Berlin, Heidelberg 2015, S. 275-322; sowie Olivier Jouanjan, »Verfassungsrechtsprechung in Frankreich«, in: von Bogdandy u. a. (Hg.), *Handbuch Ius Publicum Europaeum*, Bd. VI, § 99, S. 207-270.

13 Deutlich zuletzt am Beispiel des Vergleichs zwischen dem Conseil Constitutionnel und dem Bundesverfassungsgericht Matthias Jestaedt, »Verfassungsgericht ist nicht gleich Verfassungsgericht«, in: *JZ* (2019), S. 473-482, m. w. N. Zu einem

Die vergleichsweise weitgehenden Kontrollkompetenzen des Bundesverfassungsgerichts erklären sich zunächst als eine Reaktion auf die Schreckensherrschaft der unter anderem mit Mitteln der demokratischen Wahl an die Macht gekommenen Nationalsozialisten: In Deutschland ist das Wissen darum, dass die ungezügelte Macht der Mehrheit allzu leicht der Versuchung unterliegen kann, die Minderheit zu unterdrücken, besonders präsent. Allerdings hätte 1951 niemand geahnt, welche Autorität und Akzeptanz die Richterinnen und Richter aus dem Karlsruher Schlossbezirk einmal auszeichnen würde. Ruft man sich den Streit um die Wiederbewaffnung und die Auseinandersetzungen um den institutionellen Status des Gerichts in Erinnerung, dann war die Etablierung einer starken Verfassungsgerichtsbarkeit nicht selbstverständlich und schon gar nicht Ausdruck geschichtlicher Notwendigkeit. Vielmehr sind es ganz unterschiedliche Gründe, die das Bundesverfassungsgericht zu dem gemacht haben, was es heute ist.[14] Es hätte auch anders kommen können. Verfassungsgerichte sind fragile Gebilde.

Überblick vgl. Alec Stone Sweet, »Constitutional Courts«, in: Michel Rosenfeld, András Sajó (Hg.), *The Oxford Handbook of Comparative Constitutional Law*, Oxford 2012, S. 816-830, und Armin von Bogdandy, Christoph Grabenwarter, Peter M. Huber, »Verfassungsgerichtsbarkeit im europäischen Rechtsraum«, in: von Bogdandy u. a. (Hg.), *Handbuch Ius Publicum Europaeum*, Bd. VI, § 95, S. 1-22. Vgl. ferner z. B. Alexander von Brünneck, *Verfassungsgerichtsbarkeit in den westlichen Demokratien*, Baden-Baden 1992; Jochen Frowein, Thilo Marauhn (Hg.), *Grundfragen der Verfassungsgerichtsbarkeit in Mittel- und Osteuropa*, Berlin, Heidelberg 1998; Andrew Harding, Peter Leyland (Hg.), *Constitutional Courts. A Comparative Study*, London 2009; Michel Fromont, *Justice constitutionnelle comparée*, Paris 2013; Mads Andenas, Duncan Fairgrieve (Hg.), *Courts and Comparative Law*, Oxford 2015.

14 Erhellend dazu Rainer Wahl, »Das Bundesverfassungsgericht der Gründungsphase. Entwicklungsgeschichte der Institution und der Rechtsprechung«, in: Florian Meinel (Hg.), *Verfassungsgerichtsbarkeit in der Bonner Republik*, Tübingen 2019, S. 27-62. Vgl. auch Christoph Schönberger, »Anmerkungen zu Karlsruhe«, in: Matthias Jestaedt u. a. (Hg.), *Das entgrenzte Gericht. Eine kritische Bilanz nach sechzig Jahren Bundesverfassungsgericht*, Berlin ^{3}2019, S. 7-76, hier S. 9, 21, 41 ff., sowie Matthias Jestaedt, »Phänomen Bundesverfassungsgericht. Was das Gericht zu dem macht, was es ist«, in: ebd., S. 77-160, hier S. 149 f.; siehe bereits Hans Joachim Faller, »Gerhard Leibholz und der freie Status des Bundesverfassungsgerichts / Leibholz-Kolloquium in Karlsruhe im Dezember 2001«, in: *EuGRZ* (2002), S. 307.

Deshalb muss uns auch die mittlerweile gut dokumentierte[15] Desavouierung der Verfassungsgerichte in Polen, Ungarn und anderen Ländern mehr als beunruhigen. Hier könnte ein neuer Gegentrend im Entstehen sein, der ein schlichtes, eher populistisch geprägtes Demokratieverständnis[16] gegen die verfassungsgerichtliche Kontrolle des Gesetzgebers ins Feld führt.[17] Das zentrale und auf den ersten Blick vielleicht sogar intuitiv einleuchtende Argument lautet: Eine Handvoll Richterinnen und Richter darf nicht die Entscheidung der parlamentarischen Mehrheit konterkarieren. Indes: Spätestens seit den tiefgründigen Analysen von Hans Kelsen[18] Anfang des letzten Jahrhunderts wissen wir in Europa, dass Demokratie sehr viel mehr bedeutet als die Herrschaft der aktuellen Mehrheit im Parlament. Die moderne Demokratie des Verfassungsstaates will vielmehr langfristig die Möglichkeit garantieren, dass die Minderheit zur Mehrheit werden kann. Verfassungsgerichte haben daher die Aufgabe, den Schutz von gesellschaftlichen Minderheiten, von parlamentarischer wie außerparlamentarischer Opposition und der kommunikativen Freiheiten – Freiheit der Meinungsäußerung, der Presse, der Versammlung und der Vereinigung – zu gewährleisten. Damit eröffnen und bewahren sie Räume, in denen ein kritischer und fruchtbarer gesellschaftlicher Diskurs stattfinden kann und eine Atmosphäre des freien Meinungskampfs um die besten politischen Konzepte herrscht. Dass Verfassungsgerichte dabei ihre eigenen Grenzen im Auge behalten müssen und sich selbst nicht an die Stelle des Gesetzgebers stellen dürfen, ist unbestreitbar.[19] Die Schwierigkeit, das Spannungsverhältnis zwischen demokratischer Mehrheitsentscheidung und verfassungsrechtlicher

15 Vgl. die N. in Fn. 4.

16 Vgl. Andreas Voßkuhle, »Demokratie und Populismus«, in diesem Band, S. 219-238, m. w. N. Vgl. ferner nur die materialreiche Studie von Günther Frankenberg, *Autoritarismus. Verfassungstheoretische Perspektiven*, Berlin 2020.

17 Vgl. auch die präzise Analyse von Angelika Nußberger, »Wenn Selbstverständliches nicht mehr selbstverständlich ist: Zum Status quo des Menschenrechtsschutzes in Europa«, in: *JZ* (2018), S. 845-854, m. w. N.

18 Hans Kelsen, »*Wesen und Entwicklung der Staatsgerichtsbarkeit*«, in: *VVDStRL* 5 (1929), S. 30-88; vgl. auch die Beiträge in: Matthias Jestaedt, Oliver Lepsius (Hg.), *Verteidigung der Demokratie*, Tübingen 2006.

19 Vgl. Andreas Voßkuhle, »Karlsruhe Unlimited? Zu den (unsichtbaren) Grenzen der Verfassungsgerichtsbarkeit«, in diesem Band, S. 314-333.

Bindung immer wieder angemessen aufzulösen, spricht aber nicht gegen die Notwendigkeit ihrer Existenz.

II. Wie groß ist der Interpretationsspielraum der Verfassungsgerichte?

Die zweite Grundsatzfrage, die meine verfassungsgerichtliche Standortbestimmung leitet, lautet: Wie groß ist der Interpretationsspielraum der Verfassungsgerichte und wie maßgeblich ist der Wille des Verfassungsgebers? Insbesondere die konservativen Richter des US Supreme Court stellen gerne ausschließlich auf den sogenannten *original intent*, den Willen des historischen Verfassungsgebers, ab.[20] Diese Vorgehensweise sieht sich indes seit jeher zumindest drei zentralen Einwänden ausgesetzt.[21] Zum einen stellt sich das Problem, wie der Wille des Verfassungsgebers sicher zu ermitteln ist. Er selbst sitzt nicht als konkrete Person am richterlichen Beratungstisch und die Gesetzesmaterialien sind häufig unergiebig oder uneindeutig.[22] Zum anderen verkennt die Vorstellung, die Verfassung sei grammatikalisch eindeutig und der Inhalt eines Normtextes müsse lediglich übermittelt werden, das Fluide und Konstruktive der Sprache sowie ihre Kontextgebundenheit. Deshalb ist die Rekonstruktion des ursprünglichen Willens des Verfassungsgebers selbst ein höchst wertungsbezogener Prozess, der

20 Überblick bei Norman Dorsen u. a., *Comparative Constitutionalism. Cases and Materials*, Saint Paul ²2010, S. 219 ff.; Howard Schweber, Jennifer Brookhart, »The Supreme Court of the United States«, in: András Jakab u. a. (Hg.), *Comparative Constitutional Reasoning*, Cambridge 2017, S. 723-760, hier S. 735 ff.; Werner Heun, »Original Intent und Wille des historischen Verfassungsgebers als Interpretationsmaximen«, in: ders. (Hg.), *Verfassung und Verfassungsgerichtsbarkeit im Vergleich*, Tübingen 2014, S. 213-228; sowie Oliver Lepsius, »The Second Amendment and the Debate on Orginalism«, in: Anna-Bettina Kaiser u. a. (Hg.), *The U.S. Supreme Court and Contemporary Constitutional Law. The Obama Era and its Legacy*, Baden-Baden 2018, S. 149-174.

21 Näher Andreas Voßkuhle, »Der Wandel der Verfassung und seine Grenzen«, in: *JuS* (2019), S. 417-423, hier S. 422 f., m. w. N.

22 Analyse und Lösungsmöglichkeiten dieses Problems bei Thomas Wischmeyer, »Der Wille des Gesetzgebers. Zur Rolle der Gesetzesmaterialien in der Rechtsanwendung«, in: *JZ* (2015), S. 957-966; vgl. auch Markus Sehl, *Was will der Gesetzgeber? Ziel und Methode rationaler Argumentation mit Gesetzesmaterialien*, Baden-Baden 2019.

durch die vordergründige Berufung auf den Verfassungsgeber meistens eher verschleiert als erhellt wird.

Vor diesem Hintergrund hat sich in Deutschland ein dynamisches Verständnis des Grundgesetzes etabliert, dessen Auslegung vor allem durch die spezifischen Rationalitätsanforderungen an die juristische Argumentation begrenzt wird. Das Bundesverfassungsgericht hat dazu ein offenes System von unterschiedlichen Entscheidungsregeln, Argumentationsmustern, Rechtsfiguren und Prozeduren entwickelt, das es flexibel und einzelfallbezogen handhabt.[23] Grundlage seiner Arbeitsweise ist die Erkenntnis, dass Verfassungen zwar dazu berufen sind, »altes Recht« zu werden, die dort niedergelegten normativen Aussagen aber nicht für immer in »Stein gemeißelt« sind. Ihre vielfältigen Funktionen[24] kann eine Verfassung letztlich nur erfüllen, wenn sie sich für die Probleme der Gegenwart öffnet und diese Wirklichkeit normativ verarbeitet. Dieses dynamische Moment ist im apodiktischen Stil und in der Normstruktur des Grundgesetzes bereits angelegt. Das Grundgesetz ist dem Gesetzgeber und dem Bundesverfassungsgericht nicht allein »gegeben«, es ist ihnen »aufgegeben auch zur Fortentwicklung«[25] und muss von seinen Interpreten immer wieder neu konkretisiert werden. Dieser komplexe Prozess orientiert sich an drei Polen, die nur scheinbar in einem Verhältnis der Gegensätzlichkeit zueinander stehen: Stabilität, Zukunftsoffenheit und Vielfaltssicherung.[26]

Eine stabile Verfassung muss nicht statisch sein. Stabilität bedeutet Verlässlichkeit, Sicherheit, nicht aber Unbeweglichkeit oder Starrheit. Oder um es mit dem Liedermacher Wolf Biermann zu sagen: »Die allzu hart sind, brechen.«[27] Es ist vor allem die »Ewigkeitsklausel« des Art. 79 Abs. 3 GG mit ihrem Ausschluss von Änderungen der identitätsstiftenden inhaltlichen Kernaussagen der Verfassung auch im Verfahren der Verfassungsänderung, die die Ideen, die der Verfassungsgeber zu Recht für unaufgebbar gehalten hat, in

23 Voßkuhle, in: von Mangoldt/Klein/Starck (Hg.), *Kommentar GG*, Bd. 3, Art. 93, Rn. 42.

24 Vgl. Gunnar F. Schuppert, *Staatswissenschaft*, Baden-Baden 2003, S. 743 ff.

25 Vgl. Wolfgang Hoffmann-Riem, *Modernisierung von Recht und Justiz*, Frankfurt/M. 2001, S. 171.

26 Ausführlich Andreas Voßkuhle, »Stabilität, Zukunftsoffenheit und Vielfaltssicherung. Die Pflege des verfassungsrechtlichen ›Quellcodes‹ durch das BVerfG«, in diesem Band, S. 241-264.

27 Aus dem Gedicht bzw. Lied *Ermutigung*.

die Zeit hinein sichert. Dazu gehören die Verfasstheit der Bundesrepublik als demokratischer, sozialer und föderaler Rechtsstaat und die Gewährleistung der Menschenwürde. Aber Art. 79 Abs. 3 GG friert das Grundgesetz nicht etwa insgesamt auf den Status quo von 1949 ein. Vielmehr sind viele Regelungen des Grundgesetzes und insbesondere die Grundrechte von großer Offenheit geprägt. Ihr normativer Gehalt muss von den Interpreten der Verfassung immer wieder neu herauspräpariert werden. Auf diese Weise bleibt das Grundgesetz auch gewappnet für neue Herausforderungen einer unbekannten Zukunft und kann gewissermaßen »Schritt halten« mit der Realität.

Ein aktuelles Beispiel mag das verdeutlichen: Das Bundesverfassungsgericht hat 2017 in seiner Entscheidung zur »dritten Option« weitere geschlechtliche Identitäten in den Diskriminierungsschutz des Art. 3 GG einbezogen.[28] Dem Verfassungsgeber mögen 1949 Menschen mit anderen sexuellen Identitäten nicht vor Augen gestanden haben. Der von ihm formulierte Schutzauftrag: »Niemand darf wegen seines Geschlechts benachteiligt oder bevorzugt werden« liefe indes leer, wenn er nicht im Hinblick auf die heutige Realität konkretisiert würde.

Damit die »offene Gesellschaft der Verfassungsinterpreten« (Peter Häberle) sich fortentwickeln und »atmen« kann, muss das produktive Zusammenspiel verschiedenster staatlicher und gesellschaftlicher Akteure dauerhaft gewährleistet sein. Das kann nur gelingen, wenn ausreichende Sicherungen bestehen, um die Vielfalt im gesellschaftlichen und politischen Prozess zu erhalten. Pluralität ist insoweit kein moralingesäuerter Selbstzweck, sondern Ausdruck des Grundverständnisses aufgeklärter Staatlichkeit: *L'État c'est nous!* Ich füge hinzu: Wir *alle*! Denn Vielfalt will das Grundgesetz auch dort, wo man selbst anderer Auffassung ist. Wenn gesellschaftliche Phänomene und Herausforderungen im öffentlichen Meinungsbildungsprozess nicht hinreichend differenziert dargestellt werden, dann untergräbt das die innere Balance einer pluralen Gesellschaft. Wer den Diskurs holzschnittartig in Kategorien von »wir gegen die« zwängt oder überempfindliche Empörungsreflexe zelebriert, verengt den Freiheitsraum, den die Verfassung uns des gesellschaftlichen Miteinanders wegen zumutet.

28 Vgl. BVerfGE 147, 1.

B. Herausforderungen für die Verfassungsgerichtsbarkeit

Bereits der Alltag von Verfassungsgerichten ist anspruchsvoll. Wie sieht es aber mit den Herausforderungen der Zukunft aus? Fünf Problemfelder verdienen besondere Aufmerksamkeit.

I. Die Krise der Verfassungsgerichtsbarkeit in Europa

Richten wir den Blick zunächst auf die bereits angesprochene Krise der Verfassungsgerichtsbarkeit in Europa. Wenn der niederländische Ministerpräsident Mark Rutte warnt: »Wer die Rechtsstaatlichkeit untergräbt, untergräbt auch den Binnenmarkt. Wer den Binnenmarkt untergräbt, untergräbt auch die Union«,[29] dann ist das eine ernstzunehmende und nicht grundlos erhobene Stimme. Zugleich wird deutlich, dass es uns nicht egal sein kann, was in Polen, Ungarn oder Rumänien geschieht. Die Erschütterungen, die Angriffe auf die Unabhängigkeit der Justiz über ihre Vorbild- und Außenwirkung für die Idee der Rechtsgemeinschaft auslösen, sind grundlegend. Die Europäische Union wird heute zu Recht nicht nur als Rechtsgemeinschaft,[30] sondern auch als Wertegemeinschaft begriffen.[31] Ein in Art. 2 Satz 1 EUV angelegter harter Kern von Werten bildet das zentrale Nervensystem für Europa als Gemeinschaft insgesamt: Menschenwürde, Freiheit und Gleichheit, Rechtsstaatlichkeit, grundlegende Menschenrechte und das demokratische Prinzip sind das Fundament, das in keinem Mitgliedstaat angetastet werden kann, ohne dass dies in allen anderen Gemeinwesen über die täglich gelebte Wirklichkeit des europäi-

29 Mark Rutte, Rede vom 2. März 2018 vor der Bertelsmann Stiftung Berlin, ⟨https://www.government.nl/documents/speeches/2018/03/02/speech-by-the-prime-minister-of-the-netherlands-mark-rutte-at-the-bertelsmann-stiftung-berlin⟩, letzter Zugriff 19. 2. 2021.

30 Vgl. Andreas Voßkuhle, »›Integration durch Recht‹«. Der Beitrag des Bundesverfassungsgerichts«, in diesem Band, S. 83-107.

31 Vgl. dazu Koen Lenaerts, »Die Werte der Europäischen Union in der Rechtsprechung des Gerichtshofs der Europäischen Union. Eine Annäherung«, in: *EuGRZ* (2017), S. 639-642; Andreas Voßkuhle, »Die Idee der Europäischen Wertegemeinschaft«, in diesem Band, S. 108-136; sowie Armin von Bogdandy, »Tyrannei der Werte? Herausforderungen und Grundlagen einer europäischen Dogmatik systematischer Defizite«, in: *ZaöRV* 79 (2019), S. 503-552, jeweils m. w. N.

schen Verfassungsgerichtsverbunds[32] zu spüren wäre. Zugriffe auf die unabhängige Verfassungsjustiz sind Angriffe auf die normativen Lebensadern aller der europäischen Idee verbundenen Länder.

Was kann man tun? Maßgeschneiderte Reaktionsmöglichkeiten drängen sich nicht auf. Die Union war bislang stark konsens- und kompromissorientiert und erscheint bisweilen unvorbereitet auf diese Konflikte, die den europäischen Friedensfortschritt in Frage zu stellen drohen:[33] Sowohl gegen Polen als auch Ungarn laufen Vertragsverletzungsverfahren. Ungarn steht unter anderem wegen seiner Eingriffe in zivilgesellschaftliche Institutionen im Fokus,[34] während Polen vor allem wegen seiner zahlreichen Justizreformen in der Kritik steht. Bereits mehrmals wurde Polen durch den EuGH wegen Verletzung der richterlichen Unabhängigkeit verurteilt.[35] Daneben hat die Europäische Kommission gegen Polen

32 Andreas Voßkuhle, »Der europäische Verfassungsgerichtsverbund«, in diesem Band, S. 265-289; Koen Lenaerts, Moritz Hartmann, »Der europäische Rechtsprechungsverbund in der Wirtschafts- und Währungsunion«, in: *JZ* (2017), S. 321-332.

33 Zu Reaktionsoptionen statt vieler: Claudio Franzius, »Der Kampf um Demokratie in Polen und Ungarn«, in: *DÖV* (2018), S. 381-388. Zu den grundsätzlichen Problemen dahinter Christoph Möllers, *Die Europäische Union als demokratische Föderation*, Köln 2019, S. 33 ff. Vgl. auch Kim Lane Scheppele, »Enforcing the Basic Principles of EU Law through Systemic Infringement Actions«, in: Carlos Closa, Dimitry Kochenov (Hg.), *Reinforcing the Rule of Law Oversight in the European Union*, Cambridge 2016, S. 105-132, sowie Thomas Giegerich, »Die Unabhängigkeit der Gerichte als Strukturvorgabe der Unionsverfassung und ihr effektiver Schutz vor autoritären Versuchungen in den Mitgliedstaaten«, in: *ZEuS* (2019), S. 61-112.

34 Vgl. EuGH, Urt. v. 6. 10. 2020 – C-66/18, ECLI:EU:C:2020:792 (*Kommission v. Ungarn*, zur Gleichbehandlung von Hochschulen), und EuGH, Urt. v. 18. 6. 2020 – C-78/18, ECLI:EU:C:2020:476 (*Kommission v. Ungarn*, zur Finanzierung von Organisationen der Zivilgesellschaft aus dem Ausland).

35 Vgl. EuGH, Urt. v. 24. 6. 2019 – C-619/18, ECLI:EU:C:2019:531 (*Kommission v. Polen*); EuGH, Urt. v. 5. 11. 2019 – C-192/18, ECLI:EU:C:2019:924 (*Kommission v. Polen*). Vgl. auch EuGH, Urt. v. 19. 11. 2019 – verbundene. Rsn. C-585/18 u. a., ECLI:EU:C:2019:982 (*A. K. u. a. v. Sąd Najwyższy*) – Vorlagen zu drei Richterklagen wegen vorzeitiger Versetzung in den Ruhestand. Weitere Vertragsverletzungs- und Vorabentscheidungsverfahren sind in Luxemburg anhängig, siehe z. B. EuGH, Beschl. v. 8. 4. 2020 – C-791/19 R, ECLI:EU:C:2020:277 (*Kommission v. Polen*). Siehe auch Peter Schiffauer, »Ein Anker von Rechtsstaatlichkeit in der EU durch den Verbund der Verfassungs- und Obersten Gerichte. Neue Begründungswege in der jüngsten Rechtsprechung des EuGH zur Reform des

bereits im Dezember 2017 ein Verfahren nach Art. 7 EUV wegen der eindeutigen Gefahr einer schwerwiegenden Verletzung der Rechtsstaatlichkeit angestoßen, an dessen Ende der Stimmentzug im Europäischen Rat stehen könnte.[36] Im September 2018 forderte das EU-Parlament den Rat zur Aufnahme eines solchen Verfahrens gegen Ungarn auf.

Dass die Einschätzung einer Erschütterung des europäischen Raums der Freiheit und des Rechts bis in die Mitgliedstaaten hinein geteilt wird, zeigt ein Vorabentscheidungsersuchen des irischen High Court an den EuGH. Dem EuGH wurde die Frage vorgelegt, ob eine Auslieferung eines Straftäters nach Polen in Vollzug eines europäischen Haftbefehls aufgrund der dortigen rechtsstaatlichen Defizite zulässig ist. Der Gerichtshof hat mit seiner Entscheidung vom 25. Juli 2018 den Ball in das Feld der Mitgliedstaaten zurückgespielt und den irischen Justizbehörden aufgegeben, im konkreten Fall selbst zu prüfen, ob die Unabhängigkeit der jeweiligen Richter gewahrt ist.[37] In einem ähnlichen Kontrollzugriff hat der EuGH übrigens zuletzt den deutschen Staatsanwaltschaften bei der Ausstellung europäischer Haftbefehle enge Grenzen gezogen.[38] Man sieht: Auch in Deutschland muss man sich dem Rechtsstaatsdiskurs stellen.

Ob die gerichtlichen Reaktionen auf gemeineuropäische Werteverletzungen seitens einiger Mitgliedstaaten die Gesamtsituation langfristig verändern werden, ist ungewiss. Unklar ist auch, wie die für die »nukleare Option« (José Manuel Barroso) eines Stimmentzugs erforderliche Einstimmigkeit, die das Art.-7-Verfahren verlangt, erreicht werden kann, solange die ungarische und die polnische Regierung sich hier gegenseitig »die Stange halten«. Zweierlei

polnischen Justizsystems«, in: *EuGRZ* (2019), S. 549-571 (Entwicklungen bis inkl. 19. 11. 2019, d. h. bis inkl. Rs. C-585/18 u. a., konnten berücksichtigt werden).

36 Europäische Kommission, Pressemittelung v. 20. 12. 2017, IP/17/5367. Näher zur Situation in Polen Laurent Pech, Patryk Wachwiec, »1460 Days Later: Rule of Law in Poland R.I.P. (Part I)«, ⟨https://verfassungsblog.de/1460-days-later-rule-of-law-in-poland-r-i-p-part-ii/⟩, letzter Zugriff 19. 2. 2021.

37 Vgl. EuGH, Urt. v. 25. 7. 2018 – C-216/18, ECLI:EU:C:2018:586 (*Minister for Justice and Equality v. LM*). Vgl. auch EuGH, Urt. v. 25. 7. 2018 – C-220/18, ECLI:EU:C:2018:589, Generalstaatsanwaltschaft zu den Haftbedingungen in Ungarn.

38 Vgl. EuGH, Urt. v. 27. 5. 2019 – C-508/18, C-82/19 PPU, ECLI:EU:C:2019:456, OG und PI.

erscheint mir jedoch sicher: Erstens brauchen wir einen intensiven öffentlichen Diskurs über die unverbrüchlichen Minimalia rechtsstaatlicher Anforderungen in der Europäischen Union; hier sind wir mittlerweile auf einem guten Weg. Und zweitens dürfen nachhaltige Verstöße gegen diesen Grundwert nicht dauerhaft unsanktioniert bleiben. Ansonsten bliebe von der Union nur eine leere Hülle ohne inneren Kompass.

II. Rechtsskepsis

Als weitere Herausforderung möchte ich auf die aktuell zu beobachtende generelle Skepsis gegenüber dem Recht eingehen, auf die ich bereits an anderer Stelle hingewiesen habe.[39] Denn die Diskreditierung des Rechts und der zu seiner Durchsetzung berufenen staatlichen Institutionen ist sozusagen der Nährboden, auf dem die Angriffe auf rechtsstaatliche Einrichtungen in Europa erst wachsen können. Skepsis und Diskreditierung des Rechts finden dort ein breites Echo, wo die politische Debatte sich radikalisiert, wo das Ringen um Ausgleich und Kompromiss[40] der schlichten Diffamierung des politischen Gegners weicht und die politischen wie sozialen Ordnungsfaktoren der Gesellschaft grundsätzlich in Frage gestellt werden. Auch die Bundesrepublik Deutschland ist gegen solche in ganz Europa und darüber hinaus zu beobachtenden Tendenzen nicht gefeit. Wie ich oben ausgeführt habe, drohen Akzeptanzverluste für das Recht hier insbesondere von zwei Seiten, die in einem Wechselverhältnis zueinander stehen:

Zum einen scheint das Vertrauen vieler Bürgerinnen und Bürger in die handlungsleitende Bindekraft rechtlicher Regeln bei tagespolitisch orientierter Krisenbewältigung zu schwinden. Während einige dem Recht schon an sich die Fähigkeit absprechen, bestimmte Probleme in den Griff zu bekommen, sehen andere seinen Vollzug in der »Krise« als nicht gesichert an. Die erste Variante der Rechtsskepsis lässt sich gut am Beispiel der europäischen Staatsschuldenkrise illustrieren. Der insbesondere von Ökonomen formulierte Vorwurf lautet: Das Recht dringe aufgrund zu lebensferner Abstraktheit nicht zum Kern der Krise durch. Die betroffenen Sachbereiche seien zu komplex für starre, binär nach dem Schema Recht/Unrecht

39 Vgl. Voßkuhle, »Rechtsstaat und Demokratie«, in diesem Band, S. 199-218.

40 Zu dieser Idee der Mitte als DNA des Grundgesetzes Andreas Voßkuhle, Thomas Wischmeyer, *Die Verfassung der Mitte*, München 2016.

kodierte Problemlösungen. Dementsprechend fehle der Raum für pragmatische Kompromisse. Zudem fehle es an Fach- und Spezialwissen bei den demokratisch und diskursiv agierenden Parlamenten und Gerichten, um angemessen auf die Komplexität und Dynamik der Probleme zu reagieren. Diese Einschätzung verkennt indes, dass die angeblichen Nachteile des Rechts, nämlich Distanz und Abstraktion, tatsächlich Vorteile sind. Abstrakte Maßstäbe, Leitlinien oder – grundlegender formuliert – das allgemeine Gesetz geben Halt und schaffen eine gemeinsame Verständigungs- und Entscheidungsbasis auch dort, wo ansonsten heterogene Kultur- und Interessensphären der gemeinsamen Erarbeitung und Akzeptanz von Problemlösungen im Wege stehen. Gerade die rechtliche Einhegung der Kriseninterventionen im Rahmen der europäischen Staatsschuldenkrise durch verschiedene europäische und intergouvernementale Rechtsakte einerseits sowie Judikate des EuGH und der nationalen Verfassungsgerichte andererseits belegen somit eher die Leistungsfähigkeit des Rechts.[41]

Zum anderen wird staatlichen Akteuren die Nichtbeachtung von Recht in Krisensituationen[42] vorgeworfen. So ist etwa im Zusammenhang mit den Maßnahmen während der Flüchtlingskrise und der vermeintlichen »Grenzöffnung im Herbst 2015« der Vorwurf einer »Herrschaft des Unrechts« erhoben worden.[43] Von dieser Kritik ist es nicht mehr weit bis zur Diskreditierung der Verfassungsjustiz und von Recht überhaupt. An dieser Stelle fehlt der Raum, konkrete Fallkonstellationen jeweils rechtlich einzuordnen und zu bewerten, aber generell gilt, was ich bereits oben hervorgehoben habe, nämlich dass

einzelne staatliche Rechtsverstöße die Idee des Rechts selbst nicht zu diskreditieren vermögen […]. Unrecht *herrscht* erst dann, wenn Recht systematisch missachtet oder sein Geltungsanspruch generell in Abrede gestellt wird. Gerichtliche Entscheidungen müssen daher auch dann befolgt werden, wenn man sie für unzweckmäßig oder falsch hält. Unabhängig davon entpuppen sich die Vorwürfe eines Rechtsverstoßes bei genauerem Hinsehen nicht selten lediglich als Konflikte über die richtige Interpretation offener und konkretisierungsbedürftiger Normen oder über das Zusammenwirken mehrerer Normschichten. Solche Konflikte sprechen

41 Vgl. Voßkuhle, »Rechtsstaat und Demokratie«, in diesem Band, S. 207 f.

42 Vgl. weiterführend nunmehr Anna-Bettina Kaiser, *Ausnahmeverfassungsrecht*, München 2020.

43 Näher dazu Stephan Detjen, Maximilian Steinbeiss, *Die Zauberlehrlinge. Der Streit um die Flüchtlingspolitik und der Mythos vom Rechtsbruch*, Stuttgart 2019.

nicht gegen das Recht, sondern sind konstituierender Teil einer lebendigen Rechtsgemeinschaft.[44]

III. Grundrechtsschutz im Mehrebenensystem

Eine dritte Herausforderung für nationale und internationale Verfassungsgerichte besteht darin, den Grundrechtsschutz im Mehrebenensystem aus Europa- und Völkerrecht lebendig und effektiv zu erhalten.[45] Das Bundesverfassungsgericht versteht sich seit seinen Anfangsjahren als Bürgergericht. Aus dieser über viele Jahrzehnte erarbeiteten Traditionslinie schöpft die gesamte deutsche Justiz einen Großteil des Vertrauens, das sie bei den Bürgerinnen und Bürgern zu Recht genießt. Es ist aber nicht einfach, diesen Grundrechtsschutz im mehrstimmigen Konzert mit der Grundrechte-Charta der Europäischen Union und der Menschenrechtskonvention des Europarats frei von größeren Dissonanzen zu halten. Diese Herausforderung ist beileibe nicht neu, sondern prägt etwa das Verhältnis von Bundesverfassungsgericht und EuGH seit den 1970er Jahren. Angefangen mit der *Solange-I*-Entscheidung[46] und dem damals formulierten Vorbehalt der Kontrolle von Gemeinschaftsrecht, über die Rücknahme des Überprüfungsanspruchs in *Solange II*[47] bis hin zur mittlerweile konsolidierten Reservekompetenz des Bundesverfassungsgerichts, wie sie etwa im *Lissabon*-Urteil[48] konturiert wurde. Vor allem die stetige Ausweitung des Anwendungsbereichs der Grundrechte-Charta durch den EuGH[49] gab und gibt immer wieder Anlass zur Sorge.[50]

44 Voßkuhle, »Rechtsstaat und Demokratie«, in diesem Band, S. 209 f.

45 Vgl. Andreas Voßkuhle, »Pyramide oder Mobile? Menschenrechtsschutz durch die europäischen Verfassungsgerichte«, in diesem Band, S. 305-313.

46 BVerfGE 37, 271.

47 BVerfGE 73, 339.

48 BVerfGE 123, 267.

49 Vgl. nur EuGH, Urt. v. 26. 2. 2013 – C-617/10, ECLI:EU:C:2013:105 (*Åklagare v. Åkerberg Fransson*). Vorsichtiger dagegen EuGH, Urt. v. 6. 3. 2014 – C 206/13, ECLI:EU:C:2014:126 (*Cruciano Siragusa v. Regione Sicilia – Soprintendenza Beni Culturali e Ambientali di Palermo*). Die Entwicklung der Kammer-Rechtsprechung ist aber nicht eindeutig, vgl. nur Claudio Franzius, »Grundrechtsschutz in Europa«, in: *ZaöRV* 75 (2015), S. 383-412.

50 Mahnend BVerfGE 133, 277 (316), vgl. ferner z. B. Thorsten Kingreen, »Ne bis in idem: Zum Gerichtswettbewerb um die Deutungshoheit über die Grundrechte«,

Der Erste Senat hat nun ein neues Kapitel in dieser Geschichte aufgeschlagen, in dem er in seinem Beschluss zum *Recht auf Vergessen II* vom 6. November 2019[51] entgegen der bisherigen Rechtsprechung des Gerichts[52] festgestellt hat, dass in Bereichen, die vollständig europarechtlich determiniert sind, die Verfassungsbeschwerde auch auf die Verletzung der Unionsgrundrechte gestützt werden kann. Die gewiss weitreichenden Konsequenzen dieser Entscheidung für die Rechtspraxis sind noch nicht in Gänze absehbar.[53] Deutlich ist aber ihre Zielrichtung: die Stärkung des Grundsatzes der Verantwortungsteilung im »Rechtsprechungsverbund«.[54] Grundrechtsschutz im Mehrebenensystem gibt es nur föderalistisch und kontextsensibel.

Im Verhältnis zum EGMR gilt nichts anderes. Die Orientierungs- und Leitfunktion seiner Entscheidungen hat das Bundesverfassungsgericht immer wieder betont, zuletzt wieder nachdrück-

in: *EuR* (2013), S. 446-453; Hans-Jürgen Rabe, »Grundrechtsbindung der Mitgliedstaaten«, in: *NJW* (2013), S. 1407-1408; Wolfgang Weiß, »Grundrechtsschutz durch den EuGH: Tendenzen seit Lissabon«, in: *EuZW* (2013), S. 287-291; Friederike Lange, »Verschiebungen im europäischen Grundrechtesystem?«, in: *NVwZ* (2014), S. 169-173; Ferdinand Kirchhof, »Kooperation zwischen nationalen und europäischen Gerichten«, in: *EuR* (2014), S. 267-276, hier S. 272.

51 BVerfG, Beschl. v. 6. 11. 2019-1 BvR 276/17.

52 Vgl. nur die erhellende Rekonstruktion der bisherigen Rechtsprechung des BVerfG durch Gabriele Britz, »Grundrechtsschutz durch das Bundesverfassungsgericht und den Europäischen Gerichtshof«, in: *EuGRZ* (2015), S. 275-281.

53 Erste Deutungsversuche z. B. bei Jörn A. Kämmerer, Markus Kotzur, »Vollendung des Grundrechtsschutzes oder Heimholung des Grundrechtsschutzes?«, in: *NVwZ* (2020), S. 177-183; Jürgen Kühling, »Das ›Recht auf Vergessenwerden‹ vor dem BVerfG – November-(R)evolution für die Grundrechtsarchitektur im Mehrebenensystem«, in: *NJW* (2020), S. 275-279.; Karl-Heinz Ladeur, »Grundrechtsschutz im europäischen Mehrebenensystem durch das BVerfG«, in: *WRP* (2020), S. 139-143; Mattias Wendel, »Das Bundesverfassungsgericht als Garant der Unionsgrundrechte. Zugleich Besprechung von BVerfG, Beschl. v. 6. 11. 2019-1 BvR 16/13 (Recht auf Vergessen I) und 1 BvR 276/17 (Recht auf Vergessen II)«, in: *JZ* (2020), S. 157-168; Eckart Klein, »Kompetenzielle Würdigung und verfassungsprozessuale Konsequenzen der ›Recht auf Vergessen‹-Entscheidungen«, in: (*DÖV* 2020), S. 341-349.

54 Deutlich BVerfGE 140, 317 (338): »Die Europäische Union ist ein Staaten-, Verfassungs-, Verwaltungs- und Rechtsprechungsverbund«; siehe auch Voßkuhle, »Der europäische Verfassungsgerichtsverbund«, in diesem Band, S. 272-274; Lenaerts/Hartmann, »Der europäische Rechtsprechungsverbund«, S. 321.

lich im Juni 2018 in seinem Urteil zum Beamtenstreikverbot.[55] Die Möglichkeiten einer konventionsfreundlichen Auslegung enden freilich dort, wo diese nach den anerkannten Methoden der Gesetzesauslegung und Verfassungsinterpretation nicht mehr vertretbar erscheint. Im Übrigen ist auch im Rahmen der konventionsfreundlichen Auslegung des Grundgesetzes die Rechtsprechung des EGMR möglichst schonend in das vorhandene, dogmatisch ausdifferenzierte nationale Rechtssystem einzupassen.[56]

IV. Grundrechtsschutz gegen Private

Als vierte Herausforderung für Verfassungsgerichte sehe ich Gefährdungslagen für individuelle Freiheitssphären, die ihren Ursprung nicht in staatlicher Zwangsgewalt, sondern in der global agierenden Daten- und Digitalwirtschaft haben.[57] Google, Amazon, Facebook, um nur einige bekannte US-amerikanische Akteure zu nennen, lassen sich über die klassische Abwehrfunktion der Grundrechte verfassungsrechtlich nicht ohne weiteres domestizieren. Das bedeutet aber nicht, dass Verfassungsgerichten hier die Hände gebunden wären. Schon vor 60 Jahren rückte das *Lüth*-Urteil[58] die Ausstrahlungswirkung der Grundrechte in Privatrechtsverhältnissen in den Fokus und fand auf »neuartige« Gefährdungslagen adäquate Antworten in der Verfassung. Seitdem ist die Konstitutionalisierung der einfachen Rechtsordnung[59] weiter vorangeschritten. In den 1970er Jahren stellte das Bundesverfassungsgericht den dogmatischen Figuren der »Ausstrahlungswirkung« der Grundrechte und ihrer »mittelbaren Drittwirkung«[60] die Idee der grundrechtlichen

55 BVerfGE 148, 296 (351).

56 BVerfGE 148, 296 (355).

57 Vgl. eingehend statt vieler Wolfgang Hoffmann-Riem, *Big Data – Regulative Herausforderungen*, Baden-Baden 2018.

58 BVerfGE 7, 198.

59 Vgl. statt vieler Gunnar F. Schuppert, Christian Bumke, *Die Konstitutionalisierung der Rechtsordnung*, Baden-Baden 2000.

60 Vgl. zuletzt z. B. Alexander Hellgardt, »Wer hat Angst vor der unmittelbaren Drittwirkung? Die Konsequenzen der Stadionverbot-Entscheidung des BVerfG für die deutsche Grundrechtsdogmatik«, in: *JZ* (2018), S. 901-910, und Matthias Ruffert, »Privatrechtswirkung der Grundrechte. Von Lüth zum Stadionverbot – und darüber hinaus?«, in: *JuS* (2020), S. 1-6, jeweils m. w. N. Ausführlich statt vieler Matthias Ruffert, *Vorrang der Verfassung und Eigenständigkeit des Privatrechts*,

Schutzpflichten zu Seite, die es dem Einzelnen erlaubt, den Gesetzgeber zum Schutz vor Gefährdungen seiner Grundrechte durch Private zu verpflichten.[61]

Dass das Grundgesetz weiterhin in der Lage ist, für Gefährdungen grundrechtlicher Freiheit auch in komplexen, privatrechtlich geprägten Konstellationen angemessene Lösungen zu bieten, zeigen auch einige Entscheidungen des Bundesverfassungsgerichts aus jüngerer Zeit. So bejahte der Erste Senat in seinem Beschluss zum Stadionverbot die mittelbare Drittwirkung des Gleichheitsgebots, wenn einzelne Personen mittels des privatrechtlichen Hausrechts von Veranstaltungen ausgeschlossen werden, die von Privaten einem größeren Publikum ohne Ansehen der Person geöffnet werden.[62] Bedeutsam sind auch die Auswirkungen, die die weitgehende Privatisierung öffentlicher Unternehmen auf deren Grundrechtsbindung hat, worüber etwa im *Fraport*-Urteil zu entscheiden war.[63] Die Versammlungsfreiheit gilt danach auch im Frankfurter Flughafen. Ähnlich anspruchsvoll sind etwa die Folgen von Privatisierungen für parlamentarische Auskunfts- und Beteiligungsrechte und damit für das demokratische Leben selbst; der Zweite Senat stellte in seinem Urteil vom 7. November 2017 fest, dass die Bundesregierung im Bundestag Fragen zu operativen Vorgängen in der Deutschen Bahn AG beantworten muss.[64] Sicherlich reichen diese Entscheidungen nicht aus, um den Gefährdungen durch globale Tech-Giganten und ihre quasiöffentliche Dimension effektiv zu

Tübingen 2001, sowie Hans-Jürgen Papier, »Drittwirkung der Grundrechte«, in: Detlef Merten, Hans-Jürgen Papier (Hg.), *Handbuch der Grundrechte*, Bd. II, Heidelberg 2006, S. 1331-1361. Aus historischer Sicht vgl. Dieter Grimm, *Verfassung und Privatrecht im 19. Jahrhundert*, Tübingen 2017.

61 Zur Entwicklung Andreas Voßkuhle, »Zur Einwirkung der Verfassung auf das Zivilrecht«, in: *Festschrift für Rolf Stürner zum 70. Geburtstag*, Bd. 1, Tübingen 2013, S. 79-92, m. w. N. Die grundsätzliche Kritik an der Privatrechtswirkung der Grundrechte von Jürgen Schwabe (*Die sog. Drittwirkung der Grundrechte*, München 1971), Dietrich Murswiek (*Die staatliche Verantwortung für die Risiken der Technik. Verfassungsrechtliche Grundlagen und immissionsschutzrechtliche Ausformung*, Berlin 1985) und Ralf Poscher (*Grundrechte als Abwehrrechte*, Tübingen 2003) hat sich letztlich nicht durchgesetzt.

62 BVerfGE 148, 267. Näher dazu Patricia Wiater, »Verwaltungsverfahren durch Private?«, in *JZ* (2020), S. 379-388.

63 BVerfGE 128, 226.

64 BVerfGE 147, 50.

begegnen, zumal die Herrschaft der Algorithmen[65] unseren Lebensalltag in der Zukunft noch viel stärker prägen wird als bisher. Sie stimmen aber vorsichtig optimistisch, dass auch im digitalen Zeitalter das Grundgesetz schützende Kraft entfalten kann.[66]

V. Grundgesetz und europäische Integration

Zu guter Letzt möchte ich auf die Herausforderung der verfassungsrechtlichen Einhegung der europäischen Integration eingehen. Das Bundesverfassungsgericht ist häufig dafür gescholten worden,[67] Rechtsakte, die im weitesten Sinne die europäische Integration betreffen, einer verfassungsrechtlichen Überprüfung zu unterziehen. Das betrifft etwa Zustimmungsgesetze zu Vertragsveränderungen oder das Handeln einzelner europäischer Institutionen wie beispielsweise der EZB. Sicher gibt es auch berechtigte Einwände. Schaut man aber zurück auf die letzten Jahrzehnte, so wird man sich auch von kritischer Seite der Erkenntnis nicht verschließen können, dass es dem Gericht gelungen ist, ein dichtes Netz an dogmatischen Figuren und Prinzipien zu knüpfen, das den Prozess der Integration einerseits produktiv anleitet und andererseits seine verfassungsrechtliche und demokratische Rückanbindung sicherstellt. Wichtige Knotenpunkte dieses Netzes sind: die überwölbenden Grundsätze der Europarechtsfreundlichkeit[68]

65 Zu den rechtlichen Implikationen Wolfgang Hoffmann-Riem, »Verhaltenssteuerung durch Algorithmen – Eine Herausforderung für das Recht«, in: *AöR* 142 (2017), S. 1-42; Thomas Wischmeyer, »Regulierung intelligenter Systeme«, in: *AöR* 143 (2018), S. 1-66; Mario Martini, *Blackbox Algorithmus. Grundfragen einer Regulierung Künstlicher Intelligenz*, Berlin 2019, sowie die Beiträge in: Thomas Wischmeyer, Timo Rademacher (Hg.), *Regulating Artificial Intelligence*, Berlin 2020.

66 Für eine zurückhaltende Linie plädiert z. B. Ruffert, »Privatrechtswirkung der Grundrechte«, S. 6: »Freiheitsschutz gegen übermächtige gesellschaftliche Akteure ist gerade auch im globalen Raum primär dem (Unions-)Gesetzgeber, subsidiär den Gerichten aufgegeben.«

67 Exemplarisch etwa die Kritik von Wolfgang Vitzthum, »Gemeinschaftsgericht und Verfassungsgericht – rechtsvergleichende Aspekte«, in: *JZ* (1998), S. 167-174; Thomas Oppermann, »Die Dritte Gewalt in der Europäischen Union«, in: *DVBl.* (1994), S. 901-908, hier S. 906; Christian Tomuschat, »Die Europäische Union unter der Aufsicht des Bundesverfassungsgerichts«, in: *EuGRZ* (1993), S. 489-496, hier S. 490.

68 Vgl. BVerfGE 123, 267 (347); 126, 286 (303); 129, 124 (172); 140, 317 (338). Näher

und der Integrationsverantwortung,[69] die Instrumente der Ultra-vires-Kontrolle[70] und der Identitätskontrolle[71] sowie das in Art. 38 Abs. 1 GG verankerte »Recht auf Demokratie«.[72] Die im Nachgang zur *Maastricht*- und *Lissabon*-Entscheidung gelegentlich geäußerte Sorge, diese Rechtsprechung behindere die weitere Entwicklung der Europäischen Union,[73] hat sich als unberechtigt erwiesen. Das Gegenteil ist aus meiner Sicht der Fall. Insbesondere die in vielen Entscheidungen vorgenommene genaue Analyse einzelner Integrationsschritte und ihrer Folgen, die von diesen Entscheidungen ausgehende Vorwirkung im Sinne eines allgemeinen Verrechtlichungsimpulses und die Stärkung des parlamentarischen Einflusses auf europapolitische Entscheidungsprozesse haben jedenfalls in Deutschland das Vertrauen in das europäische Projekt eher gestärkt.[74] Und es dürfte kein Zufall sein, dass viele Verfassungsgerichte anderer Mitgliedstaaten der Rechtsprechung des Bundesverfassungsgerichts mittlerweile in zentralen Aspekten gefolgt sind.[75]

dazu Daniel Knop, *Völker- und Europarechtsfreundlichkeit als Verfassungsgrundsätze*, Tübingen 2013.

69 Vgl. BVerfGE 123, 267 (352 ff.).

70 Vgl. BVerfGE 89, 155 (188); 123, 267 (353); 126, 286 (302 ff.); 134, 366 (382 ff.); 142, 123 (198 ff.).

71 Vgl. BVerfGE 123, 267 (343, 348); 134, 366 (386); 142, 123 (203); 151, 202.

72 Vgl. BVerfGE 129, 124 (168); 134, 366 (396 f.); 135, 317 (386); 142, 123 (190, 193, 219); 151, 202; Beschl. v. 13. 2. 2020-2 BvR 139/17, Rn. 95-102. Näher dazu Peter Müller, in: von Mangoldt/Klein/Starck (Hg.), *Kommentar GG*, Bd. 2, Art. 38, Rn. 172 ff.

73 Kritisch z. B. Armin von Bogdandy, »Prinzipien der Rechtsfortbildung im europäischen Rechtsraum – Überlegungen zum Lissabon-Urteil des BVerfG«, in: *NJW* (2010), S. 1-5; Matthias Jestaedt, »Warum in die Ferne schweifen, wenn der Maßstab liegt so nah?«, in: *Der Staat* 48 (2009), S. 497-516. Eher zustimmend dagegen Dieter Grimm, »Das Grundgesetz als Riegel vor einer Verstaatlichung der Europäischen Union«, in: *Der Staat* 48 (2009), S. 475-495; Klaus F. Gärditz, Christan Hillgruber, »Volkssouveränität und Demokratie ernst genommen: zum Lissabon-Urteil des BVerfG«, in: *JZ* (2009), S. 872-881.

74 Vgl. statt vieler zuletzt z. B. die differenzierte Analyse bei Christian Callies, »70 Jahre Grundgesetz und europäische Integration: ›Take back control‹ oder ›Mehr Demokratie wagen‹?«, in: *NVwZ* (2019), S. 684-692, m. w. N.

75 Vgl. Huber, »Europäische Verfassungs- und Rechtsstaatlichkeit«, S. 406 f., mit zahlreichen Nachweisen zu Fragen der Verfassungsidentität und Grenzen der Übertragung von Hoheitsrechten sowie der Ultra-vires-Kontrolle bei europäischen Verfassungsgerichten.

»Integration durch Recht« ist eben kein deutscher Sonderweg![76] Auch der Konflikt zwischen dem EuGH und dem Bundesverfassungsgericht über die rechtliche Beurteilung des PSPP-Programms der EZB[77] sollte vor diesem Hintergrund nicht als gegenseitiger »Affront« interpretiert werden,[78] sondern als Beleg für einen funktionierenden europäischen Gerichtsverbund, in dem auch miteinander gerungen wird.

C. Resümee

Damit bin ich am Ende meines Überblicks über einige der Herausforderungen, denen sich das Bundesverfassungsgericht und die Verfassungsgerichte in Europa stellen müssen, angelangt. Ein Resümee fällt schwer. Das Bundesverfassungsgericht selbst scheint mir für zukünftige Herausforderungen gut gewappnet, die Krise der Verfassungsgerichtsbarkeit in Europa wird an ihm aber nicht spurlos vorübergehen. Unser Ziel muss es daher sein, der Idee des demokratischen Verfassungsstaates auf europäischer Ebene und international wieder neuen Glanz zu verleihen.[79] Das wird nur mit der Bereitschaft zur Selbstkritik, mit Mut und Engagement und im Zusammenwirken mit anderen Verfassungsorganen und Verfassungsgerichten auf der Welt gelingen.

76 Vgl. Andreas Voßkuhle, »›Integration durch Recht‹. Der Beitrag des Bundesverfassungsgerichts«, in diesem Band, S. 83-107.

77 Den vorläufigen Endpunkt der Debatte bildet das Urteil des BVerfG vom 5.5.2020, BVerfGE 154, 17. Näher dazu Andreas Voßkuhle, »Applaus von der ›falschen‹ Seite. Zur Folgenverantwortung von Verfassungsgerichten«, in diesem Band, S. 334-343.

78 So Christian Rath, »Karlsruhe nimmt EZB an die Leine«, ⟨https://taz.de/Verfassungsrichter-zu-Anleihekaeufen/!5682971/⟩, letzter Zugriff 19.2.2021.

79 Eine nachdenkliche Analyse der neueren Literatur zu diesem Thema bei Uwe Volkmann, »Krise der konstitutionellen Demokratie«, in: *Der Staat* 58 (2019), S. 643-658, m. w. N.

Was feiern wir?
Ansprache zum Tag der Deutschen Einheit am 3. Oktober 2011 in Bonn

Sehr geehrter Herr Bundespräsident,
Sehr geehrte Frau Ministerpräsidentin,
liebe Mitbürgerinnen und Mitbürger,
»Einigkeit und Recht und Freiheit für das deutsche Vaterland.« Als August Heinrich Hoffmann von Fallersleben diese Zeile unserer Nationalhymne vor genau 170 Jahren während seines Aufenthalts auf der damals britischen Insel Helgoland gedichtet hat, lag die deutsche Einheit noch in weiter Ferne. Heute scheint sie vollbracht zu sein. Aber worin besteht diese Einigkeit, in deren »Glanze« das deutsche Volk erblühen soll? Schließlich sind wir Deutschen alle unterschiedlich und leben unterschiedliche Leben! Wir träumen unterschiedliche Träume und glauben an unterschiedliche Götter. Wir kommen aus unterschiedlichen Verhältnissen und besitzen unterschiedliche Fähigkeiten. Die einen sind gut ausgebildet und wohlhabend, die anderen ungelernt und arbeitslos. Viele haben eine Familie gegründet und Kinder bekommen, nicht wenige leben allein. Warum sind wir heute an diesem Tage zusammengekommen? Was eint uns als Deutsche? Oder zugespitzt formuliert: Was hat die alleinerziehende Mutter von zwei kleinen Kindern, die im Supermarkt in Chemnitz an der Kasse sitzt, mit dem erfolgreichen Münchner Wirtschaftsanwalt gemeinsam, der morgens mit seinem Porsche-Cabrio ins Büro fährt? Sollen die Feierlichkeiten zum Tag der Deutschen Einheit vielleicht nur verdecken, wie wenig uns letztlich zusammenhält? Übertünchen wir den Mangel an gemeinsamen Lebenswelten und Wertvorstellungen mit Straßenfesten und Sonntagsreden? »Brot und Spiele« statt nationaler Einheit?

Liebe Mitbürgerinnen und Mitbürger,
viele von denen, die heute hier sind oder die Feier am Bildschirm verfolgen, werden sich solche oder ähnliche Fragen schon einmal gestellt haben. Und ich finde es richtig und wichtig, sie immer wieder aufzuwerfen. Deshalb möchte ich die Gelegenheit nutzen, an vier zentrale Grundideen zu erinnern, die uns trotz unserer Unter-

schiedlichkeit verbinden und die unserem Nationalfeiertag seine innere Berechtigung verleihen. Dass ich dies hier im alten Plenarsaal in der Bundesstadt Bonn tun kann, freut mich als gebürtigen Ostwestfalen ganz besonders.

Am Anfang steht für mich der gemeinsame Wunsch der Deutschen nach Freiheit und demokratischer Selbstbestimmung. In der Geschichte des deutschen Volkes war er lange Zeit wenig entwickelt. Die bürgerlich-demokratische Freiheitsbewegung des Vormärz verlor sich nach der gescheiterten Revolution von 1848. Zwar brach sich in der Weimarer Republik das Freiheitsstreben erneut Bahn. Doch das Freiheitlich-Demokratische widerstrebte dem heroisch-autoritären Denken der damaligen Eliten und verlor in den Nachkriegswirren auch den Rückhalt in der Bevölkerung. Erst nach den Unrechtserfahrungen unter der Schreckensdiktatur des Nationalsozialismus, als die Menschen in Deutschland fassungslos auf die Ermordung der eigenen Mitbürger und das Leid und die Zerstörung durch den Zweiten Weltkrieg blickten, entstand das gemeinsame Bewusstsein für den Wert der Freiheit und der Demokratie. Das Schicksal der Teilung unseres Landes und die Erfahrungen des Kalten Krieges haben dieses Bewusstsein auf ganz eigene Weise weiter verstärkt. Es blieben aber, täglich schmerzlich erfahrbar durch den Mauerbau vor 50 Jahren, zwei offene Wunden: Die in der jungen Bundesrepublik lebenden Bürgerinnen und Bürger hatten ihre Freiheit nicht selbst erkämpft. Und ein knappes Drittel des deutschen Volkes lebte weiterhin in Unfreiheit. Beide Wunden sind durch die Wiedervereinigung geschlossen worden. Ihr politisches Gelingen war sicherlich von vielen Faktoren abhängig. Es waren aber die Bürgerinnen und Bürger der ehemaligen DDR, die in den Montagsdemonstrationen in bewundernswerter Weise aufgestanden sind gegen das Unrecht des SED-Staates. Es waren die Bürgerinnen und Bürger der ehemaligen DDR, die unter bewusster Inkaufnahme großer Gefahren für die eigene Existenz und die Existenz ihrer Freunde und Familien auf die Straßen gingen und skandierten: »Wir sind das Volk« und »Wir sind ein Volk«. Es waren die Bürgerinnen und Bürger der ehemaligen DDR, die dadurch das Ende der Diktatur nicht nur in Deutschland einleiteten. Dieser Moment hat sich eingeschrieben in unser kollektives Gedächtnis. Er hat unser Land nicht nur geeint, sondern eine Leerstelle in unserer eigenen Geschichte gefüllt. Ihnen, den Bürgerinnen und Bürgern der damaligen DDR, steht das kaum zu überschätzende und alleinige Verdienst zu, uns Deutschen das einzigartige und berauschende Gefühl selbsterkämpfter Freiheit geschenkt zu haben. Dafür gebührt Ihnen ewiger Dank.

Die zweite große Idee, die uns eint, ist die Idee des demokratischen Verfassungsstaates. Freiheit und Demokratie sind ohne Verfassung nicht denkbar. Die ungezügelte Macht der Mehrheit kann allzu leicht der Versuchung unterliegen, die Minderheit zu unterdrücken. Deswegen bedarf es unverfügbarer Grundrechte, deswegen bedarf es einer Bindung der Politik an rechtliche Regeln und deshalb bedarf es eines Verfassungsgerichts, das die Beachtung der Grundrechte und die Einhaltung der Regeln überwacht. Diese Einsichten teilen heute die meisten modernen Demokratien. Gleichwohl weist der von Dolf Sternberger, Jürgen Habermas und anderen so genannte deutsche Verfassungspatriotismus eine Reihe von Eigentümlichkeiten auf.

Es ist eine Ironie der Geschichte, dass erst die entsetzlichen Erfahrungen der Zeit des Nationalsozialismus in Deutschland nötig waren, um diesem Land eine gute Verfassung zu geben. Eine Verfassung, die sich bis heute als leistungsfähig erweist und die nach dem Fall des Eisernen Vorhangs vor allem, aber nicht nur in Osteuropa als Vorbild für die Schaffung neuer, demokratisch verfasster Gemeinwesen diente. Getauft wurde die deutsche Verfassung im Jahr 1949 nach dem Willen ihrer Mütter und Väter allerdings nicht auf den Namen »Verfassung«, sondern auf den Namen »Grundgesetz«. Dadurch wollte man jeden Eindruck vermeiden, der auf die Akzeptanz einer dauerhaften Teilung Deutschlands hätte hindeuten können. Nicht zuletzt weil der Nationalismus durch die NS-Herrschaft endgültig kompromittiert war, trat das Grundgesetz in der alten Bundesrepublik einen unvorhergesehenen Siegeszug an. Nicht wenige sahen in ihm die vorrangige Quelle des nationalen Gemeinschaftsgefühls der (West-)Deutschen. An die Stelle des einheitsstiftenden Glaubens an ethnische und kulturelle Gemeinsamkeiten, an nationale Mythen oder Traditionen trat die Identifikation mit den Kernaussagen des Grundgesetzes, den durch sie angeleiteten Prozess politischer Willensbildung und der konkreten verfassungsrechtlichen Praxis. Dieser »Verfassungspatriotismus« eint die Deutschen bis heute. Zwar ergriff man nach der Wiedervereinigung nicht die historische Chance, das Grundgesetz im Wege einer bundesweiten Volksabstimmung durch eine gesamtdeutsche Verfassung zu ersetzen. Dennoch wird das Grundgesetz zu Recht heute auch von den Bürgerinnen und Bürgern in den neuen Bundesländern als die Verfassung aller Menschen in Deutschland empfunden.

Allerdings ist der Verfassungspatriotismus im Zusammenhang nationaler Leitkulturdebatten immer wieder als zu »blutleer« und zu »bindungsschwach« kritisiert worden. Damit kann man jedoch leben. Denn der Verfassungspatriotismus bildet nicht nur die Basis für unseren Glauben an die Würde und den Wert jedes einzelnen Menschen, er schafft zugleich einen festen Rahmen, in dem sich andere gemeinsame Werte entwickeln können. Beunruhigender sind manche Stimmen, die die politische Handlungsfähigkeit der Bundesrepublik nicht zuletzt mit Blick auf die weitere Entwicklung der Europäischen Union aufgrund ihrer starken Verfassungsbindung bezweifeln. Das ist jedoch in mehrfacher Hinsicht zu kurz gedacht.

Auch der Erfolg der europäischen Integration basiert ganz wesentlich auf dem Umstand, dass es sich um eine Rechtsgemeinschaft handelt. Erst durch die Bindung an die gemeinsam ausgehandelten Verträge, durch den Vorrang des Unionsrechts und die Durchsetzung politischer Entscheidungen mit den Mitteln des Rechts ist es den Mitgliedstaaten gelungen, völlig unterschiedliche politische Ordnungen, Kulturen und Traditionen nachhaltig zu integrieren. Vor dem gegenwärtigen Bestreben, die Idee der Rechtsgemeinschaft durch die Idee der politischen Gemeinschaft zu *ersetzen*, kann ich daher nur nachhaltig warnen. Recht setzt Politik Grenzen. Dass dies gerade in Zeiten der Krise von manchen politischen Akteuren als hemmend empfunden wird, ist durchaus nachvollziehbar. Aber Recht sorgt damit auch und vor allem für Vorhersehbarkeit, Rationalität, Legitimation und Vertrauen: Nicht von ungefähr kämpfen fast alle Staaten ohne fest verankerte Verfassungskultur mit Korruption, Nepotismus, aufgeblähter Bürokratie und Willkür im weitesten Sinne. Selbst die moralisch indifferenten Finanzmärkte bevorzugen daher bei längerfristigeren Investitionsentscheidungen Staaten mit ausgeprägter Rechtsstaatlichkeit.

Meine Damen und Herren,
seit den Anfängen der Bundesrepublik ist das gemeinsame Ringen der Menschen in diesem Lande um die richtige Ordnung be-

herrscht von dem Wunsch, die Mitte zu bewahren und zu stärken. Darin besteht für mich die dritte Grundidee, die unser Land eint: Deutschland liegt in der Mitte von Europa. Wir sind stolz auf unsere immer noch breite Mittelschicht und unsere leistungsfähige mittelständische Wirtschaft. Und alle großen politischen Parteien kämpfen um die Zustimmung der Mitte. Einmal mehr geprägt durch die eigene Geschichte der Extreme – Kaiserreich, Weimarer Republik, zwei Weltkriege, Nationalsozialismus – verbinden wir mit der Mitte in besonderer Weise Stabilität, Wohlstand und Frieden. An die Stelle des Weimarer »Kults der Entscheidung«, des »Entweder-oder« und der Konfrontation setzte die Bundesrepublik von Anfang auf den Kompromiss, auf das »Sowohl-als-auch« und forderte den vernünftigen, sachgeleiteten Ausgleich gegenläufiger Interessen ein. Mischkonzepte wie die »soziale Marktwirtschaft« oder der »kooperative Föderalismus« sind ebenfalls aus diesem Geist heraus entwickelt worden.

Trotz allem, was wir in den letzten sechs Jahrzehnten erreicht haben, ist die Orientierung an einer imaginären Mitte immer wieder heftig kritisiert worden. Mitte verkomme schnell zu Mittelmaß und Mediokrität, sie zehre alles Markante, Außergewöhnliche und Überragende auf. Innovationsfeindlichkeit, selbstzufriedene Behäbigkeit und der Verlust an internationaler Konkurrenzfähigkeit seien das Resultat.

Ich halte diese Analyse für falsch. Die Ausrichtung der Politik auf die Mitte ist ein ausgesprochen anspruchsvolles Unterfangen, das uns alle täglich fordert. Das wissen die Länder am besten, die vom Standard der Mitte weit entfernt sind. So ist es, um ein Beispiel aus meinem Leben als Hochschullehrer zu nennen, vergleichsweise leicht, in einem Land einige wenige Eliteuniversitäten und Eliteschulen zu etablieren. Es bedarf dagegen ungleich größerer Anstrengungen der Gesellschaft und der Politik, 50 sehr gute Universitäten und über 500 sehr gute Schulen zu unterhalten, wie es in Deutschland sicherlich der Fall ist. Zehn leistungsfähige Krankenhäuser garantieren noch keine flächendeckende gesundheitliche Versorgung auf höchstem Niveau, drei erfolgreiche Großkonzerne keine nachhaltige gesamtwirtschaftliche Entwicklung und ein paar international anerkannte Bühnen und Orchester noch keine Kultur. Die Beispiele ließen sich mehren. Gerade die Mitte bietet Raum für Individualisierung und vielfältige Entwicklungen. Sie ist der Humus, auf dem sich nicht nur einige wenige, sondern sehr viele mit ihren ganz unterschiedlichen Begabungen und Fähigkeiten entfalten und eine breite Spitze ausbilden können. Und was noch wichtiger ist: das Postulat der Mitte ist das Versprechen, dass alle Bürgerinnen und Bürger die Chance haben sollen, am Wohlstand der Gesellschaft teilzuhaben. Dahinter steht das Versprechen der Brüderlichkeit und Schwesterlichkeit, auf dem unser Land ebenfalls gründet. Daher müssen uns Anzeichen, dass dieses Versprechen seine Bindekraft verliert, alarmieren. Treffend konstatiert der Berliner Politologe Herfried Münkler: »Kaum hatte das neue Jahrtausend begonnen, setzte eine bis heute anhaltende Debatte über die Bedrohung der Mitte ein, wobei die einen deren Überlastung durch immer höhere Transferleistungen beklagen, während die anderen vor dem drohenden Zerfall der Mitte warnen, da die Besserverdienenden die Solidarität mit jenen aufgekündigt hätten, denen der soziale Abstieg drohe. Für den einen stellt ein aus den Fugen geratener Wohlfahrtstaat das Problem dar, für die anderen ein entfesselter Kapitalismus [...], der keinerlei Maß mehr kennt.«[1] Beide Sorgen sind verständlich. Wer indes glaubt, sie zu einer Seite hin auflösen zu können, der irrt. Die Zukunft dieses Landes liegt weiter in der Mitte – mag der Weg dorthin auch immer wieder steinig und schwer sein.

Liebe Bürgerinnen und Bürger,
damit komme ich zur letzten Leitidee, die mir für unseren gesellschaftlichen Zusammenhalt wichtig erscheint. Sie ist in der Präambel des Grundgesetzes niedergelegt. Dort heißt es:

> [...] von dem Willen beseelt, als gleichberechtigtes Glied in einem vereinten Europa dem Frieden der Welt zu dienen, hat sich das Deutsche Volk kraft seiner verfassungsgebenden Gewalt dieses Grundgesetz gegeben.

Seit ihrem Bestehen ist die Identität der Bundesrepublik auf das Engste verknüpft mit dem Bekenntnis zu Europa. Was als visionäres Projekt aus den Erfahrungen zweier Weltkriege mit dem Vertrag zur Gründung der Europäischen Gemeinschaft für Kohle und Stahl am 18. April 1951 von einer kleinen Schar weitsichtiger

1 Herfried Münkler, *Mitte und Maß. Der Kampf um die richtige Ordnung*, Berlin 2010, S. 11 f.

Politiker begann, hat sich zu einer beispiellosen Erfolgsgeschichte entwickelt und gehört heute in Gestalt der Europäischen Union zu den Selbstverständlichkeiten unseres Alltags. Gerade deshalb ist es aber auch mehr als nachvollziehbar, dass sich die Bürgerinnen und Bürger in unserem Land angesichts der dramatischen Krise der Staatsfinanzen in vielen Mitgliedstaaten und der Bedrohungen durch unkalkulierbare Finanzmärkte Sorgen machen, ob und wie diese Herausforderungen bewältigt werden. Dies umso mehr, als manche von ihnen vielleicht den Eindruck haben, möglicherweise selbst überfordert zu werden, was das Projekt als Ganzes gefährden könnte. Darin einen antieuropäischen Affekt oder einen Mangel an Solidarität zu erkennen, wie manche vermeintlichen Freunde der europäischen Idee in den letzten Monaten suggerieren wollen, halte ich daher nicht nur für unberechtigt, sondern geradezu für gefährlich. Die europäischen Institutionen und Akteure dürfen sich gegenüber der Kritik ihrer Bürger nicht immunisieren, indem sie denjenigen das »europäische Mandat« entziehen, die für eine andere als die in Brüssel gerade gewählte Lösung eintreten. Wohin Europa geht, darf nicht allein in elitären Zirkeln entschieden werden. Um die besten Entscheidungen muss vielmehr offen und ernsthaft gestritten werden, in den Parlamenten der Mitgliedstaaten, im Europäischen Parlament und in der Öffentlichkeit. Kritik und Opposition gehören zu den Selbstverständlichkeiten der Demokratie. Und ohne lebendige Demokratie wird Europa nicht weiter wachsen.

Freilich müssen wir auch immer wieder deutlich machen: Europa lässt sich nicht auf ein einfaches Rechenspiel reduzieren. Man kann hier nicht am Abend eines Tages auf die Kasse drücken und schauen, was habe ich gegeben und was habe ich herausbekommen: Europa ist keine Momentaufnahme. Die Europäische Union gründet auf der historisch unhintergehbaren Einsicht, dass Frieden, Freiheit und Wohlstand auf diesem Kontinent dauerhaft nur durch einen engen Verbund gewährleistet werden können. Das gilt in guten und in schlechten Zeiten, das gilt heute und auch morgen. Wie dieser Verbund konkret ausgestaltet sein soll, darüber müssen wir uns auseinandersetzen; verbunden werden wir immer bleiben.

Liebe Mitbürgerinnen und Mitbürger,
wir leben unterschiedliche Leben, aber uns einen gemeinsame Ideale und Ziele: Deutschland soll ein Land der Freiheit, des Rechts und der Brüderlichkeit in einer starken Europäischen Union sein. An diesen Idealen und Zielen wollen wir uns messen lassen, für sie wollen wir einstehen. Das versichern wir uns gegenseitig, wenn wir heute den 3. Oktober gemeinsam begehen.

Vielen Dank!

Abkürzungsverzeichnis

a. A.	andere Auffassung
ABl.	Amtsblatt
AEUV	Vertrag über die Arbeitsweise der Europäischen Union
AfP	*Archiv für Presserecht*
AH	Abgeordnetenhaus
AK-GG	Alternativ-Kommentar zum Grundgesetz
a. M.	anderer Meinung
AöR	*Archiv des öffentlichen Rechts*
APuZ	*Aus Politik und Zeitgeschichte*
ARSP	*Archiv für Rechts- und Sozialphilosophie*
Art.	Artikel
AVR	*Archiv des Völkerrechts*
AWG	Außenwirtschaftsgesetz
Az.	Aktenzeichen
BAG	Bundesarbeitsgericht
BayVBl.	*Bayerische Verwaltungsblätter*
BayOblG	Bayerisches Oberstes Landesgericht
BeckRS	Rechtsprechungsdatenbank v. beck.online
BGB	Bürgerliches Gesetzbuch
BGBl.	Bundesgesetzblatt
BGH	Bundesgerichtshof
BGHZ	Bundesgerichtshof in Zivilsachen, amtliche Sammlung
BR	Bundesrat
Beschl.	Beschluss
BT-Drucks.	Bundestagsdrucksache
BR-Drucks.	Drucksachen des Bundesrats
BVerfG	Bundesverfassungsgericht
BVerfGE	Entscheidung des Bundesverfassungsgerichts
BVerfGG	Gesetz über das Bundesverfassungsgericht
BVerwG	Bundesverwaltungsgericht
BVerwGE	Entscheidung des Bundesverwaltungsgerichts
DJT	Deutscher Juristentag
DJZ	*Deutsche Juristenzeitung*

DÖV	*Die Öffentliche Verwaltung*
DRiZ	*Deutsche Richterzeitung*
DVBl.	*Deutsches Verwaltungsblatt*
DZWiR	*Deutsche Zeitschrift für Wirtschaftsrecht*
ECLI	European Case Law Identifier (Europäischer Urteilsidentifikator)
EG	Europäische Gemeinschaft
EGMR	Europäischer Gerichtshof für Menschenrechte
EL	Ergänzungslieferung
EMRK	Europäische Menschenrechtskonvention
EFSF	Europäische Finanzstabilisierungsfazilität
ESM	Europäischer Stabilitätsmechanismus
EU	Europäische Union
EuG	Europäisches Gericht (= Gericht 1. Instanz oder Gericht 1. Instanz der Europäischen Gemeinschaft)
EuGH	Europäischer Gerichtshof
EuGRZ	*Europäische Grundrechte-Zeitschrift*
EuR	*Europarecht* (Zeitschrift)
EUV	Vertrag über die Europäische Union
EuZW	*Europäische Zeitschrift für Wirtschaftsrecht*
EWS	Europäisches Währungssystem oder Europäisches Wirtschafts- und Steuerrecht
EZB	Europäische Zentralbank
FAZ	Frankfurter Allgemeine Zeitung
FRV	Verfassung des Deutschen Reichs vom 28. März 1849
FS	Festschrift
GG	Grundgesetz
GLJ	*German Law Journal*
GrCh	Charta der Grundrechte der Europäischen Union
GVBl.	Gesetz- und Verordnungsblatt
h. L.	herrschende Lehre
h. M.	herrschende Meinung
IMF	International Monetary Fund
i. V. m.	in Verbindung mit
JöR n. F.	*Jahrbuch des öffentlichen Rechts der Gegenwart Neue Folge (1.1951 ff.)*
JuS	*Juristische Schulung*
JZ	*Juristenzeitung*

KJ	*Kritische Justiz*
KritV	*Kritische Vierteljahresschrift für Gesetzgebung und Rechtswissenschaft*
KSZE	Konferenz für Sicherheit und Zusammenarbeit in Europa
m. w. N.	mit weiteren Nachweisen
N.	Nachweis(e)
NATO	North Atlantic Treaty Organization
NGO	Non-Governmental Organization, Nichtregierungsorganisation
NJW	*Neue Juristische Wochenschrift*
NVwZ	*Neue Zeitschrift für Verwaltungsrecht*
OER	*Osteuropa Recht* (Zeitschrift)
OMT	Outright Monetary Transactions
OVG	Oberverwaltungsgericht
PSPP	Public Sector Purchase Programme
PVS	*Politische Vierteljahresschrift*
RG	Reichsgericht
RGBl.	Reichsgesetzblatt
RGZ	Reichsgericht in Zivilsachen, amtliche Sammlung
RIW	*Recht der Internationalen Wirtschaft*
RJ	*Rechtshistorisches Journal*
Rn.	Randnummer
Rs.	Rechtssache
RW	*Rechtswissenschaft. Zeitschrift für rechtswissenschaftliche Forschung*
Slg.	Sammlung
Sp.	Spalte
SSM	Single Supervisory Mechanism
Der Staat	*Zeitschrift für Staatslehre und Verfassungsgeschichte, deutsches und europäisches öffentliches Recht*
StGH	Staatsgerichtshof
SZ	Süddeutsche Zeitung
TATuP	*Zeitschrift für Technikfolgenabschätzung in Theorie und Praxis*
UN	United Nations
Urt.	Urteil
Verh.	Verhandlungen

VVDStRL	*Veröffentlichungen der Vereinigung der Deutschen Staatsrechtslehrer*
WHO	Weltgesundheitsorganisation
WM	*Wertpapier-Mitteilungen. Zeitschrift für Wirtschafts- und Bankrecht*
WRP	*Wettbewerb in Recht und Praxis*
WRV	Weimarer Reichsverfassung
WTO	World Trade Organization
ZaöRV	*Zeitschrift für ausländisches öffentliches Recht und Völkerrecht*
ZAR	*Zeitschrift für Ausländerrecht und Ausländerpolitik*
ZAU	*Zeitschrift für angewandte Umweltforschung*
ZBR	*Zeitschrift für Beamtenrecht*
ZEuS	*Zeitschrift für Europarechtliche Studien*
ZfP	*Zeitschrift für Politik*
ZfV	*Zeitschrift für Verwaltung*
ZG	*Zeitschrift für Gesetzgebung. Vierteljahresschrift für staatliche, kommunale und europäische Rechtsetzung*
ZÖR	*Zeitschrift für öffentliches Recht*
ZNR	*Zeitschrift für Neuere Rechtsgeschichte*
ZParl	*Zeitschrift für Parlamentsfragen*
ZPO	Zivilprozessordnung
ZPol	*Zeitschrift für Politik*
ZRP	*Zeitschrift für Rechtspolitik*
ZSE	*Zeitschrift für Staats- und Europawissenschaften*

Nachweise

1. Die Verteidigung von Europa, Demokratie und Rechtsstaat in Zeiten der Krise und des Populismus (Originalbeitrag).

2. »Das Leitbild des ›europäischen Juristen‹. Gedanken zur Juristenausbildung und Rechtskultur in Deutschland«, in: *RW* (2010), S. 326-346.

3. »Über die Demokratie in Europa«, in: *APuZ* (62) 2012, S. 3-9.

4. »Opposition im Europäischen Parlament«, in: Ulrich Becker u. a. (Hg.), *Verfassung und Verwaltung in Europa, Festschrift für Jürgen Schwarze*, Baden-Baden 2014, S. 283-303.

5. »›Integration durch Recht‹. Der Beitrag des Bundesverfassungsgerichts«, in: *JZ* (2016), S. 161-168.

6. *Die Idee der Europäischen Wertegemeinschaft*, Thyssen Lectures, Köln 2018, S. 15-48.

7. »Hugo Preuß als Vordenker einer Verfassungstheorie des Pluralismus«, in: *Der Staat* 50 (2011), S. 251-267.

8. »Verfassung und Parlamentarismus«, in: *BayVBl.* (2016), S. 289-300.

9. »Rechtsstaat und Demokratie«, in: *NJW* (2018), S. 3154-3159.

10. »Demokratie und Populismus«, in: *Der Staat* 57 (2018), S. 119-134.

11. »Stabilität, Zukunftsoffenheit und Vielfaltssicherung. Die Pflege des verfassungsrechtlichen ›Quellcodes‹ durch das BVerfG«, in: *JZ* (2009), S. 917-924.

12. »Der europäische Verfassungsgerichtsverbund«, in: *NVWZ* (2010), S. 1-8.

13. »Die Integrationsverantwortung des Bundesverfassungsgerichts«, in: Peter Axer u. a. (Hg.), *Das Europäische Verwaltungsrecht in der Konsolidierungsphase*, in: *Die Verwaltung* Beiheft 10 (2010), S. 229-240.

14. »Pyramide oder Mobile? Menschenrechtsschutz durch die europäischen Verfassungsgerichte«, in: *EuGRZ* (2014), S. 165-167.

15. »Karlsruhe Unlimited? Zu den (unsichtbaren) Grenzen der Verfassungsgerichtsbarkeit«, in: *BayVBl.* (2020), S. 577-582.

16. »Applaus von der ›falschen‹ Seite. Zur Folgenverantwortung von Verfassungsgerichten«, in: *Festschrift für Mirosław Wyrzykowski*, 2021 (i. E.).

17. »Die Zukunft der Verfassungsgerichtsbarkeit in Deutschland und Europa«, in: *EuGRZ* (2020), S. 165-171.

18. Was feiern wir? Rede zum Tag der Deutschen Einheit am 3. Oktober 2011 in Bonn.

Für die Publikation in diesem Band wurden sämtliche Erstdrucke durchgesehen und formal vereinheitlicht. Offensichtliche Fehler wurden korrigiert und vereinzelte sprachliche Ungenauigkeiten geglättet. Zum besseren Verständnis wurden an einigen wenigen Stellen Aktualisierungen vorgenommen.

Rechtswissenschaft im Suhrkamp Verlag
Eine Auswahl

Robert Alexy
- Theorie der Grundrechte. stw 582. 548 Seiten
- Theorie der juristischen Argumentation. Die Theorie des rationalen Diskurses als Theorie der juristischen Begründung. Mit einem Nachwort (1990): Antwort auf einige Kritiker. stw 436. 435 Seiten

Ernst-Wolfgang Böckenförde. Staat, Nation, Europa. Studien zur Staatslehre, Verfassungstheorie und Rechtsphilosophie. stw 1419. 290 Seiten

Ernst-Wolfgang Böckenförde/Dieter Gosewinkel. Wissenschaft, Politik, Verfassungsgericht. Aufsätze von Ernst-Wolfgang Böckenförde. Biographisches Interview von Dieter Gosewinkel. stw 2006. 492 Seiten

Hauke Brunkhorst/Wolfgang R. Köhler/Matthias Lutz-Bachmann (Hg.). Recht auf Menschenrechte. Menschenrechte, Demokratie und internationale Politik. stw 1441. 352 Seiten

Hauke Brunkhorst/Peter Niesen (Hg.). Das Recht der Republik. stw 1392. 403 Seiten

Ronald Dworkin. Bürgerrechte ernstgenommen. Übersetzt von Ursula Wolf. stw 879. 592 Seiten

Andreas Fischer-Lescano/Gunther Teubner. Regime-Kollisionen. stw 1803. 230 Seiten

NF 124/1/8.12

Stanley Fish. Das Recht möchte formal sein. Essays. Herausgegeben und eingeleitet von Heinz Bude und Michael Dellwing. Aus dem Amerikanischen von Klaus Binder. stw 2008. 279 Seiten

Günter Frankenberg
- Autorität und Integration. Zur Grammatik von Recht und Verfassung. stw 1622. 418 Seiten
- Die Verfassung der Republik. Autorität und Solidarität in der Zivilgesellschaft. stw 1331. 264 Seiten

Johan Galtung. Menschenrechte – anders gesehen. stw 1084. 235 Seiten

Ute Gerhard/Jutta Limbach (Hg.). Rechtsalltag von Frauen. es 1423. 251 Seiten

Oliver Gerstenberg. Bürgerrechte und deliberative Demokratie. Elemente einer pluralistischen Verfassungstheorie. stw 1298. 143 Seiten

Stefan Gosepath/Georg Lohmann (Hg.). Philosophie der Menschenrechte. stw 1338. 417 Seiten

Dieter Grimm.
- Die Zukunft der Verfassung. stw 968. 447 Seiten
- Die Zukunft der Verfassung II. Auswirkungen von Europäisierung und Globalisierung. stw 2027. 400 Seiten

Jürgen Habermas. Faktizität und Geltung. Beiträge zur Diskurstheorie des Rechts und des demokratischen Rechtsstaats. stw 1361. 704 Seiten

NF 124/2/8.12

H. L. A. Hart. Der Begriff des Rechts. Mit dem Postskriptum von 1994 und einem Nachwort von Christoph Möllers. Aus dem Englischen von Alexander von Baeyer. stw 2009. 395 Seiten

Georg Wilhelm Friedrich Hegel. Die Philosophie des Rechts. Vorlesung von 1821/22. Herausgegeben von Hansgeorg Hoppe. stw 1721. 237 Seiten

Materialien zu Hegels Rechtsphilosophie. Herausgegeben von Manfred Riedel. Band 1: stw 88. 437 Seiten

Otfried Höffe
- Gibt es ein interkulturelles Strafrecht? Ein philosophischer Versuch. stw 1396. 180 Seiten
- Kategorische Rechtsprinzipien. Ein Kontrapunkt der Moderne. stw 1170 und kartoniert. 431 Seiten
- Strategien der Humanität. Zur Ethik öffentlicher Entscheidungsprozesse. Mit einem neuen Nachwort. stw 540. 373 Seiten
- Vernunft und Recht. Bausteine zu einem interkulturellen Rechtsdiskurs. stw 1270. 296 Seiten

Herbert Jäger. Verbrechen unter totalitärer Herrschaft. Studien zur nationalsozialistischen Gewaltkriminalität. Mit einem Nachwort zur Neuauflage von Adalbert Rückerl. stw 388. 410 Seiten

Hans Joas. Die Sakralität der Person. Eine neue Genealogie der Menschenrechte. 303 Seiten. Gebunden

Wolfgang Kersting (Hg.). Gerechtigkeit als Tausch? Auseinandersetzungen mit der politischen Philosophie Otfried Höffes. stw 1297. 375 Seiten

NF 124/3/8.12

Klaus Lüderssen
- Abschaffen des Strafens? es 1914. 427 Seiten
- Erfahrung als Rechtsquelle. Abduktion und Falsifikation von Hypothesen im juristischen Entscheidungsprozeß. Eine Fallstudie aus dem Kartellstrafrecht. 259 Seiten. Gebunden
- Genesis und Geltung in der Jurisprudenz. es 1962. 365 Seiten
- Kriminalpolitik auf verschlungenen Wegen. Aufsätze zur Vermittlung von Theorie und Praxis. stw 347. 483 Seiten
- Rechtsfreie Räume? stw 2042. 694 Seiten

Klaus Lüderssen/Fritz Sack (Hg.)
- Seminar: Abweichendes Verhalten
  Band 1: Die selektiven Normen der Gesellschaft.
  stw 84. 508 Seiten
  Band 2: Die gesellschaftliche Reaktion auf Kriminalität.
  Band 1. Strafgesetzgebung und Strafrechtsdogmatik.
  stw 85. 387 Seiten

Niklas Luhmann
- Ausdifferenzierung des Rechts. Beiträge zur Rechtssoziologie und Rechtstheorie. stw 1418. 459 Seiten
- Das Recht der Gesellschaft. stw 1183. 598 Seiten

Christoph Menke/Francesca Raimondi (Hg.). Die Revolution der Menschenrechte. Grundlegende Texte zu einem neuen Begriff des Politischen. stw 1988. 498 Seiten

Bernhard Peters. Rationalität, Recht und Gesellschaft. 366 Seiten. Gebunden

Ulrich K. Preuß. Die Internalisierung des Subjekts. Zur Kritik der Funktionsweise des subjektiven Rechts. 356 Seiten. Kartoniert

NF 124/4/8.12

John Rawls

- Gerechtigkeit als Fairneß. Ein Neuentwurf. Herausgegeben von Erin Kelly. Übersetzt von Joachim Schultze. 316 Seiten. Gebunden
- Eine Theorie der Gerechtigkeit. Übersetzt von Hermann Vetter. stw 271. 674 Seiten

Karl F. Schumann. Der Handel mit Gerechtigkeit. Funktionsprobleme der Strafjustiz und ihre Lösungen – am Beispiel des amerikanischen plea bargaining. stw 214. 264 Seiten

Alexander Somek. Rechtliches Wissen. stw 1802. 240 Seiten

Rudolf Steinberg. Der ökologische Verfassungsstaat. 480 Seiten. Gebunden

Michael Stolleis. Recht im Unrecht. stw 1155. 342 Seiten

Gunther Teubner. Verfassungsfragmente. Gesellschaftlicher Konstitutionalismus in der Globalisierung. stw 2028. 291 Seiten

Rainer Wahl. Verfassungsstaat, Europäisierung, Internationalisierung. stw 1623. 442 Seiten

Uwe Wesel

- Juristische Weltkunde. Eine Einführung in das Recht. stw 467. 213 Seiten
- Der Mythos vom Matriarchat. Über Bachofens Mutterrecht und die Stellung von Frauen in frühen Gesellschaften vor der Entstehung staatlicher Herrschaft. stw 333. 168 Seiten

NF 124/5/8.12